FLORES DE JARDÍN

Manual de cultivo y conservación

DR. D.G. HESSAYON

Título original:
The Flower Expert

Traducción:
Concepción Rigau
Dra. en Biología

Primera edición en lengua española 1985
Reimpresión 1994, 1997, 1999, 2001, 2004, 2006

Av. Mare de Déu de Lorda, 20
08034 Barcelona
Tel. 93 205 40 00 Fax 93 205 14 41
E-mail: info@blume.net

I.S.B.N.: 84-87535-27-5
Depósito legal: B-17.653-2006
Impreso por Grafos, S. A., Arte sobre papel, Barcelona

BLUME

Sumario

		Página
CAPÍTULO 1	**LAS FLORES EN EL JARDÍN**	3-6
	Elección de las flores adecuadas	4-6
CAPÍTULO 2	**ANUALES Y BIENALES**	7-40
	(Acroclinium - Zinnia)	
CAPÍTULO 3	**PERENNES DE ARRIATE**	41-81
	(Acanthus - Viola)	
CAPÍTULO 4	**CÓMO INCREMENTAR NUESTRAS EXISTENCIAS**	82-85
	Semillas	82-84
	División	84
	Esquejes	85
CAPÍTULO 5	**PERENNES ROCOSAS**	86-107
	(Acaena - Waldsteinia)	
CAPÍTULO 6	**BULBOS**	108-123
	(Acidanthera - Tulipa)	
CAPÍTULO 7	**EL CUIDADO DE LAS FLORES**	124-130
	Adquisición	124-125
	Plantación	126-137
	Azadonar y desherbar, cortar, regar, descabezar	128
	Acolchar, podar, renovar, estacar	129
	Cuidados invernales, abonar	130
CAPÍTULO 8	**LAS PLANTAS DE AFICIONADO**	131-145
	(Chrysanthemum - Pelargonium)	
CAPÍTULO 9	**DICCIONARIO DEL FLORICULTOR**	146-149
CAPÍTULO 10	**PROBLEMAS**	150-156
CAPÍTULO 11	**ÍNDICE DE PLANTAS**	157-160

CAPÍTULO 1
LAS FLORES EN EL JARDÍN

Por encima de todo, un jardín es un lugar lleno de flores. Parte de estas flores las producen los rosales, las plantas trepadoras, los árboles y arbustos florecientes —plantas de tallos leñosos, que constituyen la armazón vertical del jardín, sobre el que se monta la escena a lo largo del año.

Pero, en la práctica, todos los jardines precisan más flores. En las parcelas pequeñas, no hay espacio suficiente para plantar la gama de arbustos adecuada para ofrecer un colorista espectáculo floral, desde comienzos de primavera hasta finales de otoño. En las grandes fincas, las plantas leñosas, por sí solas, no pueden satisfacer la demanda floral existente; es necesario proveer vistosas alfombras primaverales, llenar lechos, tapizar rocallas y bastir arriates. Para todos estos propósitos, desde rellenar las pequeñas grietas existentes entre las losas del pavimento, hasta disponer de flores grandes como platos, que destaquen frente a los setos recortados, hemos de echar mano del grupo de las plantas herbáceas floríferas, integrado por plantas anuales, bienales y perennes que, en invierno, si están al aire libre, desaparecen gradualmente bajo tierra, y si están a cubierto, quedan latentes en forma de plantas, bulbos o semillas hasta que, en primavera, el jardín despierta. Este libro pretende informar acerca de la selección, cuidado y reproducción de este vasto grupo de plantas: las flores de jardín.

El esquema tradicional consiste en emplear las campanillas de invierno, para anunciar el Año Nuevo, y luego seguir con grupos de narcisos trompones y azafranes amarillos y azules, creciendo entre la hierba, al pie de los árboles. Poco después, los macizos florales visten su librea primaveral; las plantas bienales, como los alhelíes y los nomeolvides, y los bulbos, como los tulipanes, inician su floración. La rocalla luce esplendorosa al iniciarse la primavera, con sus mantos de *Aubrietia, Arabis* y *Alyssum saxatile.* Son muchos los jardines que en primavera se llenan de flores, pero aparecen bastante apagados a comienzos de verano. Luego, en pleno verano, las flores alcanzan su apogeo, —los arriates lucen sus apretadas filas de plantas perennes, con espuelas de caballero y milenrama alpina en su parte posterior; campánulas, floxs y margaritas en el centro, y clavellinas, hierba gatera, hierba de san Benito, etc., en su parte frontal. En contraste con este batiburrillo informal de plantas perennes en el que las flores se abren y se marchitan sin orden ni concierto, tenemos las estivales, que se han desembarazado ya de sus tulipanes y alhelíes de primavera. Aquí encontramos los complicados y clásicos grupos, o hileras, de plantas anuales semirresistentes que fueron trasplantadas a mediados o finales de primavera. Para alegrar la escena de rojos, blancos y azules creada por los geranios (o las salvias), los alisones y las lobelias, se emplean caléndulas francesas amarillas y bocas de dragón multicolores. El otoño es la época de los crisantemos, las dalias y las margaritas Michaelmas —rojos, amarillos y color malva, antes de que el jardín florido se desvanezca.

Así discurre el año floral tradicional, comenzando con las campanillas y acabando con las margaritas Michaelmas. Sin duda está lleno de color, pero muy a menudo resulta poco original. En otra época, hubo un excelente motivo para que todos los jardines tuvieran las mismas plantas. Antes de la segunda guerra mundial la gente compraba las semillas en la jardinería local, donde tan sólo disponían de las variedades más comunes, y las plantas perennes para el arriate debían escogerse de entre la limitada selección que aquéllas ofrecían, o bien, ser adquiridas por correo, a las firmas comerciales que se anunciaban en las revistas de jardinería. Los jardineros experimentados solicitaban los catálogos antes de hacer su pedido, pero en general, la elección era muy limitada.

En la actualidad, el mundo de la horticultura es muy distinto. Los grandes centros de jardinería ofrecen gran variedad de semillas, plantas perennes de arriate, plantas rocosas y bulbos. No se trata tan sólo de disponer de mayor número de plantas. En los últimos años se ha producido una avalancha de variedades nuevas y existe una gama de colores mucho más amplia: hay tagetes de todos los tonos, desde el amarillo más claro hasta el marrón más oscuro, en vez de unas pocas variedades amarillas y marrones..., y hay hemerocálides de todos los colores del arco iris en vez de los tenues anaranjados de antes. Cuando hablamos de variedades nuevas, no nos referimos sólo a colores nuevos. Para abastecer los pequeños jardines actuales, se han obtenido nuevos tipos, de manera que podamos disponer de formas enanas resistentes de las plantas favoritas de antaño, como los guisantes de olor y los girasoles. De esta manera, podemos tener el jardín en flor durante todo el año. Para comenzarlo hay chinodoxa y acónitos de invierno, junto a las típicas campanillas, y para despedirlo, nerine, azafranes, ciclámenes y margaritas Michaelmas.

Hace falta cierto espíritu aventurero, pero sin ser arriesgado. Comprar un paquete de semillas o una planta de maceta, por el simple hecho de que la fotografía del envoltorio o de la etiqueta os ha gustado, es una verdadera temeridad. Ante todo deberéis averiguar si la planta es adecuada para vuestro jardín. Y éste es el propósito del presente libro. En sus páginas, y por orden alfabético, encontraréis las preferencias y aversiones de gran número de plantas raras, así como detalles de las variedades menos frecuentes de plantas comunes. Pero no hay que echar en el olvido los puntales del jardín tradicional; las plantas favoritas de la época victoriana figuran también aquí y deben estar presentes también en vuestro jardín.

Elección de las flores adecuadas

Para el aficionado a las plantas, el moderno centro de jardinería es, al mismo tiempo, una ventaja y un inconveniente. Ahora, cuando queráis comprar una planta y llevárosla a casa, ya no os veréis obligados a elegir entre un pequeño número de variedades; en el centro de jardinería, os aguardan cientos de ellas.

¡Qué bendición tener tal cantidad de flores encantadoras, entre las que escoger!... pero es tan fácil desorientarse y elegir equivocadamente. Para sortear los escollos, haceros las cinco preguntas siguientes. Las respuestas os remitirán al capítulo adecuado del libro, en cuyas guías alfabéticas encontraréis la solución a los problemas que ofrece cada planta: —¿Qué tamaño alcanzará? ¿Podrá crecer en el sitio que tengo pensado? ¿En qué época florecerá? ¿Necesitará protección invernal?... y otras muchas. En estas guías alfabéticas no encontraréis las plantas por su nombre vulgar (girasol, boca de dragón, alhelí, etc.) sino que están ordenadas por su nombre científico, en latín. Los nombres vulgares los encontraréis en el índice (págs. 157-160).

Después ya estaréis en condiciones de efectuar vuestra elección. No os fiéis demasiado de las fotografías y las descripciones que figuran en los catálogos o en los envoltorios; estas descripciones hacen hincapié en los aspectos positivos de la variedad en cuestión. Las guías alfabéticas os indicarán también sus limitaciones, que deberéis tener muy en cuenta. ¡Algunas flores, al igual que algunas personas, resultan muy difíciles!

PREGUNTA 1 ¿QUIERO UNA PLANTA PERMANENTE?

ANUALES Y BIENALES

Una planta anual resistente (AR) es una planta de paso; crece a partir de una semilla y luego florece y muere en una sola estación del año. Las semillas se siembran en primavera, al aire libre. Una planta anual semirresistente (ASR) también crece a partir de una semilla, floreciendo y muriéndose en una sola estación. Es una planta de paso, que se emplea en los macizos estivales. Pero su cultivo no es tan fácil como el de una anual resistente —las semillas deben germinar a cubierto y luego, en primavera, cuando ha desaparecido el riesgo de las heladas, las plántulas se trasplantan al exterior. Una planta bienal resistente (BR) crece a partir de una semilla, produce tallos y hojas durante la primera temporada y florece la temporada siguiente, muriendo a continuación. Es una planta de paso que se emplea para los macizos primaverales y para llenar los claros que se producen en los arriates.

Véanse páginas 7-40

PERENNES ROCOSAS

Una planta perenne rocosa (PR), dura muchos años; sus tallos se marchitan al llegar el invierno, y en primavera aparecen nuevos brotes. Es una planta permanente, tanto dentro de casa como en el jardín rocoso y también en el invernadero alpino, o en un abrevadero convertido en jardinera.

Véanse páginas 86-107

La malvarrosa, el clavel barbado, la deadalera y el alhelí experimentan un bajón considerable si se cultivan como plantas permanentes de arriate. Es mucho mejor cultivarlas como bienales. Algunas perennes semirresistentes (bocas de dragón, petunias y nemesia), si en la primavera del segundo año vuelven a ser trasplantadas al exterior, producen pocas flores; deben cultivarse como anuales semirresistentes.

La línea divisoria entre plantas perennes rocosas y plantas perennes de arriate es poco definida. Se basa en la altura; las perennes herbáceas que no sobrepasan los 30 cm, suelen denominarse perennes rocosas, y las que superan los 30 cm son perennes de arriate, pero hay excepciones.

PERENNES DE ARRIATES

Una planta perenne herbácea (PH) se mantiene en el arriate varios años; sus hojas y sus tallos se marchitan cada invierno, y en primavera aparecen brotes nuevos. Es una planta permanente —el componente fundamental del arriate herbáceo, de los macizos— isla y del arriate mixto.

Véanse páginas 41-81

Algunas plantas perennes de arriate forman órganos de reserva subterráneos tipo bulbo, por ejemplo, la azucena africana y la azucena de Kafiristán. No están incluidas entre los bulbos ya que se venden en forma de plántulas.

Una planta perenne semirresistente (PSR) debe pasar el invierno en un lugar al abrigo de las heladas. Por tanto no es una planta permanente, sino una planta de aparición regular que inverna en el interior como planta verde (geranios y fucsias), como tubérculos (dalias) o como raíces (crisantemos).

BULBOS

Un bulbo, mejor dicho una planta bulbosa, es una planta que produce un órgano de almacenamiento subterráneo carnoso, que es la forma en que se vende y se planta en el jardín. En este grupo, se incluyen los bulbos verdaderos, los cormos, los tubérculos y los rizomas. Algunos bulbos son plantas permanentes. Pueden dejarse en el suelo varios años y producen flores cada temporada. Sólo hace falta desenterrarlos cuando el exceso de bulbos en el suelo pone en peligro la calidad de las nuevas flores, como ocurre con los azafranes, los narcisos y las campanillas. El resto son plantas de aparición regular que crecen en el jardín durante parte del año y luego esperan a cubierto en forma de bulbos latentes hasta que vuelve a llegar la época de su plantación, como los gladiolos, las begonias tuberosas y los tulipanes.

Véanse páginas 108-123

PLANTAS FAVORITAS

Una planta de aficionado es un género cuya variedad y complejidad justifican la existencia de una sociedad nacional especializada, y que requiere una considerable habilidad para mantener en buenas condiciones una colección representativa. En este libro, se han escogido como tales un bulbo (la azucena) y varias plantas perennes semirresistentes (el crisantemo, la dalia, la fucsia y el geranio) pero hay muchos argumentos a favor, para incluir también en este grupo, los guisantes de olor, los claveles y los lirios.

Véanse páginas 131-145

Como muestra el esquema anterior, podéis elegir entre plantas de paso, plantas de aparición regular y plantas permanentes. La tentación de cultivar plantas permanentes es grande, pero la palabra «permanente» puede llamarnos a engaño —muchas de ellas deben ser desarraigadas y divididas regularmente, cada tres o cuatro años.

PREGUNTA 2 ¿DÓNDE VOY A PLANTARLA?

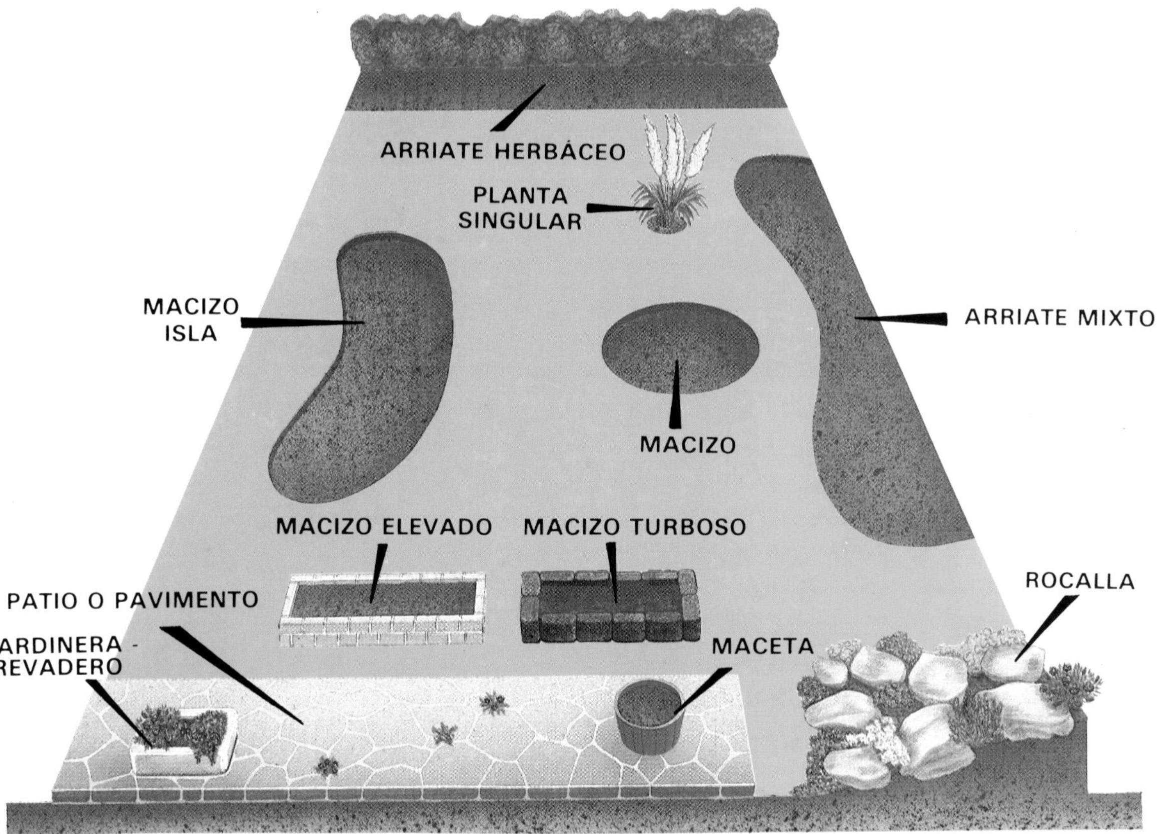

ARRIATE HERBÁCEO

A comienzos del siglo xx, el arriate herbáceo era una característica esencial de todo jardín grande. Era un arriate largo y estrecho con un telón de fondo, formado por un muro o por un seto. Las plantas perennes de arriate formaban hileras, con las variedades de mayor talla al fondo y grupos de plantas de porte por bajo delante. Véase página 42.

ARRIATE MIXTO

El arriate herbáceo fue suplantado por el arriate mixto. Las estrechas normas que regían la composición del arriate han desaparecido y, plantando otras formas distintas de las plantas perennes de arriate, se ha conseguido una época de floración más dilatada. Al igual que todos los arriates, el arriate mixto está proyectado para ser visto desde 2 ó 3 de sus lados y no desde todos los ángulos. Su forma ya no es obligatoriamente rectangular, sino que a menudo es irregular. Por lo general, está bastido sobre una estructura que la constituyen arbustos florecientes y perennifolios ornamentales. Los rosales y las plantas perennes de arriate forman grandes manchas llenas de colorido y, cerca de la parte frontal, se dejan unas zonas para ser plantadas con bulbos y plantas anuales. Véase página 42.

MACIZO - ISLA

El macizo-isla es una variante moderna del arriate herbáceo tradicional. Al igual que su ilustre predecesor, está destinado a plantas perennes de arriate; las más altas en el centro y las más bajas a lo largo del borde. Como todos los macizos, puede ser observado desde todos los ángulos y, a menudo, es de forma irregular. Véase página 42.

PLANTA SINGULAR

Una planta singular es la que se cultiva para que pueda ser vista en su totalidad, a diferencia de las plantas agrupadas; sirve de foco de atención. Por ello es necesario elegirla y cultivarla cuidadosamente y, por lo general, suele ser un árbol o un arbusto. Hay algunas perennes de arriate que resultan excelentes como plantas singulares, por ejemplo, la azucena africana, la hierba de las Pampas y la peonia.

MACIZO

Un mazico es una zona destinada a ser contemplada desde todos los ángulos. El macizo floral es el lugar tradicional para el cultivo de plantas anuales, bienales, bulbos y plantas de aficionado. Los ocupantes de los macizos primaverales suelen ser plantados (trasplantados desde el bancal) en otoño, y los de los macizos estivales, a finales de primavera. Véase página 7.

MACIZO ELEVADO

El macizo elevado es parecido al macizo floral común, pero sus bordes están formados por una pared de contención y su interior se llena de suelo permeable. Es un tipo de macizo muy útil cuando el suelo del jardín es poco permeable y cuando al jardinero, debido a la edad o a los achaques, le es difícil agacharse.

MACIZO TURBOSO

El macizo turboso es una variedad del macizo elevado, cuya pared de contención está formada por bloques de turba y su interior lleno de un compost más rico en turba que en suelo. Es el lugar ideal para cultivar plantas calcífugas. En los intersticios de los bloques, podéis cultivar helechos y plantas alpinas.

MACETA

La maceta es un buen lugar para cultivar vistosas plantas anuales y bulbos, cerca de la casa. También sirve para plantar un espécimen singular. Si disponéis de un invernadero, con o sin calefacción, cultivad en macetas las plantas perennes semirresistentes y las delicadas; en invierno, las podréis meter en el invernadero para volver a sacarlas al exterior a finales de primavera. No olvidéis que las plantas de maceta deben regarse con regularidad.

JARDINERA-ABREVADERO

La jardinera-abrevadero consiste en un antiguo abrevadero, pileta o jofaina de piedra que, después de tapar el agujero de desagüe con una lámina de zinc perforada, se ha llenado con un compost permeable. La superficie externa de las jofainas esmaltadas debe cubrirse previamente con revestimiento de aspecto más natural. Se emplean para cultivar plantas perennes rocosas miniatura, coníferas enanas y plantas bulbosas miniatura. Véase página 86.

PATIO O PAVIMENTO

El pavimento es una superficie dura, que suele conducir a alguna parte. El patio, no. El patio es una prolongación al exterior de la sala de estar. Los intersticios que quedan entre las losas pueden plantarse con diversos tipos de perennes rocosas de cobertera. Véase página 86.

ROCALLA

La rocalla, o jardín rocoso, es una zona destinada a las plantas perennes rocosas, a las coníferas enanas y a los bulbos. Para completar el despliegue floral estival, suelen emplearse plantas anuales de pequeña talla. Lo ideal sería que imitara un saliente rocoso natural. Véase página 86.

PREGUNTA 3 ¿QUIERO UNA PLANTA COMÚN O UNA RAREZA?

La mayor parte de las plantas que figuran en las guías alfabéticas son plantas comunes; las veréis en todos los jardines. Antes de echar de lado estas plantas, recordad que son baratas, fáciles de obtener y que han demostrado su capacidad de crecer bajo cualquier tipo de condiciones ambientales. Por otra parte, las rarezas pueden ser caras, difíciles de conseguir y suelen ser bastante temperamentales. Por regla general, no es aconsejable ceñirse exclusivamente a ninguno de los dos grupos. A buen seguro, no querréis un jardín lleno de plantas vulgares, ni tampoco desearéis un jardín botánico. Lo mejor, es tener una base de variedades modernas de las plantas clásicas favoritas y, luego, unas cuantas plantas raras que posiblemente no habéis visto nunca, pero que las guías alfabéticas indican que son adecuadas para vuestro jardín. De esta manera, combinaréis lo seguro con lo nuevo.

PREGUNTA 4 ¿CUÁLES SERÁN SUS CONDICIONES DE VIDA?

Antes de hacer la lista de adquisiciones, tened en cuenta el clima y el suelo. Podréis cambiar algunos aspectos. Si añadís cal al suelo, podréis disminuir su acidez, y añadiendo turba, podréis aumentarla, pero hay otros aspectos que no se podrán alterar; por lo tanto, tendréis que escoger plantas que se adapten a ellos.

La mayoría de las plantas anuales resistentes no son exigentes, excepto para el sol. Cuando crecen a la sombra, los tallos se vuelven larguiruchos y producen pocas flores, o no llegan a florecer. No tienen órganos de reserva ni en las raíces ni en los tallos. La vida de las plantas anuales es corta y debe ser soleada. Si el sitio es umbrío, consultad la guía alfabética (págs. 7-40) para ir en busca de aquellas plantas que son una excepción en cuanto a la necesidad de sol. La caléndula, el aciano, el alhelí de Virginia y la capuchina pueden crecer a media sombra, pero las plantas bienales suelen ser más tolerables a la sombra que las anuales resistentes. La campanilla de Irlanda, la dedalera, la hierba de la plata, el nomeolvides y el pensamiento viven bien a la sombra.

Una excelente planta anual para cultivar bajo los árboles es la begonia de raíces fibrosas, pero se trata de una planta anual semirresistente y este grupo presenta otros problemas; las heladas las matan. Si vivís en un lugar donde se producen heladas primaverales, no trasplantéis al exterior ninguna planta del grupo de las ASR, antes de finales de primavera.

Las plantas perennes de arriate tienen mayor necesidad de que el suelo sea permeable, que la mayoría de las anuales. Si en invierno se mueren, es más probable que sea debido a que sus raíces se hayan podrido por estar el suelo anegado, que no porque hayan sufrido daño de las heladas. Esto no quiere decir que podáis ignorar el problema de las heladas. Si vivís en una zona expuesta a los vientos fríos del norte, prescindid de las plantas sensibles al frío como la azucena de rabo de zorro y la azucena africana.

Consultando la guía alfabética (págs. 41-81) encontraréis plantas perennes de arriate para todas las situaciones. Algunas, como el calderón y la pasajera, crecen en suelo húmedo; otras, como la flecha de Cupido, viven mejor en un suelo arenoso, seco. Muchas de ellas sobreviven en lugares sombreados. Véase página 68.

No cabe ni pensar en elegir plantas perennes rocosas a menos que dispongáis de un lugar permeable. Para este grupo de plantas, es vital que el suelo tenga un buen drenaje. Una vez más, antes de efectuar cualquier compra, tened presente las condiciones ambientales; unas plantas rocosas necesitan mucho sol y otras requieren un lugar orientado al norte, algunas deben cultivarse en un terreno llano, otras en grietas y, unas pocas, deben crecer verticalmente en los intersticios de las rocas o de los ladrillos.

Así como las plantas anuales suelen necesitar mucho sol y las perennes rocosas deben disfrutar de un buen drenaje, no hay normas generales para los bulbos. Sin duda agradecen un suelo razonable, pero si consultáis la guía alfabética (págs. 108-123) encontraréis desde plantas como las campanillas, que crecen en todas partes, hasta otras como Ixia y Sparaxis, que deben descartarse en regiones frías.

PREGUNTA 5 ¿CUÁNTO DINERO QUIERO GASTAR?

Sin duda, lo menos posible; pero si compráis plantas de baja calidad a la larga no ahorraréis dinero. Si vuestro jardín ya está bien consolidado, la forma más barata de obtener plantas nuevas es dividiendo las perennes y sembrando las semillas que habréis guardado el año anterior. Todo buen jardinero incrementa sus existencias de esta manera, pero todo buen jardinero compra también, de vez en cuando, plantas nuevas, ya que éste es uno de los placeres de la jardinería.

Leed la lista de material para plantar, de la página 125. La forma más barata de tener plantas floridas en verano, es sembrando sus semillas; comprarlas en forma de plantas de bancal dispuestas en bandejas, es más caro y comprarlas como plántulas en macetas individuales, lo es mucho más. Sembrad las semillas de las plantas anuales y bienales, pero recordad que también podéis obtener de semilla gran número de perennes rocosas y de arriate. Es barato, pero deberéis cargaros de paciencia y esperar a que alcancen la talla necesaria para que empiecen a florecer.

La forma más barata de crear un arriate herbáceo o mixto es comprando una colección de esquejes enraizados. Si disponéis de poco dinero, dejad unas cuantas zonas vacías que podéis llenar sembrando plantas anuales hasta que os sea posible adquirir plantas escogidas. Muchas plantas perennes se venden ya en flor, en macetas; es un método caro, pero rápido de dar colorido al jardín.

CAPÍTULO 2

ANUALES Y BIENALES

Las plantas anuales y las bienales han sido definidas en la página 4. Las anuales se obtienen de semilla, florecen y mueren en una misma estación del año. Las que son resistentes pueden sembrarse al aire libre en primavera, y las semirresistentes se siembran a cubierto y más tarde se trasplantan al exterior, cuando ya ha pasado el riesgo de las heladas. Las bienales resistentes también se obtienen de semilla, pero durante el primer año sólo forman tallos y hojas; hay que esperar otro año para que aparezcan las flores.

En la práctica, la divisoria entre estos grupos es poco clara. Las plantas anuales resistentes algunas veces se cultivan como bienales, sembrándolas en otoño para que produzcan una anormal floración temprana al año siguiente. Las anuales semirresistentes pueden sembrarse al aire libre a mediados de primavera, para que den una floración tardía anormal. Unas cuantas plantas bienales, como las malvarrosas y los pensamientos, suelen dejarse en el arriate para que crezcan como perennes.

A pesar de este ligero solapamiento, las anuales y las bienales constituyen una valiosa colección de plantas para cualquier jardín. Al obtenerse a partir de semillas, se consigue un gran número de ejemplares a un precio módico y pueden utilizarse de varias maneras: para macetas y para jardineras de alféizar de ventana, para guarnecer cestillos colgantes, para cubrir huecos en arriates y macizos, para cortar flores con las que confeccionar ramos, para añadir una nota de color al jardín rocoso y, sobre todo, como material de bancal para trasplantar.

Una planta de bancal generalmente es una planta anual aunque, algunas veces, también puede ser una bienal o una perenne que se ha obtenido bajo cristal o en un semillero y luego se ha trasplantado a cualquier lugar, como planta de paso, para aportar colorido. Por tanto, este término describe un uso, no un tipo de planta. Un geranio cultivado dentro de casa es una «planta de flor interior»; la misma variedad, plantada al exterior, es una «planta de bancal» o «planta de macizo».

No sabremos nunca cuando se creó el primer macizo a gran escala; tanto Francia como Alemania, reclaman para sí este honor. Lo que sí sabemos es que en 1840 el macizo floral formal había arraigado firmemente en Gran Bretaña y que hacia el año 1870 hizo furor. La gente elegante competía entre sí, haciendo gala de los macizos más espectaculares, recargados y costosos. Los colores se entremezclaron, los macizos fueron cada vez más extravagantes y su precio más alto. La reacción fue inevitable, y muy pronto el macizo formal se convirtió en el símbolo del mal gusto. Los santones de la jardinería decretaron que las plantas de bancal eran execrables, pero el macizo de los parques y de los jardines privados se negó a morir. En los últimos años, el rechazo ha desaparecido, y cada año, la mitad de los jardineros compran plantas de bancal.

El problema estriba en que, generalmente, los macizos de los jardines adolecen de poca variedad y de falta de imaginación. Sumisamente, cada otoño plantamos los tulipanes, los arropamos con alhelíes y los enmarcamos con nomeolvides. A finales de primavera, cuando aquéllos se han marchitado, nos aprestamos a trasplantar los geranios rojos o las salvias, con una orla de alisones y de lobelias. Incluso en la época victoriana hubo críticas: «Esta distribución del rojo, el blanco y el azul resulta más adecuada para dejar boquiabiertos a los salvajes que para reflejar el nivel artístico de la gente civilizada».

Es una crítica demasiado dura. Todo el mundo tiene perfecto derecho a tener un jardín vulgar a base de rojos, blancos y azules o a base de caléndulas y agératos. Pero actualmente hay tantas y tan vistosas variedades entre las que escoger, que es posible aventurarse a crear algo diferente. Cada cual debe hacer su elección; una alfombra floral tradicional o bien un macizo formado por una sola variedad, pero en todo caso, hay que tener en cuenta unas normas generales. La mayoría de las plantas anuales adoran el sol y aborrecen los suelos fértiles. No plantéis un macizo de anuales bajo los árboles, a no ser que estéis dispuestos a escoger entre la limitada gama de variedades de sombra. Las plantas anuales requieren mucho trabajo: sembrar, aclarar, desherbar, regar, descabezar, etc. Ahorran dinero pero no tiempo. No las plantéis aisladas sino en grupos ya que, de lo contrario, quedarían ocultas entre el verdor del jardín. Disponed las variedades más altas en el centro del macizo, o en la parte posterior del arriate.

Es estúpido que alguien diga que no se han de cultivar plantas anuales en el jardín, pero es igualmente erróneo pretender crear un jardín tan sólo con plantas anuales. Los más severos críticos de estas plantas de vida corta, omiten su mayor inconveniente. En el resumen de la página 17 se observa que antes de finales de primavera hay muy pocas anuales en flor, y la página 33 revela que a mediados de otoño no queda casi ninguna. Un jardín necesita una época florida mucho más larga, y por esto hemos de recabar ayuda en los bulbos, las plantas perennes y los arbustos.

CLAVE DE LOS SÍMBOLOS USADOS EN LA GUÍA ALFABÉTICA

AR	**Anual resistente**
ASR	**Anual semirresistente**
BR	**Bienal resistente**

Acroclinium roseum grandiflorum

ACROCLINIUM

Acroclíneo

AR

Esta flor austaliana suele figurar en los catálogos como *Acroclinium*, pero su verdadero nombre científico es *Helipterum*. Las flores, tipo margarita, de pétalos pajizos, se forman en el extremo de delgados tallos y pertenecen al grupo de las flores «duraderas» que pueden cortarse y secarse para la decoración de interiores. Hay flores sencillas, dobles y semidobles.

VARIEDADES: los paquetes de semillas de acroclíneo suelen estar etiquetadas como «mezcla de acroclíneos de flores grandes» y contienen semillas de *A. roseum grandiflorum*, que darán lugar a un bonito conjunto de flores blancas y rosadas. *A. humboldtianum* (amarillo), *A. roseum* (rosa) y *A. manglesii* (blanco y rojo) son especies menos frecuentes. Antes de que las flores estén completamente abiertas, cortad sus tallos para secarlas.

SUELO Y EMPLAZAMIENTO: en cualquier suelo permeable; mejor a pleno sol.

DATOS: altura 38 cm. Distancia 15 cm. Época de floración durante todo el verano.

REPRODUCCIÓN: raíces delicadas. Sembrad las semillas en el sitio donde hayan de florecer. Aclarad a la distancia requerida.

A. roseum

Ageratum houstonianum

AGERATUM

Agérato

ASR

En verano se ven agératos por todas partes. Las matas compactas y los plumeros de flores cubren las zonas desnudas de los arriates, orlan los macizos formales y colorean las jardineras de los alféizares. Su popularidad es debida a que florecen profusamente y durante mucho tiempo. Si los descabezáis regularmente y los regáis en abundancia cuando el tiempo sea seco, tendrán flores hasta que se produzcan las primeras heladas.

VARIEDADES: las más populares son las variedades malvas y azules de *A. houstonianum*, como «Blue Mink» (azul azur), «Blue Angel» (azul lila) y «Blue Blazer» (azul oscuro). La de mayor talla es «Blue Bouquet», de 45 cm, y entre las que no son azules, figuran «Summer Snow» (blanca) y «Fairy Pink» (rosa).

SUELO Y EMPLAZAMIENTO: en cualquier suelo de jardín, al sol o a media sombra. Aborrece los sitios batidos por el viento.

DATOS: altura 20 cm. Distancia 20 cm. Época de floración: final primavera-comienzos otoño.

REPRODUCCIÓN: seguid el procedimiento para las anuales semirresistentes (pág. 82). Trasplantadlas al exterior cuando haya pasado el riesgo de heladas.

A. houstonianum 'Blue Mink'

Agrostemma githago 'Milas'

AGROSTEMMA

Neguilla, candelaria

AR

La candelaria no es una flor de jardín demasiado popular y aun lo es menos entre los granjeros, cuando aparece en sus campos como una mala hierba. Pero es una planta excelente para una casa de campo, con sus grandes flores en el extremo de delgados tallos, resistiendo el viento y la lluvia. Es una planta recomendable para cortar sus flores.

VARIEDADES: *A. githago* forma hojas estrechas y pubescentes y flores de vivo color magenta, que se cierran de noche. La variedad que se cultiva más frecuentemente en el jardín es *A. githago* «Milas», originaria de Turquía. Sus flores son de color lila pálido, aclarándose hacia el centro; miden 5 cm de diámetro y resultan muy adecuadas para confeccionar arreglos florales. Cortadlas cuando estén completamente abiertas.

SUELO Y EMPLAZAMIENTO: en cualquier suelo del jardín; mejor a pleno sol.

DATOS: altura 75 cm. Distancia 30 cm. Época de floración: fines primavera-mediados verano.

REPRODUCCIÓN: no tolera el trasplante. En otoño o a comienzos de primavera sembrad las semillas, allí donde hayan de florecer.

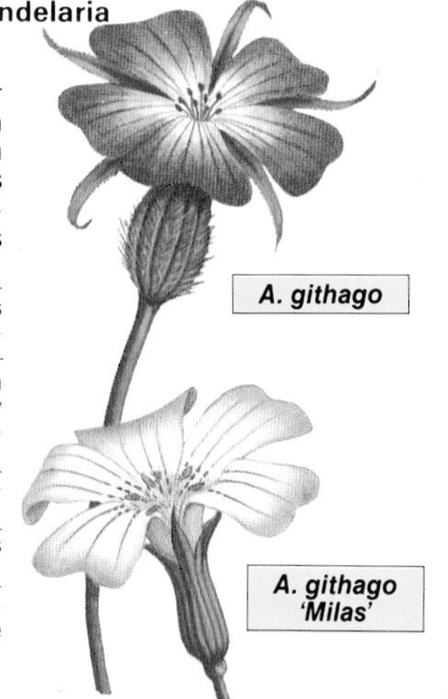
A. githago

A. githago 'Milas'

Althaea rosea 'Chater's Double'

ALTHAEA

Malvarrosa

AR, BR o PR

La malvarrosa es el gigante del jardín florido, con sus largos penachos de flores en forma de embudo que aportan su nota de color a la parte posterior del arriate herbáceo o a los jardines de las casas de campo. Las hay de todos los colores, excepto azules. Puede ser cultivada como planta perenne, pero la roya destruye las plantas más viejas; es mejor cultivarla como bienal o escoger alguna de las variedades anuales.

VARIEDADES: la malvarrosa común es *A. rosea* y se puede escoger entre las variedades de flores dobles y de flores sencillas. La más frecuente es «Chater's Double». Si la queréis cultivar como planta anual, elegid una variedad de floración temprana, como «Majorette» o «Summer Carnival».

SUELO Y EMPLAZAMIENTO: en cualquier suelo de jardín, en un lugar resguardado y soleado. En lugares abiertos, estacadla.

DATOS: altura 1.8-2.7 m (vars. anuales 0.9-1.8 m). Distancia 60 cm (vars. anuales 37 cm). Época de floración: durante todo el verano.

REPRODUCCIÓN: plantad esquejes en otoño o sembradlas al final de primavera; seguid el procedimiento indicado para las bienales (pág. 83). Las variedades anuales sembradlas, bajo cristal, a mediados de invierno.

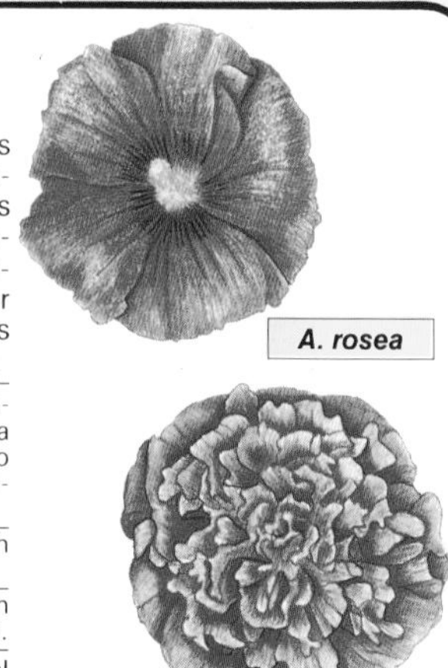

A. rosea

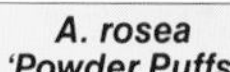

A. rosea 'Powder Puffs'

Alyssum maritimum 'Little Dorrit'

ALYSSUM

Alisón, alhelicillo

AR

Algunos expertos opinan que se cultivan demasiados alisones, pero sin ellos, muchos de nuestros jardines resultarían muy pobres. Forman pequeños montículos que, durante todo el verano, se cubren de diminutas flores dulcemente perfumadas y se emplean para festonear los macizos florales, para rellenar los espacios que quedan entre las losas del pavimento, para cubrir las zonas desnudas de la rocalla y para tapizar las jardineras de las ventanas.

VARIEDADES: mucha gente elige una variedad blanca de *A. maritinum* (su verdadero nombre es *Lobularia maritima*). Las de menor talla, a modo de alfombra, son «Carpet of Snow» y «Minimum» — la famosa «Little Dorrit» es más alta. Para variar se puede escoger una forma coloreada, como «Oriental Night» (púrpura oscuro), «Rosie O'Day» (rosa) y «Lilac Queen» (lila oscuro).

SUELO Y EMPLAZAMIENTO: el suelo debe ser permeable pero no demasiado fértil; mejor a pleno sol.

DATOS: altura 7-15 cm. Distancia 22 cm. Época de floración: durante todo el verano.

REPRODUCCIÓN: sembrad las semillas en compost, bajo cristal, a mediados de invierno o principios de primavera, allí donde hayan de florecer.

A. maritimum 'Minimum'

A. maritimum 'Rosie O'Day'

Amaranthus caudatus

AMARANTHUS

Amaranto rojo

ASR

El amaranto rojo suele plantarse en solitario, o en un pequeño grupo, en el centro del macizo floral. Durante los meses de verano, sus amentos de 45 cm de longitud, formados por diminutas flores, resultan muy espectaculares y pueden emplearse para arreglos florales. Para prolongar la vida de las flores y conseguir un hermoso cuadro otoñal de tallos rojos y hojas bronceadas, se han de regar copiosamente en tiempo seco.

VARIEDADES: *A. caudatus* es una planta tropical, pero en las regiones más cálidas de Gran Bretaña se puede cultivar como anual resistente. La especie tipo tiene grandes hojas verdes y amentos de color carmesí, pero podéis comprar semillas de la variedad *atropurpureus*, que producen amentos de color rojo oscuro, o de *viridis* cuyas flores son de color verde claro.

SUELO Y EMPLAZAMIENTO: en cualquier suelo permeable de jardín, mejor a pleno sol.

DATOS: altura 90 cm. Distancia 60 cm. Época de floración: de principios de verano a comienzos de otoño.

REPRODUCCIÓN: seguid el procedimiento indicado para las anuales semirresistentes (pág. 82). Trasplantadlas cuando haya pasado el riesgo de heladas.

A. caudatus

Anchusa capensis 'Blue Angel'

ANCHUSA

Anchusa
AR

Las anchusas suelen cultivarse como plantas perennes en el arriate herbáceo, pero hay una especie anual enana, muy apropiada para macizos o para jardineras de ventana. Es una planta arbustiva de tallos ramificados que, a mediados de verano, se cubren de flores estrelladas azules. La clave del éxito está en descabezarla regularmente, regarla y pulverizarla contra el mildiú, si aparecen manchas blancas.

VARIEDADES: la variedad de *A. capensis* que debéis elegir es «Blue Angel», que produce gran cantidad de flores tipo nomeolvides, de color azul oscuro. Las hojas son estrechas y pubescentes y la planta sólo crece 22 cm. «Bedding Blue» (45 cm, azul cielo) y «Blue Bird» (45 cm, azul índigo) son más altas.

SUELO Y EMPLAZAMIENTO: en cualquier suelo permeable; mejor a pleno sol y en un lugar despejado.

DATOS: altura 22 cm o 45 cm. Distancia 22 cm. Época de floración, a mediados de verano.

REPRODUCCIÓN: sembrad las semillas, de comienzos de otoño a inicios de primavera, allí donde hayan de florecer. Aclaradlas a la distancia requerida.

A. capensis 'Blue Angel'

Antirrhinum majus 'Madame Butterfly'

ANTIRRHINUM

Boca de dragón
ASR

Cuando éramos niños aprendimos a reconocer las altas espigas de las bocas de dragón, con sus flores en forma de embudo, pero actualmente hay una amplia gama de variedades de alturas diversas, con flores de distintas formas y colores. En realidad, esta planta es una perenne, capaz de resistir cortos períodos de frío, pero suele cultivarse como anual semirresistente. Cuando las plantas han alcanzado una altura de unos 8 cm pinzad los ápices de crecimiento, para favorecer su ramificación. Si están en un lugar abierto, estacad las variedades altas y eliminad las espigas marchitas, para prolongar el período de floración.

VARIEDADES: las bocas de dragón de nuestros jardines son variedades de *A. majus*, que se dividen en tres grupos; las altas sirven para formar macizos llamativos y para cortar flores para ramos. En los catálogos encontraréis «Apple Blossom» (rosa), los vigorosos híbridos Rocket y las formas de flores tipo azalea, como «Madame Butterfly» y flores como trompetas. El grupo de las intermedias es el más conocido. La que se considera más exquisita es «Coronette Mixed», pero se puede elegir entre «Rembrandt» (escarlata y dorado), «Black Prince» (carmesí oscuro) o una de las variedades de flores tipo jacinto. El grupo de las enanas se emplea para ribetear macizos o para crear alfombras florales; escoged «Magic Carpet», «Floral Carpet» o «Tom Thum Mixed». Si la roya es frecuente en vuestra zona, elegid una variedad resistente a aquélla.

SUELO Y EMPLAZAMIENTO: en cualquier suelo permeable de jardín, preferiblemente ligero o medio y en un lugar soleado.

DATOS: altura 0.9-1.2 m (altas), 45 cm (intermedias) o 15-22 cm (enanas). Distancia 45 cm (altas), 30 cm (intermedias) o 22 cm (enanas). Época de floración: mediados de verano a mediados de otoño.

REPRODUCCIÓN: seguid el procedimiento indicado para las anuales semirresistentes (pág. 82). También podéis sembrar las semillas a cubierto a mitad del verano y plantar las plántulas hacia el final, allí donde hayan de florecer. Esta técnica para las plantas bienales permite tener flores tempranas, pero no es adecuada para emplazamientos expuestos y fríos.

Antirrhinum majus 'Coronette Mixed'

A. majus 'Rembrandt'

A. majus 'Fiery Red'

Antirrhinum majus 'Magic Carpet'

Arctotis hybrida

ARCTOTIS

Margarita africana

ASR

Es una planta vistosa que forma grandes flores tipo margarita en el extremo de largos pedúnculos, que suelen emplearse como flor cortada, a pesar de que se cierran por la noche. Para favorecer la ramificación, cuando las plantas tengan unos 12 cm de altura, pinzad los ápices de crecimiento. Si se eliminan las flores marchitas y se dota a las ramas de algún tipo de soporte, la planta lucirá espléndida hasta que lleguen los primeros fríos.

VARIEDADES: en los catálogos encontraréis dos grupos fundamentales, el de *A. grandis*, con flores de pétalos blancos o de color pastel, rodeando un disco central azul, y el de *A. hybrida*, que suele venderse bajo el nombre de «híbridos de grandes flores», que produce flores de 10 cm de colores diversos y brillantes. Aunque el primer grupo es bastante bonito, es menos popular que el segundo.

SUELO Y EMPLAZAMIENTO: en cualquier suelo excepto los arcillosos y densos; mejor a pleno sol.

DATOS: altura 45 cm. Distancia 30 cm. Época de floración, de mediados de verano a comienzos de otoño.

REPRODUCCIÓN: seguid el procedimiento indicado para las anuales semirresistentes (pág. 82). Plantadla al exterior cuando haya pasado el riesgo de heladas.

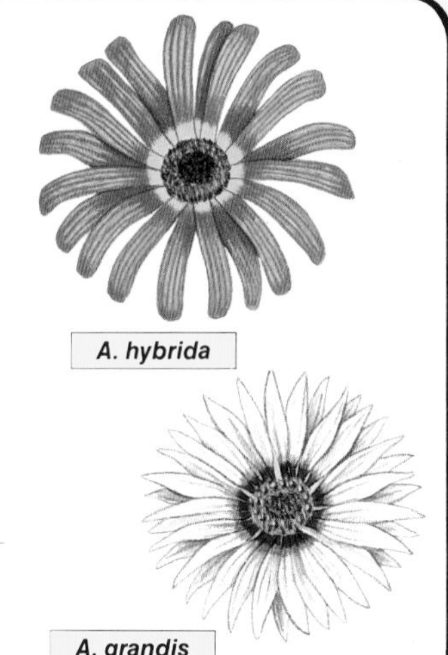
A. hybrida

A. grandis

Bartonia aurea

BARTONIA

Bartonia

AR

Si tenéis un suelo arenoso, esta planta, de fácil cultivo, será muy adecuada. Durante todo el verano produce abundantes flores de vivo color amarillo, de 5 cm de diámetro, que, junto con sus plumosos estambres hacen que se asemeje a una hierba de san Juan miniatura. Es una planta anual originaria de California que merecería ser más popular.

VARIEDADES: en los catálogos la encontraréis bajo el nombre de *Bartonia aurea* aunque su nombre científico moderno es *Mentzelia lindleyi*. Los tallos, suculentos, forman hojas de múltiples divisiones y las flores son ligeramente fragantes. Su único inconveniente es que, cuando no hay sol, las flores se cierran.

SUELO Y EMPLAZAMIENTO: crecen mejor en un suelo seco y arenoso, y en un lugar abierto y soleado.

DATOS: altura 45 cm. Distancia 22 cm. Época de floración, durante todo el verano.

REPRODUCCIÓN: sembrad las semillas a comienzos de primavera, allí donde hayan de florecer. Aclaradlas a la distancia requerida.

B. aurea

Begonia semperflorens 'Organdy'

BEGONIA

Begonia

ASR

La begonia de raíces fibrosas, o de bancal, es una de las plantas de macizo más útiles, ya que crece allí donde la mayor parte de anuales no consiguen sobrevivir; a la sombra, bajo los árboles. Aunque estén a la sombra durante casi todo el día, aportarán una viva nota de color, siempre que se cumplan estos requisitos: comprad plantas de buena calidad, no las plantéis al exterior hasta finales de primavera, enriqueced el suelo con humus y regadlas en tiempo seco.

VARIEDADES: hay *B. semperflorens* de una amplia gama de tallas, de color de las flores (blanco, rosa, rojo) y de color de las hojas (verde, cobrizo, bronceado). Las variedades enanas son las más populares y entre ellas figuran «Organdy» (colores mezclados, hojas verdes), «Cocktail» (colores mezclados, hojas bronceadas) y «Thousand Wonders White» (flores blancas, hojas verdes). La mejor variedad alta es «Danica» (grandes flores rojas o rosadas).

SUELO Y EMPLAZAMIENTO: vive mejor en un suelo rico en humus y a media sombra.

DATOS: altura 15-45 cm. Distancia 12-37 cm. Época de floración, durante todo el verano.

REPRODUCCIÓN: se sigue el procedimiento indicado para las anuales semirresistentes (pág. 82). Suele adquirirse como planta de bancal; la reproducción por semillas no es fácil.

B. semperflorens

Bellis perennis

BELLIS

Margarita

BR

La típica margarita del prado, con los años, ha dado lugar a gran número de variedades de jardín. Además de la de color blanco, las hay rojas y rosadas, y hay variedades de flores dobles, cuyo disco central amarillo casi ha desaparecido. Las margaritas sirven para ribetear los macizos y para plantar en las jardineras de alféizar. Es una planta perenne que puede durar muchos años aunque suele cultivarse como planta bienal.

VARIEDADES: existen algunas variedades enanas encantadoras de *B. perennis*, aptas para crear alfombras, orlar macizos o plantar en la rocalla: «The Pearl» (blanca), «Dresden China» (rosada) y «Rob Roy» (roja). La variedad «Pomponette» produce flores tipo borla y las formas «Monstrosa» producen grandes flores dobles, blancas, rosadas o rojas.

SUELO Y EMPLAZAMIENTO: en cualquier suelo de jardín; al sol o a media sombra.

DATOS: altura 7-15 cm. Distancia 15 cm. Época de floración: finales de invierno-comienzos de verano.

REPRODUCCIÓN: dividid las plantas o sembrad las semillas en primavera; seguid el procedimiento para las bienales (pág. 83).

B. perennis sencilla

B. perennis doble

Calceolaria 'Sunshine'

CALCEOLARIA

Calceolaria

ASR

La calceolaria fue muy popular en la época victoriana, pero más tarde cayó en desgracia. En los catálogos de semillas sólo encontraréis una o dos variedades, y algunos libros de plantas anuales ni siquiera la mencionan, pero las vistosas masas de flores en forma de bolsa pueden dar colorido a macetas, jardineras de ventana y macizos florales.

VARIEDADES: sembrando una mezcla de semillas de *C. multiflora* obtendréis plantas de flores grandes de diversos y variados colores; estos híbridos se emplean más como plantas de maceta, que como plantas de macizo. La antigua calceolaria de macizo era *C. rugosa*. «Sunshine» es un híbrido moderno mucho mejor.

SUELO Y EMPLAZAMIENTO: en cualquier suelo de jardín; mejor a pleno sol.

DATOS: altura 30 cm. Distancia 22 cm. Época de floración: finales de primavera-principios de otoño.

REPRODUCCIÓN: seguid el procedimiento indicado para las anuales semirresistentes (pág. 82). Suele adquirirse como planta de bancal, ya que reproducirla por semillas no es fácil. En otoño disponed las plantas en macetas y guardadlas bajo cristal, durante el invierno.

C. multiflora

Calendula officinalis 'Fiesta Gitana'

CALENDULA

Caléndula

AR

Antiguamente, esta planta se cultivó como hierba aromática para uso culinario, pero actualmente se cultiva como planta anual de floración estival. Así como los rábanos son la mejor hortaliza para que los niños se inicien en el cultivo del huerto, las caléndulas son las mejores flores para que se inicien en el jardín. Dejadles sembrar un puñado de semillas en primavera y, al cabo de unas 10 semanas, verán abrirse, por encima del follaje pubescente, gran cantidad de flores de tonos anaranjados. Para favorecer la ramificación, pinzad los ápices de crecimiento de los tallos jóvenes.

VARIEDADES: en la actualidad existen numerosas variedades de la antigua *C. officinalis* de las casas de campo, de insulsas flores anaranjadas. Los colores van desde el amarillo de «Lemon Queen», de 45 cm de altura, al anaranjado rojizo de las flores tipo crisantemo de «Gesha Girl», de 60 cm. «Radio» tiene pétalos tubulares, anaranjados, y «Art Shades» forma flores de tonos pastel.

SUELO Y EMPLAZAMIENTO: vive mejor en suelos pobres; al sol o a media sombra.

DATOS: altura 30-60 cm. Distancia 30 cm. Época de floración: fin primavera-inicios otoño.

REPRODUCCIÓN: sembrad las semillas a finales del verano o del invierno donde hayan de florecer. Aclarad a la distancia requerida.

***C. officinalis* 'Lemon Queen'**

***C. officinalis* 'Orange King'**

Callistephus chinensis 'Miss Europe'

CALLISTEPHUS

Reina margarita, maya

ASR

Las mayas *(C. chinensis)* dan color a los macizos florales, desde finales de verano hasta otoño y proporcionan flores de larga duración para la decoración de interiores. Sus hojas son pubescentes y profundamente lobuladas y las flores parecen margaritas grandes o crisantemos pequeños. Los catálogos de semillas ofrecen un gran surtido: enanas y altas, sencillas y dobles, con una amplia gama de formas y colores de las flores. La reina margarita es una planta casi resistente, suele trasplantarse al exterior a mediados de la primavera, aunque en regiones de clima templado puede obtenerse directamente mediante semillas, sembrándolas al aire libre en primavera. Plantadla cada año en un lugar distinto, de lo contrario, puede contraer enfermedades. Para obtener buenos resultados, acolchad el suelo alrededor de los tallos, descabezadla regularmente y estacad las variedades altas.

VARIEDADES: el grupo de las variedades sencillas incluye las formas antiguas; la mejor es «Super Chinensis» (60 cm). El de las enanas resulta extremadamente útil, cuando se dispone de poco espacio; escoged «Milady» (25 cm), «Pinocchio» (22 cm) o «Pepite» (30 cm). En el otro extremo de la escala se encuentra el grupo de las variedades altas —«Princess Giant», «Perfection» y «Giants of California». Por la forma de las flores, hay varios tipos; el de flores globosas, de numerosos pétalos, como «Miss Europa», el de flores tipo crisantemo, que incluye la famosa «Duchess», el de flores de plumas de avestruz, de pétalos plumosos, muy apreciado para macizos, y por último el grupo pompón en el que figura «Pirette».

SUELO Y EMPLAZAMIENTO: en cualquier suelo permeable de jardín, siempre que tenga la adecuada proporción de calcio. En un lugar soleado y resguardado.

DATOS: altura 22-75 cm. Distancia 22-45 cm. Época de floración: mediados verano-comienzos otoño.

REPRODUCCIÓN: seguid el procedimiento indicado para las anuales semirresistentes (pág. 82). Alternativamente, en zonas templadas, se pueden sembrar las semillas al exterior, a principios de primavera.

C. chinensis
flores sencillas

C. chinensis
flores de plumas de avestruz

C. chinensis
flores tipo crisantemo

C. chinensis
flores pompón

C. chinensis
flores globosas

Callistephus chinensis 'Duchess Crimson'

CAMPANULA

Campánula

BR

Las campánulas vienen cultivándose en los jardines de Gran Bretaña desde hace siglos. Por encima de sus hojas pubescentes, de margen ondulado, se yerguen numerosas espigas de flores acampanadas, sencillas, semidobles o dobles, de colores que van desde el blanco y el rosa hasta el malva y el azul. En invierno, proteged las plantas de las babosas, y en verano, estacad los tallos y eliminad las flores marchitas.

VARIEDADES: la campánula típica es *C. medium* y la variedad más famosa es *C. medium calycanthema*, que en los catálogos figura como «Cup and Saucer» (taza y platillo), debido a la forma de las flores semidobles producidas por esta planta de 75 cm de altura. La variedad de flores sencillas «Bells of Holland» (45 cm) es mucho más compacta. La gigante de las campánulas bienales es *C. pyramidalis*, de 1.2 m.

SUELO Y EMPLAZAMIENTO: en cualquier suelo permeable de jardín y en un lugar soleado que durante el día tenga un poco de sombra.

DATOS: altura 45-75 cm. Distancia 30 cm. Época de floración: mediados primavera-principio verano.

REPRODUCCIÓN: sembrad las semillas hacia finales de primavera y seguid el procedimiento de las bienales (pág. 83).

Campanula pyramidalis

C. medium calycanthema

Celosia argentea 'Cristata'

CELOSIA

Celosia

ASR

La celosia es una de las aristócratas del mundo de las plantas de macizo. Sus grandes y coloreadas inflorescencias, ya sean en forma de cresta de gallo o de pluma, añaden un toque de exuberancia a los macizos florales y a los arreglos florales de interior. No obstante, no debéis olvidar que se trata de una planta delicada, por lo que necesita un emplazamiento cálido y resguardado y no se debe trasplantar al exterior hasta que haya sido convenientemente endurecida y que no exista el riesgo de heladas.

VARIEDADES: la variedad plumosa es *C. argentea* «Plumosa» (plumas del príncipe de Gales). Su talla va desde la enana «Geisha» (22 cm) a la majestuosa «Thompson's Magnifica» (60 cm). La variedad de cresta de gallo es *C. argentea* «Cristata». Escoged la compacta «Jewel Box» (22 cm) o «Chanticleer» (22 cm). Los colores de la celosia son el rojo, el amarillo y el anaranjado.

SUELO Y EMPLAZAMIENTO: en un suelo ligero y en un lugar cálido y soleado.

DATOS: altura 22-60 cm. Distancia 22-30 cm. Época de floración, durante todo el verano.

REPRODUCCIÓN: seguid el procedimiento indicado para las anuales semirresistentes (pág. 82). Trasplantadlas al exterior cuando hayan pasado los fríos.

C. argentea 'Plumosa'

Centaurea cyanus 'Polka Dot'

CENTAUREA

Aciano, cabezuela

AR

Antiguamente, el aciano era una mala hierba del campo, pero tras una cuidadosa reproducción dirigida y selección, se ha convertido en una planta anual de gran colorido, apropiado tanto para el macizo floral como para la confección de ramos. Las flores, rosadas, rojas, purpúreas, blancas y azules, se forman en el extremo de unos tallos largos y rígidos. Su follaje verdegrisáceo representa un cambio agradable frente al follaje verde normal de la mayoría de anuales. Estacad las variedades altas y descabezadlas regularmente.

VARIEDADES: el grupo de las variedades altas de *C. cyanus* tiene de 75 a 90 cm de altura. «Blue Diadem», con sus grandes flores de color azul oscuro, y «Blue Ball» y «Red Ball» son excelentes. El grupo de las variedades enanas crece sólo unos 30 cm —la mejor es «Polka Dot» pero la preferida es la azul «Jubilee Gem». *C. moschata* «Sweet Sultan» produce flores tipo plumero en una amplia gama de colores, incluido el amarillo.

SUELO Y EMPLAZAMIENTO: en cualquier suelo permeable de jardín, al sol o a media sombra.

DATOS: altura 30 ó 75 cm. Distancia 22 ó 30 cm. Época de floración, durante todo el verano.

REPRODUCCIÓN: sembrad las semillas a comienzos de otoño o de primavera, donde hayan de florecer.

C. cyanus 'Blue Diadem'

Cheiranthus cheiri 'Cloth of Gold'

CHEIRANTHUS

Alhelí

BR

Los heraldos de la primavera de talla grande son los bulbos, los nomeolvides, las primaveras y los alhelíes. Cada año, a comienzos de otoño, se plantan millones de alhelíes, y sus flores, agrupadas en espigas erectas, se abren a fines del invierno o principios de la primavera (alhelí amarillo) o a mediados de la primavera (alhelí de Siberia). Antes de trasplantarlas a su emplazamiento definitivo, pinzad los ápices de las plantas jóvenes. Cultivadlas cerca de casa para que podáis disfrutar de su fragancia.

VARIEDADES: el alhelí amarillo *(C. cheiri)* es el más frecuente. Las formas de flores grandes incluyen las variedades antiguas, como «Cloth of Gold» (amarillo, 45 cm) y «Vulcan» (carmesí oscuro, 30 cm), pero existen otros muchos colores: rosa, púrpura, anaranjado, blanco, crema, etc. Para macizos pequeños escoged «Tom Thumb Mixed» (22 cm). Hay alhelíes de Siberia *(C. allionii)* amarillos y anaranjados.

SUELO Y EMPLAZAMIENTO: en cualquier suelo de jardín siempre que tenga la adecuada proporción de calcio.

DATOS: altura 22-60 cm. Distancia 20-30 cm. Época de floración: finales de invierno-mediados de primavera.

REPRODUCCIÓN: seguid el procedimiento indicado para las bienales (pág. 83). Trasplantadlas al exterior a comienzos de otoño.

C. cheiri 'Vulcan'

Chrysanthemum carinatum 'Court Jes

CHRYSANTHEMUM

Crisantemo anual

AR

El crisantemo anual queda eclipsado por sus vistosos parientes perennes y es menos popular de lo que merece. Es una planta ramificada que florece desde mediados de verano hasta otoño y las flores de algunas variedades son extremadamente coloreadas. Se pueden cortar para confeccionar ramos de gran duración. Descabezadlo regularmente y pulverizadlo para prevenir el ataque de pulgones.

VARIEDADES: el vistoso crisantemo anual es *C. carinatum (C. tricolor)* cuyas flores suelen presentar bandas de colores brillantes alrededor de un disco ... «Court Jesters» ... es do- ... marillas ... os.

... ligero

...

...ración,

... prima- ...ncia re-

C. carinatum 'Court Jesters'

C. coronarium

Clarkia elegans

...l, de fácil ...ce siglos, ...ores pare- ...nienzos de ...d las clar- ...illas de so- ..., antes de

...e la que exis- ...onos de rojo, ...n) es una va- ...netro. *C. pul-* ...lores blancas,

...un suelo ligero

...a de floración: ...o.

...Sembrad las se- ...yan de florecer.

C. elegans

Cleome spinosa

...ntas raras y exó- ...r araña, o vola- ...ve tanto para el ...llenar huecos en ...es, tienen largos ... Vigilad la apari- ...es.

... son variedades de ...ncia a las espinas de ...anca («Helen Camp- ...claro o el rosado. Las ...» y «Rose Queen». ...tivad «Colour Fountain». Buscad ... ...marilla «Golden Sparkler».

SUELO Y EMPLAZAMIENTO: es necesario un suelo fértil y permeable. A pleno sol.

DATOS: altura 0.9-1.2 m. Distancia 45 cm. Época de floración: durante todo el verano.

REPRODUCCIÓN: seguid el procedimiento indicado para las anuales semirresistentes (pág. 82). Trasplantad al exterior cuando haya pasado el riesgo de heladas.

C. spinosa

Cobaea scandens

COBAEA

Hiedra morada

ASR

La hiedra morada, o vid de taza y platillo, es un buen ejemplo del pequeño grupo de plantas que se cultivan como anuales trepadoras. En zonas templadas, sobrevive durante el invierno pero generalmente se desecha a finales de otoño. Es una planta de crecimiento rápido que trepa por medio de zarcillos y forma flores acampanadas, que primero son verdes y luego se vuelven purpúreas.

VARIEDADES: sólo hay una especie, *C. scandens*. Las flores tienen unos 7 cm de longitud y van abriéndose durante todo el verano. Algunas veces, la hiedra morada florece poco. Cercioraos de que las plantas han sido adecuadamente endurecidas, antes de trasplantarlas al exterior. Si el tiempo es seco, regadlas copiosamente y no las abonéis demasiado. Algunos catálogos ofrecen una variedad verdeamarillenta *(C. scandens alba)*.

SUELO Y EMPLAZAMIENTO: en cualquier suelo permeable de jardín; mejor a pleno sol.

DATOS: altura 25 cm. Distancia 60 cm. Época de floración: comienzos verano-principios otoño.

REPRODUCCIÓN: seguid el procedimiento indicado para las anuales semirresistentes (pág. 82), sembrando las semillas ladeadas.

C. scandens

C. tricolor 'Royal Ensign'

Convolvulus tricolor 'Blue Flash'

CONVOLVULUS

Don Diego de día enano

ASR

Se trata de una planta arbustiva, no de una trepadora como su pariente próximo, la enredadera común. Vive en suelos pobres y arenosos y produce abundantes y vistosas flores en forma de trompeta de boca ancha, a base de colores vivos, con el centro amarillo o dorado. Desafortunadamente duran poco; se abren por la mañana y se marchitan al atardecer. Descabezadlas regularmente y regadlas cuando el tiempo sea seco.

VARIEDADES: existen diversas variedades de *C. tricolor (C. minor)*. «Royal Ensign» (45 cm, azul oscuro con el centro dorado) y «Crimson Monarch» son excelentes. «Blue Flash» (22 cm) y «Rainbow Flash» forman plantas más compactas, muy adecuadas para jardineras de ventana y para la parte delantera del macizo. La trepadora *Ipomoea purpurea*, algunas veces figura en los catálogos como *C. major*.

SUELO Y EMPLAZAMIENTO: en cualquier suelo permeable de jardín. A pleno sol.

DATOS: altura 22-45 cm. Distancia 15-22 cm. Época de floración: durante todo el verano.

REPRODUCCIÓN: sembrad las semillas a principios de otoño o al finalizar el invierno, allí donde hayan de florecer. Aclarad a la distancia requerida.

Coreopsis tinctoria 'Dwarf Dazzler'

COREOPSIS

Coreopsis

AR

Es una planta que florece profusamente, con flores tipo margarita, de tallos largos, muy adecuada para cortar ramos. Es una planta que crece en la mayoría de condiciones, si bien no gusta de suelos arcillosos y si está a la sombra florece poco. Las variedades altas se deben estacar y las flores marchitas han de ir eliminándose regularmente. La gama de colores es limitada; las flores son amarillas, con manchas rojas o marrones combinadas de varias formas.

VARIEDADES: en los catálogos, la *Coreopsis* anual a veces figura como *Calliopsis*. La especie *C. tinctoria* ha dado lugar a numerosas variedades de jardín —la favorita es «Dwarf Dazzler» (30 cm, flores de color carmesí con amplios bordes dorados). *C. drummondii* «Golden Crown» es muy popular (60 cm, flores doradas con el centro rojo oscuro).

SUELO Y EMPLAZAMIENTO: crece mejor en un suelo ligero o medio. Al sol.

DATOS: altura 30-60 cm. Distancia 30 cm. Época de floración: durante todo el verano.

REPRODUCCIÓN: sembrad las semillas al iniciarse la primavera, allí donde hayan de florecer. Aclarad a la distancia requerida.

C. drummondii 'Golden Crown'

C. tinctoria 'Dwarf Dazzler'

Cosmos sulphureus 'Sunset'

COSMOS

Cosmos

ASR

Es una planta anual popular que se distingue fácilmente por su porte delgado, su delicado follaje tipo helecho y sus grandes flores que parecen dalias sencillas. Cultivadlas en macetas o en macizos florales, tanto para cortar flores como para disfrutar de ellas al exterior, durante todo el verano. Estacad las variedades altas y descabezad las flores marchitas para prolongar la época de floración.

VARIEDADES: la mayoría de cosmos de jardín son variedades de *C. bipinnatus*. La más frecuente es «Sensation Mixed» —90 cm de altura, con flores blancas, rosadas o rojas. La más vistosa es «Candy Stripe» con dibujos en rojo y blanco. Las variedades de *C. sulphureus* tienen flores de colores vivos y hojas más anchas. Elegid «Sunset» (90 cm, anaranjada, semidoble), «Klondyke» (60 cm, anaranjada, doble) o la nueva variedad enana «Sunny Gold» (30 cm, anaranjada, doble).

SUELO Y EMPLAZAMIENTO: en cualquier suelo permeable de jardín, preferiblemente ligero o medio. Al sol.

DATOS: altura 30-90 cm. Distancia 45 cm. Época de floración: comienzos verano-principios otoño.

REPRODUCCIÓN: seguid el procedimiento indicado para las anuales semirresistentes (pág. 82). En lugares templados sembrad las semillas al exterior, a mediados de primavera.

C. bipinnatus 'Sensation'

Flores para cada estación

INVIERNO-PRIMAVERA

(para PRIMAVERA-VERANO, véase pág. 21)
(para VERANO-OTOÑO, véase pág. 35)
(para OTOÑO-INVIERNO, véase pág. 33)

La época de floración de casi todas las plantas anuales y bienales está comprendida entre finales de primavera y comienzos de otoño. No obstante, mediante una minuciosa selección, podréis tener flores en el arriate o en el macizo anual durante la mayor parte del año. Para cada mes hay cierto número de plantas anuales y bienales que seguramente estarán en flor. Recordad que algunas de estas plantas pueden comenzar a florecer antes y seguir haciéndolo hasta varias semanas después.

PRINCIPIOS DE INVIERNO
Viola

MEDIADOS DE INVIERNO
Viola

FINALES DE INVIERNO
Bellis
Cheiranthus
Matthiola
Viola

COMIENZOS DE PRIMAVERA
Bellis
Cheiranthus
Lunaria
Matthiola
Myosotis
Viola

MEDIADOS DE PRIMAVERA
Bellis
Campanula
Cheiranthus
Iberis
Lunaria
Malcolmia
Myosotis
Viola

Dahlia 'Coltness Gem'

DAHLIA

Dalia

ASR

Las dalias de macizo, que nos llegan a la rodilla, con sus flores de 5 cm, son los parientes plebeyos de las dalias de arriate, cuyas flores pueden ser grandes como platos. No obstante, las variedades anuales de pequeña talla no pueden considerarse como el pariente pobre de la familia, ya que son muy vistosas y más duraderas que cualquier planta de arriate. Eliminad las flores marchitas, pero no cortéis ningún capullo.

VARIEDADES: las variedades antiguas preferidas son «Coltness Hybrids», de 45 cm, con abundantes flores sencillas en una amplia gama de colores. Si queréis flores dobles y una planta más compacta, elegid «Rigoletto», la de follaje bronceado «Redskin» o la de floración temprana «Figaro». Las flores de «Dandy» (60 cm) tienen 2 tipos de pétalos —los externos, grandes, y un collarete interior de pétalos en quilla.

SUELO Y EMPLAZAMIENTO: en cualquier suelo permeable de jardín, preferiblemente denso o medio. Al sol.

DATOS: altura 30-60 cm. Distancia 30 cm. Época de floración, de comienzos de verano a mediados de otoño.

REPRODUCCIÓN: seguid el procedimiento indicado para las anuales semirresistentes (página 82). Los tubérculos pueden ser desenterrados y guardados a cubierto en invierno.

D. 'Dandy'

Delphinium ajacis

DELPHINIUM

Espuela de caballero

AR

La consuelda, o espuela de caballero anual, es una planta de crecimiento rápido con variedades apropiadas, tanto para la parte trasera del arriate anual como para la delantera. Las flores se agrupan formando densas espigas erectas, blancas, rosadas, rojas o azules. El follaje es plumoso y las inflorescencias se emplean para la confección de arreglos florales de interior. Estacad las variedades altas y eliminad las espigas marchitas.

VARIEDADES: el grupo de *D. consolida* comprende las variedades «Giant Imperial» (1.2 m) que producen largas espigas de flores tipo alhelí. El grupo de *D. ajacis* lo forman variedades algo más bajas y de floración más temprana, de flores tipo jacinto, como «Tall Rocket» (75 cm) y «Dwarf Rocket» (30 cm). Recordad que las semillas de las espuelas de caballero son venenosas.

SUELO Y EMPLAZAMIENTO: en cualquier suelo permeable de jardín. Al sol o a media sombra.

DATOS: altura 30 cm-1.2 m. Distancia 45 cm. Época de floración, de principios a mediados de verano.

REPRODUCCIÓN: no tolera ser trasplantada. Lo mejor es sembrar las semillas al final de verano o de invierno.

D. consolida 'Giant Imperial'

Dianthus barbatus

DIANTHUS

Clavel de san Isidro, clavel chino, clavel común

ASR o BR

Los claveles de san Isidro, los claveles comunes y las clavellinas pertenecen al género *Dianthus*, y la lista de sus variedades es tan larga como su historia. Los antiguos griegos llamaban al clavel, Flor Divina, los ingleses de la época isabelina cultivaron gran variedad de clavellinas y en la actualidad encontraréis diversas variedades de *Dianthus* en la rocalla, en los macizos, en los arriates y en las jardineras de alféizar. En las floristerías, podréis admirar las vistosas flores de los claveles perpetuos. Las hojas de *Dianthus* suelen ser grisáceas o azuladas y de tipo herbáceo. Casi todas las variedades gustan de suelos calcáreos, aunque no es realmente esencial.

VARIEDADES: las especies de *Dianthus* que se cultivan normalmente como plantas anuales o bienales son tres. *D. barbatus* es el conocido clavel de san Isidro, o de ramillete, que a mediados de verano produce numerosas inflorescencias aplanadas y compactas, de un solo color o de dos colores. Suele cultivarse como planta bienal pero existen también formas anuales. *D. chinensis* es el clavel chino, o anual, con flores fragantes, de 3 cm, en diversos colores y combinaciones; elegid «Baby Doll» (mezcla), «Snowflake» (blanco), «Queen of Hearts» (rojo) o la nueva variedad ramificada «Telstar» (mezcla). Los híbridos de *D. caryophyllus* son los claveles comunes anuales; las flores dobles tienen unos 5 cm de diámetro y son plantas excelentes para el macizo anual, excepto en lugares muy fríos. Las formas «Chabaud», «Knight» y «Raoul Martin» son de confianza.

SUELO Y EMPLAZAMIENTO: en cualquier suelo permeable de jardín que no sea ácido. Al sol.

DATOS: altura 30-60 cm (clavel de san Isidro), 15-45 cm (clavel chino), 45 cm (clavel común). Distancia 22 cm (clavel de san Isidro), 15 cm (clavel chino), 30 cm (clavel común). Época de floración, a comienzos de verano (clavel de san Isidro), principios de verano a otoño (clavel chino y clavel común).

REPRODUCCIÓN: seguid el procedimiento indicado para las bienales —página 83 (clavel de san Isidro). Proceded del mismo modo que para las anuales semirresistentes —página 82 o sembrad las semillas al exterior, a inicios de primavera (clavel chino). Seguid el procedimiento para las anuales semirresistentes —página 82 (clavel común).

Dianthus chinensis 'Baby Doll'

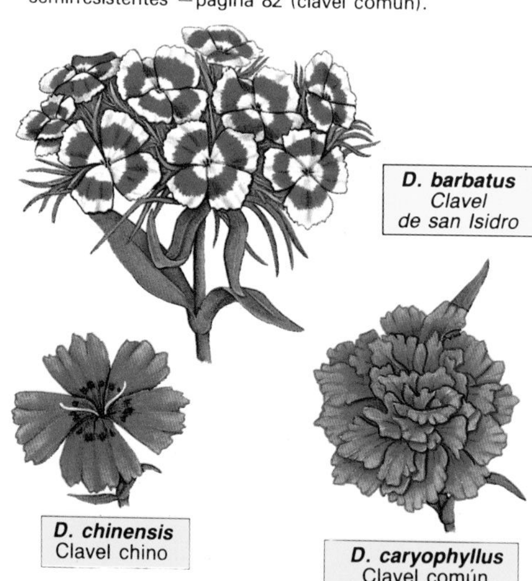

Dianthus caryophyllus 'Chabaud'

Digitalis purpurea 'Excelsior'

DIGITALIS

Dedalera
BR

Hay pocas plantas anuales y bienales que puedan crecer bajo los árboles o en otros lugares sombríos; la dedalera es una de ellas. En los jardines, algunas veces, se planta la especie silvestre *D. purpurea*, pero lo más frecuente es cultivar algún híbrido. Las largas espigas de flores acampanadas se yerguen sobre la roseta basal de hojas grandes y pubescentes. Es una planta fácil de cultivar, pero si el tiempo es seco regadla copiosamente.

VARIEDADES: si queréis una dedalera alta, lo mejor es un híbrido «Excelsior». Las flores se disponen casi horizontalmente alrededor de la espiga, de manera que el moteado marrón del interior de cada campana, resulta perfectamente visible. Las flores pueden ser blancas, amarillas, rosadas, purpúreas o rojas. «Foxy» es bastante parecida, pero sólo tiene 90 cm de altura y puede cultivarse como anual semirresistente.

SUELO Y EMPLAZAMIENTO: el suelo debe ser bastante rico en humus. A media sombra.

DATOS: altura 90 cm-1.5 m. Distancia 45 cm. Épocas de floración, de principios a mediados de verano.

REPRODUCCIÓN: seguid el procedimiento indicado para las bienales (pág. 83).

D. purpurea 'Foxy'

D. aurantiaca 'Goliath'

DIMORPHOTHECA

Dimorfoteca
AR

La dimorfoteca es una planta bastante exigente. Necesita un suelo ligero y permeable y mucho sol. Si se planta en un lugar sombreado, las flores no se abrirán. Hay que proporcionarles un lugar adecuado en la rocalla, en una jardinera de ventana o en un macizo floral y crecerán esplendorosas. En verano, sus flores tipo margarita, forman sabanas de color. Son apropiadas para cortar; para prolongar su floración eliminad las flores marchitas.

VARIEDADES: las variedades de jardín de dimorfoteca son híbridos de *D. aurantiaca*, cuyos pétalos, alrededor de un disco central oscuro, pueden ser blancos, amarillos, anaranjados o de color rosa salmón. Las flores más grandes corresponden a «Goliath» y «Orange Glory» pero la forma más popular es la compacta «Dwarf Salmon». Las variedades blancas son muy vistosas; las mejores son «Glistening White» y «Pole Star».

SUELO Y EMPLAZAMIENTO: un suelo arenoso, permeable. A pleno sol.

DATOS: altura 30 cm. Distancia 22 cm. Época de floración: de principios a mediados de verano.

REPRODUCCIÓN: no tolera el trasplante. Sembrad las semillas de principios a mediados de primavera allí donde hayan de florecer.

Dimorphotheca aurantiaca

Echium plantagineum 'Blue Bedder'

ECHIUM

Lengua de buey
AR

Si vuestro macizo floral está a pleno sol y dispone de un suelo muy permeable, vale la pena que tengáis en cuenta esta planta que representa algo distinto de las plantas anuales bajas que suelen plantarse. Sus flores, que parecen campanas con los bordes hacia fuera, son fragantes y atraen las abejas. Los tallos, ramificados, forman hojas estrechas y pubescentes y las flores, de larga duración, se agrupan en densos capítulos.

VARIEDADES: durante los últimos años, se han obtenido diversas variedades de jardín de *E. plantagineum* de gran calidad. Ya no es necesario que os limitéis al color azul de la forma original, ahora hay formas rosadas, malvas y blancas, pero las azules son tal vez las mejores y «Blue Bedder» produce flores de color azul oscuro durante todo el verano y parte del otoño. Si queréis una mezcla de colores, escoged «Dwarf Hybrids».

SUELO Y EMPLAZAMIENTO: en cualquier suelo permeable de jardín, preferiblemente ligero o medio. Al sol.

DATOS: altura 30 cm. Distancia 22 cm. Época de floración, de comienzos de verano a principios de otoño.

REPRODUCCIÓN: sembrad las semillas a mediados de verano o principios de primavera, allí donde hayan de florecer. Aclarad a la distancia requerida.

E. plantagineum 'Dwarf Hybrids'

Eschscholzia californica

ESCHSCHOLZIA

Amapola de California
AR

En verano, una extensión de amapolas de California en flor, resulta un espectáculo lleno de color, pero no lo será si el suelo es fértil y las plantas están a la sombra. Las flores no duran demasiado, pero van abriéndose ininterrumpidamente durante una larga temporada, y sus sedosos pétalos, mecidos por la brisa, forman parte de la escena de nuestros jardines. Después de la floración, surgen espontáneamente nuevas plántulas; aclaradlas.

VARIEDADES: en estado silvestre *E. californica* produce flores de color amarillo dorado, pero actualmente hay híbridos de varios colores. Si queréis una mezcla de colores plantad «Art Shades» (pétalos rizados, flores semidobles) o «Ballerina» (pétalos aflautados, semidoble o doble). Algunos prefieren un solo color —elegid «Cherry Ripe» (cereza), «Orange King» (anaranjado) o la enana «Miniature Primrose» (amarillo).

SUELO Y EMPLAZAMIENTO: necesita un suelo permeable. A pleno sol.

DATOS: altura 15-45 cm. Distancia 15 cm. Época de floración, durante todo el verano.

REPRODUCCIÓN: no tolera el trasplante. Sembrad las semillas al terminar el verano, allí donde hayan de florecer; a veces se recomienda sembrarlas a comienzos de primavera pero no da tan buenos resultados.

E. californica

Gaillardia pulchella 'Beauty Mixed'

GAILLARDIA

Gaillardia anual
ASR

La gaillardia anual es una planta excelente, tanto en el jardín como para cortar flores, pero no es demasiado popular. Una de las razones es que existen otras muchas plantas anuales con flores tipo margarita amarillas y rojas, pero la gaillardia doble es una novedad. También es una planta algo desmañada, aunque unas cuantas varillas de soporte restablecerán el orden. Eliminad las flores marchitas para asegurar la floración otoñal.

VARIEDADES: la gaillardia anual fundamental es *G. pulchella*, que forma grandes flores rojas con el borde amarillo. Son flores sencillas. Lo mejor es plantar uno de los híbridos de flores dobles cuyas flores globosas están llenas de color; los hay de varias tallas. *G. pulchella lorenziana* que crece unos 60 cm — «Lollipops» que es una forma enana de 30 cm.

SUELO Y EMPLAZAMIENTO: en cualquier suelo permeable de jardín. Al sol o a media sombra.

DATOS: altura 30-60 cm. Distancia 22-45 cm. Época de floración, durante todo el verano.

REPRODUCCIÓN: seguid el procedimiento indicado para las anuales semirresistentes (pág. 82) o sembrad las semillas al exterior a principio de primavera en regiones templadas.

G. pulchella 'Lollipops'

Gazania 'Sundance Mixed'

GAZANIA

Gazania
ASR

Posiblemente para una rocalla, un arriate o un macizo soleado no hay otra planta más vistosa que la gazania. Son plantas bajas, con tendencia a desparramarse, de hojas de envés plateado o gris y flores tipo margarita, de 7 cm, en una amplia gama de colores y bandas contrastantes. Son perennes pero las heladas las dañan fácilmente; es mejor cultivarlas como anuales semirresistentes. Las flores se cierran al atardecer.

VARIEDADES: algunos viveros ofrecen variedades de un solo color, como «Mini-Star Yellow» o «Red Hybrid», pero lo más frecuente es que os ofrezcan una mezcla multicolor de semillas, como «Harlequin», «Treasure Chest» o «Sundance Mixed».

SUELO Y EMPLAZAMIENTO: en cualquier suelo permeable de jardín; es imprescindible que estén al sol. Todas las gazanias crecen bien en zonas litorales.

DATOS: altura 22-37 cm. Distancia 30 cm. Época de floración, comienzo verano-principios otoño.

REPRODUCCIÓN: seguid el procedimiento indicado para las anuales semirresistentes (pág. 82). Trasplantadla al exterior cuando haya pasado el riesgo a las heladas.

G. 'Harlequin'

Godetia grandiflora 'Salmon Princess'

GODETIA

Godetia

AR

La godetia es una de las mejores plantas anuales resistentes; sus hermosos colores y su abundante floración han hecho de ella una de las anuales favoritas durante muchos años. Sus flores, en forma de embudo, se agrupan en espigas erectas tan numerosas, que proveen al mismo tiempo el jardín y los jarrones del salón. Las variedades altas necesitan estacas y todas deben ser regadas en tiempo seco.

VARIEDADES: las variedades de jardín son híbridos de *G. grandiflora*, originaria de California. Para la parte central del arriate elegid una mezcla de variedades altas, dobles, que crecen unos 60 cm. «Sybil Sherwood» (rosa, bordes blancos) y «Kelvedon Glory» (anaranjado salmón) son más bajas y ramificadas. Las variedades de flores tipo azalea tienen flores dobles de márgenes ondulados, y para la parte frontal del arriate podéis comprar semillas de variedades enanas.

SUELO Y EMPLAZAMIENTO: en cualquier suelo permeable de jardín, preferiblemente ligero o medio. Al sol.

DATOS: altura 22-60 cm. Distancia 22-30 cm. Época de floración, durante todo el verano.

REPRODUCCIÓN: sembrad las semillas al principio de otoño o primavera, allí donde hayan de florecer. Aclarad a la distancia requerida.

G. grandiflora 'Sybil Sherwood'

Flores para cada estación

PRIMAVERA

(para INVIERNO, véase pág. 17)
(para VERANO, véase pág. 35)
(para OTOÑO, véase pág. 33)

La época de floración de casi todas las plantas anuales y bienales está comprendida entre finales de primavera y comienzos de otoño. No obstante, mediante una minuciosa selección, podréis tener flores en el arriate o en el macizo anual durante la mayor parte del año. Para cada mes hay cierto número de plantas anuales y bienales que seguramente estarán en flor. Recordad que algunas de estas plantas pueden comenzar a florecer antes y seguir haciéndolo hasta varias semanas después.

FINALES DE PRIMAVERA

Ageratum
Begonia
Bellis
Calendula
Campanula
Delphinium
Dianthus
Dimorphotheca
Echium
Eschscholzia
Gaillardia
Godetia
Heliotropium
Iberis
Impatiens
Lathyrus
Limnanthes
Linaria
Linum
Lobelia
Malcolmia
Matricaria
Matthiola
Mimulus
Nemesia
Nemophila
Nicotiana
Papaver
Petunia
Phlox
Portulaca
Salpiglossis
Tagetes
Tropaeolum
Viola
Viscaria

COMIENZOS DE VERANO

Ageratum
Agrostemma
Alyssum
Anchusa
Anthirrhinum
Bartonia
Begonia
Calceolaria
Calendula
Centaurea
Chrysanthemum
Cobaea
Convolvulus
Coreopsis
Dahlia
Delphinium
Dianthus
Digitalis
Dimorphotheca
Echium
Eschscholzia
Gaillardia
Gazania
Godetia
Gypsophila
Heliotropium
Iberis
Impatiens
Lathyrus
Lavatera
Limnanthes
Linaria
Linum
Lobelia
Matricaria
Matthiola
Mimulus
Nemesia
Nemophila
Nicotiana
Papaver
Petunia
Phacelia
Phlox
Portulaca
Salvia
Tagetes
Tropaeolum
Viola
Viscaria
Zinnia

Gypsophila elegans rosea

GYPSOPHILA

Gipsófila

AR

La gipsófila se cultiva para tener material con que confeccionar arreglos florales y para introducir cierto contraste con las grandes flores llenas de color del macizo o el arriate. De entre las pequeñas hojas verdegrisáceas, emergen unos ramilletes de pequeñas flores estrelladas; las plantas más débiles deben sujetarse a pequeñas ramas a modo de soporte. La gipsófila crece mejor en suelos ligeramente calcáreos.

VARIEDADES: La especie que se cultiva es *G. elegans*. Las formas de flores blancas son cepas de *G. elegans alba* y la más famosa es «Coven Garden». «Monarch» es algo más baja (37 cm) y existen otros colores además del blanco. *G. elegans rosea* tiene flores rosadas, y también puede comprarse una mezcla de semillas de las que nacerán flores blancas, rosadas, y de color carmesí.

SUELO Y EMPLAZAMIENTO: en cualquier suelo permeable de jardín que no sea calcáreo. Al sol.

DATOS: altura 30-45 cm. Distancia 30 cm. Época de floración, durante todo el verano.

REPRODUCCIÓN: sembrad las semillas al principio de otoño o primavera, allí donde hayan de florecer. Aclarad a la distancia requerida.

G. elegans alba 'Covent Garden'

Helianthus annuus 'Tall Single'

HELIANTHUS

Girasol

AR

La palabra «girasol» evoca la visión de una planta gigantesca de flores amarillas, grandes como platos. Estos gigantes se cultivan desde antiguo pero, para el jardín, existen variedades más compactas y vistosas. Sembrad dos o tres semillas en el lugar destinado a cada ejemplar y luego aclaradlas a una. Para que crezcan mucho, abonadlas semanalmente con fertilizante líquido. Estacad las variedades altas.

VARIEDADES: los girasoles anuales son variedades de *H. annuus* y, antes de comprarlos, mirad en el catálogo o en el envoltorio cuál es su altura final. Las variedades gigantes, como «Russian Giant» y «Tall Single», pueden sobrepasar los 3 m, con flores de 30 cm de diámetro; la enana «Sungold» sólo tiene 60 cm, con flores dobles, doradas. Entre ambas, se encuentra «Autumn Beauty» (1,5 m) en una mezcla de tonos, desde el amarillo limón al rojo oscuro.

SUELO Y EMPLAZAMIENTO: en cualquier suelo de jardín. Al sol.

DATOS: altura 60 cm-3 m. Distancia 30-75 cm. Época de floración, durante todo el verano.

REPRODUCCIÓN: sembrad las semillas a 3 cm de profundidad, al comienzo de primavera, allí donde hayan de florecer.

H. annuus

H. annuus 'Autumn Beauty'

Helichrysum bracteatum 'Hot Bikini'

HELICHRYSUM

Siempreviva

AR

La siempreviva es la flor «duradera» más popular; parece una margarita doble y sus pétalos son pajizos. Es muy adecuada para la decoración de interiores y debe cortarse justo antes de abrirse del todo. Atad los tallos formando ramilletes y colgadlos al aire libre, boca abajo, en un lugar fresco, donde no le dé el sol.

VARIEDADES: Hay *H. bracteatum* enanas y altas, en una increíble gama de colores. Entre las enanas figura «Hot Bikini» (30 cm), que es la más vistosa, con flores de color escarlata. Si queréis una mezcla de colores, tanto para el macizo como para cortar flores, elegid «Bright Bikini». Si queréis plantas grandes, comprad «Monstrosum Double Mixed», con flores de 5 cm en el extremo de tallos de 90 cm.

SUELO Y EMPLAZAMIENTO: en cualquier suelo permeable de jardín. Mejor a pleno sol.

DATOS: altura 30-90 cm. Distancia 30 cm. Época de floración, durante todo el verano.

REPRODUCCIÓN: sembrad las semillas a principios de primavera, allí donde hayan de florecer; aclarad a la distancia requerida. En zonas frías, cultivadla como anual semirresistente.

H. bracteatum

Heliotropium peruvianum

HELIOTROPIUM

Heliotropo

ASR

En otros tiempos, el heliotropo fue una planta estival muy popular que se alineó junto a las fucsias y los geranios en innumerables jardines victorianos, pero la moda pasó. El problema estriba en que las flores, por separado, son pequeñas, pero las inflorescencias son grandes y muy fragantes. Forma un excelente contraste junto a flores amarillas como las caléndulas, pero es una elección desafortunada para jardines fríos y abiertos.

VARIEDADES: hay híbridos de *H. peruvianum* de diversos colores: «White Lady» (blanco), «Lord Roberts» (azul oscuro), «Vilmorin's Variety» (púrpura), etc. Pero en los catálogos de semillas hay poca variedad; sólo suele encontrarse «Marine» (45 cm, púrpura real, follaje oscuro).

SUELO Y EMPLAZAMIENTO: en cualquier suelo permeable de jardín. Mejor a pleno sol.

DATOS: altura 45 cm. Distancia 30 cm. Época de floración, durante todo el verano.

REPRODUCCIÓN: seguid el procedimiento indicado para las anuales semirresistentes (pág. 82). En primavera pueden tomarse esquejes de las plantas de invernadero.

H. 'Marine'

Hibiscus trionum

HIBISCUS

Hibisco
AR

A diferencia de sus parientes perennes tanto de interior como de exterior, la especie anual de hibisco es poco apreciada. Sus flores duran poco, como máximo 1 día, pero se abren profusa e ininterrumpidamente, durante varios meses y van seguidas de legumbres utriculares. Es una planta arbustiva bonita y poco común. Vigilad el ataque de los pulgones; pulverizadla, si es necesario.

VARIEDADES: el hibisco anual es *H. trionum*, la flor de 1 hora. Sus flores tienen de 5 a 7 cm de diámetro, con pétalos blancos o cremosos rodeando un botón central de color marrón chocolate. Las hojas son largas y dentadas y las flores de las cepas modernas no duran sólo una hora, sino todo un día.

SUELO Y EMPLAZAMIENTO: en cualquier suelo permeable de jardín. Al sol o a media sombra.

DATOS: altura 60 cm. Distancia 35 cm. Época de floración, durante todo el verano.

REPRODUCCIÓN: sembrad las semillas a comienzos de primavera, allí donde hayan de florecer. Aclarad a la distancia requerida.

H. trionum

IBERIS

Carraspique
AR

El carraspique es una de las plantas anuales más tolerantes; crece en suelos pobres, en atmósferas contaminadas y germina sin problemas. Tanto si forma una extensa sabana en la parte frontal del arriate como si se emplea para delimitar los senderos, esta planta de crecimiento rápido, con tendencia a desparramarse, produce racimos de fragantes flores blancas, rosadas o rojas, tan abundantes, que pueden cubrir por completo su follaje lanceolado; descabezadla regularmente.

VARIEDADES: casi todas las formas son variedades de *I. umbellata*. Podéis elegir un carraspique anual, de flores de un solo color; uno de los mejores es «Red Flash» (30 cm, carmín), pero lo más frecuente es sembrar «Fairy Mixture» (22 cm, mezcla). Si queréis algo distinto sembrad «Giant Hyacinth-flowered» (37 cm, espigas de flores blancas, tipo jacinto).

SUELO Y EMPLAZAMIENTO: en cualquier suelo permeable de jardín. Mejor a pleno sol.

DATOS: altura 22-45 cm. Distancia 22 cm. Época de floración: de mediados de primavera a mitad de verano.

REPRODUCCIÓN: sembrad las semillas a finales de verano o invierno, allí donde hayan de florecer. Aclarad a la distancia requerida.

I. umbellata

Iberis umbellata 'Fairy Mixture'

IMPATIENS

Balsamina
ASR

Por desgracia, aún existen muchos jardineros que consideran la balsamina como una planta de interior e ignoran que también es de exterior. Los modernos híbridos F_1 forman grandes extensiones de plantas bajas de vivos colores, que crecen sin dificultad en suelos muy húmedos y lugares sombríos; entre las plantas anuales sólo las begonias de bancal pueden competir con ellas. Es una planta muy adecuada para macizos, macetas y jardineras de ventana.

VARIEDADES: las cepas «Imp» y «Elfin» crecen unos 22 cm y producen grandes flores blancas, rosadas, rojas, anaranjadas, malvas o de otros colores. Para la parte frontal del arriate o para el bordel del camino, escoged «Florette» (15 cm); en las jardineras de alféizar, plantad «Futura», semipéndula. La de flores más grandes es «Grand Prix» y la más vistosa «Zig-Zag», de pétalos rayados.

SUELO Y EMPLAZAMIENTO: en cualquier suelo permeable. Al sol o a media sombra. Antes de plantarlas, incorporad turba o compost al suelo.

DATOS: altura 15-30 cm. Distancia 15-22 cm. Época de floración: fin primavera-comienzos otoño.

REPRODUCCIÓN: seguid el procedimiento indicado para las anuales semirresistentes (pág. 82). Suele comprarse como planta de bancal; no la plantéis al exterior, hasta finales de primavera.

I. 'Grand Prix'

Impatiens 'Imp'

Ipomoea tricolor

IPOMEA

Don Diego de día

ASR

Los catálogos tienen razón, el don Diego de día es una de las plantas trepadoras de jardín más bonitas. Sus tallos, delgados y resistentes, se arrollan sobre los soportes verticales. En verano es frecuente ver sus hojas acorazonadas y sus grandes flores como trompetas, adornando las espalderas y las pérgolas. Pero su follaje no es demasiado espeso, por lo que es poco apropiado para ocultar algún objeto; no sirve como planta pantalla. Las flores sólo duran un día pero se abren una tras otra, ininterrumpidamente.

VARIEDADES: *I. tricolor (I. rubro-caerulea)* es la de flores más grandes; crece más de 2.5 m y las flores tienen 7-12 cm de diámetro. La variedad «Heavenly Blue» es muy popular; «Flying Saucers» es un híbrido de flores a rayas azules y blancas. *I. purpurea (Convolvulus major)* puede sobrepasar los 3 m —«Scarlett O'Hara» es un híbrido rojo.

SUELO Y EMPLAZAMIENTO: en cualquier suelo permeable de jardín, pero debe estar en un lugar soleado y resguardado.

DATOS: altura 15-30 cm. Distancia 45 cm. Época de floración, durante todo el verano.

REPRODUCCIÓN: seguid el procedimiento indicado para las anuales semirresistentes (pág. 82). Poned en remojo las semillas durante 24 horas, antes de sembrarlas en macetas individuales.

I. 'Heavenly Blue'

Lathyrus odoratus 'Spencer Mixed'

LATHYRUS

Guisante de olor

AR

El verdadero guisante de olor *(L. odoratus)* llegó a Gran Bretaña, procedente de Sicilia, en 1699, pero las variedades de jardín de gran talla y variados colores no hicieron su aparición hasta la época victoriana. La gama de tallas y colores ha ido aumentando, pero se ha perdido parte de la fragancia de las antiguas variedades. El guisante de olor es una planta fácil de cultivar, cuyos tallos forman varias flores y son muy apropiados para la confección de ramos. Hay algunas cosas que no debéis olvidar: preparad el suelo adecuadamente; en las variedades de semillas negras, poned éstas en remojo durante una noche antes de sembrarlas; cuando las plántulas hayan alcanzado unos 10 cm de altura pinzad sus ápices; disponed los soportes necesarios para sus zarcillos, y, si el tiempo es seco, regadlas copiosamente. Eliminad las inflorescencias marchitas.

VARIEDADES: si queréis plantas altas y flores grandes, escoged las variedades *Spencer*. Si los cultiváis para exhibirlos, hacedlo siguiendo el método del cordón: dirigid un solo tallo sobre cada caña y eliminad todo órgano innecesario, como zarcillos y brotes laterales. Si queréis que luzcan en el jardín, elegid una variedad muy fragante y cultivadla sobre una espaldera, una malla de plástico o una estructura de cañas en forma de cúpula. Entre las mejores variedades *Spencer*, figuran «Air Warden» (escarlata anaranjado), «Winston Churchill» (carmesí), «Leamington» (espliego), «White Ensign» (blanco) y «Mrs. R. Bolton» (rosa).

SUELO Y EMPLAZAMIENTO: en cualquier suelo permeable de jardín; elegid un lugar abierto y soleado. Para tener flores de exhibición, es imprescindible incorporar gran cantidad de materia orgánica al suelo y cavarlo profundamente.

DATOS: altura, 30 cm-2.5 m. Distancia, 15-30 cm. Época de floración, fin primavera-comienzo otoño.

REPRODUCCIÓN: sembradlos en macetas a principios de otoño y colocadlas en una cajonera durante el invierno. Plantadlas al aire libre a comienzos de primavera. Alternativamente, sembradlas al aire libre al iniciarse la primavera.

Lathyrus odoratus 'Jet Set Vienna'

L. odoratus 'Leamington'

L. odoratus 'Knee-hi'

Lathyrus odoratus 'Bijou'

Lavatera trimestris 'Loveliness'

LAVATERA

Malva anual

AR

Si buscáis una planta arbustiva para formar un seto temporal o un ejemplar para la parte trasera del arriate que esté cubierto de flores durante todo el verano, la malva anual es la solución. Sus flores, campaniformes, de 7 a 10 cm de diámetro, son suficientemente grandes para llamar la atención en el jardín y suficientemente duraderas para servir, como flor cortada, para hacer ramos. Las matas necesitan mucho espacio y las plántulas que nacen espontáneamente deben ser arrancadas.

VARIEDADES: *L. trimestris* ha dado origen a varias formas de jardín excelentes, que crecen de 90 cm a 1.2 m y producen flores rosadas; las más conocidas son «Loveliness» y «Tanagra». Las variedades compactas crecen unos 60 cm y no necesitan ser estacadas —«Mont Blanc» tiene flores blancas y «Silver Cup», una novedad, es la variedad que las tiene más vistosas.

SUELO Y EMPLAZAMIENTO: en cualquier suelo de jardín. Al sol o a media sombra.

DATOS: altura, 60 cm-1.2 m. Distancia, 60 cm. Época de floración, durante todo el verano.

REPRODUCCIÓN: sembrad las semillas al final del verano o del invierno, allí donde hayan de florecer. Aclarad a la distancia requerida.

L. trimestris 'Silver Cup'

Limnanthes douglasii

LIMNANTHES

Limnanta

AR

Hay varias razones para cultivar la limnanta en la parte frontal de un arriate. Es una planta poco frecuente, lo que supone una variación frente a los alisones y las lobelias de siempre. Además, sus flores amarillas y blancas aportan una viva nota de color y atraen las abejas. El follaje, tipo helecho, es de color verde claro y, en conjunto, esta planta baja y desparramada, resulta también excelente para la rocalla.

VARIEDADES: en los catálogos de semillas sólo encontraréis un tipo de limnanta, *L. douglasii*, originaria de California. Los pétalos, amarillos, tienen el borde externo blanco por lo que la flor, en conjunto, parece un huevo frito. Es una planta fácil de cultivar y con un dilatado período de floración. Exhala una fragancia dulce pero no muy fuerte y florece mucho si está a pleno sol.

SUELO Y EMPLAZAMIENTO: en cualquier suelo de jardín, mejor a pleno sol.

DATOS: altura, 15 cm. Distancia, 10 cm. Época de floración, durante todo el verano.

REPRODUCCIÓN: sembrad las semillas al terminar el invierno, allí donde hayan de florecer. La siembra de final de verano produce plantas que florecen a finales de primavera.

L. douglasii

Limonium sinuatum

LIMONIUM

Espliego marino

ASR

El nombre científico es *Limonium*, pero para el jardinero es el estátice o espliego marino. La especie más conocida *(L. sinuatum* o *Statice sinuata)* pertenece al grupo de las «siemprevivas» y se cultiva para tener flores que se utilizan para la decoración de interiores. Para secarlas, se cortan justo antes de que se abran del todo y se atan los tallos formando ramilletes. Colgadlos invertidos en un lugar fresco, lejos de la luz del sol.

VARIEDADES: lo normal es comprar una mezcla de *L. sinuatum*; los tallos alados forman ramilletes de diminutas flores de pétalos como de papel, de diversos colores: blanco, rosa, azul, amarillo, anaranjado, etc. También hay algunas variedades de un solo color: «Gold Coast» (amarillo), «Rose Light» (rosa) y «Midnight Blue» (azul oscuro). *L. suworowii* es una especie excelente para cortar flores, pero no para conservarlas secas; es alta, con espigas pequeñas y cubiertas de diminutas flores rosadas.

SUELO Y EMPLAZAMIENTO: en cualquier suelo permeable de jardín, pero mejor si es ligero o medio. En un lugar soleado.

DATOS: altura, 30-60 cm. Distancia, 30 cm. Época de floración, durante todo el verano.

REPRODUCCIÓN: seguid el procedimiento indicado para las anuales semirresistentes (pág. 82). Trasplantadlas al exterior cuando haya pasado el riesgo de heladas.

L. sinuatum 'Rose Light'

Linaria reticulata 'Crimson and Gold'

LINARIA

Linaria

AR

La linaria se siembra en pequeños grupos, en otoño o primavera, en la parte delantera del arriate o en la rocalla. Es muy adecuada para que la cultiven los niños. Si las semillas se siembran muy espaciadas, no es necesario aclarar las plántulas y las matas forman pequeñas bocas de dragón de muy diversos colores. Cuando la primera tanda de flores se ha marchitado, cortadlas.

VARIEDADES: las variedades de *L. maroccana* suelen ser bajas, de 30 cm o menos. La forma que suele figurar en los catálogos es «Fairy Bouquet» (flores de 1.5 cm, de varios colores, en plantas de 22 cm de altura). «Fairy Lights» es bastante parecida. *L. reticulata* es mucho más alta, con flores más grandes, mientras que la conocida variedad de jardín «Crimson and Gold», crece sólo 30 cm.

SUELO Y EMPLAZAMIENTO: en cualquier suelo permeable de jardín. Al sol o bajo una ligera sombra.

DATOS: altura, 22-45 cm. Distancia, 15 cm. Época de floración, durante todo el verano.

REPRODUCCIÓN: sembrad las semillas a principios de otoño o primavera, allí donde hayan de florecer. Aclarad a la distancia requerida, en caso de necesidad.

L. maroccana 'Fairy Bouquet'

Macizos

Los macizos modernos son de formas muy simples; rectangulares, ovalados, circulares o informales. Los macizos estrellados o de contornos complicados han pasado a la historia. Antes de plantarlos, comprobad que no haya malas hierbas en el terreno, rastrillad el suelo, formando un montículo en el centro del macizo. Es necesario evitar que el suelo invada el césped o el sendero circundante; cavad una pequeña trinchera alrededor del macizo. En todas partes encontraréis ejemplos de los cuatro tipos principales de macizos, pero el macizo alfombra, tan estimado en la época victoriana, ha desaparecido casi por completo. Su último reducto son los relojes florales que se encuentran en los pueblos litorales.

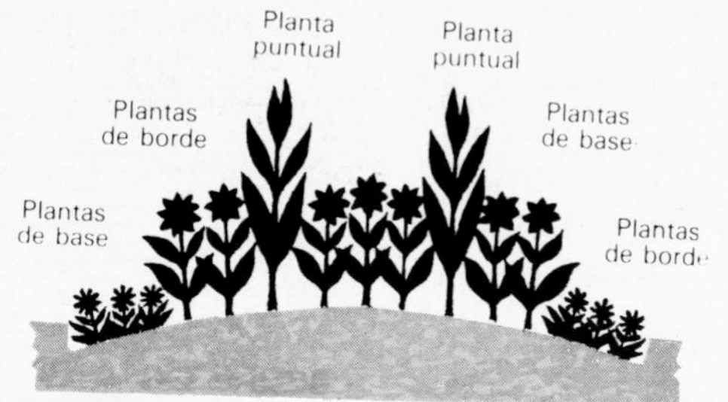

Plantas de borde
Plantas enanas de hasta 20 cm

Ejemplos:
Agérato
Alisón
Lobelia
Flox enano
Viola
Tagetes
Verbena

Plantas de base
Plantas de talla media, 15-60 cm

Ejemplos:
Rascamoños
Petunia
Begonia de macizo
Dalia de macizo
Salvia
Geranio de macizo
Boca de dragón

Plantas puntuales
Plantas altas, de flores o follaje vistoso

Ejemplos:
Fucsia estándar
Caña india
Kochia (follaje)
Panizo de las Indias (follaje)
Abutilón (follaje)
Amaranto
Ricino (follaje)

MACIZO DE UNA VARIEDAD

Se emplea una sola variedad, como *Begonia semperflorens* «Organdy», *Pelargonium* «Paul Crampel» o la petunia híbrida «Bouquet». Estos macizos han sido criticados por su monotonía, pero una gran extensión irregular tratada de esta manera, puede producir un espectacular efecto de macizo pradera. En algunos países continentales, su popularidad va en aumento y posiblemente es el primer esquema de macizo que rompe realmente con los tradicionales esquemas victorianos.

MACIZO DE UN GÉNERO

Se emplean especies y variedades de tallas, colores y flores distintos, que muestran la amplia gama de posibilidades del género en cuestión. El número de plantas, que se prestan a este tratamiento, ha aumentado con la introducción de las variedades enanas de algunas plantas anuales ya conocidas. Es un tipo de macizo muy adecuado para los jardineros especializados; los especialistas en dalias las plantan siempre así.

MACIZO DE JARDÍN ESTÁNDAR

La mayor parte del macizo lo forman grupos o hileras de plantas de base; la mayoría de anuales y bienales pertenecen a este grupo. Alrededor de ellas se disponen las plantas de borde, bajas. Si exceptuamos la caída en desgracia de los heliotropos y las calceolarias, que antiguamente estuvieron de moda, durante los últimos cien años, los estilos y las especies han cambiado muy poco. Lo que ha cambiado son las variedades empleadas.

MACIZO DE PARQUE ESTÁNDAR

Los esquemas de los jardineros profesionales difieren del de los macizos de los jardines privados, en la utilización de las plantas puntuales, plantas de macizo, altas y llenas de color, que se yerguen por encima de las plantas de base, a modo de ejemplares singulares. Son plantas que sirven de foco de atención, secreto de toda bella escena de parque. Muchas de las plantas puntuales son bastante exóticas, como el abutilón variegado, el panizo de las Indias ornamental y la *Canna* de follaje púrpura. Si se quiere algo más sencillo se pueden plantar un pequeño grupo de bocas de dragón o de espuelas de caballero.

Linum grandiflorum 'Rubrum'

LINUM

Lino

AR

Si sólo plantáis un ejemplar, se verá pobre y larguirucho, pero si lo plantáis en grupo, tendréis un magnífico espectáculo estival. Las flores, de 5 cm, se agrupan en racimos que se mecen bajo la brisa, por encima de las estrechas hojas. Siempre que tenga luz suficiente, cada planta producirá un considerable número de flores durante todo el verano, pero sólo lucen en el jardín ya que no sirven como flor cortada.

VARIEDADES: el lino silvestre no suele cultivarse. Las variedades de jardín son de la especie *L. grandiflorum*. La mejor es el lino escarlata, *L. grandiflorum* «Rubrum», de pétalos de vivo color rojo, satinados. Hay otros colores: «Album» (blanco), «Roseum» (rosa) y «Blue Flax» (azul vivo).

SUELO Y EMPLAZAMIENTO: en cualquier suelo permeable de jardín. Mejor a pleno sol.

DATOS: altura 22-45 cm. Distancia 15-22 cm. Época de floración, de comienzos a mediados de verano.

REPRODUCCIÓN: no tolera el trasplante. Sembrad las semillas a principios de otoño o primavera, allí donde hayan de florecer. Aclarad a la distancia requerida.

L. grandiflorum 'Rubrum'

Lobelia erinus 'Cambridge Blue'

LOBELIA

Lobelia

ASR

En algunos países la lobelia es, junto con el alisón, la planta de borde más popular, pese a que es más exigente que otras muchas plantas anuales, menos conocidas. Para que florezca profusa y prolongadamente, dadle un suelo rico en humus, abonadla de vez en cuando y regadla copiosamente en tiempo seco. Para promover su ramificación, pinzad los ápices de crecimiento cuando las plántulas tengan 3 cm de altura, y es mejor trasplantarlas en pequeños grupos que en solitario.

VARIEDADES: encontraréis *L. erinus* por todas partes y «Mrs Clibran Improved», de flores de color azul oscuro con el centro blanco, también es muy popular. Si queréis variar, escoged un color distinto: «Rosamund» (rojo), «White Gem» (blanco), «Cambridge Blue» (azul claro) o «String of Pearls» (mezcla). En los cestillos colgantes, cultivad la lobelia rastrera *(L. erinus pendula)*; tanto «Sapphire» (azul oscuro) como «Cascade Mixed» son excelentes.

SUELO Y EMPLAZAMIENTO: en cualquier suelo de jardín, preferiblemente rico y húmedo. Al sol o a media sombra.

DATOS: altura 10-20 cm. Distancia, 15 cm. Época de floración, durante todo el verano.

REPRODUCCIÓN: seguid el procedimiento indicado para las anuales semirresistentes (pág. 82). Trasplantadlas cuando haya pasado el riesgo de heladas.

L. erinus 'Mrs Clibran Improved'

Lunaria annua 'Alba'

LUNARIA

Hierba de la planta

BR

A finales de primavera y comienzos de verano, aparecen sus pequeñas flores por encima de sus hojas dentadas. Su color normal es el púrpura, pero hay variedades de flores rosadas o blancas. Sin ser nada especial, son plantas bonitas que merecen un lugar en el jardín, por sus legumbres aplanadas que parecen discos de nácar. Cortad los tallos a mediados de verano y secadlos a cubierto para tener un buen complemento para los arreglos florales de invierno.

VARIEDADES: *L. annua* ha dado lugar a diversas variedades de jardín. «Munstead Purple» tiene fragantes flores púrpura y las de «Alba» son blancas. La forma más corriente es «Variegata», cuyas hojas son variegadas en verde y crema y las flores son color rosa púrpura. Todas las variedades de la hierba de la planta, tienen flores de 4 pétalos en racimos. Acordaos de no descabezarlas, si queréis guardar las legumbres.

SUELO Y EMPLAZAMIENTO: en cualquier suelo permeable de jardín. Mejor a media sombra.

DATOS: altura, 60-90 cm. Distancia, 30 cm. Época de floración, durante toda la primavera.

REPRODUCCIÓN: sembrad las semillas a mediados o final de primavera; seguid el procedimiento de las bienales (pág. 83).

L. annua

Malcolmia maritima

MALCOLMIA

Alhelí de Virginia

AR

¡Pobre alhelí de Virginia! muchos de los jardineros actuales hacen sus pinitos en horticultura, llevando en una mano un paquete de semillas de rábano y en la otra uno de estos alhelíes, pero casi todos los libros se olvidan de mencionarlo. La causa de este desprecio hay que buscarla en lo fácil que es su cultivo. Sembrad unas pocas semillas en cualquier parte; en medio del jardín, en un rincón sombreado, en los intersticios del pavimento, o donde sea, y 1 ó 2 meses más tarde, las plantas estarán en flor.

VARIEDADES: *M. maritima* acostumbra a venderse en paquetes de semillas mezcladas. No suele ser necesario aclarar las plántulas, y pronto, sobre los delgados tallos, se abrirán preciosas florecillas blancas, malvas, rosadas, rojas, azules e incluso, amarillas. Hay variedades de un solo color, como «Crimson King».

SUELO Y EMPLAZAMIENTO: en cualquier suelo de jardín. Al sol o a media sombra.

DATOS: altura, 15-22 cm. Distancia (si hace falta) 10 cm. Época de floración: de 1 a 2 meses después de sembrarlas, estarán en flor durante varias semanas.

REPRODUCCIÓN: sembrad las semillas en primavera para la floración estival, en verano para la de finales de verano y en otoño para la floración primaveral.

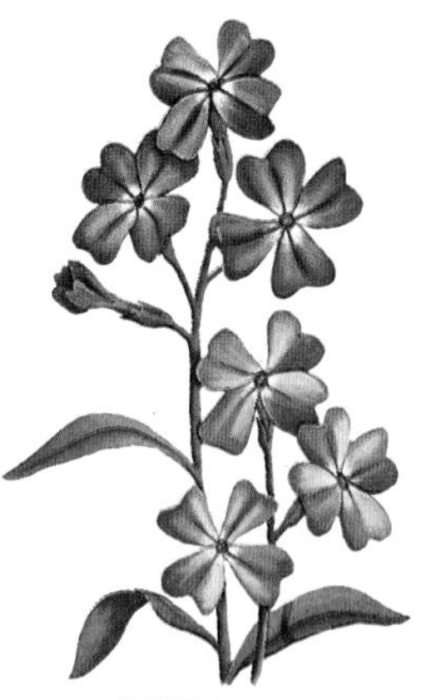

M. maritima

Malope trifida grandiflora

MALOPE

Malope

AR

Esta planta es similar a la malva anual *(Lavatera trimestris)*. Ambas forman matas de 90 cm de altura y, durante el verano, producen flores como trompetas, de 7-10 cm de diámetro. Sin embargo, la gama de colores de las malopes es más amplia y los expertos dicen, que es más fácil que se malogre. Produce flores en abundancia y no necesita ser estacada.

VARIEDADES: se vende tanto la especie *M. trifida* como la cepa de flores grandes *M. trifida glandiflora*. Con una mezcla adecuada de semillas, se obtienen flores blancas, rosadas, de color carmesí y purpúreas. Una característica de Malope es la presencia ocasional de nervios prominentes en los pétalos. Las flores se abren en el extremo de tallos largos y firmes y son excelentes para ramos.

SUELO Y EMPLAZAMIENTO: en cualquier suelo permeable de jardín, preferiblemente ligero o medio. En un lugar soleado.

DATOS: altura, 90 cm. Distancia, 37 cm. Época de floración, de mediados de verano a mediados de otoño.

REPRODUCCIÓN: sembrad las semillas a principios de primavera, allí donde hayan de florecer. Aclarad a la distancia requerida.

M. trifida grandiflora

Matricaria eximia 'Snow Ball'

MATRICARIA

Matricaria

ASR

En los catálogos de semillas, la matricaria puede figurar como *Matricaria eximia* o como *Chrysanthemum parthenium*. Es una planta compacta, de unos 30 cm de altura, que con su masa de flores pequeñas, como almohadillas, parece un crisantemo en miniatura. El follaje es picante y las flores, de 2 cm, son muy dobles. Pueden ser esféricas o tener un cerco exterior de pétalos cortos. Cultivadla como planta de macizo estival.

VARIEDADES: la gama de colores de la matricaria es muy limitada, sólo amarillo y blanco. Si queréis flores esféricas, sin un cerco externo de pétalos, elegid «Golden Ball» (amarillo) o «Ball's Double White» (blanco). Una variante es la flor tipo almohadilla con un volante de pétalos cortos y anchos: «Snow Puffs», «White Stars» y «Snow Ball».

SUELO Y EMPLAZAMIENTO: en cualquier suelo permeable de jardín. Mejor a pleno sol.

DATOS: altura, 20-30 cm. Distancia, 30 cm. Época de floración, final primavera-mediados verano.

REPRODUCCIÓN: seguid el procedimiento indicado para las anuales semirresistentes (pág. 82).

M. eximia 'Golden Ball'

M. eximia 'Ball's Double White'

Matthiola incana 'Ten Week Stock'

MATTHIOLA

Alhelíes

AR, ASR o BR

Durante siglos, los alhelíes han sido característicos de los macizos, los arriates y los jardines campestres. Todo el mundo conoce su suave follaje verdegrisáceo y sus densas espigas, y la fragancia que invade el aire que los rodea, es una delicia. A pesar de su popularidad, son plantas bastante complejas. Para cultivarlas a partir de semillas se necesita cierta habilidad, y su clasificación, a menudo induce a confusión.

VARIEDADES: hay cuatro grupos fundamentales. El primero es el *Ten Week Stock* (alhelí de diez semanas) con *M. incana* como especie tipo. Se cultivan como plantas anuales semirresistentes, sembrándose en primavera, bajo cristal, y trasplantándose al macizo para que florezcan en verano, diez semanas más tarde. Su talla normal es de 45 cm, pero varía, desde el alhelí de diez semanas, enano (30 cm), a las cepas «Excelsior» y «Mammoth» que alcanzan los 75 cm. El primero en florecer es el «Trysomic Seven Week». El segundo gran grupo es el *Brompton Stocks* (alhelíes Brompton), cultivados como bienales, sembrándose en verano para que florezcan a la primavera siguiente. Existe un reducido tercer grupo, el *East Lothian Stock*, que puede ser cultivado como anual o como bienal, y luego un cuarto grupo, bastante distinto de los demás. Es el *Night-scented Stock* (alhelí nocturno) *(M. bicornis)*. Es una planta anual resistente que se siembra en primavera en su emplazamiento definitivo, creciendo unos 30 cm y formando unas flores insignificantes, que de día permanecen cerradas. Pero de noche... ¡oh! ¡Qué fragáncia más deliciosa!

SUELO Y EMPLAZAMIENTO: en cualquier suelo permeable que no sea ácido. Al sol o a media sombra.

DATOS: altura, 30-74 cm. Distancia, 22-30 cm. Época de floración: fin primavera-mediados verano (grupo *Ten Week Stock*) y a finales de invierno a finales de primavera (grupo *Brompton Stock*).

REPRODUCCIÓN: seguid los procedimientos indicados para las anuales resistentes, las anuales semirresistentes o las bienales, según la variedad elegida. Consultad los grupos mencionados. Si queréis flores dobles, comprad una «Variedad selecta». Las plántulas de hojas de color verde oscuro producen flores sencillas; eliminadlas al trasplantarlas. Las plántulas pueden contraer enfermedades; no las reguéis demasiado y manejadlas por las hojas, no por el tallo.

Matthiola incana 'Brompton Stock'

M. incana Ten Week Stock

M. incana Brompton Stock

M. bicornis Night-scented Stock

Matthiola incana 'East Lothian Stock'

Mesembryanthemum criniflorum

MESEMBRYANTHEMUM

Margarita de Livingstone

ASR

En un suelo denso, en un lugar sombrío o durante un verano atípico, las margaritas de Livingstone no valen nada. Las grandes flores tipo margarita de esta planta sudafricana sólo se abren si hay sol, entonces es uno de los principales candidatos al título de mejor planta anual. Sus tallos, postrados y desparramados, tienen hojas suculentas y brillantes, así como flores de una sorprendente colección de precisos colores.

VARIEDADES: la especie comercializada con el nombre de margarita de Livingstone es *M. criniflorum*, de las que existen formas de vivos colores, incluyendo el blanco, rosa, rojo, anaranjado, amarillo y formas bicolores. *M. tricolor* tiene flores rojas y rosadas, pero si queréis algo distinto cultivad *M.* «Lunette». Sus pétalos amarillos rodean un prominente disco rojo.

SUELO Y EMPLAZAMIENTO: el suelo debe ser permeable y arenoso y el emplazamiento a pleno sol.

DATOS: altura 10-15 cm. Distancia, 20 cm. Época de floración, durante todo el verano.

REPRODUCCIÓN: seguid el procedimiento indicado para las anuales semirresistentes. Trasplantadlas al exterior cuando haya pasado el riesgo de heladas.

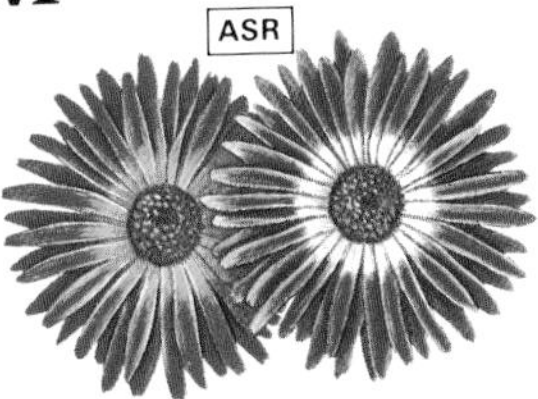
M. criniflorum

M. 'Lunette'

Mimulus 'Royal Velvet'

MIMULUS

Mímulo

ASR

En inglés, el nombre vulgar de esta planta significa «flor del mono» y hace referencia a que, una vez abiertas, sus flores se asemejan a la cara sonriente de un mono. Es una planta perenne de vida corta, que suele cultivarse como anual semirresistente. Son plantas bajas, que merecen un lugar en el jardín, ya que viven en terrenos húmedos o sombríos, donde pocas anuales logran sobrevivir. Emplead el mímulo para los macizos estivales de las zonas sombreadas y para las jardineras de ventana del lado de la casa que está orientado al norte.

VARIEDADES: las variedades de *M. cupreus* tienen flores en forma de trompeta, anaranjadas o rojas; «Red Emperor» (escarlata flamígero) es una forma muy conocida. *M. luteus* es más vistosa, de flores amarillas con manchas rojas o purpúreas. Las variedades e híbridos de *M. variegatus* son bastante similares pero de flores más grandes.

SUELO Y EMPLAZAMIENTO: es esencial que el suelo sea húmedo y que nunca llegue a secarse; es preferible algo de sombra.

DATOS: altura, 22 cm. Distancia, 22 cm. Época de floración, durante todo el verano.

REPRODUCCIÓN: seguid el procedimiento indicado para las anuales semirresistentes (pág. 82). Trasplantadlas al exterior cuando haya pasado el riesgo de heladas.

M. variegatus

Molucella laevis

MOLUCELLA

Campanillas de Irlanda

ASR

Es una planta interesante, más que bonita, que, a pesar de su nombre vulgar, procede de Siria y no de Irlanda. La corola de cada flor es blanca e insignificante pero está rodeada de un gran cáliz verde en forma de campana. Estas campanas se agrupan a lo largo de los tallos esbeltos que, pese a que en el jardín no destacan, son muy adecuados para arreglos florales de interior.

VARIEDADES: hay una sola especie, *M. laevis*. Si queréis emplearla para la decoración de interiores, cortad los tallos cuando las campanas estén completamente abiertas y secadlos en un lugar aireado donde no dé el sol.

SUELO Y EMPLAZAMIENTO: en cualquier suelo permeable de jardín. Al sol o a media sombra.

DATOS: altura, 60 cm. Distancia, 45 cm. Época de floración, a mediados y finales de verano.

REPRODUCCIÓN: seguid el procedimiento indicado para las anuales semirresistentes (pág. 82). En zonas templadas podéis sembrar las semillas al exterior, a comienzos de primavera.

M. laevis

Myosotis alpestris 'Blue Ball'

MYOSOTIS

Nomeolvides

BR

En primavera, caminando por la calle, veréis tulipanes y alhelíes y, debajo de todos ellos, nomeolvides. Al iniciarse la primavera, resulta indispensable para muchos jardineros disponer de esta alfombra azul, pero si queréis variar, existen especies rosadas y blancas. Todas ellas forman densos ramilletes de pequeñas flores y son fáciles de cultivar. Lo único que necesitáis es un suelo permeable y una regadera, por si no llueve.

VARIEDADES: casi todos los nomeolvides de jardín son variedades o híbridos de *M. alpestris*. Para tener un borde azul tradicional o para plantar bajo los bulbos, escoged una variedad compacta como «Ultramarine» (azul oscuro) o «Blue Ball» (azul índigo). Para un borde rosado plantad «Rose Pink» o «Carmine King». Los nomeolvides de talla alta pueden plantarse en un macizo; elegid entre «Royal Blue» (azul fuerte), «Blue Bouquet» (azul oscuro) y *M. sylvatica* «Blue Bird».

SUELO Y EMPLAZAMIENTO: en cualquier suelo permeable de jardín. Mejor a media sombra.

DATOS: altura, 15-30 cm. Distancia, 20 cm. Época de floración, a principios o mediados de primavera.

REPRODUCCIÓN: sembrad las semillas en plena primavera y seguid el procedimiento de las bienales (página 83).

M. alpestris

Nemesia strumosa 'Carnival'

NEMESIA
Nemesia
ASR

Es muy popular por 3 razones: es fácil de cultivar, florece al poco tiempo de haberse trasplantado y tiene flores multicolores. Podéis cultivarla en macetas y en jardines de alféizar así como en macizos y arriates. Son plantas de 30 cm de altura, con ramilletes de flores en forma de embudo, que iluminarán cualquier rincón soleado. Pinzad los ápices de las plántulas para que se ramifiquen y regadlas si no llueve. Cortadlas después de la primera floración.

VARIEDADES: *N. strumosa* ha dado lugar a muchas variedades e híbridos de jardín. Podéis comprarlas de un solo color, como «Blue Gem» y «Fire King», pero la gente suele comprar una mezcla. «Carnival» y «Funfair» tiene un surtido de rojos, cremas y amarillos; «Sparklers» es una mezcla que contiene muchas bicolores y tricolores.

SUELO Y EMPLAZAMIENTO: en cualquier suelo de jardín. Mejor al sol o a media sombra y en un terreno no calcáreo.

DATOS: altura 22-45 cm. Distancia, 15 cm. Época de floración, durante todo el verano.

REPRODUCCIÓN: seguid el procedimiento indicado para las anuales semirresistentes (pág. 82). En zonas templadas podéis sembrar las semillas al exterior, a principios de primavera.

N. strumosa

Nemophila menziesii

NEMOPHILA
Nemófila
AR

La nemófila es una planta baja, tipo alfombra, que en condiciones de humedad y frío crecerá tanto en el borde de un arriate como en la rocalla. Las hojas son plumosas y las flores tienen forma de ranúnculos grandes. La sequía es su enemigo. Antes de sembrarla, mezclad materia orgánica con el suelo y regadla si no llueve. Es una bonita planta de jardín pero no sirve como flor cortada; las flores se marchitan pronto, puestas en agua.

VARIEDADES: *N. menziesii* algunas veces figura como *N. insignis* o bajo su nombre vulgar de campánula de California. Las flores tienen 2-4 cm de diámetro y sus pétalos de color azul cielo rodean un centro prominente, blanco. En los catálogos, podéis encontrar una de las variedades menos frecuentes: completamente blanca o blanca con el centro azul.

SUELO Y EMPLAZAMIENTO: en cualquier suelo de jardín, preferiblemente en un terreno que retenga la humedad. Al sol o a media sombra.

DATOS: altura, 15 cm. Distancia, 15 cm. Época de floración: durante todo el verano.

REPRODUCCIÓN: no tolera el trasplante. Sembrad las semillas a comienzos de otoño o primavera, allí donde haya de florecer. Aclarad a la distancia requerida.

N. menziesii

Nicotiana alata 'Sensation'

NICOTIANA
Tabaco
ASR

Generaciones enteras de jardineros han cultivado *Nicotiana alata* (llamada también *N. affinis*) como flor de jardín, debido a su intensa fragancia al anochecer. Antiguamente, no era una planta particularmente decorativa ya que sus tallos, altos, habían de estacarse y las flores se cerraban durante el día, pero en la actualidad hay variedades enanas, y en muchos de los híbridos modernos, las flores, a modo de largas trompetas, permanecen abiertas de día. Eliminad las flores marchitas.

VARIEDADES: aún podéis adquirir *N. alata*, con sus tallos altos, sus flores blancas que al atardecer exhalan una intensa fragancia, pero es mucho mejor comprar una variedad más compacta cuyas flores estén abiertas durante el día, por ejemplo «Crimson Rock» (60 cm), «Dwarf White Bedder» (45 cm) y «Red Devil» (45 cm). Entre las mezclas buenas figuran «Sensation» (90 cm), «Nicki Mixed» (30 cm) y «Tinkerbelle» (22 cm). La amarillenta «Lime Green» es muy conocida.

SUELO Y EMPLAZAMIENTO: en cualquier suelo permeable de jardín. Al sol o a media sombra.

DATOS: altura, 22-90 cm. Distancia, 22-30 cm. Época de floración: de inicios del verano a mediados de otoño.

REPRODUCCIÓN: seguid el procedimiento indicado para las anuales semirresistentes (pág. 82). Trasplantadlas al exterior cuando haya pasado el riesgo de heladas.

N. 'Lime Green'

Nigella damascena 'Persian Jewels'

NIGELLA

Ajenuz, arañuela

AR

Sus flores azules permanecen medio escondidas entre su follaje finamente dividido. Es una planta que se cultiva en los jardines desde la época isabelina, si bien en la actualidad, podemos cultivar variedades de otros colores además de la azul tradicional. Es fácil de cultivar, pero si queréis que se ramifique, debéis incorporar compost al suelo, antes de sembrarla. Las cápsulas que encierran sus semillas se utilizan para hacer arreglos florales.

VARIEDADES: la especie más conocida es *N. damascena* y la variedad «Miss Jekyll» (azul aciano) es la más frecuente. Probad «Persian Rose» (rosa claro) aunque la variedad más popular es «Persian Jewels», con flores rosadas, azules, color malva y blancas. Hay una variedad enana («Dwarf Moody Blue») que crece 15 cm, y una especie de hojas grises: *N. hispanica* (flores azules, estambres rojos).

SUELO Y EMPLAZAMIENTO: en cualquier suelo permeable de jardín. Al sol o a media sombra.

DATOS: altura, 45 cm. Distancia, 22 cm. Época de floración, durante todo el verano.

REPRODUCCIÓN: sembrad las semillas en otoño o comienzos de primavera, allí donde hayan de florecer. Aclarad a la distancia requerida.

N. damascena 'Miss Jekyll'

PAPAVER

Amapola

AR o BR

La amapola es una flor nostálgica, un recuerdo de la niñez perdida y de la proximidad de la muerte. Sus capullos se inclinan hacia el suelo y sus pétalos duran muy poco, pero las modernas variedades de jardín tienen unos colores tan vistosos, que hacen desaparecer todo simbolismo triste. Las flores se forman en el extremo de los tallos, largos: las variedades sencillas tienen flores cóncavas, con 4 pétalos anchos e imbricados, y las variedades dobles las tienen globulares, con numerosos pétalos. Todas las amapolas tienen un aspecto delicado, pero no necesitan ser estacadas. Sin embargo, para prolongar la temporada de floración, deben eliminarse las flores marchitas.

VARIEDADES: las amapolas anuales más conocidas son descendientes de *P. rhoeas*, la amapola silvestre de los campos. A partir de ésta, el reverendo Wilks obtuvo «Shirley Poppy», que crece unos 60 cm y de la que existen formas sencillas y dobles. Los colores normales son el blanco, el rosa y el rojo. *P. commutatum* «Ladybird» (45 cm) es una forma anual bastante similar, de pétalos de color carmesí con el centro negro. La adormidera *(P. somniferum)* es muy vistosa; elegid la de flores dobles «Paeony-flowered Mixture». Algunas amapolas son tratadas como plantas bienales, sembrándolas en verano y aclarándolas en la primavera siguiente. La preferida es *P. nudicaule* (amapola de Islandia), de pétalos como de papel, en la más amplia gama de colores. Es excelente como flor cortada, siempre que cortéis las flores antes de que los capullos se abran y cauterecéis los cortes con una cerilla. Las variedades típicas son «Champagne Bubbles», «San Remo» y «Kelmscott». La pequeña amapola alpina, *P. alpinum*, también es cultivada como bienal.

SUELO Y EMPLAZAMIENTO: en cualquier suelo de jardín, al sol o a media sombra.

DATOS: altura, 15-90 cm. Distancia, 22-30 cm. Época de floración, mediados primavera-mediados verano *(P. rhoeas, P. nudicaule* y *P. alpinum)* y durante todo el verano *(P. somniferum)*.

REPRODUCCIÓN: ninguna amapola tolera el trasplante. En las variedades anuales, sembrad las semillas al iniciarse la primavera, allí donde hayan de florecer. Las bienales, sembradlas a mediado de verano y aclaradlas a la distancia requerida, a principios de primavera.

Papaver rhoeas 'Shirley Mixed'

P. commutatum 'Ladybird'

P. rhoeas 'Shirley Poppy'

P. alpinum

P. somniferum 'Paeony-flowered Mixture'

P. nudicaule 'Champagne Bubbles'

Papaver nudicaule

Petunia hybrida 'Resisto Rose'

PETUNIA

Petunia
ASR

Las variedades de petunia cada vez tienen flores más grandes, más vistosas y más vigorosas. Los híbridos modernos tienen flores en forma de embudo en lo alto de sus tallos pegajosos, resultando deslumbrantes en días soleados pero tristes cuando el tiempo húmedo se prolonga. Desde luego, es una planta de macizo excelente, pero también es muy apropiada para las jardineras de alféizar, las macetas y los cestillos colgantes. Si los tallos se vuelven larguiruchos, podadlos. Descabezad las flores marchitas, de vez en cuando.

VARIEDADES: para los macizos, podéis adquirir híbridos F_1 de *P. hybrida*; hay cuatro grupos. Las multifloras forman numerosas flores de 5 cm — «Resisto» aguanta el viento y la lluvia. Hay varios colores: «Apple Blossom», «Red Satin», «Starfire» (a rayas rojas y blancas). etc. Las multifloras dobles también tienen flores de 5 cm pero con muchos pétalos, y se asemejan a los claveles; un buen ejemplo es «Cherry Tart» (rosa y blanco). Las grandifloras tienen pocas flores, pero mucho mayores, de 7 a 10 cm de diámetro, y son más sensibles a los daños producidos por la lluvia. La mezcla más conocida es «Cascade», pero hay diversas variedades sencillas y bicolores — «Blue Frost», «Red Cloud» y la de rayas azules y blancas, «Telstar». Las grandifloras dobles forman el grupo más vistoso.

SUELO Y EMPLAZAMIENTO: en cualquier suelo de jardín, en un lugar soleado.

DATOS: altura, 15-45 cm. Distancia, 15-30 cm. Época de floración, comienzos verano y otoño.

REPRODUCCIÓN: seguid el procedimiento indicado para las anuales semirresistentes (pág. 82). Trasplantad al exterior cuando haya pasado el riesgo de heladas.

Flores para cada estación

OTOÑO

(para INVIERNO, véase pág. 17) (para PRIMAVERA, véase pág. 21)
(para VERANO, véase pág. 35)

La época de floración de casi todas las plantas anuales y bienales está comprendida entre comienzos de junio y finales de octubre. No obstante, mediante una minuciosa selección, podréis tener flores en el arriate o en el macizo anual, durante la mayor parte del año.

COMIENZOS DE OTOÑO

Ageratum	Cosmos	Rudbeckia
Amaranthus	Dahlia	Salvia
Antirrhinum	Dianthus	Scabiosa
Calceolaria	Gazania	Tagetes
Calendula	Impatiens	Thunbergia
Callistephus	Lathyrus	Tropaeolum
Clarkia	Nicotiana	Viola
Cobaea	Petunia	Zinnia

MEDIADOS DE OTOÑO

Viola

FINAL DE OTOÑO

Viola

Phacelia campanularia 'Blue Bonnet'

PHACELIA

Phacelia
HA

La mayoría de las plantas tienen una característica que las diferencia de las demás plantas que las rodean; en la phacelia esta característica es el intenso color azul de sus flores. A mediados de verano, sus campanas, de bordes abiertos, se yerguen por encima del follaje grisáceo, con los estambres de color amarillo fuerte, destacando sobre los pétalos color genciana. Cultivad la phacelia en la rocalla o formando un borde en el macizo.

VARIEDADES: la especie favorita es *P. campanularia*, de unos 22 cm de altura. Hay un híbrido más alto (*P.* «Blue bonnet») que crece el doble y tiene las flores del mismo color azul fuerte. Existen otras especies (*P. viscida, P. tanacetifolia*), pero, aunque también son altas, han perdido intensidad de color.

SUELO Y EMPLAZAMIENTO: en cualquier suelo permeable, preferiblemente ligero. Al sol o a media sombra.

DATOS: altura, 22 - 60 cm. Distancia, 15-30 cm. Época de floración, durante todo el verano.

REPRODUCCIÓN: sembrad las semillas a principios de primavera, allí donde hayan de florecer. Aclarad a la distancia requerida.

P. campanularia

Phlox drummondii 'Beauty Mixed'

PHLOX

Flox

ASR

El flox es una de las plantas de macizo fundamentales y, desde hace siglos, viene desempeñando un papel importante en nuestros jardines. En el extremo de los tallos se abren cabezuelas compactas, de unos 10 cm de diámetro. Las flores pueden ser de varios colores y casi siempre tienen el centro de un color distinto. Plantadlo en macetas, en jardineras de alféizar o en la rocalla, y descabezadlo de vez en cuando. Si en las hojas aparecen unos agujeros irregulares, echad en el suelo algún granulado contra las babosas.

VARIEDADES: hay dos grupos de *P. drummondii.* Las grandifloras son altas, de 30-40 cm, y la mejor es «Large-flowered Mix». Los *Nana Compacta* son enanos, de 15-22 cm, siendo el mejor «Beauty Mixed». «Twinkle» y «Stars» tienen flores estrelladas.

SUELO Y EMPLAZAMIENTO: en cualquier suelo permeable de jardín. Mejor a pleno sol.

DATOS: altura, 15-45 cm. Distancia, 20 cm. Época de floración, durante todo el verano.

REPRODUCCIÓN: seguid el procedimiento indicado para las anuales semirresistentes (pág. 82). En zonas templadas, podéis sembrar las semillas al exterior a comienzos de primavera.

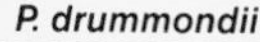
P. drummondii

Portulaca grandiflora

PORTULACA

Verdolaga

ASR

Si el tiempo es seco y tenéis un terreno arenoso a pleno sol, no os será fácil obtener flores durante todo el verano; en esta situación, la verdolaga es una de las pocas plantas idóneas. Sus tallos rojizos, semipostrados, forman grupos de hojas carnosas y largas que, si durante el otoño hay bastante sol, pueden quedar casi cubiertos de flores discoidales. Por desgracia las flores se cierran en cuanto se oculta el sol.

VARIEDADES: la especie que se cultiva es *P. grandiflora*, con flores de 3 cm, de vivos colores: amarillo, escarlata, anaranjado, rosa, púrpura y blanco. La variedad más frecuente es «Double Mixed», cuyas flores parecen pequeñas rosas; si queréis flores mayores, elegid «Sunglo». Podéis plantar «Cloudbeater» — los obtentores afirman que sus flores no se cierran cuando no hay sol.

SUELO Y EMPLAZAMIENTO: en cualquier suelo permeable; es esencial que le dé el sol.

DATOS: altura, 15 cm. Distancia, 15 cm. Época de floración, durante todo el verano.

REPRODUCCIÓN: no tolera el trasplante. Sembrad las semillas al exterior a principio de primavera; si es necesario, cubridlas con una campana hasta finales de estación.

P. grandiflora 'Double Mixed'

Reseda odorata

RESEDA

Reseda de olor

AR

Si queréis una planta anual llena de color que ilumine vuestro arriate, olvidaos de la reseda. Por el contrario, si queréis una planta baja, de aspecto insignificante, para plantar al pie de una ventana, de manera que inunde la habitación con su fragancia durante las calurosas tardes estivales, entonces, esta antigua planta campestre es lo que buscáis. Primero crece verticalmente y luego se desparrama, y sus pequeñas flores amarillentas se agrupan en racimos cónicos.

VARIEDADES: hay una especie, *R. odorata.* Los floricultores, con los años, han conseguido formas de flores más vistosas; podéis adquirir «Machet» (amarillo y rosa), «Red Monarch» (rojo y verde), «Goliath» (doble rojo) y otras, pero es mejor que, al hacer vuestra elección, más que en la presunta belleza de las flores, os rijáis por la calidad de su fragancia.

SUELO Y EMPLAZAMIENTO: en cualquier suelo de jardín; si es ácido añadid calcio. Al sol.

DATOS: altura, 30 cm. Distancia, 22 cm. Época de floración, durante todo el verano.

REPRODUCCIÓN: sembrad las semillas a principio de primavera, allí donde hayan de florecer. Aclarad a la distancia requerida.

R. odorata

Rudbeckia 'Gloriosa Daisy'

RUDBECKIA

Rudbeckia

ASR

Existen varias plantas anuales, con flores que parecen grandes margaritas amarillas o anaranjadas; la rudbeckia es la que tiene el disco central grande y abultado (como una piña). Es una planta elegante, de floración tardía, que produce muchas flores grandes que lucen tanto en el jardín como en el hogar. Cuando se corten y antes de hacer los ramos, se ha de sumergir el extremo de cada tallo en agua hirviendo durante medio minuto. Las hay amarillas, anaranjadas y rojas.

VARIEDADES: *R. hirta* ha dado lugar a gran número de variedades e híbridos. El de flores más grandes recibe el nombre de «Giant Tetraploid Hybrid» («Gloriosa Daisy»), con flores de 7 cm de diámetro. «Marmalade» (45 cm) alcanza sólo la mitad de su altura y las flores son más pequeñas, pero de un tono anaranjado dorado mucho más bonito. «Irish Eyes» tiene el centro verde en lugar de tenerlo oscuro como las demás.

SUELO Y EMPLAZAMIENTO: en cualquier suelo de jardín. Al sol o a media sombra.

DATOS: altura, 30-90 cm. Distancia, 30-60 cm. Época de floración: mediados verano-comienzos otoño.

REPRODUCCIÓN: seguid el procedimiento indicado para las anuales semirresistentes (pág. 82). En zonas templadas podéis sembrar las semillas al exterior, a principios de primavera.

R. 'Marmalade'

Flores para cada estación

VERANO

(para INVIERNO, véase pág. 17) (para PRIMAVERA, véase pág. 21) (para OTOÑO, véase pág. 33)

La época de floración de casi todas las plantas anuales y bienales está comprendida entre comienzos de junio y finales de octubre. No obstante, mediante una minuciosa selección, podréis tener flores en el arriate o en el macizo anual, durante la mayor parte del año. Para cada mes, hay cierto número de plantas anuales y bienales que seguramente estarán en flor.

MEDIADOS DE VERANO

Ageratum
Althaea
Alyssum
Antirrhinum
Begonia
Calceolaria
Calendula
Celosia
Centaurea
Chrysanthemum
Clarkia
Cleome
Cobaea
Convolvulus
Coreopsis
Cosmos
Dahlia
Dianthus
Eschscholzia
Gaillardia
Gazania
Godetia
Gypsophila
Helianthus
Helichrysum
Heliotropium
Hibiscus
Impatiens
Ipomoea
Lathyrus
Lavatera
Limonium
Lobelia
Mesembryanthemum
Nemesia
Nicotiana
Nigella
Papaver
Petunia
Phlox
Portulaca
Reseda
Salpiglossis
Salvia
Scabiosa
Schizanthus
Tagetes
Thunbergia
Tropaeolum
Viola
Zinnia

FINAL DE VERANO

Ageratum
Althaea
Alyssum
Amaranthus
Antirrhinum
Begonia
Calceolaria
Calendula
Callistephus
Celosia
Centaurea
Chrysanthemum
Clarkia
Cleome
Cobaea
Convolvulus
Coreopsis
Cosmos
Dahlia
Dianthus
Eschscholzia
Gaillardia
Gazania
Godetia
Gypsophila
Helianthus
Helichrysum
Heliotropium
Hibiscus
Impatiens
Lathyrus
Lavatera
Lobelia
Malope
Mesembryanthemum
Molucella
Nemesia
Nicotiana
Nigella
Papaver
Petunia
Phlox
Rudbeckia
Salpiglossis
Salvia
Scabiosa
Tagetes
Thunbergia
Tropaeolum
Viola
Zinnia

Salpiglossis sinuata

SALPIGLOSSIS

Salpiglosis

ASR

Llamativa es la palabra. Sus flores, en forma de embudo y aterciopeladas, tienen los nervios prominentes; amarillos sobre rojo, rojos sobre amarillo, dorados sobre púrpura, etc., haciendo que sea una de las plantas anuales más exóticas. Para promover su ramificación, pinzad los ápices de las plántulas y sostenedlas con cañas. La salpiglosis es una planta bastante delicada; no la cultivéis en un lugar abierto. Para que crezca en todo su esplendor, es necesario que el verano sea caluroso.

VARIEDADES: la especie de jardín es *S. sinuata* y el híbrido moderno más conocido «Splash», el cual forma matas de 45 cm de altura, con gran cantidad de flores de colores brillantes; «Bolero» es una mezcla bastante similar. «Grandiflora» es la más alta y de flores más grandes (5 cm de diámetro). «Monarch» es una variedad erecta, no ramificada.

SUELO Y EMPLAZAMIENTO: en cualquier suelo permeable de jardín. En un lugar soleado y resguardado.

DATOS: altura, 45-75 cm. Distancia, 30 cm. Época de floración, durante todo el verano.

REPRODUCCIÓN: seguid el procedimiento indicado para las anuales semirresistentes (pág. 82). Trasplantadlas al exterior cuando haya pasado el riesgo de heladas.

S. sinuata

Salvia splendens 'Blaze of Fire'

SALVIA

Salvia

AR, ASR o BR

La salvia más conocida es la escarlata *(S. splendens)* que, en verano, puede verse en todos los parques y jardines, hileras de plantas de unos 30 cm de altura, con espigas erectas de flores de vivo color rojo. Pinzad los ápices de las plántulas para que se ramifiquen y acordaos de abonarlas y regarlas cuando sea necesario. Además de las rojas, hay salvias rosadas y purpúreas.

VARIEDADES: existen numerosas variedades rojas de la salvia anual semirresistente *S. splendens*, siendo las favoritas «Blaze of Fire», «Flarepath» y «Carabinière». Si queréis variar, elegid «Royal Purple» o la mezcla roja, rosada y purpúrea «Dress Parade». *S. farinacea*, de color azul oscuro, es otra anual semirresistente, y la salvia anual resistente, *S. horminum*, se cultiva por sus brácteas coloreadas. Para la parte posterior del arriate, tenéis la salvia bienal *(S. sclarea)*, una planta campestre de espigas altas y de flores pálidas.

SUELO Y EMPLAZAMIENTO: en cualquier suelo de jardín. Mejor a pleno sol.

DATOS: altura, 22-45 cm. Distancia, 30 cm. Época de floración, comienzos de verano a principios otoño.

REPRODUCCIÓN: seguid el procedimiento indicado para las anuales semirresistentes, las anuales resistentes o bien las bienales, según la variedad elegida.

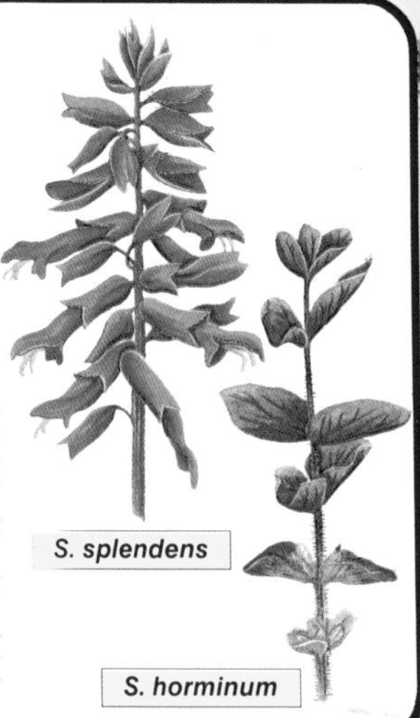
S. splendens

S. horminum

Scabiosa atropurpurea 'Blue Moon'

SCABIOSA

Escabiosa

AR

A pesar de que viene cultivándose en nuestros jardines desde hace siglos, la escabiosa no es una planta demasiado popular. En otros tiempos, sólo la había en un color carmesí deslucido, pero actualmente hay variedades de flores blancas, azules, rosadas y purpúreas. Las fragantes cabezuelas, cupuliformes, se abren en lo alto de los tallos largos y rígidos, siendo excelentes para hacer ramos. Eliminad las inflorescencias marchitas y secadlas a cubierto, para confeccionar arreglos florales.

VARIEDADES: la variedad alta más popular de *S. atropurpurea* es «Blue Moon» (azul claro). Hay una forma rosada («Rose Cockade»), pero la elección más frecuente es una mezcla —«Monarch Cockade», que produce grandes flores dobles de varios colores. Todas las anteriores tienen 90 cm de altura. Inflorescencias de colores similares pueden conseguirse con «Tom Thumb» o «Dwarf Double Mixed» que sólo crecen 45 cm.

SUELO Y EMPLAZAMIENTO: en cualquier suelo permeable; si es ácido, añadidle calcio. En un lugar soleado.

DATOS: altura, 45 o 90 cm. Distancia, 30 cm. Época de floración, comienzos verano-principio otoño.

REPRODUCCIÓN: sembrad las semillas hacia el final de verano o invierno, allí donde hayan de florecer. Aclarad a la distancia requerida.

S. atropurpurea

Schizanthus 'Monarch Strain'

SCHIZANTHUS

Flor de mariposa

ASR

La flor de mariposa, u orquídea de pobre, es una conocida planta de maceta que puede utilizarse en los macizos estivales. Se dan igualmente variedades altas como enanas, que forman pequeñas flores, en forma de orquídeas, por encima de sus hojas tipo fronde. Los pétalos presentan rayas y manchas, en una amplia gama de colores y dibujos; una planta realmente exótica para nuestros jardines. Pinzad los ápices de crecimiento de las plántulas, para promover su ramificación, y sujetad los tallos con cañas.

VARIEDADES: hay diversas variedades tanto de *S. pinnatus* como de su híbrido *S. wisetonensis*. De entre las altas (90 cm) las mejores son los «Magnum Hybrids» pero generalmente, suelen preferirse las formas enanas. La que hallaréis con mayor facilidad es «Hit Parade» (30 cm) pero actualmente hay otra, aún más compacta: «Star Parade» (15 cm).

SUELO Y EMPLAZAMIENTO: en cualquier suelo permeable de jardín. Mejor a pleno sol.

DATOS: altura, 15-90 cm. Distancia 22-45 cm. Epoca de floración, de principios a mediados de verano.

REPRODUCCIÓN: seguid el procedimiento indicado para las anuales semirresistentes (pág. 82). En zonas templadas, podéis sembrar las semillas al exterior, a comienzos de primavera.

S. 'Hit Parade'

Tagetes patula 'Yellow Jacket'

TAGETES

Caléndula africana, caléndula francesa, tagetes

ASR

La caléndula francesa y la africana, cuya talla va desde unos pocos centímetros hasta más de un metro, ostentan un nombre erróneo ya que ambas son originarias de México. Algunos expertos opinan que, para la plantación de los macizos estivales, se echa mano con demasiada frecuencia de las numerosas variedades de tagetes, pero estas plantas siguen siendo la fuente principal de tonos amarillos, anaranjados y marrones, para los macizos florales pequeños. Casi nunca es necesario estacarlas, pero para obtener una floración continuada conviene eliminar las flores marchitas. Las flores pueden ser sencillas o dobles y las hojas, al estrujarlas, exhalan un olor picante.

VARIEDADES: las tagetes se dividen en tres grupos fundamentales. Las caléndulas africanas, o claveIones *(T. erecta)* son las más altas y sus flores son, con mucho, las más grandes. Son flores dobles, globulares, de colores que varían entre el amarillo claro y el anaranjado oscuro. Algunas son enanas, como «Golden Age» (30 cm); otras como «Doubloon» tienen 90 cm de altura, con flores de 12 cm. Las caléndulas francesas *(T. patula)* son más bajas y de flores más pequeñas, pero con una inmensa variedad y mezcla de colores. Este es el grupo más popular y en los catálogos de semillas figuran numerosísimas variedades; elegid entre «Naugthy Marietta» (30 cm, sencilla, amarilla y marrón), «Petite» (15 cm, doble, mezcla de colores), «Tiger Eyes» (25 cm, doble, roja con el centro amarillo) y «Yellow Jacket» (15 cm, doble, amarilla). El tercer grupo lo forman las variedades bajas de tagetes *(T. signata)* que son muy utilizadas para los bordes de los macizos. Son plantas compactas de flores pequeñas y sencillas. La más conocida es «Lemon Gem» (22 cm) y la más nueva es «Starfire» (15 cm) cuyas flores presentan una combinación de armarillo, anaranjado y marrón.

SUELO Y EMPLAZAMIENTO: en cualquier suelo de jardín. Mejor a pleno sol.

DATOS: altura, 30-90 cm (caléndula africana), 15-30 cm (caléndula francesa) o 15-22 cm *(Tagetes)*. Distancia, 30-45 cm (caléndula africana) o 15-22 cm (caléndula francesa y tagetes). Época de floración, principio verano-comienzos otoño.

REPRODUCCIÓN: seguid el procedimiento indicado para las anuales semirresistentes (pág. 82). En zonas templadas, podéis sembrar las semillas al exterior, mediada la primavera.

***T. patula* 'Naughty Marietta'**
Caléndula francesa

***T. patula* 'Tiger Eyes'**
Caléndula francesa

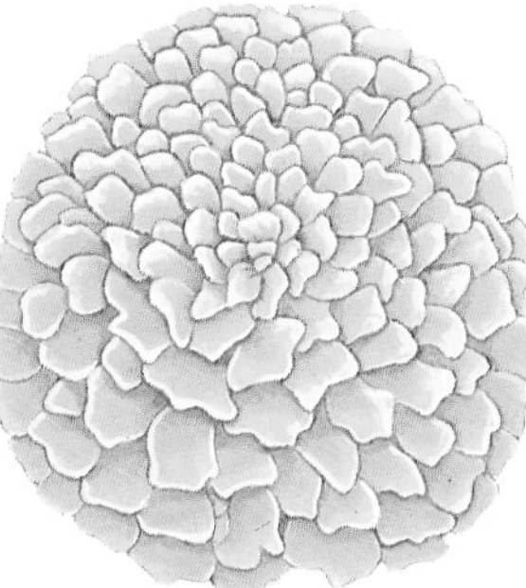

***T. erecta* 'Doubloon'**
Caléndula africana

***T.* 'Sunrise'**
Caléndula afrofrancesa

***T. signata* 'Lemon Gem**
Tagetes

Tagetes erecta 'Yellow Climax'

Thunbergia alata

THUNBERGIA

Thunbergia

ASR

La thunbergia no es como la mayoría de las plantas anuales descritas en este libro, que crecen bien en todas partes. Ésta necesita un lugar resguardado, soleado y sólo vive sin problemas en las zonas occidentales y meridionales. Sus tallos crecen rápidamente y precisan de una espaldera, unas cañas o un entramado sobre los que enroscarse. También puede cultivarse en un cesto colgante, dejando que los tallos caigan hacia abajo.

VARIEDADES: un paquete de semillas de *T. alata* da lugar a plantas de hojas acorazonadas y flores en forma de embudo de unos 5 cm de diámetro. Los pétalos son cremosos, amarillos, de color marrón claro o anaranjado y la garganta es de color púrpura oscuro, por lo que parece un ojo negro. Es una planta trepadora vigorosa que puede alcanzar una altura de hasta 3 m, pero la variedad que suele ofrecerse en los catálogos es «Susie».

SUELO Y EMPLAZAMIENTO: en cualquier suelo permeable de jardín. Es imprescindible que esté a pleno sol.

DATOS: altura, 1.2-3 m. Distancia, 60 cm. Época de floración, comienzos verano-otoño.

REPRODUCCIÓN: seguid el procedimiento indicado para las anuales semirresistentes (pág. 82). Trasplantadla al exterior, cuando haya pasado el riesgo de heladas.

T. alata

Tropaeolum majus 'Whirlybird Gold'

TROPAEOLUM

Capuchina
AR

Hay variedades de capuchinas *(T. majus)* para todos los usos; trepadoras para tapizar paredes y cercas o para cubrir bancos, semirrastreras para las jardineras de ventana, y enanas para los macizos y arriates. Se plantan en un suelo pobre, permeable, y sin necesidad de abonarlas tendréis una explosión de rojos, anaranjados o amarillos. Pulverizadlas, si hace falta, para prevenir el ataque de los jejenes. En un suelo más rico, podéis plantar *T. peregrinum*, una vigorosa planta trepadora con pequeñas flores.

VARIEDADES: las capuchinas se agrupan según su talla. El grupo de las trepadoras crece aprox. 1.8 m (las mejores son «Tall Mixed» y «Climbing Mixed») y las semirrastreras alcanzan unos 30 cm. Este último grupo está encabezado por las fragantes variedades semidobles *Gleam:* «Golden Gleam» (amarilla) y «Scarlet Gleam» (roja). Hay también el grupo de las enanas compactas que sólo crecen de 15 a 22 cm. Entre las variedades más populares figuran «Red Roulette» (rojoanaranjado), «Empress of India» (rojooscuro), «Whirlybird» (mezcla) y «Tom Thumb» (mezcla).

SUELO Y EMPLAZAMIENTO: mejor en un suelo pobre. Tanto al sol como a la sombra.

DATOS: altura, 15 cm-1.8 m. Distancia, 15-45 cm. Época de floración, comienzos verano-otoño.

REPRODUCCIÓN: sembrad las semillas en compost, bajo cristal, a mediados de invierno o principio de primavera, allí donde hayan de florecer.

T. majus

T. peregrinum

Ursinia anethoides

URSINIA

Ursinia
ASR

La ursinia es una margarita sudafricana llena de color que, a mediados de verano, iluminará cualquier arriate o macizo que esté soleado. No ha llegado a alcanzar la popularidad de algunas otras plantas tipo margarita, como la rudbeckia o la margarita de Livingstone, pero tiene flores grandes (de unos 5 cm de diámetro) y bellamente zonadas. Desafortunadamente su gama de colores es muy limitada y su época de floración corta.

VARIEDADES: en los catálogos figura la especie *U. anethoides* o la mezcla «Special Hybrids». Son plantas ramificadas con las hojas finamente divididas. Los pétalos suelen ser anaranjados, aunque hay cepas amarillas. En la base de cada pétalo, hay una banda roja o marrón y el disco central se vuelve púrpura, a medida que la flor madura.

SUELO Y EMPLAZAMIENTO: en un suelo ligero y permeable. Es imprescindible que esté a pleno sol.

DATOS: altura, 30-45 cm. Distancia, 22 cm. Época de floración, de principios a mediados de verano.

REPRODUCCIÓN: seguid el procedimiento indicado para las anuales semirresistentes (pág. 82). Alternativamente, sembrad las semillas al exterior, mediada la primavera.

U. anethoides

Venidium fastuosum

VENIDIUM

Venidium
ASR

Para encontrarla, tendréis que consultar varios catálogos. Es una planta que merece ser más popular. Sus flores, tipo girasol, tienen 10 cm de diámetro y son bastante características. En la base de cada pétalo interior hay una mancha negropurpúrea que hace que, alrededor del disco negro prominente, aparezca una banda rayada. Son flores excelentes para hacer ramos, ya que tienen los tallos muy largos.

VARIEDADES: *V. fastuosum* crece unos 60 cm. Su follaje, profundamente lobulado, es plateado y las flores son anaranjadas. Sus tallos suelen necesitar soporte. «Dwarf Hybrids» no necesitan soporte; las plantas no sobrepasan los 30 cm y el color de las flores va desde el crema claro al anaranjado oscuro. Excelente para cultivar en macetas, al sol.

SUELO Y EMPLAZAMIENTO: en un suelo ligero y permeable. Es esencial que esté al sol.

DATOS: altura, 30 o 60 cm. Distancia, 30 cm. Época de floración: comienzo verano-otoño.

REPRODUCCIÓN: seguid el procedimiento indicado para las anuales semirresistentes (pág. 82). Alternativamente, podéis sembrar las semillas al exterior, a mediados de primavera.

V. fastuosum

Verbena hybrida 'Showtime'

VERBENA

Verbena

ASR

Durante muchos años, ha sido una de las plantas preferidas para los macizos pequeños y las jardineras de alféizar. En lo alto de los tallos, se abren los racimos de flores tipo primavera, que suelen ser fragantes y con el centro blanco. Los tallos pueden estacarse sobre el terreno para que formen una estera floral. Antes de sembrarlas, se le ha de incorporar al suelo materia orgánica, luego se pinzan las plántulas, eliminando las inflorescencias marchitas de vez en cuando, y se riegan las plantas si no llueve.

VARIEDADES: hay variedades *V. hybrida* de varios colores: blanco, rosado, purpúreo, rojo y azul. Si queréis una vistosa zona de un solo color, elegid «Blaze» (escarlata), «Delight» (rosada), «Amethyst» (azul), «Lawrence Johnston» (rojo cereza) o «Sparkle» (escarlata con el centro prominente y blanco). Mucha gente prefiere una mezcla de colores; para ellos hay «Royal Bouquet», «Showtime» y «Sparkle Mixed».

SUELO Y EMPLAZAMIENTO: en cualquier suelo permeable de jardín. Mejor a pleno sol.

DATOS: altura, 15-30 cm. Distancia, 30 cm. Época de floración, durante todo el verano.

REPRODUCCIÓN: seguid el procedimiento indicado para las anuales semirresistentes (pág. 82). Trasplantadlas al exterior, cuando haya pasado el riesgo de heladas.

V. hybrida

VIOLA

Pensamiento, viola

AR o BR

Los pensamientos pueden parecer plantas anticuadas pero, de hecho, son una creación del siglo XIX, obtenidas a partir de la especie silvestre *V. tricolor*. A mediados de la época victoriana, se hicieron populares las variedades de flores multicoloreadas y hoy todavía gozan de esa popularidad. En la década de 1860 *V. cornuta* fue cruzada con el pensamiento y el resultado fue la violeta *(V. hybrida)*. La línea divisoria entre los pensamientos y las violas no es clara y, sin embargo, a menudo figuran en los catálogos en páginas distintas. En general, la viola es una planta más compacta y más difícil de cultivar y sus flores suelen ser más pequeñas y de un solo color. Tanto los pensamientos como las violas son perennes de vida corta, que normalmente se cultivan como anuales o bienales. Se emplean para macizos, bordes y jardineras de ventana, y sus flores se cortan para arreglos de interior. Descabezadlas regularmente, protegedlas de los pulgones y de las babosas, y regadlas, si no llueve.

VARIEDADES: existe gran número de variedades de pensamiento. El grupo de floración invernal, si se siembra a finales de primavera, florece a finales de otoño; incluye «Floral Dance», «Celestial Queen» y «Helios», pero lo más frecuente es adquirir una mezcla. El grupo de los que tienen grandes flores, incluye «Roggli (Swiss) Giants», «Azure Blue», «Majestic Giants», «Queen of the Planets», «Sunny Boy» y «Jumbo». El número de variedades de violetas es menor. Las más conocidas son «Arkwright Beauty» (roja), «Yellow Bedder» (amarillodorada), «Chantreyland» (anaranjada), «Blue Heaven» (azul cielo) y «Avalanche» (blanca). «Bambini», que es una forma de flores más pequeñas, con «bigotes».

SUELO Y EMPLAZAMIENTO: en cualquier suelo de jardín. Al sol o a media sombra.

DATOS: altura 12-22 cm. Distancia, 22-30 cm. Época de floración, comienzo invierno-final otoño, según la variedad elegida.

REPRODUCCIÓN: los mejores resultados suelen conseguirse siguiendo el procedimiento para las bienales (pág. 83), pero los pensamientos y las violas pueden cultivarse como anuales, siguiendo el procedimiento para las anuales resistentes (pág. 83) o el indicado para las anuales semirresistentes (pág. 82).

Viola tricolor 'Floral Dance'

Viola tricolor 'Sunny Boy'

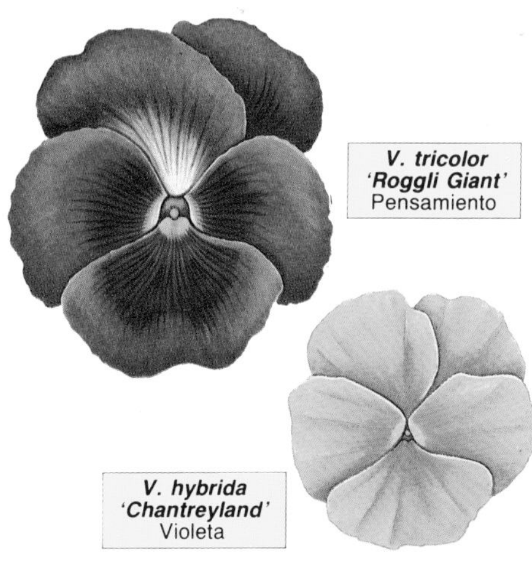
V. tricolor *'Roggli Giant'* Pensamiento

V. hybrida *'Chantreyland'* Violeta

Viola hybrida 'Blue Heaven'

Viscaria oculata 'Brilliant Mixed'

VISCARIA

Viscaria

AR

Hay que ver el embrollo de nomenclatura latina que se ha originado en torno a la humilde viscaria: *Viscaria oculata, Silene coeli-rosa* y *Lychnis coeli-rosa*. Todos estos nombres pertenecen a esta pequeña planta anual de fácil cultivo que, en solitario, apenas se diferencia de una hierba pero que, en masa, aparece como un calidoscopio de colores. Sus flores cóncavas, de unos 3 cm de diámetro, sirven para hacer ramos.

VARIEDADES: podéis adquirir variedades de un solo color; las más frecuentes son «Blue Angel» (azul azur) y «Love» (rosa). Normalmente se cultiva una mezcla, como «Treasure Island» o «Brilliant Mixed». Si sembráis una gran extensión, durante todo el verano tendréis gran cantidad de flores blancas, rosadas, de color azul espliego, púrpuras y azules. Los híbridos «Tom Thumb» (15 cm) se citan en los libros, pero figuran en muy pocos catálogos.

SUELO Y EMPLAZAMIENTO: en cualquier suelo permeable de jardín. Al sol o a media sombra.

DATOS: altura, 15 ó 30 cm. Distancia, 15 cm. Época de floración: comienzos-mediados de verano.

REPRODUCCIÓN: sembrad las semillas al final de verano o comienzo de primavera, allí donde hayan de florecer. Aclarad a la distancia requerida.

V. oculata

Xeranthemum annuum

XERANTHEMUM

Inmortal

AR

La inmortal es una planta silvestre de Europa meridional y del cercano Oriente. En algunos países, es una planta de jardín que se cultiva por sus flores «siemprevivas». Las flores, tipo margarita, tienen pétalos pajizos y quebradizos, que gozan de la fama de conservar su color, una vez secos. Apuntalad las plantas con cañas. Las flores se abren a mediados de verano, en lo alto de los tallos delgados y rígidos.

VARIEDADES: la variedad silvestre *X. annuum* es color púrpura, pero existen mezclas de variedades para el jardín. Si sembráis estas mezclas, obtendréis flores sencillas, semidobles y dobles de color blanco, rosa, púrpura y lila. Si cortáis las flores, antes de que estén completamente abiertas, podréis utilizarlas para arreglos de interior. Atad los tallos formando ramilletes y colgadlos invertidos en un lugar fresco, donde no les dé el sol.

SUELO Y EMPLAZAMIENTO: en cualquier suelo permeable de jardín. Es imprescindible que haya mucho sol.

DATOS: altura, 60 cm. Distancia, 45 cm. Epoca de floración, durante todo el verano.

REPRODUCCIÓN: sembrad las semillas a finales de verano o invierno, allí donde hayan de florecer.

X. annuum

Zinnia 'Envy'

ZINNIA

Rascamoños

ASR

En los catálogos, los rascamoños parecen unas anuales especialmente vistosas, pero para obtener resultados similares, necesitáis un suelo fértil y un buen verano. Las flores, tipo margarita, pueden ser sencillas, semidobles o dobles, y la más grande tiene 15 cm de diámetro. Los tallos, altos y robustos, no necesitan soporte, y las flores cortadas y puestas en agua duran mucho.

VARIEDADES: hay rascamoños de diversos colores; incluso se da uno verde («Envy»). Los blancos, rojos, púrpuras y amarillos son variedades de *Z. elegans*; los marrones y los amarillos de corta talla, como «Persian Carpet», derivan de *Z. angustifolia*. El más bajo es «Thumbelina» (15 cm) y el más alto es «State Fair» (75 cm), de flores tipo dalia. Entre ambos, encontraréis formas de flores tipo escabiosa, crisantemo, cactus y gaillardia... un verdadero surtido.

SUELO Y EMPLAZAMIENTO: en cualquier suelo enriquecido a base de compost. Mejor a pleno sol.

DATOS: altura, 15-75 cm. Distancia, 15-30 cm. Época de floración; comienzos verano-otoño.

REPRODUCCIÓN: seguid el procedimiento indicado para las anuales semirresistentes (pág. 82). Trasplantadlas al exterior, cuando haya pasado el riesgo de heladas.

Z. 'Ruffles'

Z. 'Chippendale'

CAPÍTULO 3

PERENNES DE ARRIATE

Según los libros, las perennes herbáceas son plantas que se marchitan cada invierno y rebrotan cada primavera. Esta definición es aplicable a la mayoría de perennes herbáceas que cultivamos en nuestros jardines, pero existen excepciones, tanto a la primera parte de esta sencilla descripción, como a la segunda.

En primer lugar, no todas las perennes herbáceas se marchitan en invierno. Desde las pequeñas saxífragas, que no levantan un palmo del suelo, hasta el carrizo de las Pampas, de hojas largas y arqueadas, encontraréis plantas de hojas perennes, en una gran diversidad de formas y tamaños. Así, por ejemplo, *Brunnera, Helleborus, Heuchera, Nepeta, Stachys* y *Tiarella*. Si no queréis que en pleno invierno vuestro arriate parezca completamente despoblado, deberá haber en él, algunas de estas perennifolias.

En segundo lugar, no es cierto que todas las perennes herbáceas rebroten cada primavera. Algunas formas no son totalmente resistentes por lo que, cuando el invierno es muy crudo, pueden morir, y otras, a pesar de ser resistentes y aunque las condiciones de cultivo sean óptimas, son de vida corta. *Anchusa, Aquilegia* y el lino perenne son ejemplos típicos de plantas de duración limitada. Casi todas las demás continúan viviendo año tras año, aunque muchas se deben desarraigar y dividir de vez en cuando, para evitar que degeneren. Por tanto, sólo queda un reducido grupo de plantas a las que puede aplicarse, con propiedad, la palabra «perenne»; plantas como *Acanthus, Helleborus* y *Peonia* que pueden ser dejadas a su aire, en la seguridad de que seguirán viviendo sin problemas, durante varias décadas.

Bajo el nombre de perennes herbáceas se agrupa un gran número de plantas, de las cuales las que sobrepasan los 30 cm de altura se denominan plantas de arriate, ya que su emplazamiento tradicional es el arriate, sea herbáceo o mixto. Si queréis ver este tipo de plantas en todo su esplendor, contemplad un arriate herbáceo en pleno verano.

Hacia finales del siglo XIX se produjo un violento rechazo de las hileras ordenadas de plantas, que imperaron en los macizos florales de la época victoriana. Bajo los auspicios de William Robinson y Gertrude Jekyll, nació el arriate herbáceo para el que se dictaron toda suerte de normas. Era imprescindible que la parte posterior estuviera formada por un seto alto (preferiblemente de tejo) o por un muro de ladrillos; las plantas perennes de arriate se plantaron en grupos cuidadosamente distribuidos, con los ejemplares más altos al fondo y los bajos por delante, separando el arriate del césped. Antes de efectuar la plantación, las plantas eran consideradas detenidamente; se huía de los contrastes de colores como de la peste, las plantas vecinas habían de florecer unas a continuación de las otras, se emparejaron las flores de formas contrastantes, para acentuar su interés, y cosas por el estilo. Los arriates habían de ser larguísimos y, como mínimo, de 2.5 m de fondo. El no va más, era formar dos arriates paralelos, uno frente al otro, separados por un camino ancho cubierto de tupido césped.

El arriate herbáceo es algo digno de verse; hay espléndidos ejemplos en Wisley, Hampton Court, Gt. Dixter y en otros grandes jardines de Gran Bretaña. Pero, en los tiempos que corren, ya no es posible crearlos. Requieren mucho espacio, muchos cuidados y sólo pueden contemplarse desde un lado. El seto posterior no deja pasar la luz e impide las corrientes de aire, por lo que las plantas de atrás tienden a inclinarse hacia delante, a no ser que alguien esté vigilándolas constantemente, para estacarlas en cuanto haga falta. Aunque se les preste la máxima atención, todos los arriates, incluso los mejores, tienen un aspecto deslucido durante cierta parte del año.

Si queréis destinar una zona al cultivo exclusivo de las perennes de arriate, en vez de un arriate, cread un macizo isla (pág. 5). En él, las plantas pueden ser admiradas desde todos los ángulos y no sufren el sombreado de los muros o los setos circundantes. Las plantas más altas se disponen en el centro y es aconsejable, aunque no estrictamente preciso, que su altura no sea superior a la mitad de la envergadura del macizo. Encontraréis ejemplos excelentes en los Bressingham Gardens, en Norfolk, la cuna del macizo isla.

Para los jardines de dimensiones medias, lo más adecuado es el arriate mixto. Más que seguir los principios de los arriates herbáceo y arbustivo, este arriate responde a la idea del antiguo jardín campestre. Lo fundamental es tener algo de color durante todo el año. Podéis escoger a voluntad, entre toda la gama de plantas de jardín. Los rosales, los arbustos perennifolios y los florecientes proporcionan un marco leñoso y colorista, dentro del cual podéis plantar las perennes de arriate en grupos de tres a cinco. Evitad el salpicado que se produce cuando se cultivan ejemplares aislados, de uno en uno. Para llenar los espacios vacíos que quedan cerca de la parte frontal del arriate, plantad anuales y bulbos. Las plantas anuales cubrirán el arriate de flores durante todo el verano y los bulbos le darán vida a finales de invierno o a comienzos de primavera. Para tener el éxito asegurado, basta con seguir unas pocas reglas. Antes de efectuar la plantación arrancad todas las malas hierbas y luego elegid las variedades modernas de perennes de arriate más robustas y de menor talla, para que no tengáis necesidad de estacarlas. Y, sobre todo, consultad las listas alfabéticas para cercioraros de que son las plantas adecuadas a vuestras condiciones de cultivo.

Acanthus spinosus

ACANTHUS Acanto

La hoja de acanto es uno de los motivos ornamentales de los capiteles de las columnas de la antigua Grecia; un follaje arqueado, profundamente dividido, que rodea las altas espigas de flores tubulares de color púrpura y blanco que aparecen a mediados de verano. Es una planta perenne que necesita mucho espacio y no tolera el trasplante; cultivadla como ejemplar singular. Después de la floración, las hojas deben ser cortadas casi a ras de suelo. Es una planta de vida larga, siempre que el suelo sea ligero y permeable.

VARIEDADES: la especie más frecuente es *A. spinosus*, con flores en forma de capucha, purpúreas con los bordes blancos y con hojas y brácteas espinosas. No hace falta estacarlas y las espigas pueden emplearse para la decoración de interiores, tanto secas como frescas. Altura, 1.2 m. Distancia, 75 cm. Época de floración, durante todo el verano. *A. mollis latifolius* es bastante parecida pero tanto las hojas como las brácteas carecen de espinas.

SUELO Y EMPLAZAMIENTO: en cualquier suelo permeable de jardín, mejor en terreno ligero. Al sol o a media sombra.

REPRODUCCIÓN: sembrad las semillas bajo cristal en primavera. Cuando las plantas sean demasiado grandes divididlas a comienzos de otoño.

A. spinosus

Achillea filipendulina 'Gold Plate'

ACHILLEA Milenrama, milefolio

Hay varias formas adecuadas para la parte trasera o para el centro del arriate y todas ellas son fáciles de cultivar, sin requerimientos especiales en cuanto al suelo. A mediados de verano, su follaje tipo helecho queda cubierto de cabezuelas aplanadas o de racimos laxos de pequeñas flores, excelentes para cortar y secar para la creación de arreglos florales en invierno. La milenrama tolera la sequía pero, si crece en lugares expuestos, es posible que deba ser estacada. Cortadla a ras de suelo en otoño.

VARIEDADES: una variedad muy popular es *A. filipendulina* «Gold Plate», de 1.35 m de altura, con cabezuelas aplanadas, amarillas, de 15 cm de diámetro. Al igual que otras plantas herbáceas de arriate, la milenrama debe plantarse a intervalos de 60 cm y florece durante todo el verano. «Coronation Gold» es más baja (90 cm) y sus cabezuelas doradas son más compactas; «Moonshine», de follaje plateado, es aún más baja (60 cm). *A. ptarmica* es bastante distinta— «Perry's White» y «The Pearl» (75 cm) forman racimos laxos o globosos de flores blancas. Aún existe otra forma distinta, *A. millefolium* «Cerise Queen» (cabezuelas ovaladas de flores de color rosa oscuro).

SUELO Y EMPLAZAMIENTO: en cualquier suelo permeable de jardín. Mejor a pleno sol.

REPRODUCCIÓN: sembrad las semillas al exterior, a finales de primavera o dividid las matas en otoño o en primavera.

A. filipendulina 'Coronation Gold'

Aconitum napellus 'Bicolor'

ACONITUM Cogulla de fraile, matalobos

Esta planta viene floreciendo en los jardines británicos desde hace siglos y crecerá sin problemas en el vuestro, si el suelo es rico en materia orgánica y dispone de un lugar sombreado. Es muy apropiada para cultivarla bajo los árboles, en la parte posterior del arriate. Sus hojas están profundamente hendidas y sus flores, a modo de capucha, se agrupan en largas espigas. Algunas veces se la cita como planta para flor cortada, pero recordad que todo en ella es venenoso.

VARIEDADES: la mejor especie de jardín es *A. napellus*, cuyas flores suelen ser azules o violetas: altura 1 m, distancia, 60 cm. Época de floración: comienzos-mediados verano. La variedad más conocida es «Bressingham Spire» (violeta); otras son «Bicolor» (azul y blanca), «Newry Blue» (azul oscuro) y «Spark's Variety», alta (1.35 m). Si queréis una forma rosada, elegid *A. napellus roseum*, y si lo que queréis es que sea muy alta, plantad *A. wilsonii* «Barker's Variety» que sobrepasa 1.5 m y florece hasta principios de otoño.

SUELO Y EMPLAZAMIENTO: necesita un suelo de jardín que retenga la humedad. Mejor a media sombra.

REPRODUCCIÓN: dividid las matas en otoño o en primavera.

A. 'Spark's Variety'

Agapanthus campanulatus 'Isis'

AGAPANTHUS Azucena africana

De la roseta basal de hojas acintadas, surge una serie de tallos largos en cuyos extremos se forman unos racimos de flores en forma de trompeta, de unos 5 cm de longitud y casi siempre de color azul. No es una planta que pueda cultivarse en cualquier zona. Así, en algunos países nórdicos, sólo crece sin problemas en las regiones meridionales y occidentales e, incluso allí, es necesario que en invierno la cubráis con arena o con hojas de helecho. Acolchadla a mediados de primavera y regadla, si no llueve. Es una planta perenne excelente para cortar las flores.

VARIEDADES: la azucena africana más frecuente es un híbrido de *A. africanus (A. umbellatus)*. Una de las formas más resistentes es «Headbourne Hybrid» —altura 75 cm, distancia 60 cm y época de floración, durante todo el verano. Para plantar en condiciones desfavorables, la mejor es *A. campanulatus*, de corta talla. «Isis» produce flores grandes de color lavándula y «Albus» forma inflorescencias blancas.

SUELO Y EMPLAZAMIENTO: es necesario un suelo permeable con un contenido adecuado de materia orgánica. Sólo vive a pleno sol.

REPRODUCCIÓN: dividid las matas a principios o mediados de primavera.

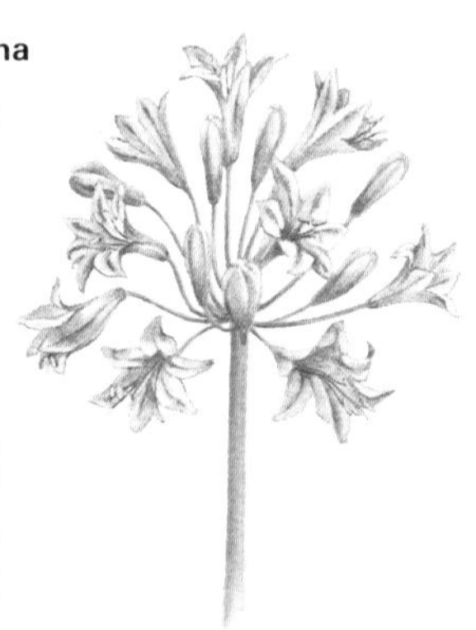
A. 'Headbourne Hybrid'

Flores para cada estación

INVIERNO

(para PRIMAVERA, véase pág. 48) (para VERANO, véase pág. 53)
(para OTOÑO, véase pág. 57)

Mediante una selección meticulosa, conseguiréis que vuestro arriate esté florido durante todo el año. Para cada mes, hay cierto número de plantas perennes que seguramente estarán en plena floración. Recordad que algunas de ellas pueden comenzar a florecer antes y seguir haciéndolo hasta varias semanas después.

PRINCIPIOS DE INVIERNO

Helleborus niger
Iris stylosa

MEDIADOS DE INVIERNO

Helleborus niger
Helleborus orientalis
Iris stylosa
Viola odorata

FINALES DE INVIERNO

Bergenia cordifolia
Helleborus niger
Helleborus orientalis
Primula japonica
Primula variabilis
Primula vulgaris
Ranunculus ficaria
Viola odorata

COMIENZOS DE PRIMAVERA

Bergenia cordifolia
Brunnera macrophylla
Caltha palustris
Doronicum plantagineum
Epidemium, especies de
Euphorbia polychroma
Iris (aristados enanos)
Paeonia mlokosewitschii
Primula japonica
Primula variabilis
Primula vulgaris
Pulmonaria officinalis
Ranunculus ficaria
Viola odorata

MEDIADOS DE PRIMAVERA

Ajuga reptans
Aquilegia vulgaris
Dicentra spectabilis
Doronicum plantagineum
Epimedium, especies de
Euphorbia polychroma
Incarvillea delavayi
Iris (aristados intermedios)
Iris pseudacorus
Nepeta mussinii
Omphalodes cappadocica
Paeonia officinalis
Papaver orientale
Polygonatum hybridum
Pyrethrum roseum
Tiarella cordifolia
Trollius hybridus
Veronica gentianoides

Ajuga reptans 'Burgundy Glow'

AJUGA Consuelda media rastrera

Se trata de una planta poco exigente y poco vistosa, de porte rastrero, que se extiende entre los bulbos o bajo las plantas altas. Una perenne de corta talla muy adecuada para lugares húmedos y sombríos. Las flores, azules, se agrupan en espigas cortas que resultan bastante bonitas, pero su colorido es debido a las hojas. Hay variedades de follaje multicolor y variedades de follaje variegado. No todas las formas de *Ajuga* son rastreras —*A. pyramidalis* es de porte erecto, aunque sólo crece 10 cm.

VARIEDADES: las formas rastreras de la consuelda media provienen de la especie silvestre *A. reptans*, cuyos datos principales son: altura 10-12 cm, distancia 37 cm, época de floración, mediados primavera-verano. Por el color del follaje se distinguen varios tipos: «Variegata» (hojas verdegrisáceo y crema), «Multicolor» (hojas moteadas de rojo y bronce), «Atropurpurea» (hojas purpurarojizas) y «Burgundy Glow» (hojas de color bronce metálico). Hay una forma de flores blancas («Alba»).

SUELO Y EMPLAZAMIENTO: en cualquier suelo de jardín. Al sol o a media sombra.

REPRODUCCIÓN: dividid las matas en otoño o en primavera.

A. reptans 'Multicolor'

Alchemilla mollis

ALCHEMILLA Alquimila, pie de león

Se trata de una deliciosa planta perenne que resulta particularmente bonita cuando su follaje está salpicado de rocío. Forma una mata aplanada de hojas de color verde claro, lobuladas y aserradas, pubescentes. Es una planta de cobertera muy útil para lugares ligeramente sombreados, que, en verano, forma unos racimos esponjosos de flores pequeñas. Tanto las hojas como las inflorescencias se emplean para hacer arreglos florales. Cuando la planta ha terminado de florecer, cortadla a ras de suelo y, a comienzos de otoño, cubridla con arena gruesa, turba u hojas de helecho.

VARIEDADES: en el arriate herbáceo, se cultiva la especie *A. mollis* —altura, 45 cm, distancia, 45 cm. Época de floración: principios-comienzos de verano. Las flores son de color amarillo verdoso y tienen 3 mm de diámetro. En la rocalla suele cultivarse una especie mucho más compacta (*A. alpina*, 9 cm).

SUELO Y EMPLAZAMIENTO: en cualquier suelo permeable de jardín. Al sol o a media sombra.

REPRODUCCIÓN: se obtiene fácilmente a partir de las semillas sembradas en primavera. Dividid las matas a principios o mediados de primavera.

A. mollis

Alstroemeria 'Ligtu Hybrids'

ALSTROEMERIA Azucena peruana

Es una planta muy bonita; sus flores tipo azucena, de unos 5 cm de envergadura, se agrupan en ramilletes laxos en lo alto de los tallos provistos de hojas. Sin embargo, su cultivo es arriesgado, ya que se trata de una planta muy temperamental, ya que a veces, durante todo el primer año siguiente a su plantación, no crece en absoluto y puede tardar tres años en afianzarse. Lo mejor es comprar ejemplares cultivados en maceta y plantarlos cuidadosamente en un suelo arenoso y profundo, previamente enriquecido con compost. Las inflorescencias cortadas y puestas en agua duran mucho.

VARIEDADES: *A. aurantica* tiene flores amarillas o anaranjadas, con los 2 pétalos superiores rayados en rojo. Altura, 90 cm, distancia, 45 cm. Época de floración, principios-mediados verano. Existen algunas variedades famosas, como «Lutea» (amarilla), «Orange King» (anaranjada) y «Dover Orange» (rojoanaranjado). *A.* «Ligtu Hybrids» son híbridos más bajos (60 cm) en una amplia gama de colores, blanco, rosa y rojo, así como amarillo y anaranjado.

SUELO Y EMPLAZAMIENTO: en un suelo arenoso y fértil. Requiere un lugar soleado y resguardado.

REPRODUCCIÓN: sembrad las semillas, bajo cristal, en verano. Dividid las matas sólo en caso de que sobresalgan del espacio que les ha sido destinado.

A. aurantiaca

Anaphalis triplinervis

ANAPHALIS Anaphalis

La fotografía de la izquierda muestra el aspecto de esta planta. Las hojas están cubiertas de pelos blancos que hacen que parezcan plateadas y, a finales de verano, se forman racimos de pequeñas flores estrelladas, blancas o marfileñas, que se pueden cortar y secar, conservando su forma y su color, para la confección de arreglos florales de interior. Crece en casi todas las situaciones, aunque no tolera los suelos densos y poco permeables. El único problema es que se extiende muy rápidamente, saliéndose de sus límites.

VARIEDADES: todas las especies de *Anaphalis* deben plantarse a una distancia de 45 cm. Época de floración, a mediados y finales de verano. En las jardinerías, suele haber *A. triplinervis* (45 cm), de flores blancuzcas y hojas grandes. *A. margaritacea* es de talla similar pero de hojas más pequeñas; la más alta es *A. yedoensis* (75 cm), que es también la que tiene las inflorescencias más compactas.

SUELO Y EMPLAZAMIENTO: en cualquier suelo permeable de jardín. Al sol o a media sombra.

REPRODUCCIÓN: plantad esquejes en una cajonera en primavera o dividid las matas en otoño o en verano.

A. triplinervis

Anchusa azurea

ANCHUSA Ancusa, alcana

Son pocas las plantas perennes que pueden competir con el intenso color azul de la ancusa en flor, pero sus tallos florales, erráticos y ramificados, necesitan un soporte. Se trata de una planta de vida corta. Para que tenga un aspecto óptimo y dure más, plantadla en primavera y acolchad la base de los tallos a fines de la primavera. Eliminad las flores marchitas y, después de la floración, cortad los tallos a ras de suelo. Es una planta muy adecuada para el centro o para la parte posterior del arriate. Sus hojas, largas y rugosas, quedan perfectamente descritas por uno de sus nombres vulgares, lengua de buey. No tolera los suelos encharcados.

VARIEDADES: la variedad preferida de *A. azurea (A. italica)* es «Loddon Royalist» que florece entre principios y mediados de verano y que, como todas las ancusas, debe plantarse a una distancia de 45 cm. Su altura media es de 90 cm — «Royal Blue» alcanza una talla similar. Las hay más altas y más bajas. «Opal» (azul claro) crece 1.2 m y tanto la de flores con el centro blanco «Morning Glory» como la de flores de color azul oscuro, «Dropmore», crecen 1.5 m.

SUELO Y EMPLAZAMIENTO: en cualquier suelo permeable de jardín. Mejor a pleno sol.

REPRODUCCIÓN: dividid las matas al iniciarse la primavera o esquejes de raíz en invierno.

A. azurea 'Loddon Royalist'

Anemone japonica 'September Charm'

ANEMONE Anémona japonesa

No confundáis las anémonas de colores brillantes y corta talla que crecen a partir de pequeños cormos, con las anémonas japonesas que se encuentran en el arriate herbáceo. *A. japonica* es una planta alta (de 60 cm a 1.2 m) con flores discoidales y hojas profundamente lobuladas. Las flores, de 5 cm de diámetro, aparecen desde mediados de verano hasta las primeras heladas del otoño, con pétalos blancos o rosados y con un montículo central de estambres dorados. Tarda bastante tiempo en afianzarse y, si el invierno es crudo, no suele resistirlo. No saquéis los tallos muertos hasta la primavera.

VARIEDADES: existen algunas variedades de *A. japonica (A. hybrida)* bien conocidas; dejad un espacio de 30 cm (formas bajas) o de 45 cm (formas altas) entre dos ejemplares. En el grupo de las anémonas bajas figuran «Bressingham Glow» (rojorrosada) y «September Charm» (rosada), que alcanzan unos 60 cm, y la famosa variedad rosada, semidoble, «Queen Charlotte» que crece unos 75 cm.

SUELO Y EMPLAZAMIENTO: en cualquier suelo permeable de jardín. Al sol o a media sombra.

REPRODUCCIÓN: las matas pueden dividirse en primavera, pero las anémonas resisten mal el trasplante. Tomad esquejes de raíz, en invierno.

A. japonica 'Queen Charlotte'

Aquilegia hybrida

AQUILEGIA Aguileña

El mejor lugar para la aguileña es el jardín campestre y el arriate herbáceo. Es una planta delicada, de hojas verdegrisáceas, tipo helecho, que florece pronto. Por desgracia, es una planta de vida corta, aunque crece fácilmente a partir de las semillas que se siembran en primavera. Lo mejor es acolchar la base de los tallos a finales de primavera y eliminar las flores marchitas. Regadla copiosamente en épocas de sequía y pulverizadla con un insecticida sistémico, si es atacada por los pulgones. Acabada la floración, cortad los tallos.

VARIEDADES: la aguileña, que se cultiva desde antiguo en los jardines de las casas de campo, es *A. vulgaris*, una planta de 60-90 cm que forma flores azules o blancas, con un espolón corto, durante los meses de plena primavera. Actualmente es mucho mejor cultivar *A. hybrida*, de flores más coloreadas y con el espolón mucho más largo. Podéis adquirir variedades renombradas como «Crimson Star» (60 cm, roja con el centro blanco) y «Snow Queen» (45 cm, blanco níveo), pero, indudablemente, lo mejor es escoger una selección de «McKana Hybrids» (60-90 cm, mezcla de colores). Plantadlas a una distancia de 30 cm.

SUELO Y EMPLAZAMIENTO: en cualquier suelo permeable de jardín. Mejor a media sombra.

REPRODUCCIÓN: sembrad las semillas a principios de primavera, al exterior, o dividid las matas en otoño o en primavera.

A. 'McKana Hybrids'

Aruncus sylvester

ARUNCUS Barba cabruna

Esta planta necesita cuatro cosas: un lugar sombreado, un suelo húmedo, conteniendo una proporción de humus adecuada, mucha agua en tiempo seco y siempre mucho espacio. Es una planta imponente muy apropiada para la parte posterior del arriate, para la orilla del estanque, para el jardín silvestre o para plantar aislada como ejemplar singular. Durante unas pocas semanas, a comienzos de verano, los tallos, largos, se coronan con unas grandes espigas esponjosas de unos 20 cm de longitud, formadas por multitud de pequeñas flores blancas. En primavera, suele ser atacada por las orugas; pulverizadla en seguida.

VARIEDADES: sólo hay una especie, *A. sylvester*, conocida anteriormente como *Spiraea aruncus*. Puede tardar uno o dos años en afianzarse, pero si las condiciones son las adecuadas, puede alcanzar los 2 m de altura, o más. Distanciad las plantas unos 45 cm. *A. sylvester* es demasiado grande para la mayoría de jardines, pero si disponéis de poco espacio, elegid la variedad «Kneiffii» (60 cm).

SUELO Y EMPLAZAMIENTO: en cualquier suelo de jardín. Añadid materia orgánica antes de efectuar la plantación.

REPRODUCCIÓN: dividid las matas en otoño; las plantas adultas son difíciles de partir.

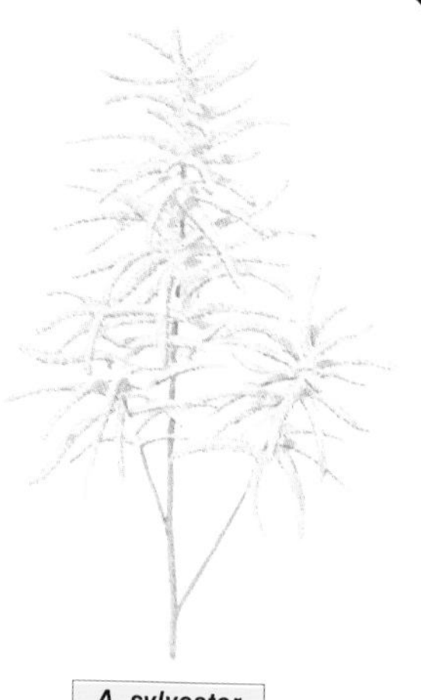

A. sylvester

Aster novi-belgii 'Winston S. Churchill'

ASTER Aster silvestre, margarita Michaelmas

Para algunos jardineros, las margaritas Michaelmas son plantas que pueden dejarse crecer a su aire, formando, cada otoño, flores de color rosa o azul espliego, en lo alto de tallos de 90 cm. Éste es un punto de vista erróneo, o incompleto. En realidad el Aster no es una planta sin problemas; es susceptible al mildiú y a otras enfermedades, y las variedades altas necesitan ser estacadas. A excepción de *A. amellus*, todas las formas deben ser desarraigadas cada dos años, para desechar la parte central de las matas; sólo deben replantarse las porciones exteriores, que son las más sanas. Los colores rosa y espliego pueden ser los más populares pero, desde luego, no son los únicos y, además de las variedades favoritas de 90 cm o de 1.2 m, hay variedades gigantes y variedades enanas. El cuidado normal consiste en acolcharlas a mediados de primavera, regarlas si no llueve, descabezarlas regularmente y cortar los tallos casi a ras de suelo, después de su floración.

VARIEDADES: la margarita Michaelmas verdadera es *A. novi-belgii* y a esta especie pertenecen las variedades más populares. Su altura varía entre 60 cm y 1.2 m y la distancia de plantación es de 45 cm. Florece a finales de verano y comienzos de otoño. Los tallos son lisos y la inflorescencia, ramificada, la forman muchas flores. Entre las variedades famosas figuran «Ada Ballard» (90 cm, azul espliego), «Crimson Brocade» (90 cm, doble, roja), «Marie Ballard» (90 cm, doble, azul), «Royal Velvet» (60 cm, azul violeta) y «Winston S. Churchill» (75 cm, rubí intenso). Hay también variedades enanas para la parte frontal del arriate; «Snowsprite» (30 cm, blanca), «Jenny» (30 cm, roja) y «Audrey» (45 cm, malva) son las mejores. Las variedades de *A. novae-angliae* forman otro gran grupo; son más altas y más rígidas que las de *A. novi-belgii*. Los tallos son pubescentes y las inflorescencias muy laxas. La más frecuente es «Harrington's Pink» (1.5 m, rosada). Hay algunos *Aster* interesantes que no son margaritas Michaelmas verdaderas. *A. amellus* crece unos 60 cm y forma flores grandes, a mediados y finales de verano. El favorito es el azul violeta «King George»; el rosado «Lady Hindlip» también suele recomendarse. *A. frikartii* (75 cm) florece muy pronto, a principio de verano.

SUELO Y EMPLAZAMIENTO: en cualquier suelo permeable de jardín. Mejor a pleno sol.

REPRODUCCIÓN: dividid las matas en otoño o en primavera.

A. amellus 'Lady Hindlip'

A. novi-belgii 'Snowsprite'

A. novi-belgii 'Crimson Brocade'

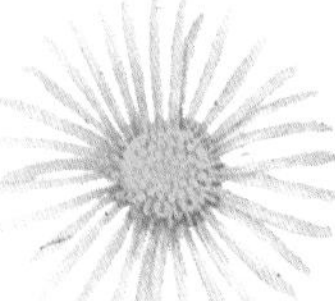
A. frikartii 'Wonder of Stafa'

A. thomsonii 'Nana'

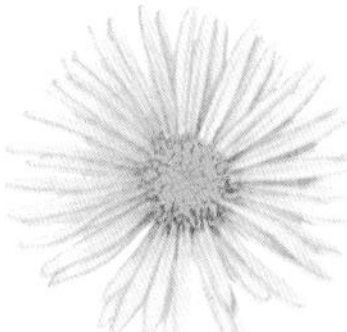
A. novae-angliae 'Harrington's Pink'

Aster novae-angliae 'September Ruby'

Astilbe arendsii 'Fanal'

ASTILBE Astilbe

Hay algunas plantas perennes que pueden crecer en cualquier parte del jardín, pero la astilbe no. Esta hermosa planta, que algunas veces recibe el nombre de falsa *Spiraea,* sólo crece si el suelo es húmedo y turboso; puede utilizarse en terrenos anegados, donde casi ninguna otra planta logra sobrevivir. Su follaje, profundamente dividido, suele ser cobrizo en primavera, y las flores son pequeñas, pero lo que les falta en tamaño lo compensan en cantidad. Entre principios y mediados de verano aparecen unas plumas grandes cubiertas de multitud de flores. Regadla copiosamente, si no llueve.

VARIEDADES: las variedades más conocidas pertenecen a la especie *A. arendsii* —altura, 60-90 cm, distancia, 45 cm. Hay espigas, erectas, de varios colores— «Bressingham Beauty» (rosa), «Fire» (rojo), «Deutschland» (blanco). También suelen encontrarse «Fanal» (rojooscuro), «Federsee» (rosa) y «Irrlicht» (blanco). «Ostrich Plume» forma plumeros colgantes. Si queréis plantas enanas cultivad *A. simplicifolia* «Sprite» (30 cm, rosado).

SUELO Y EMPLAZAMIENTO: el suelo debe ser húmedo y rico en humus. Mejor a media sombra.

REPRODUCCIÓN: dividid las matas cada 2 ó 3 años, en primavera.

A. arendsii 'Bressingham Beauty'

Astrantia maxima

ASTRANTIA Astrancia mayor

En cualquier revista de plantas perennes florecientes, encontraréis una larga lista de los vistosos híbridos modernos que se venden en los centros de jardinería, pero sería una pena que se omitieran las plantas silvestres menos espectaculares, que han dejado de estar de moda. La astrancia mayor es una de nuestras viejas flores de jardín y, desde luego, no ganaría ningún premio en un concurso de belleza; sus flores, redondas, suelen ser blancas o rosadas, de unos 3 cm de diámetro, con un collar de brácteas como de papel. Los tallos son delgados y las hojas profundamente divididas; las flores son muy adecuadas para cortarlas y hacer ramos. Estacadlas en lugares expuestos, prevenid el ataque de las babosas y regadlas copiosamente, si no llueve.

VARIEDADES: la especie más popular es *A. major*, altura, 60 cm, distancia, 45 cm. Época de floración: a comienzos de verano. Existen especies más vistosas —*A. maxima* tiene flores de color rosa nacarado y *A. carniolica* «Rubra» (45 cm) produce flores rojooscuras.

SUELO Y EMPLAZAMIENTO: en cualquier suelo de jardín que retenga la humedad. Mejor a media sombra.

REPRODUCCIÓN: sembrad las semillas, bajo cristal, en primavera. Cuando las matas se han hecho muy grandes y tupidas, divididlas en otoño o en primavera.

A. major

Bergenia 'Ballawley'

BERGENIA Saxífraga de hojas grandes

Esta planta es una magnífica cobertera para el arriate herbáceo o el mixto. Crece bajo los árboles y arbustos, se extiende rápidamente, si las condiciones le son favorables, y aporta colorido durante la mayor parte del año. Sus hojas, grandes y coriáceas, de vivo color verde, se vuelven rojizas en otoño. En primavera, por encima de ellas, se alzan las inflorescencias, unas espigas tipo jacinto, de flores acampanadas, blancas, rosadas, rojas o purpúreas. Crece en todo tipo de suelos, incluidos los húmedos y turbosos y los secos y calcáreos.

VARIEDADES: la especie básica es *B. cordifolia*, altura 45 cm, distancia, 45 cm. Época de floración, a principios o mediados de primavera. Sus flores, de color rosa oscuro, se agrupan en ramilletes colgantes. La variedad *purpurea* tiene flores de color púrpura claro. *B. crassifolia* es una especie similar, de inflorescencias erectas. Actualmente existen varios híbridos famosos; elegid alguno de ellos. Entre los mejores figuran *B.* «Ballawley» (rojo rosado), *B.* «Silberlicht» (blanco, teñido de rosa) y *B.* «Sunningdale» (lila oscuro).

SUELO Y EMPLAZAMIENTO: en cualquier suelo permeable de jardín. Al sol o a media sombra.

REPRODUCCIÓN: cuando las plantas sean demasiado grandes y tupidas, divididlas en otoño.

B. cordifolia

Brunnera macrophylla

BRUNNERA Nomeolvides perenne

Es una planta de cobertera que crece bastante bien a la sombra de los árboles de espesa copa. Sus grandes racimos de pequeñas flores estrelladas, de color azul claro, le dan el aspecto de un nomeolvides gigante, pero sus hojas demuestran que está más cerca de la ancusa que del nomeolvides *(Myosotis)*. Son hojas acorazonadas, grandes y rugosas, que a final de temporada forman una espesa masa de follaje. Regadla, si no llueve, y cortad los pedúnculos florales, cuando las flores se hayan marchitado. Es una planta de fácil cultivo incluso en condiciones difíciles.

VARIEDADES: en los jardines, sólo se cultiva una especie, *B. macrophylla*, que suele recibir el nombre de *Anchusa myosotidiflora*. Altura, 45 cm, distancia, 45 cm. Epoca de floración: mediados-finales de primavera, con una segunda floración en otoño. Sus flores tienen unos 8 mm de diámetro. La variedad más frecuente es la variegada *B. macrophylla* «Variegata», cuyas hojas tienen el borde de color crema. Para que aparezca esta variegación, es necesario un emplazamiento sombreado.

SUELO Y EMPLAZAMIENTO: en cualquier suelo permeable de jardín. Mejor a la sombra.

REPRODUCCIÓN: dividid las matas en otoño o en primavera, o tomad esquejes de raíz, en invierno.

B. macrophylla

Flores para cada estación

PRIMAVERA

(para INVIERNO, véase pág. 43) (para VERANO, véase pág. 53)
(para OTOÑO, véase pág. 57)

Mediante una selección meticulosa, conseguiréis que vuestro arriate esté florido durante todo el año. Para cada mes hay cierto número de plantas perennes que seguramente estarán en plena floración. Recordad que algunas de ellas pueden comenzar a florecer antes y seguir haciéndolo hasta varias semanas después.

FINAL DE PRIMAVERA

Ajuga reptans
Anchusa azurea
Aquilegia vulgaris
Astrantia major
Centaurea dealbata
Chrysanthemum maximum
Delphinium híbridos
Dianthus plumarius
Eremurus robustus
Filipendula hexapetala
Geranium «Johnson's Blue»
Geum chiloense
Iris (aristados altos)
Iris kaempferi
Lupinus híbridos
Meconopsis betonicifolia
Nepeta mussinii
Paeonia lactiflora
Primula florindae
Prunella grandiflora
Ranunculus aconitifolius
Saxifraga umbrosa
Stachys macrantha
Veronica incana

COMIENZOS DE VERANO

Achillea filipendulina
Aconitum napellus
Alchemilla mollis
Alstroemeria aurantiaca
Anchusa azurea
Astilbe arendsii
Campanula, especies de
Catananche caerulea
Centranthus ruber
Coreopsis grandiflora
Delphinium híbridos
Dianthus allwoodii
Dictamnus albus
Erigeron speciosus
Gaillardia aristata
Gypsophila paniculata
Hemerocallis híbridos
Heuchera híbridos
Linum narbonense
Lychnis chalcedonica
Lythrum salicaria
Meconopsis cambrica
Monarda didyma
Nepeta missinii
Penstemon gloxinioides
Platycodon grandiflorum
Polemonium caeruleum
Potentilla híbridos
Scabiosa caucasica
Sidalcea malvaeflora
Thalictrum dipterocarpum
Tradescantia virginiana
Trollius ledebouri
Verbascum hybridum

Caltha palustris

CALTHA Hierba velluda, hierba centella, maravilla palustre

Esta planta gusta del agua, por lo que sólo es adecuada para lugares pantanosos o palustres. Plantadla al borde de un estanque o en aguas superficiales, nunca en un arriate herbáceo que en verano padezca de sequía. Tiene hojas acorazonadas, de borde aserrado y de color verde oscuro, y en primavera, se abren las flores, doradas, de 3 a 5 cm de envergadura, sobre los tallos ramificados, que se alzan por encima del follaje. Florece profusamente durante varias semanas. Si se planta por encima del nivel del agua, es necesario cerciorarse de que el suelo se mantiene siempre húmedo.

VARIEDADES: *C. palustris*, que es una planta acuática silvestre. Altura, 30 cm, distancia, 30 cm. Epoca de floración, durante toda la primavera. Las flores, sencillas, son de color amarillo dorado y la variedad blanca «Alba», además de ser menos frecuente, es más insegura y florece menos profusamente. La mejor es la de flores dobles «Plena» o «Flore Pleno».

SUELO Y EMPLAZAMIENTO: es esencial que el suelo sea húmedo y rico en materia orgánica. Al sol o a media sombra.

REPRODUCCIÓN: dividid las matas inmediatamente después de que hayan terminado de florecer.

C. palustris 'Plena'

Campanula glomerata 'Superba'

CAMPANULA Campánula

Las campánulas son uno de los puntales del jardín y figuran en diversos capítulos de este libro; como bienales (pág. 13), como plantas de jardín rocoso (pág. 91) y aquí, como perennes para el arriate herbáceo y para el mixto. Sus flores, grandes, pueden ser estrelladas o acampanadas y su color, azul y azul espliego. Los tallos son erectos y las flores se abren de comienzos a mediados del verano. La disposición de las flores sobre el tallo determina la especie y todas las variedades son excelentes para flor cortada. Vigilad el ataque de las babosas, estacad las plantas altas y descabezadlas para prolongar su floración.

VARIEDADES: casi todas las campánulas de arriate pertenecen a alguna de las cuatro especies siguientes. *C. persicifolia* es la más popular y tiene una altura de 60 a 90 cm. Las flores, en forma de cuenco, se disponen a lo largo de los tallos, delgados y rígidos, que se alzan por encima de una roseta basal de hojas perennes. La forma favorita es «Telham Beauty» (azul claro); para variar, escoged «Snowdrift» (blanca) o la de flores dobles «Bernice» (azul). Distanciad las plantas unos 30 cm. *C. latifolia* (1.2-1.5 m) es más alta que persicifolia, y sus flores, grandes, tienen forma de largas campanas y se agrupan en espigas largas. Hay algunas variedades recomendables; «Alba» (blanca), «Brantwood» (violeta) y «Gloaming» (lila). Otra especie alta es *C. lactiflora* (90 cm a 1.5 m) pero en ésta, las flores forman racimos a modo de campana abierta. Las formas preferidas son «Loddon Anna» (rosa) y «Pritchard's Variety» (azul lavándula). La cuarta especie es *C. glomerata* (60 cm) que está representada en los catálogos por la variedad azul violeta «Superba». En esta especie, las pequeñas flores campaniformes se agrupan en racimos esféricos.

SUELO Y EMPLAZAMIENTO: en cualquier suelo permeable de jardín. A sol o a media sombra.

REPRODUCCIÓN: plantad esquejes en una cajonera en primavera o dividid las matas en otoño o en primavera.

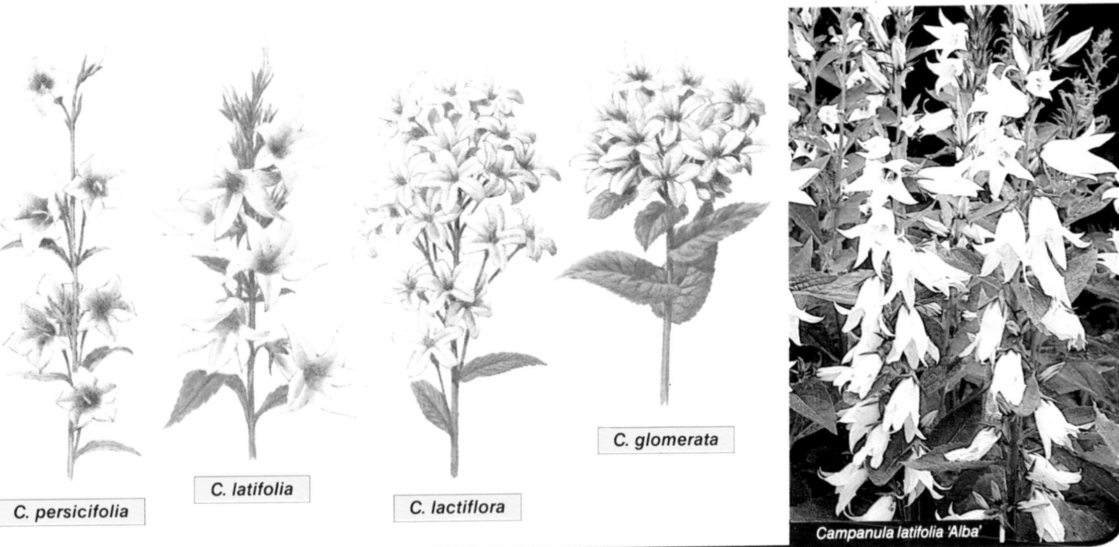
C. persicifolia

C. latifolia

C. lactiflora

C. glomerata

Campanula latifolia 'Alba'

Catananche caerulea

CATANANCHE Flecha de Cupido

Esta planta vive en suelos secos y arenosos, donde las perennes de terrenos húmedos morirían sin remedio. A comienzos de verano, los pedúnculos florales, largos, delgados y rígidos, se yerguen por encima del follaje grisáceo, tipo gramínea, y los capullos plateados resultan muy vistosos. La época de floración es muy larga y los capullos se abren dando flores, como de papel, de unos 4 cm de diámetro. Los pétalos tienen la punta roma y aserrada, lo que facilita su identificación. Estacad los tallos y cortad las flores para hacer ramos. Éstas pueden emplearse frescas o secas para la decoración invernal. Terminada la floración, cortad los tallos.

VARIEDADES: sólo hay una especie, *C. caerulea*. Altura, 60 cm, distancia, 30 cm. Época de floración, durante todo el verano. Las flores son similares a las cabezuelas y las plantas son de vida relativamente corta. La mejor variedad es «Major», con grandes flores de color espliego. «Alba» y «Perry's White» las tienen blancas. La variedad «Bicolor» tiene flores de centro azul y bordes blancos.

SUELO Y EMPLAZAMIENTO: en cualquier suelo permeable de jardín. Mejor en terreno ligero. Es esencial que le dé el sol.

REPRODUCCIÓN: sembrad las semillas, bajo cristal, en primavera. También podéis tomar esquejes de raíz, en invierno.

C. caerulea

Centaurea montana

CENTAUREA Centáurea, cabezuela

Las cabezuelas anuales son descritas en la página 14; aquí encontraréis las variedades perennes para el arriate herbáceo. Todas forman flores tipo cardo, muy apropiadas para hacer ramos, que se abren en verano y luego, en otoño, se produce una segunda floración. Si las condiciones de cultivo son las adecuadas, la cabezuela perenne se extiende rápidamente y debe desarraigarse y dividirse cada tres años. Estacad las variedades altas y descabezadlas para prolongar su floración. A finales de otoño, cortad los tallos a ras de suelo.

VARIEDADES: *C. dealbata* tiene dos preciosas variedades de unos 60 cm de altura que florecen a comienzos de verano. Distanciadlas unos 45 cm. «Steenbergii» forma grandes flores color carmesí con el centro blanco, y las flores rosadas con el centro amarillo de «John Coutts» son aún más grandes. *C. macrocephala* (90 cm-1.2 m) es más alta y, aunque no es tan famosa, es igualmente atractiva, con flores globulares, amarillas, sobre tallos gruesos. *C. montana* (45 cm, época de floración: mediados primavera-inicio verano) produce gran número de flores plumosas, blancas, rosadas o purpúreas.

SUELO Y EMPLAZAMIENTO: en cualquier suelo permeable de jardín. Al sol o a media sombra.

REPRODUCCIÓN: dividid las matas en otoño o en primavera.

C. dealbata 'Steenbergii'

Centranthus ruber

CENTRANTHUS Valeriana roja

Es una planta muy adecuada para un jardín campestre, que vive en cualquier suelo, siempre que no quede anegado en invierno. Las matas que nacen espontáneamente en los viejos muros, demuestran la facilidad con que se diseminan sus semillas. Otras característica destacada de *Centranthus* es que, a pesar de que es una planta de vida corta, su época de floración es muy dilatada, desde comienzos de verano hasta finales de otoño. Las flores, pequeñas, se agrupan en racimos que se yerguen por encima de las hojas, lanceoladas y brillantes; en otoño, cortad los tallos a ras de suelo. Es una planta poco exigente, que todo el mundo puede cultivar.

VARIEDADES: la especie básica es *C. ruber*, de 45 cm de altura, con flores rosadas que se abren desde comienzos de verano a principios de otoño. Es mejor comprar alguna de sus variedades, como «Coccineus» («Atrococcineus»), más alta (75 cm) y con flores de color carmesí. Distanciad las plantas unos 60 cm. «Albiflorus» («Albus») es otra variedad excelente de forma y talla similares a «Coccineus» pero con flores blancas. A veces, las variedades «Coccineus» y «Albiflorus» se plantan juntas.

SUELO Y EMPLAZAMIENTO: en cualquier suelo permeable. Mejor a pleno sol.

REPRODUCCIÓN: sembrad las semillas, bajo cristal, a comienzos de primavera o plantad esquejes en una cajonera, en primavera.

C. ruber 'Coccineus'

Chrysanthemum maximum 'Esther Read'

CHRYSANTHEMUM Margarita Shasta

El *Crysanthemum* perenne resistente que se ve con tanta frecuencia en los arriates herbáceos, es la margarita Shasta *(C. maximum)*, de flores grandes, de 6-10 cm de envergadura, que pueden ser sencillas, semidobles o dobles. Los pétalos son blancos y en el centro de las flores sencillas, hay un ojo prominente. Es una planta excelente, tanto para el jardín como para cortar flores, pero requiere ciertos cuidados. Dividid las matas cada tres años y acolchad el suelo que las rodea, a mediados de primavera. Eliminad las flores marchitas y cortad los tallos a ras de suelo en otoño.

VARIEDADES: hay varias variedades famosas de *C. maximum* (altura 75-90 cm, distancia, 45 cm, época de floración: de comienzos a mediados de verano). La más popular, es la de flores dobles «Esther Read», pero es mejor elegir «Wirral Supreme» de flores más grandes. Hay diversas variedades de flores sencillas que crecen sin problemas, como «Everest» y «H. Seibert». *C. rubellum* (45 cm), de menor talla, es menos frecuente. Florece de mediados de verano a principio de otoño, justo cuando las formas populares dejan de hacerlo, y sus pétalos, en vez de ser blancos, son rosados o amarillos.

SUELO Y EMPLAZAMIENTO: en cualquier suelo permeable; añadir calcio si es ácido. Mejor a pleno sol.

REPRODUCCIÓN. plantad esquejes en una cajonera al final de invierno, dividid las matas en primavera.

C. maximum 'Wirral Supreme'

Cimicifuga racemosa

CIMICIFUGA Espantachinches

La mayoría de las plantas citadas en este capítulo son bien conocidas por casi todos los jardineros, pero *Cimicifuga* puede resultaros nueva. Se trata de una planta de bosque, alta, de la familia de los ranúnculos, que a finales de verano y en otoño produce espigas plumosas. Sólo crece si las condiciones son las adecuadas; un suelo rico en humus y algo de sombra. También requiere espacio, por lo que es una perenne propia del centro o de la parte posterior de un gran arriate herbáceo, sombreado por un muro o por árboles. Acolchad la base de los tallos, a mitad de primavera y estacadlos. A mediados de otoño, cortadlos a ras de suelo.

VARIEDADES: *C. foetida* crece de 1.2-1.8 m y la distancia de plantación es de 60 cm. Las espigas son erectas y ramificadas, con la particularidad de que ahuyentan los insectos, aunque su olor desagradable también os ahuyentará a vosotros. La mejor variedad es «White Pearl», que florece a la entrada del otoño. *C. cordifolia (C. americana)* es una especie más baja (60 cm-1.2 m). *C. racemosa* (1.5-2.1 m) a principios y mediados de verano produce flores que, en vez de oler a demonios, son algo fragantes.

SUELO Y EMPLAZAMIENTO: mejor en suelo húmedo y a media sombra.

REPRODUCCIÓN: dividid las matas en otoño o en primavera.

C. foetida 'White Pearl'

Clematis heracleifolia

CLEMATIS Clemátide

Las variedades famosas de clemátide son trepadoras, pero hay algunas especies herbáceas perennes que no sobrepasan 1.2 m de altura y que son adecuadas para el arriate. No son difíciles de cultivar pero sí de encontrar a no ser que os dirijáis a un especialista en plantas raras. Antes de efectuar la plantación incorporad compost al suelo, pero si el terreno no tiene un buen drenaje, sería una locura intentar cultivarla. Estacad los tallos, aplicadles un acolchado a mediados de primavera y absteneros de azadonar el suelo que los rodea.

VARIEDADES: la especie más fácil de encontrar es *C. heracleifolia* – altura, 90 cm-1.2 m, distancia, 45-60 cm, época de floración, a mediados y finales de verano. Las flores, fragantes, de 3 cm, son de color azul claro, con los pétalos curvados hacia fuera. *C. recta* tiene una talla similar pero las flores son bastante distintas con grandes racimos de fragantes flores blancas a comienzos de verano. *C. integrifolia* es una planta más baja (45-60 cm) que florece de principios a mediados de verano. Las flores azules, campaniformes, de unos 4 cm de diámetro, se abren en solitario, en el extremo de los tallos.

SUELO Y EMPLAZAMIENTO: en cualquier suelo permeable y húmedo; si es ácido incorporadle calcio. Al sol o a media sombra.

REPRODUCCIÓN: plantad esquejes en una cajonera a principios de primavera o dividid las matas en otoño o en primavera.

C. heracleifolia

Coreopsis 'Goldfink'

COREOPSIS Coreopsis

La coreopsis es una planta muy frecuente en el arriate herbáceo, con flores grandes, tipo margarita, de color amarillo fuerte, muy adecuadas para hacer ramos. La especie más popular es *C. grandiflora*, una planta que tiene la mala costumbre de marchitarse al cabo de pocos años. A no ser que la hayáis plantado en un suelo denso, si muere no será por vuestra culpa; se trata de una planta de vida más corta que otras especies de coreopsis de jardín. Los tallos, largos y delgados, de todas las variedades, necesitan soporte; si no llueve, regadlas. A finales de otoño, cortad los tallos a ras de suelo.

VARIEDADES: los datos de *C. grandiflora* son: altura, 45 cm, distancia, 45 cm, época de floración, durante todo el verano, diámetro de las flores, 5 cm. Algunas variedades reputadas son más altas que la especie básica – «Badengold» (90 cm), «Sunburst» (75 cm), «Mayfield Giant» (75 cm), etc., pero «Goldfink» es enana (22 cm). *C. verticillata* tiene hojas tipo helecho y flores estrelladas, amarillas. Es una planta compacta, de 45-60 cm. Plantad la variedad grandiflora.

SUELO Y EMPLAZAMIENTO: en cualquier suelo permeable de jardín. Al sol o a media sombra.

REPRODUCCIÓN: sembrad las semillas, bajo cristal, a finales de invierno. También podéis dividir las matas en otoño o en primavera.

C. grandiflora

C. verticillata

Cortaderia selloana 'Sunningdale Silver'

CORTADERIA Carrizo de las pampas

Las gramíneas decorativas no deben figurar en un libro de flores de jardín, pero una de estas gramíneas produce unas espigas tan espectaculares y tan populares que merece figurar aquí. Los sedosos plumeros plateados del carrizo de las pampas miden unos 45 cm de longitud y se alzan a unos 3 m del suelo. Las plantas femeninas son las que producen los mejores plumeros y, después de un verano caluroso, es cuando éstos son más bonitos. Plantadla a principios de primavera, como espécimen singular en medio del césped o contra un telón de fondo de follaje perenne, oscuro. Las hojas, verdeazuladas, son acintadas y arqueadas; manejadlas con guantes. A finales de otoño, eliminad las cañas de los plumeros.

VARIEDADES: *C. selloana (C. argentea)* crece unos 2 m y forma vistosas espigas en lo alto de los tallos rígidos. Las plantas más altas y los plumeros más largos corresponden a la variedad «Sunningdale Silver», las espigas son más abiertas que las de las otras variedades. La forma enana es pumila, de aprox. 1.2 m de altura, y la de follaje más decorativo es «Gold Band» (1.8 m), de hojas rayadas en amarillo y verde.

SUELO Y EMPLAZAMIENTO: en cualquier suelo permeable de jardín. Al sol o a media sombra.

REPRODUCCIÓN: podéis dividir las matas a principios de primavera, pero es mejor comprar plantas nuevas.

C. selloana

Delphinium 'Butterball'

DELPHINIUM Espuela de caballero

Mucha gente decide cultivar espuelas de caballero, después de haber visto un grupo de ellas alzándose por encima de su cabeza en un arriate cuidado por un jardinero experto. Sus espigas de grandes flores blancas, rosadas, malvas o purpúreas le dan una vistosidad, que casi ninguna otra planta de arriate puede igualar. Si disponéis del espacio suficiente, podréis conseguir idénticos resultados, pero las espuelas de caballero altas son difíciles de cultivar a la perfección. Deberéis cercioraros de que el suelo sea fértil y permeable y plantarlas en primavera. Al principio, deberéis apuntalarlas con cañas robustas y vigilar el ataque de las babosas y del mildiú. Regadlas, si no llueve. Pasada la época principal de floración, a principios de verano, cortad a ras de suelo los pedúnculos florales para inducir una segunda floración en otoño y luego cortad todos los tallos hasta abajo. Con el tiempo, las plantas degeneran y no podréis hacer nada para impedirlo. Lo mejor es desarraigar las matas cada dos o tres años y dividirlas, replantando sólo las porciones más vigorosas.

VARIEDADES: las variedades de jardín más famosas derivan de *D. elatum* y se dividen en tres grupos. El grupo *Elatum* tiene la forma de las flores y el porte característicos de las espuelas de caballero clásicas, alcanzando una altura de 2.5 m, con espigas erectas de grandes flores aplanadas que pueden ser semidobles o dobles. Entre las formas altas (altura 1.5-2.4 m, distancia, 75 cm) figuran «Vespers» (malva azulada), «Butterball» (crema) y «Mullion» (azul). Entre las enanas (altura. 90 cm-1.35 m, distancia 45 cm) se encuentran «Mighty Atom» (lila), «Cinderella» (púrpura) y «Blue Tit» (azul oscuro). El segundo gran grupo de espuelas de caballero es el *Belladona* – altura 90 cm-1.2 m, distancia, 45 cm. Son plantas delgadas que producen inflorescencias ramificadas de flores cóncavas, no aplanadas. Comparadas con las del grupo *Elatum*, las flores son más pequeñas y más dispersas; las variedades populares son «Pink Sensation» (rosa) y «Blue Bees» (azul claro). El tercer grupo es el *Pacific Giants*, de espigas largas y flores grandes, que puede ser obtenido a partir de las semillas, pero cuya vida es bastante corta. Comprad una mezcla o una variedad renombrada.

SUELO Y EMPLAZAMIENTO: es necesario que el suelo sea fértil y permeable. Mejor en un lugar resguardado y soleado.

REPRODUCCIÓN: plantad esquejes o dividid las matas a inicios de la primavera. Sembrad bajo cristal, a comienzos de primavera, las semillas de las *Pacific Giant*.

D. elatum grupo Elatum

D. elatum grupo Pacific Giants

D. elatum grupo Belladonna

Delphinium 'Pink Sensation'

Dianthus caryophyllus 'Mixed Hybrids'

DIANTHUS Clavel, clavelina

Hay *Dianthus* en distintas zonas del jardín. En la rocalla encontraréis las clavelinas alpinas, y en los macizos florales, tanto los claveles de san Isidro como los claveles anuales. En este capítulo figuran las variedades perennes resistentes —los claveles de arriate, las clavelinas antiguas y las modernas. Todas ellas forman matas de hojas verdegrisáceas, herbáceas, y flores de pedúnculos erectos, fragantes, que viven tanto en suelos calcáreos como en atmósferas polucionadas. Los claveles de arriate tienen tallos vigorosos y flores grandes y es imprescindible estacarlos. Un clavel típico es bastante distinto de una clavelina típica, pero la línea divisoria es poco precisa. Las clavelinas tienen tallos más delicados, hojas más estrechas, flores más pequeñas y un aspecto más frágil.

VARIEDADES: los datos fundamentales de los claveles de arriate son: altura 60-90 cm, distancia 45 cm. Epoca de floración: comienzo del verano (regiones meridionales) y mediado el verano (regiones septentrionales). Al cabo de algunos años las plantas degeneran y deben ser reemplazadas. Los pétalos tienen los bordes lisos (a diferencia de los claveles de florista que los tienen aserrados) y los hay de un solo color, de dos o más colores o de color claro con un borde más oscuro. La lista de variedades es interminable; encontraréis nombres como «Edenside Fairy», «Consul», «Fiery Cross» y «Perfect Clove». Las clavelinas antiguas crecen unos 30 cm y deben plantarse a una distancia de 30 cm. Producen una sola floración, a finales de primavera, y crecen lentamente, pero sigue valiendo la pena cultivar «Mrs Sinkins» y «White Ladies» (blancas), «Excelsior» (carmín) y «Emil Paré» (rosa). Las clavelinas modernas (híbridos de *D. allwoodii*) van adquiriendo preponderancia ya que crecen rápidamente y son de «floración continuada» pues florecen a finales de primavera y de nuevo, en otoño. Elegid vuestras clavelinas entre este grupo: «Doris» (rosa salmón), «Show Pearl» (blanca), «Robin» (escarlata) y otras muchas.

SUELO Y EMPLAZAMIENTO: en cualquier suelo permeable de jardín, siempre que no sea ácido; al sol.

REPRODUCCIÓN: sembrad las semillas, bajo cristal, a principios de primavera o plantad esquejes en una cajonera a comienzos de verano. También podéis acodar los tallos laterales, mediado el verano.

Dianthus plumarius 'Mrs Sinkins'

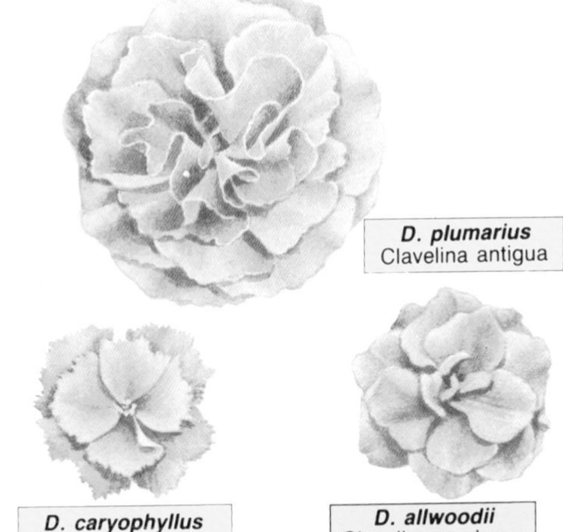
D. plumarius Clavelina antigua

D. caryophyllus Clavel de arriate

D. allwoodii Clavelina moderna

Dianthus allwoodii 'Doris'

Flores para cada estación

VERANO

(para INVIERNO-PRIMAVERA, véase pág. 43) (para COMIENZOS DE VERANO, véase pág. 48)
(para OTOÑO, véase pág. 57)

Mediante una selección meticulosa, conseguiréis que vuestro arriate esté florido durante todo el año. Para cada mes, hay cierto número de plantas perennes que seguramente estarán en plena floración. Recordad que algunas de ellas pueden comenzar a florecer antes y seguir haciéndolo hasta varias semanas después.

MEDIADOS DE VERANO

Acanthus spinosus
Achillea filipendulina
Agapanthus africanus
Anchusa azurea
Campanula, especies de
Dianthus caryophyllus
Echinacea purpurea
Echinops ritro
Eryngium, especies de
Gaillardia aristata
Helenium autumnale
Helianthus decapetalus
Heliopsis scabra
Hosta, especies de
Kniphofia uvaria
Ligularia dentata
Limonium latifolium
Lysimachia clethroides
Macleaya cordata
Oenothera missouriensis
Phlox, especies de
Physostegia virginiana
Polygonum affine
Potentilla híbridos
Rudbeckia fulgida
Salvia superba
Saponaria officinalis
Sidalcea malvaeflora
Solidago hybrida
Stachys lanata
Stokesia laevis
Thalictrum dipterocarpum
Tradescantia virginiana
Verbascum hybridum

FINAL DE VERANO

Acanthus spinosus
Achillea filipendulina
Agapanthus africanus
Anaphalis, especies de
Anemone japonica
Aster novi-belgii
Chrysanthemum rubellum
Cimicifuga foetida
Clematis heracleifolia
Cortaderia selloana
Echinacea purpurea
Eryngium, especies de
Inula hookeri
Kniphofia uvaria
Liatris spicata
Ligularia dentata
Liriope muscari
Lysimachia clethroides
Lythrum salicaria
Oenothera missouriensis
Phlox, especies de
Physalis franchetii
Physostegia virginiana
Polygonum affine
Potentilla híbridos
Rudbeckia fulgida
Salvia superba
Saponaria officinalis
Schizostylis coccinea
Sedum spectabile
Solidago hybrida
Stokesia laevis
Tradescantia virginiana
Viola odorata

Dicentra spectabilis

DICENTRA Dicentra

A lo largo de su dilatada historia como planta de jardín campestre, la *Dicentra* ha recibido diversos nombres. Crece en un suelo rico en humus, al pie de los árboles y arbustos, con hojas tipo helecho, sobre las que se inclinan los tallos cargados de flores de forma extraña que han dado origen a nombres como «calzones holandeses» y «dama en el baño». Podéis plantarla en un lugar soleado de la parte frontal del arriate o como planta de cobertera en un jardín selvático. Es una planta fácil de cultivar, que sólo necesita ser acolchada cada año, mediada la primavera.

VARIEDADES: la más popular es la de talla mayor, *D. spectabilis*; altura, 60-90 cm, distancia, 45 cm, época de floración, en plena primavera. Las flores, rojorrosadas, con pétalos blancos sobresalientes, cuelgan de los tallos arqueados, como si fueran medallones. No siempre es acertado elegir esta especie ya que se marchita después de la floración y puede ser dañada por las heladas primaverales. Estos inconvenientes no se dan en las especies más bajas, de follaje plumoso, *D. formosa* (30-45 cm) y *D. eximia* (45 cm).

SUELO Y EMPLAZAMIENTO: en cualquier suelo permeable de jardín. Mejor a media sombra.

REPRODUCCIÓN: dividid las matas en otoño o en primavera; procurad no romper las raíces quebradizas.

D. spectabilis

Dictamnus albus

DICTAMNUS Díctamo blanco

Aunque a *Kochia*, una planta anual cultivada porque su follaje se vuelve rojo en otoño, la llaman planta flamígera, la verdadera planta flamígera es el díctamo; encended una cerilla cerca de una inflorescencia, cuando las flores se hayan marchitado y todavía haga calor, y veréis cómo se encienden sus aceites volátiles. La parte superior de la planta quedará rodeada de una llama azulada pero sin sufrir ningún daño. Además de distraer a los niños, el díctamo produce unas espigas fragantes que, a mediados de verano, se yerguen sobre las hojas, profundamente divididas y que huelen a limón. Puede tardar dos años en afianzarse, pero luego crece sin problemas y vive varios años.

VARIEDADES: los datos fundamentales de *D. albus* (*D. fraxinella*) son: altura 60 cm, distancia 45 cm, época de floración: comienzo o mediado el verano. Las flores, de 4 cm de diámetro, blancas o de color púrpura pálido, se agrupan en espigas altas. La variedad caucasianus, tiene flores más grandes y «Purpureus» es la de flores más vistosas, rosadas con rayas rojas.

SUELO Y EMPLAZAMIENTO: cualquier suelo bien drenado que no sea ácido, al sol o en semisombra.

REPRODUCCIÓN: no divida el cepellón. Compre una planta cultivada en maceta o siembre semillas si está dispuesto a esperar 3 años hasta que las plantas alcancen la edad de la floración.

D. albus 'Purpureus'

Doronicum caucasicum 'Spring Beauty'

DORONICUM Dorónico

Si queréis llenar una zona del macizo o del arriate con grandes flores amarillas, tipo margarita, echando una ojeada a este libro, encontraréis una amplia gama para escoger. Si, además, queréis que crezcan rápidamente, el dorónico será vuestra planta. En muchos arriates herbáceos, las primeras herbáceas perennes en florecer son los dorónicos. Su cultivo es fácil, basta con que apuntaléis, de alguna manera, sus tallos y eliminéis las flores marchitas. Vigilad el ataque de las babosas y cortad los tallos a ras de suelo, en otoño. Cada tres años dividid las matas y replantadlas.

VARIEDADES: las flores de *D. plantagineum* miden 7 cm; sus datos fundamentales son: altura 60-90 cm, distancia 45 cm, época de floración, en primavera. Hay dos variedades destacadas: «Miss Mason» (60 cm) y «Harpur Crewe» (90 cm). *D. caucasicum* es más baja (30-45 cm), con flores de 5 cm; «Spring Beauty» es una variedad de flores muy dobles. El dorónico más pequeño, que es también el primero en florecer, es *D.* «Gold Dwarf» (15 cm).

SUELO Y EMPLAZAMIENTO: en cualquier suelo de jardín. Al sol o a media sombra.

REPRODUCCIÓN: dividid las matas en otoño o en primavera.

D. plantagineum 'Harpur Crewe'

Echinacea purpurea 'Bressingham Hybrid'

ECHINACEA Cabezuela purpúrea

Es una excelente perenne de floración tardía, emparentada con la *Rudbeckia*. Su parentesco queda claramente de manifiesto si miráis el centro de la flor, tipo margarita; es un disco central prominente parecido a una piña. La diferencia estriba en el color de los pétalos; los de *Rudbeckia* suelen ser amarillos o anaranjados, mientras que los de *Echinacea* son purpúreos o rosados. Incorporad compost al suelo antes de plantarla y abonadla en veranc. Descabezadla y cortad los tallos a ras de suelo, después de la floración.

VARIEDADES: la especie de jardín es *E. purpurea*. Altura 90 cm-1.2 m, distancia 60 cm, época de floración: comienzos de verano y otoño. Tiene hojas dentadas de tacto rugoso y las flores sirven para hacer ramos. La variedad más frecuente es «The King» —1.2 m de altura, con pétalos rosados, mates, caídos, alrededor de un cono central. «Bressingham Hybrid» (90 cm) tiene pétalos rosados más brillantes, y también hay una variedad de pétalos blancos con el cono amarillo: «White Lustre».

SUELO Y EMPLAZAMIENTO: en cualquier suelo permeable de jardín. Mejor a pleno sol.

REPRODUCCIÓN: dividid las matas en primavera.

E. purpurea 'The King'

Echinops 'Veitch's Blue'

ECHINOPS Cardo globoso

Es una planta de trazos verticales para la parte posterior del arriate. Tiene tallos robustos, con hojas profundamente lobuladas, tipo cardo, con inflorescencias globulares, en verano. Estas inflorescencias, de 5 a 8 cm de diámetro, pueden secarse para la decoración invernal de interiores, siempre que se corten antes de que las flores estén abiertas del todo. Es una planta poco exigente, que tanto crece en suelos secos como calcáreos, pero no en suelos superficiales o en lugares sombreados. Manejadla con guantes ya que, a veces, las espinas de algunas variedades producen un sarpullido.

VARIEDADES: la especie más famosa es *E. ritro* —altura 90 cm-1.2 m, distancia 60 cm, época de floración: pleno verano. Las flores son de color azul acero y las hojas tienen el envés aterciopelado. *E. humilis* (1.5 m) es más alta pero de flores más pequeñas. Su característica principal es la presencia de una especie de telaraña sobre sus hojas. Existen diversas variedades renombradas de todas las tallas: *E.* «Veitch's Blue» (90 cm, azul oscuro) es la baja; una de las altas es *E.* «Taplow Blue» (1.5 m, azul claro).

SUELO Y EMPLAZAMIENTO: en cualquier suelo permeable de jardín. Mejor a pleno sol.

REPRODUCCIÓN: dividid las matas en otoño o en primavera.

E. ritro

Epimedium versicolor 'Sulphureum'

EPIMEDIUM Epimedium

Esta perenne de cobertera, que vive en lugares ligeramente sombreados al pie de los árboles y arbustos, casi no merece figurar en un libro sobre flores. Es cultivada principalmente por su follaje; hojas acorazonadas, coriáceas, que se disponen a lo largo de tallos delgados y rígidos y que van cambiando de color con el tiempo: en primavera tienen nerviaciones rosadas y en otoño son totalmente bronceadas. Las flores son pequeñas e insignificantes, pero se abren antes de que aparezcan las hojas nuevas: flores rosadas, rojas, amarillas, purpúreas o blancas sobre pedúnculos largos. El follaje otoñal dura todo el invierno.

VARIEDADES: hay varias especies de *Epimedium*; los datos fundamentales son: altura 22 cm, distancia 30 cm, época de floración: a principios de primavera. Las flores de *E. warleyense* son cobrizas. Las de *E. perralderianum* son amarillas y aparecen a final de primavera. *E. versicolor* «Sulphureum» es otra variedad de flores amarillas, y la de flores más grandes es *E. grandiflorum* (flores de 3 cm). La más vistosa es, probablemente, *E. pinnatum colchicum* (flores de color amarillo vivo, follaje otoñal rojo).

SUELO Y EMPLAZAMIENTO: en cualquier suelo de jardín. Mejor a media sombra.

REPRODUCCIÓN: dividid las matas en otoño o en primavera.

E. grandiflorum

Eremurus robustus

EREMURUS Azucena de rabo de zorro

Eremurus rivaliza en majestuosidad con los *Delphinium*, voluminosas espigas erectas, de bellos colores, que se alzan por encima de nuestras cabezas. Sin embargo, su aspecto es bastante distinto; las espigas de *Eremurus* están formadas por innumerables flores estrelladas, blancas, rosadas o amarillas. Es una planta que no se aclimata fácilmente por lo que deberéis elegir con cuidado su emplazamiento. Necesita mucho sol y estar resguardada de los vientos fríos. En primavera, si no llueve, regadla copiosamente. En invierno, si el frío intenso se prolonga demasiado, puede matarla. A finales de otoño, se han de cubrir las coronas con turba o con helechos.

VARIEDADES: la típica azucena de rabo de zorro gigante es *E. robustus*, altura 2.4-3 m, distancia 90 cm, época de floración: plena primavera, flores de color melocotón. Otra especie de gran talla es *E. elwesii* (2-3 m, flores rosadas, fragantes) que tiene una variedad blanca «Albus». Para un jardín pequeño, la mejor es *E. bungei (E. stenophyllus)*, de flores amarillas y unos 90 cm de altura.

SUELO Y EMPLAZAMIENTO: es esencial que el suelo sea permeable y que le dé el sol por la tarde.

REPRODUCCIÓN: dividid las matas en otoño o en primavera.

E. bungei

Erigeron speciosus

ERIGERON Hierba pulguera

Esta planta, apropiada para la parte frontal del arriate, a primera vista, parece una pequeña margarita Michaelmas. Sin embargo, los pétalos son más numerosos y florece antes. El disco siempre es amarillo y las flores pueden ser sencillas o semidobles. Es fácil de cultivar; estacad de alguna manera los tallos y eliminad las flores marchitas. Podéis cortar algunas flores para hacer ramos. En otoño, cortad los tallos a ras de suelo.

VARIEDADES: la hierba pulguera se viene cultivando, en los jardines campestres, desde hace siglos. Hay varios tipos y el más frecuente es *E. speciosus*, de pétalos estrechos y purpúreos, pero cuyas flores suelen doblarse hacia abajo, por lo que actualmente se sustituye por uno de sus híbridos, de flores más grandes y vistosas, que se mantienen erguidas. Los datos fundamentales de las variedades son: altura 30-60 cm, distancia 30 cm, época de floración: desde finales primavera a mediados de verano. Entre los híbridos típicos figuran «Prosperity» (azul claro), «Foerster's Liebling» (rosado), «Darkest of All» (violeta) y «Dignity» (lila).

SUELO Y EMPLAZAMIENTO: en cualquier suelo permeable, al sol o a media sombra.

REPRODUCCIÓN: dividid las matas en primavera.

E. 'Foerster's Liebling'

E. 'Dignity'

Eryngium bourgatii

ERYNGIUM Cardo corredor

El cardo corredor en flor es casi inconfundible. Tanto la roseta de hojas, tipo cardo, como los tallos ramificados tienen un tinte azulado, y cada una de las flores, en forma de dedal, está provista de un collar espinoso. Es una planta litoral, de suelo seco y arenoso, pero vive sin problemas en cualquier suelo permeable, siempre que no sea ácido. A final de temporada, cortad los tallos a ras de suelo. Para aumentar vuestras existencias, podéis dividir las matas, pero es mejor comprar plantas nuevas.

VARIEDADES: los cardos corredores deben plantarse a una distancia de 30-45 cm y florecen durante todo el verano. La altura depende de la especie elegida —las bajas son *E. variifolium* (60 cm, perennifolia, hojas de nervios blancos) y *E. alpinum* (60 cm, flores de color azul metálico). *E. oliverianum* (90 cm, flores de color púrpura claro) es una especie más alta muy popular y *E. tripartitum* (90 cm) tiene preciosas flores azulgrisáceas. La más compacta es *E. bourgatii* (45 cm) con hojas y flores de color azul plateado.

SUELO Y EMPLAZAMIENTO: en cualquier suelo permeable. Mejor a pleno sol.

REPRODUCCIÓN: Se pueden dividir los cepellones en primavera, pero el *Eryngium* tolera mal el ser desarraigado.

E. oliverianum

Euphorbia griffithii 'Fireglow'

EUPHORBIA Euforbio

Los euforbios resistentes son los parientes pobres de las vistosas *Poinsettia*, que iluminan nuestros hogares en Navidad. Las variedades de exterior pueden emplearse en el arriate, en la rocalla o como cobertera, creciendo tanto al sol como a la sombra, tanto en suelo fértil como en suelo pobre, y necesita pocos cuidados. Hay formas perennifolias de follaje verdeazulado y todas forman flores insignificantes, rodeadas de brácteas. Desafortunadamente estas brácteas son pequeñas y, excepto en una variedad, son siempre amarillas o verdes.

VARIEDADES: *E. polychroma (E. epithymoides)* crece unos 45 cm y, en primavera, produce flores de color amarillo azufre. En la misma época, *E. robbiae* forma flores amarillas, y debe plantarse a 45 cm de distancia una de otra. Además de estas plantas de cobertera existe la diminuta y perennifolia *E. myrsinites* (15 cm, flores verdesamarillentas a mediados de primavera). En el otro extremo de la escala está *E. wulfenii*, de 1.2 m de altura, y si lo que buscáis es colorido, plantad *E. griffithii* «Fireglow» que, mediada la primavera, forma flores con brácteas rojas.

SUELO Y EMPLAZAMIENTO: en cualquier suelo permeable. Al sol o a media sombra.

REPRODUCCIÓN: plantad esquejes en una cajonera en primavera o dividid las matas en otoño o en primavera.

E. polychroma

Flores para cada estación

OTOÑO

(para INVIERNO-PRIMAVERA, véase pág. 43)
(para PRIMAVERA-VERANO, véase pág. 48)
(para VERANO, véase pág. 53)

Mediante una selección meticulosa, conseguiréis que vuestro arriate esté florido durante todo el año. Para cada mes, hay cierto número de plantas perennes que seguramente estarán en plena floración. Recordad que algunas de ellas pueden comenzar a florecer antes y seguir haciéndolo hasta varias semanas después.

PRINCIPIOS DE OTOÑO

Anemone japonica
Aster novi-belgii
Centranthus ruber
Chrysanthemum rubellum
Cimicifuga foetida
Cortaderia selloana
Echinacea purpurea
Liriope muscari
Phlox paniculata
Physalis franchetii
Polygonum affine
Saxifraga fortunei
Scabiosa caucasica
Schizostylis coccinea
Sedum spectabile
Viola odorata

MEDIADOS DE OTOÑO

Iris stylosa
Liriope muscari
Saxifraga fortunei
Viola odorata

FINES DE OTOÑO

Iris stylosa

Filipendula hexapetala

FILIPENDULA Filipéndula

Es un pequeño grupo de viejas plantas que suele incluirse con las *Spiraea*. Las hojas frecuentemente son tipo fronde y las flores, pequeñas, se agrupan en racimos terminales. En algunas variedades lo más vistoso es el follaje, y las flores suelen cortarse; en otras las flores son suficientemente vistosas para lucir en el jardín y para hacer ramos. El cultivo de la filipéndula no tiene problemas; incorporad materia orgánica al suelo, antes de efectuar la plantación, aplicad un acolchado mediada la primavera, regad si no llueve y cortad los tallos a ras de suelo, en otoño.

VARIEDADES: *F. ulmaria* «Aurea» (ulmaria dorada) se cultiva por su follaje; eliminad las flores a medida que vayan formándose. *F. hexapetala* se cultiva, tanto por sus flores rosadas, como por su follaje tipo helecho —altura 75 cm, distancia 60 cm, época de floración, comienzos de verano. Las flores, pequeñas, se agrupan en ramilletes; plantad la forma de flores dobles «Flore Pleno». Para el jardín selvático la mejor es *F. rubra* (1.2-2.4 m).

SUELO Y EMPLAZAMIENTO: en cualquier suelo húmedo. Mejor a media sombra.

REPRODUCCIÓN: dividid las matas en otoño o en primavera.

F. hexapetala 'Flore Pleno'

Gaillardia aristata 'Dazzler'

GAILLARDIA Gaillardia

Es una planta muy frecuente en todos los arriates herbáceos, con grandes flores, tipo margarita, de 5 a 10 cm de diámetro, de pétalos rojos o anaranjados con los ápices amarillos o dorados. Las flores se abren ininterrumpidamente, desde comienzos de verano hasta otoño y, puestas en agua, duran mucho. Pero la gaillardia se muere en invierno, si el suelo no es permeable. Aunque las condiciones sean óptimas y goce de un suelo arenoso y permeable y mucho sol, degenera a los pocos años. Para prolongar su vida, acordaos de cortar los tallos a ras de suelo, al final del verano, y de dividir las matas, cada tres años.

VARIEDADES: la especie que suele cultivarse es *G. aristata (G. grandiflora)* —altura 45-75 cm, distancia 45 cm, época de floración: final primavera a final verano. Sus tallos requieren soporte. Entre las variedades populares figuran «Wirral Flame» (rojo oscuro, ápices amarillos), «Croftway Yellow» (toda amarilla) y la roja y amarilla «Mandarin». Hay algunas variedades enanas; la más famosa es «Globin» (22 cm, rojo llama, ápices amarillos).

SUELO Y EMPLAZAMIENTO: en cualquier suelo permeable de jardín, preferiblemente en terreno ligero. En un lugar soleado.

REPRODUCCIÓN: sembrad las semillas, bajo cristal o al exterior, en primavera. Dividid las matas a finales de invierno o tomad esquejes a comienzos de primavera.

G. aristata 'Wirral Flame'

G. aristata 'Goblin'

Geranium endressii 'Wargrave Pink'

GERANIUM Geranio

El geranio o pico de grulla no debe confundirse con el *Pelargonium* semirresistente (pág. 144) que suele denominarse vulgarmente «geranio». El geranio del arriate herbáceo es una perenne resistente que se cultiva como planta de cobertera, ya que sus matas tupidas, de hojas profundamente divididas, sirven para combatir las malas hierbas. Las flores, cóncavas, de 2 a 5 cm de diámetro, pueden ser blancas, rosadas, azules o rojas y deben ser eliminadas al marchitarse. Vigilad el ataque de las babosas, en primavera, y cortad los tallos a ras de suelo, en otoño.

VARIEDADES: hay muchas especies y variedades por lo que la elección acertada no es fácil. Si os falta experiencia en el cultivo de geranios, elegid una forma común. *G.* «Johnson's Blue» (45 cm, distancia 45 cm, época de floración, mediados de primavera y verano), *G. endressii* «Wargrave Pink» (45 cm) o la violeta azulada *G. platypetalum* (60 cm) que florece a comienzos de verano. También son muy populares *G. macrorrhizum* «Walter Ingwersen» (30 cm, flores rosadas) de talla baja y *G. psilostemon* (45 cm) de flores de color magenta. Para el jardín rocoso hay variedades enanas (pág. 94).

SUELO Y EMPLAZAMIENTO: en cualquier suelo permeable. Al sol o a media sombra.

REPRODUCCIÓN: sembrad las semillas de las especies (no de las variedades renombradas), bajo cristal, en primavera. Dividid las matas en otoño o en primavera.

G. psilostemon

G. platypetalum

Geum chiloense 'Mrs Bradshaw'

GEUM Hierba de san Benito, cariofilada

La hierba de san Benito forma unas tupidas matas que ahogan las malas hierbas de la parte delantera del arriate y, a comienzos de verano, aparecen unos tallos largos y rígidos provistos de flores cóncavas de vivos colores, de unos 4 cm de diámetro, sencillas, semidobles o dobles, en distintos tonos de amarillo, anaranjado y rojo. Es una planta de fácil cultivo, pero es mejor enriquecer el suelo con compost o con turba, antes de efectuar la plantación, que se estaquen los tallos y se corten a ras de suelo, después de la floración. Las variedades populares son de vida corta; dividid las matas cada dos o tres años.

VARIEDADES: la especie más frecuente es *G. chiloense* (altura 30-60 cm, distancia 45 cm, época de floración: mediados primavera a final verano. En los catálogos y en los centros de jardinería encontraréis numerosas variedades pero, desde hace tiempo, las favoritas son «Mrs Bradshaw» (escarlata, doble) y «Lady Stratheden» (amarilla, doble). Si queréis variar, plantad «Fire Opal» (rojo fuego), «Prince of Orange» (anaranjada) o «Golden West» (amarilla). *G. borisii* (30 cm, anaranjada) es muy útil para la parte frontal del arriate; *G. rivale* (30 cm) crece bien en suelos pantanosos.

SUELO Y EMPLAZAMIENTO: en cualquier suelo permeable de jardín. Al sol o a media sombra.

REPRODUCCIÓN: sembrad las semillas, bajo cristal, en primavera o dividid las matas en otoño o en primavera.

G. chiloense 'Fire Opal'

G. chiloense 'Lady Stratheden'

Gypsophila paniculata

GYPSOPHILA Gipsófila

En el arriate herbáceo, lleno de variedades de flores grandes y de vivos colores, la gipsófila destaca por su enmarañada masa de tallos delgados y hojas estrechas, verdegrisáceas, de la que surge una nube de laxos ramilletes, de pequeñas flores blancas o rosadas. Es necesario que el suelo sea alcalino, pero si tenéis un suelo ácido, añadidle calcio; es necesario, además, que el suelo sea profundo. Una vez afianzada, la gipsófila no puede ser dividida ni trasplantada. Estacad los tallos y cortad algunas flores para vuestros arreglos florales. En otoño, cortad los tallos a ras de suelo.

VARIEDADES: la especie mejor para arriate es *G. paniculata* y la variedad más frecuente es «Bristol Fairy» —altura 90 cm, distancia 90 cm, época de floración: de finales de primavera a mediados de verano. Sus flores son blancas y dobles, aunque el blanco no es el único color: «Rosy Veil» es una variedad compacta, de 30 cm, muy frecuente, que produce flores dobles, blancas al principio, pero que luego se vuelven rosadas.

SUELO Y EMPLAZAMIENTO: en cualquier suelo permeable de jardín, siempre que no sea ácido. Al sol o a media sombra.

REPRODUCCIÓN: comprad «Bristol Fairy» en el vivero o en la jardinería más próxima; la siembra de las semillas bajo cristal, en primavera, no siempre tiene éxito. Plantad esquejes en una cajonera, en verano.

G. paniculata 'Bristol Fairy'

Helenium autumnale 'Coppelia'

HELENIUM Helenio

Es una perenne erecta, fácil de cultivar, muy adecuada para el centro o la parte posterior del arriate y es la mejor proveedora de amarillos y rojos de finales de verano. Las flores, tipo margarita, tienen un disco central prominente y son muy apropiadas para arreglos florales. Acolchad la base de los tallos en primavera y regadla, si no llueve. Si está en un lugar expuesto, estacad los tallos y descabezad las flores marchitas. La calidad de las flores degenera con el tiempo; para evitarlo, es conveniente desarraigar las matas cada dos o tres años, dividirlas y plantar sólo las porciones exteriores, más vigorosas.

VARIEDADES: la variedad preferida de *H. autumnale* es «Moerheim Beauty» —flores bronceadorrojizas y dimensiones medias: altura 90 cm, distancia 60 cm, época de floración, por todo el verano. Otras formas parecidas son «Butterpat» (amarillo dorado) y «Coppelia» (anaranjada y roja). Hay también formas gigantes de floración tardía, como «Chipperfield Orange» (1.35 cm, mediados del verano y comienzos de otoño) y enanas tempranas, como «Crimson Beauty» (60 cm, a finales primavera).

SUELO Y EMPLAZAMIENTO: en cualquier suelo permeable de jardín. Al sol o a media sombra.

REPRODUCCIÓN: dividid las matas en otoño o en primavera.

H. autumnale 'Butterpat'

H. autumnale 'Moerheim Beauty'

Helianthus decapetalus 'Soleil d'Or'

HELIANTHUS Girasol

El girasol gigante es la variedad anual (pág. 22). Las formas perennes crecen de 1.2 a 2.4 m, con flores de 5 a 8 cm de diámetro; muy lejos de las flores como platos de *H. annuus*. El girasol perenne es adecuado para la parte posterior del arriate, con tallos fuertes que sostienen flores amarillas o doradas, a finales de verano y comienzos de otoño. Necesita mucho sol, pero no requiere ningún suelo especial; el único problema es que las plantas degeneran con el tiempo. Desarraigadlas cada tres años y divididlas.

VARIEDADES: hay variedades sencillas, semidobles y dobles de *H. decapetalus* y todas sirven para arreglos florales. La mejor de las sencillas es «Maximus» (2.4 m), de flores grandes, pero el girasol perenne que suele recomendarse es el doble «Loddon Gold» (altura 1.5 m, distancia 60 cm, época de floración, durante todo el verano). Otras formas recomendables son las semidobles «Triomphe de Gand» y «Soleil d'Or».

SUELO Y EMPLAZAMIENTO: en cualquier suelo permeable de jardín. Mejor a pleno sol.

REPRODUCCIÓN: sembrad las semillas, bajo cristal o al exterior, al iniciarse la primavera o dividid las matas, en otoño o en primavera.

H. decapetalus 'Loddon Gold'

Heliopsis scabra 'Golden Plume'

HELIOPSIS Heliopsis

Aquí tenéis otra margarita amarilla de floración estival, para el centro del arriate. Este tipo de flores es casi demasiado frecuente, pero heliopsis tiene, al menos, tres puntos a su favor. Forma plantas compactas y arbustivas, de 90 cm de altura, que no necesitan ser desarraigadas, a menudo, ni divididas, y las flores duran mucho. Crece en casi todos los suelos y no necesita cuidados especiales. Las flores, de 8 cm, amarillas o doradas, pueden ser sencillas, semidobles o dobles. Después de la floración, cortad los tallos a ras de suelo.

VARIEDADES: las variedades de jardín provienen de *H. scabra* —altura 90 cm-1.2 m, distancia 60 cm, época de floración, en pleno verano. Las formas de flores sencillas son «Gigantea» (1.2 m) y *patula* (90 cm). La más frecuente es la de flores dobles «Golden Plume» (1 m) —flores perfectas, tipo girasol, aptas para ramos. «Incomparabilis» (90 cm) tiene flores tipo *Zinnia* y la novedad es «Goldgreenheart» con flores cuyo centro es de color amarillo limón.

SUELO Y EMPLAZAMIENTO: en cualquier suelo de jardín. Mejor a pleno sol.

REPRODUCCIÓN: dividid las matas en otoño o en primavera.

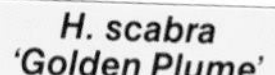
H. scabra 'Golden Plume'

Helleborus niger

HELLEBORUS Eléboro

El lugar ideal para el eléboro es cerca de la parte frontal del arriate, donde los perennifolios lo protegerán de los fríos invernales y sus flores, tempranas, serán bien visibles. Su época de floración va desde mediados de invierno hasta finales de primavera y las flores, cóncavas, pueden ser blancas, rosadas o purpúreas, según la variedad, y puestas en agua duran bastante. Las hojas, profundamente lobuladas, son una buena cobertera. Es una planta encantadora que precisa pocas atenciones.

VARIEDADES: *H. niger* (altura 30-45 cm, distancia 45 cm), a pesar de recibir el nombre de rosa de Navidad, florece de principios a finales de invierno y las flores son blancas con una protuberancia central de estambres dorados; las flores más grandes corresponden a «Potter's Wheel». El eléboro, llamado rosa de cuaresma *(H. orientalis)*, florece más tarde, entre mediados de invierno y principio de la primavera, y sus pétalos pueden ser blancos, rosados o purpúreos. *H. feotidus* (45 cm, mediados invierno-comienzo primavera) tiene flores amarillas bordeadas de púrpura.

SUELO Y EMPLAZAMIENTO: requiere un suelo húmedo y permeable. Mejor a media sombra.

REPRODUCCIÓN: comprad plantas jóvenes en el vivero o en la jardinería más próxima. Si las matas son demasiado tupidas, divididlas en primavera.

H. niger

H. orientalis

Hemerocallis 'Golden Chimes'

HEMEROCALLIS Hemerocálide

Los hemerocálides se cultivan desde hace siglos, pero sólo hace algunos años que se han convertido en plantas realmente populares. El jardinero ya no debe limitarse a los tonos amarillos y anaranjados; hay híbridos modernos de una amplia gama de colores, desde el amarillo más pálido al rojo más vivo. Las flores, tipo azucenas, miden hasta 18 cm de envergadura y hay variedades enanas, de 45 cm, y gigantes, de 1.2 m. La principal ventaja del hemerocálide es que es fácil de cultivar; crece en cualquier parte, siempre que el suelo retenga la humedad. En verano, de las matas de hojas acintadas surgen los pedúnculos florales, ramificados, con flores que sólo duran 1 día, pero que se abren ininterrumpidamente durante la floración.

VARIEDADES: los datos fundamentales de los hemerocálides híbridos son: altura 90 cm, distancia 60 cm, época de floración, finales de primavera a mediados de verano. Podéis escoger entre «Pink Damask» (rosa puro), «Stafford» (rojo con el centro amarillo), «Black Magic» (rojo oscuro con el centro amarillo), «Golden Orchid» (anaranjado), «Golden Chimes» (60 cm, amarillo)... pero hay otros muchos.

SUELO Y EMPLAZAMIENTO: en cualquier suelo de jardín. Al sol o a media sombra.

REPRODUCCIÓN: dividid las matas cuando sean demasiado tupidas, en otoño o en primavera.

H. 'Stafford'

Heuchera 'Red Spangles'

HEUCHERA Campanilla de coral

Durante muchos años, las campanillas de coral se han empleado como cobertera en los arriates herbáceos y en los mixtos y también para bordear los senderos. Sus hojas perennes, redondeadas, forman pulcros montículos sobre los que, a comienzos de verano, aparecen los tallos delgados con apretados racimos de pequeñas flores campaniformes. Estas flores pueden cortarse aunque, hasta la obtención de los híbridos modernos, eran de una gama de colores muy limitada. Acolchad la base de las plantas en primavera y cortad los tallos después de la floración.

VARIEDADES: a partir de *H. sanguinea* y *H. brizoides* se han obtenido muchos híbridos. Los datos fundamentales son: altura 45-75 cm, distancia 45 cm, época de floración, final primavera-mediados verano. El más vistoso es «Red Spangles», de flores color carmesí —en el otro extremo figura «Pearl Drops», de flores completamente blancas. Hay algunas formas rosadas —«Hyperion», «Scintillation», «Jubilee», etc., y una amarilloverdosa («Greenfinch»). Algunos viveros disponen de un pequeño híbrido, de bonito follaje, de *Heuchera* y *Tiarella* —*Heucherella tiarelloides*.

SUELO Y EMPLAZAMIENTO: en cualquier suelo permeable de jardín. Al sol o a media sombra.

REPRODUCCIÓN: dividid las matas en otoño o en primavera.

H. sanguinea

Hosta sieboldiana 'Elegans'

HOSTA Hosta

Se trata de una planta con dos aplicaciones, cultivada tanto por sus espigas de flores que semejan trompetas, como por sus hermosas hojas, anchas, que suelen estar variegadas o ser llamativamente coloreadas. Crece en sitios sombreados, al pie de árboles y arbustos y, cultivada como cobertera, impide el crecimiento de malas hierbas. En esta situación, sus inconvenientes son la naturaleza caduca de sus hojas y lo atractivo que su follaje juvenil y primaveral resulta para las babosas.

VARIEDADES: muchos catálogos y centros de jardinería ofrecen una amplia selección de hostas, desde las que tienen un follaje casi azul, hasta las que lo tienen casi completamente amarillo. Los datos fundamentales son: altura 45-90 cm, distancia 60 cm, época de floración, en pleno verano. Para un lugar muy sombrío, elegid *H.* «Royal Standard», de hojas verdes y flores blancas, que florece hasta comienzo del otoño. Para media sombra, *H. fortunei* «Albopicta» (hojas de color crema de bordes verdes), *H. sieboldiana* «Elegans» (hojas grandes, grisazuladas, flores blancas con un tinte purpúreo), *H. ventricosa* (hojas verdeoscura, espigas de 90 cm de flores de color lila), *H.* «Thomas Hogg» (hojas verdes de borde blanco) y *H. undulata* (hojas de borde ondulado).

SUELO Y EMPLAZAMIENTO: en cualquier suelo de jardín. Mejor a media sombra.

REPRODUCCIÓN: dividid las matas en primavera.

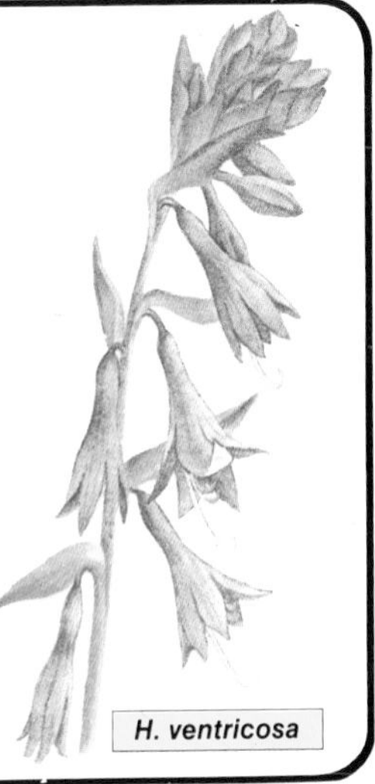

H. ventricosa

Incarvillea delavayi

INCARVILLEA Incarvillea

Pese a su peculiar manera de crecer y a su aspecto de planta de invernadero, el cultivo de la incarvillea no ofrece ninguna dificultad. Mediada la primavera, los pedúnculos florales comienzan a emerger del suelo, y a comienzos de verano, sobre cada uno de ellos, se abren unas cuantas flores en forma de trompeta, de unos 8 cm, parecidas a las de la gloxinia. La característica de esta planta es que las hojas no aparecen hasta pasada la floración. Antes de efectuar su plantación, incorporad compost al suelo y, en otoño, marcad su posición con una estaca ya que, en invierno, sus órganos aéreos desaparecen totalmente.

VARIEDADES: la especie básica es *I. delavayi* —altura 60 cm, distancia 30 cm, época de floración: plena primavera. Las hojas, tipo helecho, son de color verde oscuro y las flores rosadooscuras. Hay una variedad de color rosa claro («Bees Pink»). *I. grandiflora* es una variedad más baja, más difícil de conseguir, pero más coloreada. Los tallos tienen unos 30 cm de altura, las hojas no son como las de los helechos y las flores, rojorrosáceas, tienen la garganta amarilla.

SUELO Y EMPLAZAMIENTO: es imprescindible que el suelo sea permeable y que esté a pleno sol.

REPRODUCCIÓN: sembrad las semillas al exterior, en primavera. Podéis dividir las matas en otoño, pero resulta difícil.

I. delavayi

Inula orientalis

INULA Inula

Hay numerosas perennes amarillas, tipo margarita; algunas son muy conocidas y otras, como ésta, lo son mucho menos. Si vuestro suelo es denso, el emplazamiento ligeramente sombreado y preferís flores de pétalos estrechos, ésta debe ser vuestra planta. Vive mucho tiempo y florece profusamente, pero las matas deben ser desarraigadas, divididas y replantadas cada tres años. En primavera, aplicad un acolchado y, si no llueve, regadla. Cortad los tallos a ras de suelo, después de la floración.

VARIEDADES: en los catálogos figuran diversas variedades pero os será bastante difícil encontrar alguna, en los centros de jardinería. *I. hookeri* (altura 60 cm, distancia 45 cm, época de floración: de mediados a final de verano) tiene flores de 8 cm, de pétalos muy estrechos. *I. orientalis*, de flores del mismo tamaño, también tiene pétalos estrechos. La variedad gigante *I. magnifica* (1.8 m) es más apropiada para un jardín selvático que para un arriate herbáceo; sus hojas pueden sobrepasar los 90 cm de longitud. Cuando dispongáis de poco espacio plantad *I. ensifolia*; flores de 5 cm sobre plantas de 30 cm de altura.

SUELO Y EMPLAZAMIENTO: en cualquier suelo de jardín. Al sol o a media sombra.

REPRODUCCIÓN: dividid las matas en otoño o en primavera.

I. hookeri

Iris 'Jane Phillips'

IRIS Lirio

Los lirios forman un extenso grupo de plantas, que abarca, desde ejemplares de grandes flores sobre tallos de 1.2 m, hasta las diminutas formas alpinas que asoman a ras de suelo. Su clasificación es compleja, pero no es difícil distinguir los tipos principales. Hay dos grupos fundamentales: los bulbos (pág. 118) y los rizomas, que se describen a continuación, los cuales se propagan mediante un tallo subterráneo engrosado, que se extiende horizontalmente. Este último grupo comprende las formas más frecuentes y está encabezado por los lirios aristados (véase dibujo inferior). En el extremo de los rizomas se forma un abanico de hojas anchas y aplanadas. Los rizomas deben plantarse tan pronto se hayan marchitado las flores, entre finales de verano y comienzos de otoño, cuando el suelo está húmedo. Enterradlos a unos 30 cm de distancia, dejando la mitad superior al descubierto, excepto cuando el suelo es arenoso, que deberá cubrirlos por completo.

VARIEDADES: los lirios aristados han recibido muchos nombres, unos acertados y otros, no; lirio estandarte, lirio alemán, *I. germanica*, lirio de junio. Según su talla, pueden dividirse en tres tipos, derivados de diversas especies. El tipo alto (75 cm o más, floración a finales de primavera) incluye cientos de híbridos, como «Party Dress» (rosado flamenco), «Jane Phillips» (azul claro), «Frost and Flame» (blanco, arista roja), «Top Flight» (albaricoque) y «Staten Island» (estandartes dorados, colgantes rojos). El tipo intermedio (22-75 cm, floración, mediada la primavera) también comprende varios híbridos famosos, como «Golden Fair» (amarillo) y «Piona» (púrpura). El tipo enano (menos de 22 cm, floración, comienzos primavera) es adecuado para la parte frontal del arriate o para la rocalla y agrupa unos lirios mucho menos populares que los más altos; los mejores son «Blue Doll» y «Bright White». *I. foetidissima* es un lirio aristado nuevo, de hoja perenne, de decorativas semillas anaranjadas. Los lirios no aristados están divididos en varios tipos; entre los más famosos figuran los *Sibiricas (I. sibirica* «Perry's Blue», 90 cm, final primavera-inicio verano, propio de suelos húmedos), los de floración invernal (*I. stylosa*, 30 cm, mediados otoño e invierno, al sol), los acuáticos (*I. pseudacorus*, 75 cm, mediada la primavera, acuáticos), y los palustres (*I. kaempferi*, 75 cm, al comenzar el verano, suelos anegados).

SUELO Y EMPLAZAMIENTO: los iris aristados necesitan un suelo permeable y mucho sol.

REPRODUCCIÓN: dividid los rizomas a finales de verano, cada dos o tres años. Desechad las porciones viejas y dañadas.

Iris sibirica

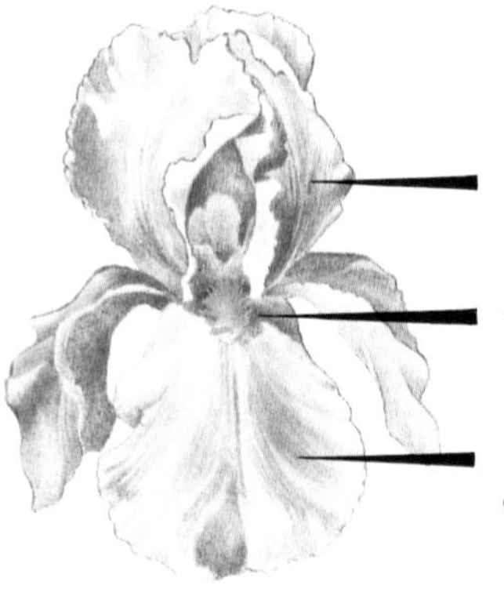

Bearded Iris

Iris stylosa

Kniphofia uvaria 'Springtime'

KNIPHOFIA Trítomo rojo

Con el tiempo, esta planta ha cambiado de nombre científico, de *Tritoma* ha pasado a *Kniphofia*, y los hibridadores también han ampliado la gama de sus colores. Una advertencia: si compráis un trítomo rojo, puede ser que sea todo rojo, que sea amarillo o, incluso, puede ser completamente blanco; por tanto, si queréis la variedad tradicional, de ápice rojo, cercioraros de lo que compráis. Sea cual fuere el color de las flores, todas las variedades forman matas de follaje acintado y espigas de flores largas y tubulares. Acolchadlas en primavera y regadlas, si no llueve. Los inviernos fríos pueden dañarlas. En otoño, eliminad las espigas, atad las hojas en un haz y cubridlas con turba.

VARIEDADES: el trítomo más frecuente es una variedad o un híbrido de *K. uvaria* —altura 75 cm-1.5 m, distancia 90 cm, época de floración, durante todo el verano. Si queréis un trítomo «verdadero», ápice rojo o anaranjado y base amarilla, elegid «Royal Standard», «The Rocket», «Springtime» o «H.C. Mills». Si lo queréis de un solo color, «Alcazar» (anaranjado), «Maid of Orleans» (blanco) o «Bees Lemon» (amarillo). Los gigantes son «Samuel's Sensation» (1.5-1.8 m). Hay una preciosa forma enana, anaranjada, *K. galpinii*.

SUELO Y EMPLAZAMIENTO: en cualquier suelo permeable de jardín. Mejor a pleno sol.

REPRODUCCIÓN: dividid las matas demasiado tupidas en primavera.

***K. uvaria* 'Royal Standard'**

Liatris spicata 'Kobold'

LIATRIS Liatris

A finales de verano o comienzos de otoño aparecen sus espigas, erectas y densas, formadas por pequeñas flores esponjosas, de color rosa o púrpura claro. Observándolas con atención, notaréis algo anormal; primero se abren las flores del ápice y luego las de los niveles inmediatamente inferiores. Las hojas son acintadas, y, siempre que el suelo no quede anegado en invierno, la planta vive muchos años. Antes de efectuar la plantación, incorporad turba o compost maduro al suelo y acolchadlo en primavera. Regadla, si no llueve, y eliminad las espigas cuando las flores estén marchitas. En invierno, marcad la localización de la planta mediante una pequeña estaca, ya que todos los órganos aéreos desaparecen.

VARIEDADES: la especie más frecuente es *L. spicata* —altura 45 cm, distancia 45 cm, época de floración: hacia finales de verano. La variedad más conocida es «Kobold» (malva; espigas más voluminosas que las de la especie tipo). «Silver Tips» (90 cm) es más alta y sus flores son de color espliego. *L. callilepis* también es una planta alta, con espigas de 60-90 cm de flores color carmín.

SUELO Y EMPLAZAMIENTO: *L. spicata* vive en suelos húmedos pero es esencial que en invierno tenga un buen drenaje. Al sol o a media sombra.

REPRODUCCIÓN: dividid las matas en otoño o en primavera.

L. spicata

Ligularia przewalskii 'The Rocket'

LIGULARIA Ligularia

A no ser que dispongáis de mucho espacio, de un poco de sombra y de un suelo que retenga la humedad, no plantéis la ligularia. Es una planta de hojas grandes, de bordes profundamente recortados, que cubre el suelo eliminando las malas hierbas y que florece en verano. Las flores son margaritas amarillas o anaranjadas, pero su tamaño y su disposición dependen de cada variedad. Acolchad la base de las plantas a mediados de primavera, regadlas copiosamente, si no llueve durante mucho tiempo, y cortad los tallos cuando hayan dejado de florecer. Cada tres años desarraigad las matas, divididlas y replantadlas.

VARIEDADES: la especie más conocida es *L. dentata (L. clivorum)* tanto ésta como otras *Ligularia*, pueden figurar en los catálogos bajo el nombre de «Senecio». Datos fundamentales: altura 90 cm-1.2 m, distancia 75 cm, época de floración: durante todo el verano. Las flores se agrupan en grandes racimos abiertos y las hojas, acorazonadas, pueden tener una envergadura de hasta 30 cm, con el envés purpúreo («Desdemona») o rojo («Othello»). Las pequeñas flores amarillas de *L. przewalskii* «The Rocket» (1.5 m) se agrupan en espigas erectas.

SUELO Y EMPLAZAMIENTO: es esencial que el suelo sea húmedo y el emplazamiento ligeramente sombreado.

REPRODUCCIÓN: dividid las matas en otoño o en primavera.

L. dentata

Plantas para arreglos florales

Acanthus spinosus
Achillea, especies de
Agapanthus africanus
Alchemilla mollis
Alstroemeria híbridos
Anaphalis triplinervis
Aruncus sylvester
Astrantia, especies de
Campanula, especies de
Catananche caerulea
Centaurea, especies de
Chrysanthemum maximum
Delphinium, especies de
Dianthus, especies de
Dicentra spectabilis
Doronicum plantagineum
Echinops, especies de
Eremurus, especies de
Erigeron híbridos
Eryngium, especies de
Gaillardia aristata
Geum chiloense
Gypsophila paniculata
Helenium autumnale
Heliopsis «Golden Plume»
Heuchera híbridos
Iris híbridos
Kniphofia uvaria
Liatris spicata
Limonium latifolium
Lychnis chalcedonica
Macleaya, especies de
Oenothera, especies de
Paeonia, especies de
Papaver orientale
Penstemon híbridos
Phlox, especies de
Physalis franchetii
Polygonatum híbridos
Polygonum bistorta
Pyrethrum roseum
Ranunculus, especies de
Rudbeckia, especies de
Scabiosa caucasica
Schizostylis coccinea
Solidago híbridos
Stokesia laevis
Thalictrum dipterocarpum

Limonium latifolium 'Blue Cloud'

LIMONIUM **Espliego marino**

El espliego marino tiene dos utilidades; podéis cultivarlo en los macizos y arriates para que en verano produzca una nube espumosa de flores pequeñas, o podéis cortar estas flores para tener un material duradero para arreglos florales de interior. Para secarlas, cortad los tallos poco antes de que las flores se abran, atadlos formando ramilletes y colgadlos del revés en un lugar fresco, lejos de la luz. El espliego marino (más conocido como *Statice*) suele cultivarse como anual, pero las variedades perennes son más altas y, año tras año, producen gran cantidad de flores rosadas o azuladas. Crecen bien en suelos pobres y pedregosos y no requieren más atenciones que cortarlas a ras de suelo en otoño. El rizoma es leñoso y la planta tarda algún tiempo en afianzarse.

VARIEDADES: la especie básica es *L. latifolium (Statice latifolia)* — altura 75 cm, distancia 45 cm, época de floración, durante todo el verano. Por encima de las rosetas de hojas ovaladas emergen los panículos florales, abiertos. Las mejores variedades son «Blue Cloud» (flores grandes, color espliego), «Collyers Pink» (flores rosadas) y «Violetta» (flores color azul violeta).

SUELO Y EMPLAZAMIENTO: en cualquier suelo permeable de jardín. Mejor a pleno sol.

REPRODUCCIÓN: sembrad las semillas, bajo cristal, en primavera o plantad esquejes de raíz en invierno.

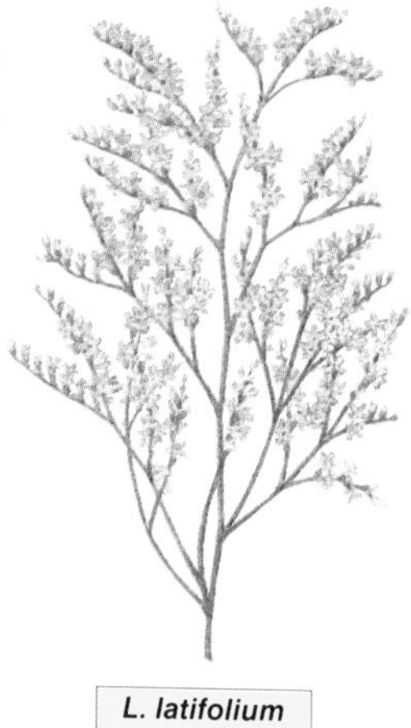
L. latifolium

Linum narbonense

LINUM **Lino perenne**

Si lo comparáis con muchas plantas del arriate herbáceo, de tallos cubiertos de hojas y flores duraderas, el lino perenne resulta una planta efímera. Sus tallos, largos y rígidos, con hojas estrechas, forman flores de 5 pétalos que sólo duran un día. Pero, en verano, siempre hay otros capullos a punto de abrirse; un bello cuadro azul que resulta óptimo si el suelo es arenoso y el tiempo caluroso. Acolchadla en primavera y, en verano, si no llueve, regadla, pero, por más que la miméis, vive poco tiempo. Afortunadamente, se reproduce fácilmente mediante esquejes o sembrando las semillas.

VARIEDADES: *L. narbonense* produce flores de 2.5 cm, de pétalos azules y centros blancos. Sus datos son: altura 30-60 cm, distancia 30 cm, época de floración, fin primavera-mediados verano. «Six Hills» es una variedad popular; la más baja es «Heavenly Blue» (30 cm). *L. perenne* produce flores más pálidas, de color azul cielo, y es posible que sea la mejor especie para cultivar. En los viveros importantes encontraréis sus variedades blanca, rosada y roja.

SUELO Y EMPLAZAMIENTO: en cualquier suelo permeable de jardín. Mejor a pleno sol.

REPRODUCCIÓN: sembrad las semillas, bajo cristal, en primavera o plantad los esquejes en una cajonera, también en esta estación.

L. perenne

Liriope muscari

LIRIOPE Liriope

Es extraño que esta planta sea tan poco frecuente ya que, aunque no vive en suelos calcáreos, es una planta que en muchas zonas es perennifolia y produce espigas de pequeñas flores campaniformes, durante todo el otoño. Tolera tanto la sombra como la sequía y puede emplearse en la parte frontal del arriate o como cobertera bajo otras plantas más altas. Si no queréis que se extienda, desarraigadla y divididla, cada dos o tres años. Cortad las espigas marchitas, en otoño, y eliminad las hojas viejas, en primavera.

VARIEDADES: la especie básica es *L. muscari (L. platyphylla)*; altura 30-45 cm, distancia 30 cm, época de floración, final verano-mediados otoño. Por encima de las hojas acintadas, aparecen las flores, de forma similar a las del jacinto racemoso. El color usual es el malva o el violeta, pero existe una variedad blanca y también una forma variegada, amarilla. *L. spicata* es una especie rastrera de hojas más estrechas que *L. muscari*.

SUELO Y EMPLAZAMIENTO: en cualquier suelo no calcáreo. Al sol o a media sombra.

REPRODUCCIÓN: dividid las matas en primavera.

L. muscari

Lupinus 'Monarch'

LUPINUS Lupino

Antes de los años 30, los lupinos no eran nada especial, pero la introducción de los híbridos *Russell* lo cambió todo. Actualmente figuran entre las perennes más populares, con sus grandes flores amariposadas, apretadamente dispuestas en imponentes espigas de una amplia gama de colores. Son plantas muy acomodaticias; crecen de prisa, toleran la sombra y la atmósfera urbana, pero duran poco. Antes de su plantación, incorporad turba (no compost) al suelo y, en invierno, si vuestro jardín se encuentra en una zona fría, cubridlos con helechos o turba. Por desgracia, los lupinos tienen varios enemigos; los virus (hojas moteadas y tallos pardos), las babosas y el mildiú.

VARIEDADES: lo más frecuente es comprar una mezcla de híbridos *Russell* de *L. polyphyllus* obtenidos a partir de semillas. Sus datos son: altura 90 cm-1.2 m, distancia 60 cm, época de floración, a principios del verano y también al final de verano, si cortáis las espigas cuando se marchitan. Hay diversas variedades; algunas son de un solo color, como «Lady Fayre» (rosada) y «Lilac Time» (lilácea) y otras son bicolores, como «Blue Jacket» (azul/blanca) y «Mrs Micklethwaite» (rosada/dorada).

SUELO Y EMPLAZAMIENTO: en cualquier suelo permeable de jardín, preferiblemente en terreno ácido. Al sol o a media sombra.

REPRODUCCIÓN: sembrad las semillas, bajo cristal, en primavera o plantad esquejes basales (con algunas raíces) a finales de invierno.

L. polyphyllus 'Russell Hybrid'

Lychnis chalcedonica

LYCHNIS Cruz de Malta

Los *Lychnis* gustan del sol y sus flores suelen ser rojas o rosadas... y casi no se puede citar ninguna otra característica que sea común a las diversas especies que se cultivan como plantas perennes de jardín. Aunque hay diferencias notables en cuanto a su aspecto, sus requisitos de cultivo son parecidos. Estacad los tallos en lugares abiertos y regadlos copiosamente, si no llueve. Descabezadlos para prolongar su floración y cortad los tallos a ras de suelo, en otoño.

VARIEDADES: la mejor cruz de malta es *L. chalcedonica* (la cruz de Jerusalén) —altura 90 cm, distancia 45 cm, época de floración, fin primavera-mediados verano. Sobre los tallos, cargados de hojas, se forman grandes racimos de flores rojas. Las flores de *L. coronaria* forman ramilletes abiertos que emergen sobre el follaje gris; crece unos 45 cm y hay una variedad blanca y otra magenta. *L. flos-jovis* (la flor de Júpiter) produce flores rosadas sobre un follaje plateado, a principios de verano. *L. viscaria* «Splendens Plena» (45 cm) forma racimos de flores dobles, rosadas, sobre un follaje pegajoso, a comienzos de verano.

SUELO Y EMPLAZAMIENTO: en cualquier suelo permeable de jardín. Mejor a pleno sol.

REPRODUCCIÓN: sembrad las semillas bajo cristal en primavera o dividid las matas, en otoño.

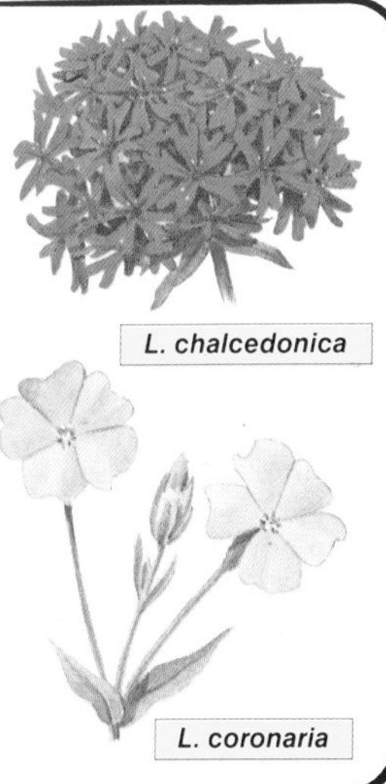
L. chalcedonica

L. coronaria

Lysimachia clethroides

LYSIMACHIA Lisimaquia

La lisimaquia es una planta muy útil para suelos pantanosos y lugares sombreados. Los tallos, erectos, forman flores blancas o amarillas según de cuál de las dos especies se trate, y nunca podríais imaginar que son dos especies próximas. Antes de efectuar su plantación cavad el suelo en profundidad y tened en cuenta que estas plantas se extienden rápidamente. Para impedir que ahoguen a otras plantas, cada tres años, desarraigadlas, divididlas y replantadlas. La lisimaquia rastrera es una vieja planta de rocalla (pág. 98).

VARIEDADES: *L. clethroides* (la lisimaquia china) forma espigas curvadas de 12 cm de longitud, de pequeñas flores blancas. Sus hojas lanceoladas y estas espigas hacen que parezca una pequeña *Buddleia*. Altura 90 cm, distancia 60 cm, época de floración, durante todo el verano. *L. punctata* (la lisimaquia amarilla) es algo más baja (75 cm) y florece antes (final primavera-mediados verano). Sobre sus tallos, cubiertos de hojas, se forman verticilos de flores estrelladas, amarillas con un tinte rojizo en la base de los pétalos.

SUELO Y EMPLAZAMIENTO: en cualquier suelo de jardín que retenga la humedad. Al sol o a media sombra.

REPRODUCCIÓN: dividid las matas en otoño o en primavera.

L. punctata

Lythrum salicaria 'Firecandle'

LYTHRUM Lisimaquia purpúrea

Esta planta acuática crece mejor en un terreno pantanoso, cerca de un estanque o en el jardín silvestre, pero también vive bien en el arriate herbáceo, si el suelo es rico en humus. Las hojas son alargadas y de color verde oscuro; por encima de ellas se alzan las espigas, estrechas y apretadas, de flores estrelladas, rosadas o rojas. Estas espigas son prolíficas y duraderas; si tenéis un suelo húmedo, la lisimaquia púrpura es una buena elección. Acolchadla en primavera, regadla copiosamente si el suelo está seco y cortad los tallos a ras de suelo, en otoño.

VARIEDADES: la especie básica es *L. salicaria*; puede alcanzar una altura de 1.5 ó 1.8 m, pero las variedades más frecuentes son más bajas y, generalmente, más bonitas —altura 75 cm-1.2 m, distancia 45 cm, época de floración, fin primavera-fin verano. Una de las más vistosas es «The Beacon» (90 cm, carmesí); otras formas populares son «Lady Sackville» (1.2 m, rosada) y «Firecandle» (75 cm, rosada). *L. virgatum* es una especie más baja, de preciosas espigas. Entre sus mejores variedades figuran «Rose Queen» (60 cm, rosada) y «The Rocket» (60 cm, rosaoscura).

SUELO Y EMPLAZAMIENTO: en cualquier suelo de jardín que retenga la humedad. Al sol o a media sombra.

REPRODUCCIÓN: dividid las matas en otoño o primavera. También podéis plantar esquejes basales en una cajonera, a comienzos de la primavera.

L. salicaria

Macleaya microcarpa 'Coral Plume'

MACLEAYA Amapola plumosa

Si vuestro jardín es pequeño, olvidaos de esta planta. *Macleaya* (a la que muchos jardineros siguen llamando *Bocconia*) necesita mucho espacio. No sólo crece por encima de nuestras cabezas, sino que sus chupones subterráneos se extienden en todas direcciones. Sin embargo, es una planta excelente para la parte trasera de un arriate herbáceo de grandes dimensiones, o como espécimen singular en medio de un césped extenso. Sus hojas, profundamente recortadas, son grisáceas o bronceadas por el haz y blanquecinas por el envés. Resultan muy bonitas durante todo el año, aunque la planta alcanza su máximo esplendor, a mediados de verano, cuando, por encima del follaje, se alzan los grandes panículos plumosos de pequeñas flores blancas o rosadas. Cortad los tallos en otoño.

VARIEDADES: los datos fundamentales de *M. cordata* son: altura 1.8-2.4 m, distancia 90 cm, época de floración: pleno verano. Los plumeros, de 90 cm, están formados por flores blancas, nacaradas; la planta que produce flores de color beige con un tinte rosado, suele venderse como *M. cordata* pero en realidad es *M. microcarpa* «Coral Plume».

SUELO Y EMPLAZAMIENTO: en cualquier suelo de jardín. A sol o a media sombra.

REPRODUCCIÓN: dividid las matas en otoño o en primavera. Podéis plantar esquejes basales en una cajonera, a principios de primavera.

M. cordata

Meconopsis cambrica

MECONOPSIS Amapola azul

Para el coleccionista de plantas raras, hay numerosas especies de esta perenne tipo amapola, pero para el jardinero normal sólo hay dos: la amapola azul del Himalaya y la amapola galesa. Ambas necesitan un suelo rico en humus que, en verano, debe mantenerse húmedo; incorporad compost o turba al hacer la plantación y regadlas copiosamente, si no llueve. Si están en un lugar expuesto, estacad los tallos y no tratéis de cultivarlas si el terreno queda anegado en invierno. Las flores duran muy poco, lo mismo que las plantas, por lo que deberéis renovar continuamente vuestras existencias a partir de sus semillas.

VARIEDADES: la amapola azul del Himalaya, que antiguamente se llamó *M. baileyi* pero ahora se llama *M. betonicifolia*, fue introducida en Europa en los años treinta. Sus datos son: altura 90 cm, distancia 45 cm, época de floración, a comienzos de verano. Las flores, de color azul cielo, tienen 7.5 cm de diámetro, pero no debéis dejar que aparezcan demasiado pronto; eliminad todos los capullos que se formen durante el primer año. La amapola galesa, *M. cambrica*, es más pequeña y menos exigente; altura 30 cm, distancia 22 cm, época de floración: final primavera-final de verano. Las flores son amarillas o anaranjadas.

SUELO Y EMPLAZAMIENTO: requiere un suelo no calcáreo, permeable y un poco de sombra.

REPRODUCCIÓN: sembrad las semillas, bajo cristal, en primavera.

M. betonicifolia

Monarda didyma 'Cambridge Scarlet'

MONARDA Bergamota

La bergamota silvestre vive cerca del agua o en terrenos pantanosos; los híbridos de jardín crecen bien en el arriate herbáceo siempre que el suelo sea húmedo. Si vuestro suelo es pobre en humus, incorporadle mucho compost antes de efectuar la plantación. Acolchad las plantas en primavera y, en verano, si el tiempo es caluroso y seco, regadlas copiosamente. Las hojas, como las de la hierbabuena, son pubescentes y aromáticas; arrancadlas y secadlas en seguida para la elaboración de mezclas aromáticas. Las inflorescencias, consistentes en verticilos de flores tubulares, se alzan en el extremo de tallos erectos. Para que las plantas conserven su vigor, se deben dividir y replantar cada tres años. En otoño cortad los tallos a ras de suelo.

VARIEDADES: los híbridos derivan de *M. didyma*, cuyos datos son: altura 60-90 cm, distancia 60 cm, época de floración: final primavera-final verano. Las dos variedades más populares son «Croftway Pink» (rosada) y «Cambridge Scarlet» (roja); hay otras como «Prairie Night» (purpúrea), «Snow Maiden» (blanca) y «Adam» (rojorrosada).

SUELO Y EMPLAZAMIENTO: en cualquier suelo de jardín que retenga la humedad. Al sol o a media sombra.

REPRODUCCIÓN: dividid las matas en otoño o en primavera.

M. didyma 'Croftway Pink'

Nepeta mussinii

NEPETA Hierba gatera

Los jardineros utilizan la hierba gatera para el borde de los caminos; los gatos gustan de restregarse contra sus hojas aromáticas, verdegrisáceas. Vive en suelos arenosos, pedregosos y calcáreos, mientras que en suelos densos o superficiales, que en invierno queden empapados de agua, muere rápidamente. Sus pequeñas flores tubulares se disponen en espigas erectas; descabezándolas favoreceréis la aparición de otras flores de manera que la planta, arbustiva, permanecerá en flor, desde finales de primavera hasta comienzos de otoño. No cortéis los tallos en otoño; esperad a eliminar el leño viejo hasta que aparezcan los brotes nuevos, en primavera. Es una planta fácil de cultivar que merece la popularidad que tiene. Cada tres años desarraigadla, divididla y replantadla.

VARIEDADES: la especie básica es *N. mussinii (N. faassenii)* —altura 30 cm, distancia 45 cm, época de floración: mediada la primavera-final verano. Las flores son de color púrpura claro. Hay variedades más altas —«Superba» (30-60 cm) de flores color espliego y «Six Hills Giant» (60 cm) de flores violetas. Estas formas altas deben ser estacadas.

SUELO Y EMPLAZAMIENTO: en cualquier suelo permeable de jardín. Mejor a pleno sol.

REPRODUCCIÓN: dividid las matas en primavera (no en verano).

N. mussinii

Plantas para lugares sombreados

Lugares secos

Alchemilla mollis
Anaphalis, especies de
Anemone japonica
Bergenia, especies de
Brunnera macrophylla
Cortaderia selloana
Doronicum plantagineum
Epimedium, especies de
Euphorbia, especies de
Iris foetidissima
Liriope muscari
Physalis franchetii
Pulmonaria, especies de
Salvia superba

Lugares húmedos

Aconitum napellus
Ajuga, especies de
Alchemilla mollis
Aquilegia híbridos
Astilbe arendsii
Astrantia major
Bergenia, especies de
Caltha palustris
Cimicifuga foetida
Dicentra spectabilis
Filipendula, especies de
Helleborus, especies de
Hosta, especies de
Ligularia, especies de
Lysimachia clethroides
Lythrum salicaria
Monarda híbridos
Omphalodes, especies de
Physostegia virginiana
Polygonum affine
Ranunculus, especies de
Rodgersia, especies de
Saxifraga umbrosa
Thalictrum, especies de
Tiarella cordifolia
Tradescantia virginiana
Trollius híbridos
Viola, especies de

Oenothera tetragona 'Fireworks'

OENOTHERA **Oenothera**

Los capullos de estas vistosas flores suelen abrirse por la tarde; de ahí que se denominen primavera del atardecer. Son flores grandes, discoidales y sedosas; tal vez parecidas a las amapolas, pero sin ninguna semejanza con las primaveras. Gustan del sol y de los suelos arenosos; si el vuestro es denso y poco permeable, elegid otra planta. En primavera acolchad la base de los tallos, en verano regadlas si no llueve y, a finales de otoño, cortad los tallos a ras de suelo. Las flores sirven para hacer ramos.

VARIEDADES: *O. missouriensis*, es una planta baja, pero es la que tiene las flores más grandes, de 7-10 cm. Sus datos son altura 15-22 cm, distancia 45 cm, época de floración: durante todo el verano. Sus flores, cóncavas, se forman en el extremo de los tallos desparramados. *O. tetragona* es una planta más alta —altura 45 cm, distancia 30 cm, época de floración: fin primavera-mediados verano. Los pedúnculos florales emergen de una roseta basal de hojas; la variedad más vistosa es «Fireworks» (hojas purpúreas, capullos rojos y flores amarillas). Otra forma popular es *O. fruticosa* «Yellow River» (45 cm, flores amarillas).

SUELO Y EMPLAZAMIENTO: en cualquier suelo permeable de jardín, ligero o franco. Mejor a pleno sol.

REPRODUCCIÓN: dividid las matas en primavera. *O. missouriensis* es una excepción; sembrad las semillas, bajo cristal, en primavera.

O. missouriensis

Omphalodes cappadocica

OMPHALODES **Ombligo de Venus, Oreja de monje**

Son pocas las plantas de cobertera que crecen a la sombra, bajo los árboles y arbustos; *Omphalodes* es una de ellas. A comienzos de temporada, por encima del follaje que se mantiene verde casi todo el año, aparecen las flores azules, agrupadas en ramilletes abiertos. Las raíces necesitan humus; incorporad turba, compost o tierra de hojas al hacer la plantación y acolchad la base de los tallos en primavera. Si se eliminan las flores marchitas la floración se prolonga.

VARIEDADES: *O. cappadocica* produce preciosos ramilletes de flores totalmente azules, de unos 2 cm de diámetro. Altura 22 cm, distancia 30 cm, época de floración: plena primavera. La variedad «Anthea Bloom» tiene flores color azul claro. *O. verna* tiene flores azules, pero con un centro blanco, prominente. Es más baja que *O. cappadocica*, florece antes (finales invierno-mediados primavera) y crece más de prisa. Si queréis cubrir con *Omphalodes* una zona en el menor tiempo posible, plantad *O. verna*.

SUELO Y EMPLAZAMIENTO: en cualquier suelo de jardín que retenga la humedad. Mejor a la sombra.

REPRODUCCIÓN: dividid las matas en otoño.

O. cappadocica 'Anthea Bloom'

Paeonia 'Bowl of Beauty'

PAEONIA Peonía

Las peonías son las aristócratas del mundo de las perennes herbáceas. Sobre su hermoso follaje se yerguen los pedúnculos florales, cada uno de los cuales sustenta varias flores, que eclipsan a la mayoría de las demás flores del jardín. Son grandes cuencos de pétalos, de hasta 17 cm de envergadura, sencillos, semidobles, dobles o tipo anémona, en una amplia gama de colores. Al hacer vuestra elección, recordad que las formas dobles duran más que las sencillas y que su época de floración depende de la especie de que se trata (véase a continuación). Considerad las peonías como una inversión a largo plazo y antes de plantarlas aprendeos las normas para su cultivo. Elegid un lugar abierto y soleado, evitando que el sol del amanecer caiga de lleno sobre las plantas. La mejor época para su plantación es a comienzos de otoño y el suelo debe ser cavado en profundidad y enriquecido con compost o con tierra de hojas. El cuello de la planta debe quedar a más de 3 cm del nivel del suelo. Luego dejadla tranquila. Es probable que durante el primer año no florezca, y tardará unos tres años en afianzarse debidamente. No la trasplantéis ni intentéis dividir las matas para aumentar vuestras existencias. Las normas de su cultivo son bastante sencillas; acolchadlas en primavera, estacad los tallos, regadlas si no llueve, eliminad las flores marchitas, abonadlas con un fertilizante general, a finales de verano, y cortad los tallos a ras de suelo, en otoño.

VARIEDADES: la peonía común, o de mayo *(P. officinalis)*, crece espontáneamente en gran parte de Europa y es una conocida planta de jardín campestre – altura 60 cm, distancia 45 cm, época de floración: plena primavera. Las especies silvestres tienen flores rojas, pero podéis comprar variedades dobles de diversos tonos: «Alba Plena» (blanca), «Rosea Plena» (rosada), etc. Las peonías más populares son variedades de la peonía china, o de junio *(P. lactiflora)* – altura 75-90 cm, distancia 60 cm, época de floración: principios de verano. Las flores tienen un diámetro de hasta 17 cm, en una amplia gama de colores y de formas. Hay variedades dobles, como «Sarah Bernhardt» (rosada), «Festiva Maxima» (blanca) y «M. Jules Elie» (rosa plateada), sencillas, como «William Cranfield» (roja) y las preciosas peonías tipo anémona «Bowl of Beauty» (rosada, centro crema). Si queréis una peonía de floración temprana, plantad la peonía en abril *(P. mlokosewitschii)*: altura 45 cm, distancia 45 cm, época de floración: comienzos de primavera. Sus flores, sencillas, miden 5 cm y son amarillas.

SUELO Y EMPLAZAMIENTO: en cualquier suelo cultivado, permeable. Mejor a pleno sol.

REPRODUCCIÓN: adquirid una variedad famosa en un centro de jardinería acreditado; no dividáis las matas.

P. 'Sarah Bernhardt'
Peonía china

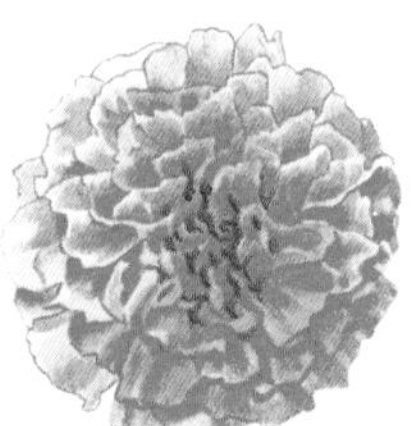
P. officinalis 'Rubra Plena'
Peonía común.

P. mlokosewitschii
Peonía de abril

Paeonia officinalis

Papaver orientale 'Goliath'

PAPAVER Amapola oriental

Cuando está en plena floración, la amapola oriental suele eclipsar a las flores, más sutiles, que la rodean. Sus flores, cóncavas, miden hasta 15 cm de diámetro, con pétalos intensamente coloreados, generalmente con la base negra, que rodean una protuberancia de anteras negras. Desgraciadamente, su competividad desaparece cuando ha acabado de florecer; en el arriate queda una laguna desprovista de hojas que no se llena hasta que se forman las hojas nuevas, profundamente recortadas, y cubiertas de pelos fuertes. La amapola crece fácilmente, siempre que el suelo sea ligero y permeable y se estaquen los pedúnculos florales. Después de su floración, cortad las plantas a ras de suelo. Desarraigadlas y divididlas cada tres años.

VARIEDADES: los datos de *P. orientalis* son: altura 90 cm, distancia 45 cm, época de floración: plena primavera. Existen diversas variedades famosas, de colores que van desde el blanco puro al rojo oscuro. Elegid entre «Perry's White» (blanca), «Mrs Perry» (rosada), «Marcus Perry» (escarlata anaranjada), «Salmon Glow» (doble, color anaranjado salmón) y «Goliath» (roja).

SUELO Y EMPLAZAMIENTO: en cualquier suelo permeable de jardín. Mejor a pleno sol.

REPRODUCCIÓN: dividid las matas en primavera o plantad esquejes de raíz, en invierno.

P. orientale 'Mrs Perry'

Penstemon gloxinioides 'Garnet'

PENSTEMON Lengua ursina

En los catálogos se cantan las excelencias de esta perenne; hojas brillantes, preciosas flores tubulares en espigas erectas a lo largo de todo el verano, etc., pero todo esto, sólo se da en lugares resguardados que gocen de un clima templado. Si el invierno es riguroso, la planta morirá, especialmente si el suelo no es permeable, e incluso en áreas cálidas, no dura más de cinco años. Claro que todo esto puede ser un reto para que intentéis cultivarla. Si es así, regadla copiosamente en tiempo seco, eliminad las flores marchitas, cortad los tallos a ras de suelo, en otoño, y cubrid el cuello con turba, en invierno. Si no queréis aventuraros, cultivad la lengua ursina a partir de esquejes.

VARIEDADES: los híbridos más conocidos se agrupan bajo el nombre de *P. gloxinioides (P. hartwegii)* y el color preferido es el rojo. Datos fundamentales: altura 45-60 cm, distancia 30 cm, época de floración: final primavera-final verano. La variedad más frecuente es «Firebird», pero la más resistente es «Garnet». Las flores de «Sour Grapes» son de color azul pizarra. Muchos centros de jardinería disponen de *P. barbatus*, que florece al mismo tiempo que los híbridos, pero es más alta —altura 90 cm, distancia 45 cm, color de las flores blanco, rosa y rojo.

SUELO Y EMPLAZAMIENTO: es esencial que el suelo sea permeable. Mejor a pleno sol.

REPRODUCCIÓN: plantad esquejes en una cajonera a finales de verano.

P. gloxinioides 'Firebird'

Phlox paniculata 'Harlequin'

PHLOX Flox

El flox es uno de los puntales del arriate herbáceo. A finales de verano, produce innumerables flores de vivos colores que forman una sabana fragante a la altura de vuestra cintura. Las flores, aplanadas, tienen unos 3 cm de envergadura, y, una a una, no tienen nada de particular, pero vistas en conjunto, sus grandes racimos producen un efecto impresionante. Su característica más destacada es su floración prolífica y, actualmente, los hay de casi todos los tonos, desde el blanco al púrpura oscuro. No es demasiado exigente; gusta de suelos húmedos (incorporad compost o turba al hacer la plantación) y el color de sus flores mejora si crece a media sombra. Acolchadlo en primavera, y en verano, si no llueve, regadlo. Si está en un lugar expuesto, es necesario estacarlo, y después de la floración los tallos se deben cortar a unos cinco centímetros del suelo. Su cultivo no es difícil, pero tiene un enemigo oculto que puede producir grandes estragos: el microscópico nematodo del flox, que frunce las hojas y deforma los tallos, matando los brotes jóvenes y atrofiando los viejos; vigilad la aparición de hojas estrechas, acintadas, que son indicadoras de esta plaga.

VARIEDADES: el flox de jardín más conocido es *P. paniculata (P. decussata)* —altura 60 cm-1.2 m, distancia 45 cm, época de floración: principio verano-principio otoño. En los grandes centros de jardinería y en los catálogos exhaustivos, se ofrecen gran número de variedades; a buen seguro encontraréis alguna de las siguientes: «Brigadier» (rojoanaranjada), «Balmoral» (color lavándula rosado), «The King» (purpureoviolácea), «White Admiral» (blanca), «Starfire» (rojooscura), «Fairy's Petticoat» (color malva) y «Endurance» (anaranjada). Si queréis mayor colorido podéis plantar la de flores purpúreas «Harlequin» que tiene las hojas variegadas, o las dos variedades cuyas flores son de idénticos colores pero dispuestos al revés: «Graf Zeppelin» (flores blancas de centros rojos) y «Sweetheart (flores rojas de centros blancos). Todas estas variedades de *P. paniculata* tienen las flores agrupadas en racimos globosos; si queréis una disposición distinta cultivad *P. maculata*, una especie poco común de inflorescencias columnares: altura 60-90 cm, distancia 45 cm, época de floración: todo el verano; la variedad más famosa es «Alpha» (rosada).

SUELO Y EMPLAZAMIENTO: en cualquier suelo de jardín que retenga la humedad. Al sol o a media sombra.

REPRODUCCIÓN: dividid las matas en otoño o en primavera; plantad esquejes de raíz, en invierno.

Phlox paniculata 'Starfire'

P. paniculata

P. maculata

Phlox maculata

Physalis franchetii

PHYSALIS Farolillo chino

El aspecto de *Physalis* en plena floración no justificaría ni el lugar que ocupa en el jardín ni su inclusión en este libro. Las flores, pequeñas e indescriptibles, tienen escaso valor ornamental, pero todo cambia cuando llega el otoño y las hojas comienzan a volverse amarillas. Alrededor de los frutos se forman unas cubiertas como de papel que cuelgan de los tallos, como si fueran farolillos chinos dorados o rojos. Pese a que en el jardín es un rasgo nuevo, su principal utilidad es como material vegetal seco, para la confección de arreglos florales de invierno. Cortad los tallos a final del verano y atadlos en pequeños ramilletes que pondréis a secar, boca abajo, en un lugar aireado, donde no les dé el sol. Vive en cualquier suelo, tanto al sol como a la sombra.

VARIEDADES: la mejor especie es *P. franchetii* — altura 60 cm, distancia 90 cm, época de floración, en pleno verano, época de fructificación, a principios de otoño. En el arriate, los «farolillos», de 5 cm de longitud, resultan muy decorativos, pero el mejor lugar para plantar *Physalis* es un rincón pequeño, lejos de las demás plantas, ya que sus tallos subterráneos son invasivos. Si la plantáis junto a otras plantas, lo más acertado será que cada otoño cortéis el suelo que la rodea con la laya.

SUELO Y EMPLAZAMIENTO: en cualquier suelo de jardín. Al sol o a media sombra.

REPRODUCCIÓN: dividid las matas en otoño o en primavera.

P. franchetii

Physostegia virginiana 'Summer Snow'

PHYSOSTEGIA Planta obediente

Un nombre tan extraño como el de planta obediente requiere una explicación. El nombre proviene de la peculiar propiedad de sus flores tubulares, agrupadas en espigas erectas: si las desplazáis de su posición natural, en lugar de romperse o de volver a su sitio una vez se han soltado, como hacen las flores de las demás plantas, permanecen en la posición en que las hayáis dejado. Es una planta fácil de cultivar: todo lo que necesitáis es poner un poco de compost o de turba en el agujero en que vayáis a plantarla, si el suelo es pobre en humus, regarla en tiempo seco y cortar los tallos en otoño. Las variedades más altas, si están en lugares expuestos, pueden necesitar ser estacadas.

VARIEDADES: sólo hay una especie, *P. virginiana* — altura 60-90 cm, distancia 45 cm, época de floración: durante todo el verano. Las flores, blancas, rosadas o purpúreas, forman hileras verticales a lo largo de las espigas. Se extiende rápidamente, pudiendo escapar a vuestro control — desarraigadla, divididla y replantarla cada tres años. La variedad más popular es la de floración tardía «Vivid» (60 cm, rosada). Otras variedades son «Summer Snow» (90 cm, blanca) y «Summer Spire» (90 cm, rosadooscura).

SUELO Y EMPLAZAMIENTO: en cualquier suelo permeable de jardín. Al sol o a media sombra.

REPRODUCCIÓN: dividid las matas en primavera.

P. virginiana 'Vivid'

Platycodon grandiflorum 'Mariesii'

PLATYCODON Campánula china

Los capullos, antes de abrirse por completo para dar lugar a las flores discoidales, se hinchan formando unos balones angulosos. Las flores tienen 5 cm de diámetro y duran mucho. Es una planta bonita e interesante, que merecería ser más conocida ya que no es exigente: crece en todo tipo de suelos y tolera un poco de sombra. Acolchad la base de los brotes jóvenes a comienzos de verano y cortad los tallos en otoño. Tan sólo tiene un problema: todos los órganos aéreos desaparecen en invierno y los brotes nuevos no salen hasta finales de primavera, por lo que es fácil que, al cavar el arriate, la dañéis: marcad su emplazamiento con una estaca.

VARIEDADES: los datos fundamentales de *P. grandiflorum* son: altura 30-60 cm, distancia 30 cm, época de floración: fin primavera-fin verano. Hay variedades blancas y rosadas pero la preferida es la forma compacta de flores color azul claro «Mariesii» (30 cm). «Snowflakes» es semidoble y blanca y «Mother of Pearl» es la rosada.

SUELO Y EMPLAZAMIENTO: en cualquier suelo permeable de jardín. Al sol o a media sombra.

REPRODUCCIÓN: no dividáis las matas. Sembrad las semillas, bajo cristal, en primavera o comprad una variedad renombrada en un vivero o un centro de jardinería.

P. grandiflorum 'Mariesii'

Polemonium foliosissimum

POLEMONIUM Escala de Jacob

La escala de Jacob se cultiva en nuestros jardines desde hace siglos y viene creciendo espontáneamente en nuestras colinas desde hace miles de años, pero su dilatada historia no impide que la utilicéis en vuestro arriate herbáceo moderno. Sus flores, de color azul fuerte, tachonadas de estambres dorados, comienzan a abrirse a finales de la primavera y siguen haciéndolo durante todo el verano. Sus hojas están profundamente divididas en una serie de folíolos, a modo de escalones, de donde proviene su nombre. Su cultivo no tiene ningún secreto; incorporad turba o compost al plantarla, proporcionadle algún tipo de soporte, descabezadla de vez en cuando, para prolongar su floración, y cortad los tallos en otoño.

VARIEDADES: la antigua planta campestre es *P. caeruleum* —altura 60 cm, distancia 30 cm, época de floración: fin primavera-mediados verano. Las flores, de 1.5 cm, son azules pero también existe una forma blanca. Uno de los inconvenientes de esta especie es que dura poco; en su lugar, elegid *P. foliosissimum* (altura 90 cm, distancia 45 cm, época de floración: fin primavera-fin verano) más alta y de vida más larga.

SUELO Y EMPLAZAMIENTO: en cualquier suelo permeable. Al sol o a media sombra.

REPRODUCCIÓN: sembrad las semillas, bajo cristal, al iniciarse la primavera o dividid las matas en otoño o en primavera.

P. caeruleum

Polygonatum hybridum

POLYGONATUM Sello de Salomón

Es una planta que gusta de la sombra y vive en el arriate herbáceo o en el jardín semisilvestre, al pie de los árboles y arbustos. Las hojas, ovaladas, abrazan los tallos arqueados produciendo un efecto muy decorativo, incluso antes de que aparezcan las flores, campaniformes, a comienzos de verano. Las flores, blancas con los ápices verdes, miden unos 3 cm de longitud, agrupándose en pequeños ramilletes colgantes que tapizan la parte superior de los tallos. Cortad las flores para hacer ramos. Incorporad compost o turba al hacer la plantación, acolchadla en primavera, regadla si no llueve y cortad los tallos en otoño. Si está cerca de otras plantas, desarraigadla y divididla cada tres años. Vigilad el ataque de las orugas, de la mosca de sierra, en verano; si no las combatís, pueden reducir las hojas a sus esqueletos en pocos días.

VARIEDADES: la que figura en los catálogos es *P. hybridum*, que suele describirse como *P. multiflorum* —altura 60-90 cm, distancia 60 cm, época de floración: a finales de primavera. Si queréis algo distinto elegid *P. japonicum* «Variegatum» (60 cm) de hojas verdes con rayas blancas.

SUELO Y EMPLAZAMIENTO: en cualquier suelo de jardín, mejor a la sombra.

REPRODUCCIÓN: dividid las matas en otoño o en primavera.

P. hybridum

POLYGONUM Polygonum

Es un grupo amplio y variado integrado por plantas de jardín y por malas hierbas. Las flores, pequeñas, se agrupan en espigas largas que aparecen durante un largo período, desde mediados de verano hasta otoño. Las variedades de jardín son, mayoritariamente, vigorosas plantas de cobertera que se extienden rápidamente, escapando a todo control y convirtiéndose en un estorbo. Viven en suelos húmedos y sus hojas, a veces, son algo rojizas. Regadlas, si no llueve.

VARIEDADES: el *Polygonum* más útil es *P. affine* —altura 30 cm, distancia 60 cm, época de floración: final primavera-comienzos otoño. Es una cobertera perennifolia cuyas hojas, en otoño, cuando las espigas de flores rosadas comienzan a marchitarse, se vuelven amarillas y bronceadas. Hay dos variedades, «Darjeeling Red» (rosadooscuro) y «Donald Lowndes» (rosado). *P. bistorta* «Superbum» (60 cm) produce varas altas de flores rosadas durante todo el verano, y las de *P. amplexicaule*, de hojas acorazonadas, son rojas. Es más alta que las demás, de 90 cm a 1.2 m, y las variedades más frecuentes son «Firetail», «Speciosum» y «Atrosanguineum». El *Polygonum* más bonito es *P. campanulatum* (90 cm) que forma sus flores rosadas en ramilletes abiertos y no es invasivo.

SUELO Y EMPLAZAMIENTO: en cualquier suelo de jardín. Al sol o a media sombra.

REPRODUCCIÓN: dividid las matas en otoño o en primavera.

Polygonum bistorta 'Superbum'

P. affine 'Donald Lowndes'

Potentilla 'Firedance'

POTENTILLA Cincoenrama, quinquefolio

Las *Potentilla* leñosas son muy frecuentes en los arriates arbustivos. Estos arbustos compactos, de hojas pequeñas, florecen durante todo el verano, una cualidad que comparten con las *Potentilla* cultivadas en el arriate herbáceo. No obstante, las variedades herbáceas no forman matas bien delimitadas como las leñosas; sus tallos son débiles y desparramados y las hojas se parecen a las de las fresas. Cultivadlas cerca de la parte frontal del arriate, acolchad el suelo que rodea sus tallos, en primavera y estacadlas. Regadlas en tiempo seco y como recompensa obtendréis un ininterrumpido espectáculo de flores discoidales de tonos brillantes.

P. 'Gibson's Scarlet'

VARIEDADES: los famosos híbridos de jardín han sido obtenidos a partir de *P. nepalensis, P. atrosanguinea* y *P. argophylla* —los datos fundamentales de estos híbridos son: altura 30-60 cm, distancia 45 cm, época de floración, de comienzos a finales del verano. Las formas más populares son «Miss Willmott» (roja), «Gibson's Scarlet» (roja) y «William Rollisson» (semidoble, anaranjadooscura, reverso amarillo). La variedad más coloreada es «Firedance» con flores de bordes amarillos y centros rojos, muy abundantes.

SUELO Y EMPLAZAMIENTO: en cualquier suelo permeable. Mejor a pleno sol.

REPRODUCCIÓN: dividid las matas en otoño o en primavera.

Primula variabilis 'Pacific Strain'

PRIMULA Primavera

Es un género de plantas de jardín muy amplio: hay prímulas delicadas de interior, variedades acuáticas para el estanque, formas diminutas y compactas para el jardín rocoso y otras, que se describen a continuación, que son excelentes para el arriate herbáceo. La línea divisoria entre estos grupos es poco definida: algunas de las variedades denominadas alpinas son idóneas para el arriate pequeño, y ciertas prímulas acuáticas viven felizmente en el macizo floral turboso. Por regla general, todas las primaveras crecen mejor a media sombra y en un suelo rico en humus. Las especies pueden obtenerse a partir de sus semillas (no así las variedades reputadas) y todas las formas suelen durar poco.

VARIEDADES: en el jardín campestre podéis plantar la primavera común *(P. vulgaris)* cuyas flores, amarillas, se abren en lo alto de los tallos, de 15 cm, hacia finales del invierno. Sin embargo, la preferida es el *Polyanthus (P. variabilis)*, un híbrido de la primavera común y la hierba centella *(P. veris)*, que es más alto y de flores más vistosas que la primera —sus datos fundamentales son: altura 30 cm, distancia 30 cm, época de floración: fin invierno-mediados primavera. Sus flores de 3-4 cm, sobre tallos robustos, se agrupan en grandes ramilletes. «Pacific Strain» presenta una amplia gama de colores —«Goldlace Strain» tiene pétalos de bordes amarillos. Las flores azuladas con el centro amarillo de *P. denticulata* son pequeñas y se agrupan en cabezuelas globosas de 7 cm. *P. florindae* (altura 60 cm, distancia 60 cm, época de floración: hacia principios del verano) es la hierba centella amarilla gigante, con tallos altos que forman unas inflorescencias abiertas de flores péndulas, fragantes. Necesitan un suelo que siempre esté húmedo y es ideal para suelos poco permeables. Hay un amplio grupo de primaveras que forma inflorescencias tipo candelabro, con flores dispuestas a lo largo del tallo en varios verticilos; un buen ejemplo es *P. japonica* (altura 45 cm, distancia 30 cm, época de floración: finales invierno-mediados primavera, y también *P. pulverulenta*, más alta y de floración más tardía. También son de este grupo *P. bulleyana* (60-90 cm) de flores anaranjadas, *P. beesiana* (60 cm) con flores color lila y la forma roja «Chungensis Hybrids» (60 cm).

SUELO Y EMPLAZAMIENTO: en cualquier suelo de jardín que contenga la proporción adecuada de materia orgánica. Mejor a media sombra.

REPRODUCCIÓN: sembrad las semillas bajo cristal, en marzo, o dividid las matas de las variedades reputadas, en primavera.

P. variabilis Polyanthus

P. denticulata Primavera globosa

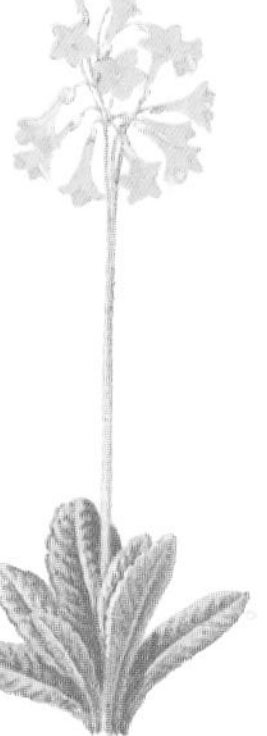
P. florindae Hierba centella amarilla gigante

P. japonica Primavera candelabro

Primula bulleyana

Prunella webbiana 'Pink Loveliness'

PRUNELLA Sanícula

La sanícula, o hierba de las heridas, es una cobertera tipo estera, para la parte frontal del arriate o de la rocalla; no es demasiado frecuente, pero es muy útil para impedir la aparición de malas hierbas. El follaje es verdeoscuro y a mediados de verano aparecen las espigas formadas por numerosas flores tubulares provistas de una capucha. Su cultivo no tiene ninguna dificultad; —acolchadla en primavera, regadla si no llueve, eliminad las inflorescencias marchitas y cortad los tallos a ras de suelo, en otoño. Desarraigad, dividid y replantad las matas cada dos ó tres años.

VARIEDADES: *P. grandiflora* forma flores de color púrpura claro —datos: altura 22 cm, distancia 45 cm, época de floración: a comienzos de verano. *P. webbiana* es bastante parecida, pero las hojas son más anchas y las flores, tubulares, de 2.5 cm, pueden ser de varios colores. La variedad preferida es «Pink Loveliness» (rosado claro) —también podéis elegir «Alba» (blanca), «Loveliness» (color malva) o «Rosea» (rosada).

SUELO Y EMPLAZAMIENTO: en cualquier suelo de jardín. Al sol o a media sombra.

REPRODUCCIÓN: dividid las matas en otoño o en primavera.

P. grandiflora

P. angustifolia

Pulmonaria saccharata

PULMONARIA Pulmonaria

La pulmonaria es una vieja planta de jardín con hojas moteadas de blanco y flores rosadas que al abrirse, van volviéndose azules. Pero no todas las pulmonarias responden a este esquema; las de flores más vistosas tienen las hojas completamente verdes y algunas variedades tienen flores de otro color. En el jardín, esta planta sirve de cobertera bajo los árboles y arbustos, la sombra le es propicia y se extiende rápidamente. Si el espacio es limitado tendréis que desarraigar las matas cada dos o tres años, dividirlas y replantarlas. Regadlas copiosamente si no llueve y cortad los tallos, en otoño.

VARIEDADES: la pulmonaria de jardín campestre es *P. officinalis* —altura 30 cm, distancia 30 cm, época de floración: a mediados de primavera. Las hojas, ovaladas, están moteadas de blanco, y las flores, tubulares y agrupadas en racimos, cuando están totalmente abiertas son de color azul purpúreo. Las manchas plateadas del follaje de *P. saccharata* (la salvia de Belén) son mucho más vistosas —elegid «Pink Dawn» (rosada) o «Mrs Moon» (rosada). Si no os importa el moteado foliar, elegid *P. angustifolia (P. azurea)*, de hojas completamente verdes, con flores de color azul fuerte que se abren a principios de la primavera; las más vistosas son las de «Munstead Blue» y «Mawson's Variety».

SUELO Y EMPLAZAMIENTO: en cualquier suelo de jardín. Mejor a media sombra.

REPRODUCCIÓN: dividid las matas en otoño o en primavera.

Pyrethrum roseum 'Brenda'

PYRETHRUM Matricaria

Es una planta de arriate muy apreciada para la confección de arreglos florales; flores tipo margarita, con un pedúnculo largo, que se alzan sobre un hermoso follaje plumoso. Los colores dominantes son el rosa y el rojo —miden 5 cm o más de diámetro, tienen un disco central prominente y las formas dobles, que suelen ser menos vigorosas y más bajas, tienen flores con una gran masa de pétalos miniatura rodeados de un cerco exterior de pétalos grandes. Crece bien en suelos ligeros, arenosos, y lo más importante es cortar los pedúnculos florales, en cuanto las flores se marchitan; así se prolonga la época de floración. Estacad los tallos en primavera y regad si no llueve.

VARIEDADES: las variedades de jardín son híbridos de *P. roseum (Chrysanthemum coccineum* en algunos libros y catálogos). Altura 30-60 cm, distancia 45 cm, época de floración, en plena primavera. Entre las mejores formas sencillas figuran «Brenda» (rosada oscura), «E.M. Robinson» (rosada clara), «Bressingham Red» (carmesí) y «Kelway's Glorious» (color escarlata). La mejor forma doble roja es «Lord Rosebery». Vanessa» es una forma doble rosada con el centro amarillo.

SUELO Y EMPLAZAMIENTO: es esencial que el suelo sea permeable. Mejor a pleno sol.

REPRODUCCIÓN: dividid las matas en primavera.

P. roseum 'E. M. Robinson'

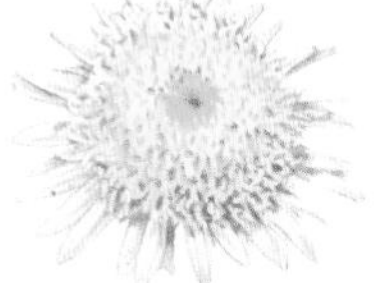
P. roseum 'Vanessa'

Ranunculus aconitifolius 'Flore Pleno'

RANUNCULUS Ranúnculo, botón de oro

En todos los jardines se cultivan ranúnculos, pero, desgraciadamente, casi siempre aparecen también en el césped, el macizo o el arriate en forma de mala hierba y no de planta decorativa. Sin embargo, hay algunos ranúnculos de jardín; la famosa francesilla, que se planta en forma de tubérculos (pág. 121), el ranúnculo amarillo, que crece cerca de los estanques y los lagos, y el botón de oro del arriate herbáceo. El botón de oro es una planta ramificada que, en verano, produce grandes masas de flores pequeñas, semidobles, que necesitan ser estacadas y son muy adecuadas para hacer ramos y arreglos florales de interior. El suelo debe ser húmedo.

VARIEDADES: el llamado botón de oro blanco, es *R. aconitifolius*: altura 60 cm, distancia 45 cm, época de floración: mediados primavera-inicio del verano. Cultivad la variedad doble «Flore Pleno». El botón de oro amarillo (*R. acris* «Flore Pleno») florece más tarde, comienza a finales de primavera y continúa haciéndolo hasta mediado el verano. La celidonia menor, o cabeza de perro (*R. ficaria* «Aurantiacus») es una planta enana de flores anaranjadas que florece a principios de primavera; plantadla en la parte frontal del arriate o en la rocalla.

SUELO Y EMPLAZAMIENTO: en cualquier suelo que retenga la humedad. Al sol o a media sombra.

REPRODUCCIÓN: dividid las matas en otoño o en primavera.

R. acris 'Flore Pleno'

Rodgersia pinnata superba

RODGERSIA Rodgersia

Si tenéis que llenar un arriate grande y queréis una planta de hojas grandes y coloreadas, que florezca en verano, la rodgersia os será muy útil. Las flores son pequeñas, agrupándose en espigas plumosas, y sus grandes hojas divididas le dan un aire exótico. Crece despacio y necesita un suelo húmedo y algo de sombra. Al hacer la plantación incorporad compost al suelo, tierra de hojas o turba en abundancia y acolchad las inmediaciones de las hojas en primavera. Regadla, si no llueve, y cortad los tallos en otoño.

VARIEDADES: si sólo podéis plantar una variedad, elegid *R. pinnata superba* —altura 90 cm-1.2 m, distancia 1.2 m, época de floración: pleno verano. Las hojas jóvenes, divididas y dentadas, son bronceadas y las flores, de color rosa oscuro. *R. aesculifolia* es bastante similar, con grandes hojas como las del castaño de Indias, de color bronceado metálico, pero las flores son blancas. Otras especies de jardín son *R. podophylla* (90 cm-1.2 m, flores de color crema) y la rodgersia de hojas más grandes, *R. tabularis* (90 cm-1.2 m, flores blancas).

SUELO Y EMPLAZAMIENTO: en cualquier suelo que retenga la humedad. Mejor a media sombra.

REPRODUCCIÓN: dividid las matas en otoño o en primavera.

R. aesculifolia

Rudbeckia 'Goldsturm'

RUDBECKIA Rudbeckia

Se trata de una planta perenne muy popular que se emplea para tener un color duradero a finales de verano y en otoño. Los obtentores han conseguido algunas variedades compactas excelentes para reemplazar las formas antiguas y actualmente hay varias formas de flores dobles, aunque la gama de colores sigue siendo limitada: o amarillo o anaranjado. Las flores cortadas, puestas en agua, duran mucho; las inflorescencias que no han sido cortadas para hacer ramos, se deben eliminar en cuanto se marchiten. Incorporad materia orgánica al suelo, al hacer la plantación, y estacad los tallos. Cortad las plantas a ras de suelo, a finales de otoño.

VARIEDADES: *R. fulgida (R. deamii)* tiene flores estrelladas con el centro oscuro —altura 60-90 cm, distancia 60 cm, época de floración: durante todo el verano. La antigua variedad favorita *speciosa* ha sido reemplazada por «Goldsturm» (60 cm, flores de 12 cm). Las formas gigantes son variedades de *R. laciniata* —altura 75 cm-2 m, distancia 60-90 cm, época de floración: durante todo el verano. En la parte posterior del arriate plantad «Autumn Sun» o «Golden Glow». Para el centro del arriate está la forma más compacta «Goldquelle» (75 cm, flores dobles).

SUELO Y EMPLAZAMIENTO: en cualquier suelo de jardín. Al sol o a media sombra.

REPRODUCCIÓN: dividid las matas en otoño o en primavera.

R. fulgida

Salvia superba 'East Friesland'

SALVIA Salvia perenne

Para muchos jardineros la palabra salvia representa una planta anual de flores rojas que forma parte de todos los macizos florales, pero los miembros herbáceos perennes de este grupo tienen flores azules —plantas menos conocidas pero por ello no menos valiosas. Por encima de las hojas, verdegrisáceas, se alzan las delgadas espigas de flores tubulares con capucha, de unos 2 cm de longitud. Siempre que el suelo sea permeable, las plantas crecen sin problemas y no es necesario desarraigarlas ni dividirlas periódicamente. Las espigas de las variedades más altas cultivadas en lugares expuestos se deben estacar y las flores marchitas han de eliminarse.

VARIEDADES: la especie más frecuente es *S. superba (S. virgata nemorosa)* —altura 90 cm, distancia 45 cm, época de floración: durante todo el verano. Las flores son purpureoazuladas; si queréis un color más oscuro y brillante, plantad alguna de las variedades compactas: «East Friesland» (45 cm) o la salvia de primavera «May Night» (45 cm). *S. haematodes* (90 cm) tiene bonitas flores color espliego pero vive poco tiempo —*S. patens* (60 cm) tiene flores azules y brillantes pero no es del todo resistente.

SUELO Y EMPLAZAMIENTO: en cualquier suelo permeable. Al sol o a media sombra.

REPRODUCCIÓN: sembrad las semillas, bajo cristal, a inicios de la primavera *(S. haematodes)* o dividid las matas en otoño o en primavera.

S. superba

Saponaria officinalis

SAPONARIA Saponaria, jabonera

El nombre vulgar de esta planta nos indica algunas de sus propiedades. Cortad un puñado de hojas y ponedlas en un cuenco con agua; al agitarlas veréis cómo el agua se vuelve espumosa. Forma una mata de hojas lanceoladas, cuyos tallos se alzan por encima de las demás plantas y, en verano, forma un racimo terminal de flores. Es una planta demasiado invasiva para un arriate selecto pero muy apropiada para un jardín campestre. Su cultivo es fácil, basta con que cortéis los tallos a ras de suelo en otoño.

VARIEDADES: la especie que se cultiva en los jardines es *S. officinalis* —altura 60-90 cm, distancia 60 cm, época de floración: durante todo el verano. La especie rosada de flores sencillas es una planta de origen europeo que crece espontáneamente en los bosques y los márgenes, siendo muy popular en los jardines campestres aunque actualmente ha sido desbancada por las variedades de flores dobles: «Rosea Plena» (rosada), «Rubra Plena» (roja) y «Alba Plena» (blanca). Para información sobre la saponaria rocosa véase página 103.

SUELO Y EMPLAZAMIENTO: en cualquier suelo de jardín. Al sol o a media sombra.

REPRODUCCIÓN: dividid las matas en otoño o en primavera.

S. officinalis

Saxifraga umbrosa

SAXIFRAGA Saxífraga

Casi todas las saxífragas son plantas de jardín rocoso (pág. 103) más que de arriate herbáceo, pero hay algunas que son demasiado grandes o demasiado invasivas para una rocalla normal y se utilizan para bordear caminos o como cobertera. Estas saxífragas de arriate forman rosetas o matas de hojas de las que emergen los tallos delgados que sostienen numerosas flores estrelladas. Necesitan un suelo que retenga la humedad y un poco de sombra; cortad los tallos en cuanto las flores se marchiten.

VARIEDADES: la más popular de las saxífragas de arriate es *S. umbrosa* (el orgullo de Londres) cuyas rosetas de hojas verdeoscuras cubren el suelo durante todo el año; a comienzos de verano, sobre estas rosetas, se alzan unos delicados ramilletes de flores rosadas —altura 30 cm, distancia 45 cm, época de floración: plena primavera. Hay una forma variegada con hojas salpicadas de amarillo («Variegata») y otra forma, enana de flores color rosa oscuro (primuloides «Elliot's Variety»). *S. fortunei* (30-45 cm) es bastante distinta de *S. umbrosa* —las hojas, brillantes, son lobuladas y caducas, y las flores, blancas, tienen unos 3 cm de diámetro. Los ramilletes florales aparecen a mediados y fines de otoño.

SUELO Y EMPLAZAMIENTO: en cualquier suelo rico en humus. Mejor a media sombra.

REPRODUCCIÓN: dividid las matas o las rosetas en primavera.

S. umbrosa

Scabiosa caucasica 'Clive Greaves'

SCABIOSA Escabiosa

A pesar de que no produce flores en abundancia en ninguna época del año, la escabiosa sigue siendo una de las plantas perennes de arriate herbáceo, favorita por dos motivos fundamentales: su floración se inicia a principios del verano y continúa ininterrumpidamente, hasta que llegan los primeros fríos; las flores, grandes, son excelentes para hacer ramos. Son como unos «acericos» con volante, azules o blancos, de hasta 10 cm de diámetro, que duran mucho tiempo puestas en agua y además pueden secarse para la decoración invernal. Plantadlas en primavera, añadiendo compost, turba o tierra de hojas, a la mezcla de plantación. Eliminad las flores marchitas y cortad los tallos en cuanto se acabe la floración. Vigilad el ataque de las babosas en primavera.

VARIEDADES: la especie básica es *S. caucasica* —altura 60-90 cm, distancia 45 cm, época de floración: fin primavera-inicios otoño. Forma flores de color lavándula, pero actualmente ha sido reemplazada por sus variedades. La más frecuente es «Clive Greaves» —flores grandes, de tallo largo y de color azul medio. Hay algunas variedades blancas, como «Miss Willmott» y «Bressingham White» y algunas de color violeta oscuro; las mejores son «Moerheim Blue» e «Imperial Purple».

SUELO Y EMPLAZAMIENTO: en cualquier suelo permeable siempre que no sea ácido. Mejor a pleno sol.

REPRODUCCIÓN: dividid las matas en primavera.

S. caucasica

Schizostylis coccinea 'Mrs Hegarty'

SCHIZOSTYLIS Azucena de Kafiristán

Es una perenne fuera de lo común, que aportará colorido al centro del arriate a final de temporada. Por encima de las hojas acintadas se alzan las espigas florales que parecen gladiolos pequeños; cada flor parece un azafrán. Los rizomas subterráneos indican su parentesco con los lirios y su nombre vulgar no guarda relación con ninguno de ellos —*Schizostylis* se denomina azucena de Kafiristán. Las flores, de unos 4 cm, son rosadas o rojas y son recomendables para hacer ramos. En primavera, plantad los rizomas a unos 3 cm de la superficie del suelo, en un lugar húmedo o bien añadiendo mucha materia orgánica antes de plantarlos. Regadla si no llueve y eliminad las flores marchitas. Cortad los tallos una vez acabada la floración y proteged las plantas con turba.

VARIEDADES: los datos de *S. coccinea* son: altura 60 cm, distancia 30 cm, época de floración: de inicios a mediados de otoño. La variedad que suele cultivarse es «Major», de flores grandes, de color rosa oscuro. «Mrs Hegarty» es una variedad rosada muy útil que florece antes que las demás. «Viscountess Byng» (rosada) es poco apreciada porque no florece hasta mediado el otoño.

SUELO Y EMPLAZAMIENTO: bastante exigente; es necesario que el suelo sea permeable y retenga la humedad. Al sol o a media sombra.

REPRODUCCIÓN: dividid las matas en primavera.

S. coccinea

Plantas para lugares soleados y secos

Acanthus spinosus
Achillea, especies de
Alstroemeria aurantiaca
Anaphalis triplinervis
Bergenia cordifolia
Catananche caerulea
Centaurea dealbata
Centranthus ruber
Cortaderia selloana
Dianthus, especies de
Dorinicum plantagineum
Echinops ritro
Eryngium, especies de
Euphorbia, especies de
Gaillardia aristata
Geranium, especies de
Gypsophila paniculata
Iris híbridos
Kniphofia uvaria
Liatris spicata
Limonium latifolium
Liriope muscari
Macleaya, especies de
Nepeta mussinii
Oenothera, especies de
Papaver orientale
Physalis franchetii
Potentilla híbridos
Salvia superba
Saponaria officinalis
Sedum spectabile
Stachys, especies de
Tradescantia virginiana
Verbascum hybridum

Sedum spectabile 'Autumn Joy'

SEDUM Pan de cuco

Los *Sedum* son un gran grupo de plantas de hojas carnosas que viven en lugares secos y calurosos, tapizando rocas y muros. Algunas son plantas de rocalla, pero otras, llamadas escarchadas, se cultivan en el arriate herbáceo. Las inflorescencias de estas últimas son grandes y aplanadas, formadas por flores pequeñas que se abren a finales de verano, atrayendo a todas las mariposas de su entorno. Son plantas fuertes, a las que no afectan ni las pestes ni la sequía, que pueden desarbolar otras perennes más delicadas.

VARIEDADES: la famosa planta escarchada es *S. spectabile* —altura 30-60 cm, distancia 30 cm, época de floración: mediados verano-principio otoño. Las inflorescencias miden 10-15 cm de envergadura y las distintas variedades, más que en el porte de las plantas, difieren en el color de las flores. Elegid entre «Brilliant» (rosadooscura), «Carmen» (rojorrosada), «Meteor» (rojo carmín) y «Ruby Glow» (roja). Hay una variedad que destaca de las demás: «Autumn Joy», una planta alta (60 cm) cuyas inflorescencias, de 20 cm, primero son de color rosa salmón y luego, en otoño, se vuelven pardorrojizas. Las hojas también cambian de color, y a finales de verano se vuelven pardopurpúreas.

SUELO Y EMPLAZAMIENTO: en cualquier suelo permeable. Mejor a pleno sol.

REPRODUCCIÓN: dividid las matas en otoño o en primavera.

S. spectabile 'Meteor'

Sidalcea malvaeflora 'Rose Queen'

SIDALCEA Malva griega

La malva griega parece una malvarrosa pequeña y delicada, pero su aspecto no corresponde a su constitución fuerte. No es susceptible a ninguna enfermedad, vive mucho tiempo, y crece casi en todas partes. Forma una mata de hojas redondeadas en la base de los tallos, fuertes, con largas espigas terminales. Las flores, discoidales, miden unos 4 cm de diámetro, y sus pétalos son sedosos. Es una perenne para la parte central del arriate que no suele ser exigente en cuanto al suelo, aunque crece mal en terrenos secos y arenosos y florece poco si está en un lugar muy sombrío. Sólo hay una norma que debéis respetar: cortad los tallos a ras de suelo en cuanto hayan terminado de florecer. Si no lo hacéis, al año siguiente, el número de tallos puede ser menor.

VARIEDADES: las malvas griegas de jardín son variedades de *S. malvaeflora* —altura 60 cm-1.2 m, distancia 45 cm, época de floración: de inicios a mediados de verano. El color de las flores va desde el color rosa nacarado («Loveliness», 75 cm) al rojo oscuro («Croftway Red», 90 cm). Entre ambos se encuentran las favoritas «Rose Queen» (1.2 m, rosada) y «Elsie Heugh» (90 cm, rosada). Aparte de esta gama de rosas y rojos sólo hay una variedad, «William Smith» (90 cm, color salmón).

SUELO Y EMPLAZAMIENTO: en cualquier suelo normal. Al sol o a media sombra.

REPRODUCCIÓN: dividid las matas en primavera.

S. malvaeflora

Solidago 'Goldenmosa'

SOLIDAGO Vara de oro, vara de san José

Si a mediados de verano camináis por cualquier calle de la periferia veréis numerosas varas de oro en flor, un despliegue de flores de vivo color amarillo, en medio de otras plantas perennes. Muchas veces suele cultivarse *S. canadensis*, una planta alta, que parece un hierbajo y que puede estar mal estacada. No juzguéis todas las varas de oro a la vista de estos ejemplares, actualmente hay varios híbridos compactos que tienen un aspecto mucho más bonito. Todos los *Solidago* son fáciles de cultivar y sus inflorescencias plumosas se yerguen por encima de las hojas, estrechas. No tienen ningún problema; acolchadlos en primavera, estacad los tallos de modo que las estacas no molesten, regadlos si no llueve y cortad los tallos, a ras de suelo, en otoño.

VARIEDADES: los híbridos modernos *(S. hybrida)* derivan de las especies originales, como *S. canadensis, S. virgaurea* y *S. brachystachys*. Los datos fundamentales de los híbridos son: altura 30 cm-2 m, distancia 30-60 cm, época de floración: durante todo el verano. Escoged el que queráis —un enano («Golden Thumb», 30 cm) o un gigante («Golden Wings», 1.8 m), una planta ramificada, con flores tipo mimosa («Goldenmosa», 75 cm) o una planta de porte vertical («Peter Pan», 90 cm).

SUELO Y EMPLAZAMIENTO: en cualquier suelo permeable de jardín. Al sol o a media sombra.

REPRODUCCIÓN: dividid las matas en otoño o en primavera.

S. hybrida

Stachys lanata

STACHYS Orejas de cordero, betónica mayor

Bajo el nombre de *Stachys* se agrupan dos plantas de jardín bastante distintas. La más popular es una planta de cobertera o de borde, de hojas grises conocida por orejas de cordero o lengua de cordero. Las flores se disponen en verticilos sobre espigas erectas, pero son flores insignificantes; esta planta perenne se cultiva por su hermoso follaje plateado, perenne. La segunda *Stachys* es mucho menos frecuente; la betónica mayor se cultiva por sus espigas de vistosas flores rosadas o purpúreas que se abren en verano y no por sus hojas, de un color verde normal. Todas las variedades de *Stachys* aborrecen los suelos densos y sus espigas florales se deben cortar en cuanto se marchitan.

VARIEDADES: orejas de cordero es el nombre vulgar de *S. lanata (S. olympica)* —altura 45 cm, distancia 30 cm, época de floración, en pleno verano. Las hojas están cubiertas de pelos lanosos y las flores son purpúreas y pequeñas. «Silver Carpet» (10 cm) es una planta rastrera que no florece. En los catálogos, la betónica mayor figura como *S. macrantha (Betonica macrantha)* —altura 60 cm, distancia 45 cm, época de floración: mediada la primavera-principio de verano. Las flores, lilas, son grandes y tubulares; la variedad «Rosea» produce flores rosadas.

SUELO Y EMPLAZAMIENTO: en cualquier suelo permeable de jardín. Al sol o a media sombra.

REPRODUCCIÓN: dividid las matas en otoño o en primavera.

S. macrantha

Stokesia laevis

STOKESIA Áster de Stoke

El áster de Stoke es una planta algo distinta, muy adecuada para la parte frontal del arriate, siempre que dispongáis de un suelo ligero y permeable. Las flores, de unos 7 cm, suelen describirse como similares a las cabezuelas o al áster chino, pero, en realidad, son únicas. Comienzan a aparecer al final de la primavera y siguen haciéndolo hasta que llegan los primeros fríos; cortad algunas flores para hacer ramos. Acolchadla en primavera y regadla si no llueve. Eliminad las flores marchitas y cortad los tallos, a ras de suelo, a comienzos de invierno. Es una planta resistente, pero, si vuestro jardín está muy expuesto o en una bolsa fría, es mejor cubrirla con turba o con helechos.

VARIEDADES: sólo hay una especie —*S. laevis (S. cynaea)* —altura 30-45 cm, distancia 45 cm, época de floración: principio verano-principio otoño. Las hojas son largas y estrechas y las flores grandes y discoidales, de pétalos profundamente mellados. La especie tipo es de color malva, pero hay variedades de otros colores— «Blue Star» (azul claro), «Blue Moon» (azul medio), «Superba» (azul espliego) y «Alba» (blanca).

SUELO Y EMPLAZAMIENTO: en cualquier suelo permeable de jardín. Mejor a pleno sol.

REPRODUCCIÓN: dividid las matas en primavera.

S. laevis

Thalictrum aquilegifolium 'Album'

THALICTRUM Ruda pratense

Es una planta ligera y airosa para la parte posterior del arriate, un contraste agradable con las plantas llenas de hojas y de grandes flores que suelen cultivarse en esta zona. Los tallos son delgados y los folíolos se asemejan a los frondes del helecho llamado cabellera de Venus. Su follaje se utiliza para la confección de arreglos florales lo mismo que sus grandes inflorescencias de flores pequeñas. La mayoría de variedades necesitan un suelo que retenga la humedad, por lo que, al hacer la plantación, es necesario incorporar al suelo turba o compost maduro.

VARIEDADES: *T. dipterocarpum* produce inflorescencias de 15 cm de flores color espliego con estambres amarillos, prominentes. Altura 1.5 m, distancia 60 cm, época de floración: durante todo el verano. Si sólo tenéis sitio para un ejemplar, elegid «Hewitt's Double» (90 cm). *T. aquilegifolium* es una especie de floración más temprana, que, a finales de primavera, produce gran cantidad de flores esponjoss, blancas, color malva, rosadas o purpúreas. Entre las variedades famosas figuran «Thundercloud» (75 cm, purpúrea oscura), «Dwarf Purple» (75 cm, malva) y «Album» (90 cm, blanca). *T. speciosissimum* (1.5 m) tiene flores amarillas.

SUELO Y EMPLAZAMIENTO: en cualquier suelo de jardín, siempre que le incorporéis humus; al sol o a media sombra.

REPRODUCCIÓN: dividid las matas demasiado compactas en otoño o en primavera, o sembrad las semillas, bajo cristal, en primavera.

T. dipterocarpum

Tiarella cordifolia

TIARELLA Flor de espuma

Las plantas perennes, de hojas también perennes, que se tornan marrones o rojizas en invierno, son muy útiles para el arriate herbáceo ya que le suministran colorido, cuando todo lo que lo rodea está muerto o despoblado. La flor de espuma representa su papel y tiene la ventaja adicional de que crece a media sombra. A comienzos de verano aparecen las espigas de pequeñas flores espumosas —de ahí su nombre vulgar. En *Tiarella* no hay nada espectacular; es una planta encantadora, de cobertera o de borde, para la parte frontal del arriate.

VARIEDADES: la especie más popular es *T. cordifolia* —altura 20 cm, distancia 45 cm, época de floración, a finales de primavera. Sus flores, pequeñas, son blancas y estrelladas, y las grandes hojas lobuladas se vuelven bronceadas en invierno. Se extiende bastante de prisa por lo que os será muy útil si queréis una estera perennifolia. *T. wherryi* (altura 30 cm, distancia 30 cm, época de floración: durante todo el verano) forma montículos y no es invasiva como la anterior. Las flores tienen un tinte rosado y las hojas se vuelven rojizas en invierno. *T. polyphylla* es bastante parecida pero más alta, con espiga de 30-60 cm de altura.

SUELO Y EMPLAZAMIENTO: en cualquier suelo de jardín que retenga la humedad. Mejor a media sombra.

REPRODUCCIÓN: dividid las matas en otoño o en primavera *T. wherryi* debe cultivarse a partir de las semillas sembradas, bajo cristal, a finales de invierno.

T. cordifolia

Tradescantia virginiana 'Isis'

TRADESCANTIA Pasajera

La pasajera es una planta que crece en cualquier parte; en suelos húmedos o secos, a pleno sol o a media sombra, y sus flores tripétalas comienzan a abrirse en los albores del verano y siguen haciéndolo hasta el otoño. Los sedosos pétalos, que rodean unos vistosos estambres, sólo se abren durante un día, pero los numerosos capullos aseguran una contínua sucesión de flores. El color usual es el purpúreo pero hay variedades blancas, rosadas, azules, color malva y color violeta. Las hojas son lanceoladas, de unos 30 cm, y en primavera son atacadas por las babosas. Es una planta fácil de cultivar siempre que disponga de un suelo húmedo y algo de sombra; estacad los tallos y cortadlos, a ras de suelo, a finales de otoño.

VARIEDADES: sólo hay una especie, *T. virginiana (T. andersoniana)*: altura 45-60 cm, distancia 45 cm, época de floración: durante todo el verano. Entre las variedades populares figuran «Leonora» (azul violeta), «Osprey» (blanca), «Isis» (azuloscura), «J.G. Weguelin» (azul cielo), «Purple Dome» (purpúrea) y «Purewell Giant» (carmín).

SUELO Y EMPLAZAMIENTO: en cualquier suelo de jardín. Al sol o a media sombra.

REPRODUCCIÓN: dividid las matas en otoño o en primavera.

T. virginiana

Trollius ledebouri

TROLLIUS Calderón

A comienzos de verano, en lo alto de los tallos erectos se forman unas flores globosas que parecen ranúnculos gigantes. Estas flores tienen un diámetro de más de 5 cm y, pese a que a veces se recomiendan para hacer ramos, puestas en agua duran poco. Esta planta sólo vive bien si tiene la humedad adecuada. Si vuestro suelo no es muy rico un humus, incorporadle turba o compost, al hacer la plantación. Los *Trollius* son plantas excelentes para suelos pantanosos, cerca de estanques y lagos. Acolchadlos en primavera y regadlos si no llueve. Cortad los tallos a ras de suelo en otoño.

VARIEDADES: en los catálogos, los híbridos de *T. europaeus* pueden figurar bajo el nombre de *T. cultorum* o de *T. hybridus*. Altura 45-75 cm, distancia 45 cm, época de floración: en plena primavera. Los colores van desde el crema al anaranjado —«Alabaster» (crema claro), «Canary Bird» (amarillo claro), «Goldquelle» (amarillo fuerte) y «Orange Princess» (anaranjado fuerte). *T. ledebouri* es una planta más alta, de flores más tardías y más abiertas —altura 75-90 cm, distancia 45 cm, época de floración: final primavera-mediados verano. La variedad más frecuente es «Golden Queen» (anaranjado fuerte con estambres amarillos, prominentes).

SUELO Y EMPLAZAMIENTO: es imprescindible que el suelo retenga la humedad; al sol o a media sombra.

REPRODUCCIÓN: dividid las matas en otoño o en primavera.

T. hybridus

Verbascum 'C. L. Adams'

VERBASCUM Gordolobo

En las fotografías de los catálogos los gordolobos híbridos tienen un aspecto altamente vistoso y los centros de jardinería disponen de diversas variedades reputadas. Sin embargo, antes de que adquiráis un ejemplar para la parte posterior del arriate debéis conocer sus inconvenientes. En suelos ricos, los *Verbascum* florecen mal y las plantas, algunas veces, mueren después de la floración. Los gordolobos híbridos viven poco tiempo. Si disponéis de un suelo permeable y estáis dispuestos a reemplazar las plantas de vez en cuando, los gordolobos os suministrarán una amplia gama de colores y de tallas para vuestro arriate. Sobre la roseta basal de hojas pubescentes se alzan los tallos florales, muy ramificados, con flores discoidales de 2.5-4 cm de diámetro.

VARIEDADES: casi todas las variedades reputadas pertenecen a la especie de *V. hybridum* —altura 90 cm-1.8 m, distancia 60 cm, época de floración: final primavera-mediados verano. Entre las de menor talla figuran «Gainsborought» (90 cm-1.2 m, amarilla), «Pink Domino» (90 cm-1.2 m, rosada), «Mont Blanc» (90 cm-1.2 m, blanca) y «Costwold Queen» (90 cm-1.2 m, color albaricoque). La mejor de las gigantes es «C.L. Adams» (1.8 m, amarilla) —otras variedades altas son «Miss Willmott» (1.8 m, blanca) y «Harkness Hybrid» (1.8 m, amarilla).

SUELO Y EMPLAZAMIENTO: en la mayoría de suelos permeables. Mejor a pleno sol.

REPRODUCCIÓN: plantad esquejes de raíz, en invierno.

V. hybridum

Veronica gentianoides

VERONICA Verónica

Hay verónicas de jardín de muchas tallas; podéis comprar variedades alpinas que no sobrepasan los 3 cm de altura o plantas de arriate que alcanzan 1.5 m. Las flores se agrupan en espigas altas y estrechas y la mayoría de las especies gustan de suelos húmedos. Su principal enemigo es la falta de permeabilidad; en invierno, si el suelo está anegado las plantas mueren. Acolchadlas en primavera, regadlas si no llueve, estacad las especies altas y cortad los tallos en otoño.

VARIEDADES: la primera en florecer es *V. gentianoides* (altura 60 cm, distancia 45 cm, época de floración, en plena primavera) de flores color azul claro. *V. incana* florece algo después (altura 30-45 cm, distancia 30 cm, época de floración, a principios del verano), tiene hojas plateadas y flores azules. «Wendy» es un híbrido muy popular. *V. spicata* crece igual que *V. incana* y florece al mismo tiempo, pero sus hojas son verdes y sus flores pueden ser rosadas, blancas o azules. Una de las verónicas más vistosas es *V. teucrium* «Crater Lake Blue» (45 cm, azul ultramar) y la famosa verónica alta es *V. virginica* «Alba» (1.5 m, blanca).

SUELO Y EMPLAZAMIENTO: en cualquier suelo permeable de jardín. Al sol o a media sombra.

REPRODUCCIÓN: dividid las matas en otoño o en primavera.

V. spicata

Viola odorata

VIOLA Violeta

No esperéis que las violetas perennes produzcan unas flores tan grandes y coloreadas como los pensamientos y las violetas que vemos en los macizos de parques y jardines. Las antiguas violetas, que en otro tiempo fueron tan populares y hoy son tan raras, producen flores de 2-2.5 cm de diámetro. Empleadlas como cobertera o como planta de borde en la parte frontal del arriate; viven en suelos húmedos, pero permeables y con algo de sombra. Acolchadlas en primavera, regadlas si no llueve, descabezadlas de vez en cuando y desarraigadlas y divididlas cada tres años.

VARIEDADES: la violeta tan apreciada por los victorianos es *V. odorata*, la violeta de olor. Altura 1.2-1.8 m, distancia 30 cm, época de floración: mediados invierno-inicios primavera y de nuevo en otoño. Las hojas son acorazonadas y las flores azules o color violeta. Hay otros colores; «Christmas» (blanco) y «Coeur d'Alsace» (rosado). La que tiene fama de ser la más fragante es «Czar» (purpúreo). La violeta cornuda es *V. cornuta* —altura 15-30 cm, distancia 30 cm, época de floración: mediados primavera-inicios verano. Entre las variedades famosas figuran «Alba» (blanca), «Jersey Gem» (purpúrea) y «Lilacica» (color lila).

SUELO Y EMPLAZAMIENTO: en cualquier suelo permeable. Mejor a media sombra.

REPRODUCCIÓN: dividid las matas en otoño o plantad esquejes basales en una cajonera, en verano.

V. cornuta

CAPÍTULO 4

CÓMO INCREMENTAR LAS EXISTENCIAS

Para obtener plantas nuevas hay varios procedimientos, pero no existe un procedimiento que sea «el mejor». Un sistema relativamente barato de obtener gran cantidad de flores para el jardín es sembrando semillas; es el método normal para reproducir las anuales, pero para la mayoría de perennes presenta varios inconvenientes. Para reproducir una variedad afamada de perenne de arriate o de rocalla, es necesario un método de reproducción vegetativa (no por semillas); las semillas casi nunca dan lugar a plantas idénticas a la planta madre. El procedimiento más sencillo de reproducción vegetativa es la división de una mata adulta, pero no todas las perennes pueden dividirse y, en los casos en que puede practicarse, el procedimiento implica una perturbación de la planta. Cuando se desea obtener muchos ejemplares de una misma planta, el método más práctico es la reproducción por esquejes, que suelen ser de tallo no florígeno, aunque también se emplean esquejes de raíz, de hoja y de brote basal. No intentéis averiguar cuál es el método mejor; buscad la planta en la lista alfabética y utilizad el procedimiento indicado.

SIEMBRA DE SEMILLAS

Uno de los placeres de la práctica de la jardinería es consultar los catálogos de semillas. Muchos jardineros se han iniciado en horticultura con un paquete de semillas de capuchina o de alhelí de Virginia, y posiblemente actuamos con demasiada precipitación al comprar las plantas de macizo y las de maceta, olvidándonos de la aventura de empezar desde el principio. Si seguís unas cuantas normas sencillas, cultivar plantas a partir de semillas es muy fácil. Lo primero que tenéis que decidir es dónde vais a sembrarlas: si lo haréis a cubierto, para trasplantarlas después al exterior (procedimiento para las anuales semirresistentes), o si las sembraréis directamente al aire libre (procedimiento para las anuales resistentes y las bienales).

PROCEDIMIENTO PARA LAS ANUALES SEMIRRESISTENTES

Usos
- Anuales semirresistentes para macizos de finales de primavera.
- Anuales resistentes para cultivar en lugares fríos y húmedos.
- Anuales resistentes de floración temprana.
- Perennes que no importe que sean idénticas a la variedad tipo.

Época
- A principios de primavera (consultad las listas alfabéticas para posibles variaciones).

1 **RECIPIENTES.** Emplead una bandeja de siembra, una cubeta o una maceta corriente. Es necesario que tengan agujeros o rendijas de drenaje. Antes de llenar los recipientes, lavadlos; las macetas de barro deben sumergirse en agua durante doce horas.

2 **COMPOST.** El medio ideal para la germinación de las semillas es un compost a base de turba —estéril, ligero y consistente. Llenad el recipiente con compost para semillas y esquejes, compactadlo suavemente con una tabla de madera. El día anterior a la siembra, rociad el compost con agua —al sembrar las semillas, debe estar húmedo, no empapado. Esparcid las semillas y cubridlas con una capa delgada de compost— las semillas pequeñas no deben cubrirse. Compactadlo suavemente con la tabla. Podéis elegir el sistema «bajo cristal» o el sistema de «alféizar de ventana».

MÉTODO «BAJO CRISTAL»

3 **CUBIERTA.** Tapad la bandeja o la maceta con un cristal y colocad encima un papel marrón. Ponedla en un lugar sombreado, a una temperatura de 15-21 °C, y cada día sacad el cristal y dadle la vuelta.

4 **LUZ.** En cuanto las plantas asomen a la superficie del suelo, sacad el papel y fijad el cristal. Al cabo de unos días sacad el cristal y colocad el recipiente cerca de la luz. Mantened húmedo el compost, no empapado.

MÉTODO DEL «ALFÉIZAR DE VENTANA»

3 **CUBIERTA.** Colocad una bolsa de politeno transparente sobre la maceta, tal como muestra el dibujo, sujetándola con una goma elástica.

4 **LUZ.** En cuanto las plantas asomen a la superficie sacad la bolsa de plástico y colocad la maceta en el alféizar de una ventana en la que no dé el sol. Girad la maceta de vez en cuando para evitar un crecimiento desigual de las plantas —mantened el compost húmedo, no empapado.

5 **TRASPLANTE.** En cuanto estén formadas las primeras hojas, las plántulas deben trasplantarse a macetas pequeñas, bandejas o cubetas, llenas de compost de maceta. Manejad las plantas cogiéndolas por las hojas, no por el tallo. Antes de trasplantarlas, poned el recipiente a la sombra durante uno o dos días.

6 **ENDURECIMIENTO.** En cuanto las plantas se hayan recuperado del traslado deben ser «endurecidas» para prepararlas para vivir al aire libre. Aumentad la ventilación y pasad el recipiente a un lugar fresco o a una cajonera. Luego colocadlo al exterior durante el día y, finalmente, dejadlo permanentemente al aire libre durante la semana anterior a la plantación definitiva.

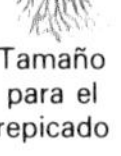
Tamaño para el repicado

Procedimiento para las anuales resistentes

Usos • Anuales resistentes para macizos florales.
• Anuales resistentes de floración tardía.

Época • A comienzos de primavera para las anuales resistentes, pero dejad que sean las condiciones del suelo las que la determinen. El suelo debe estar suficientemente atemperado para que las semillas germinen y suficientemente seco para poder sembrarlas. Si el tiempo es frío y húmedo, esperad, aunque ello signifique empezar con quince días de retraso; para la época de la floración las plantas ya habrán recuperado este tiempo.
• Septiembre es la época adecuada para la siembra de muchas anuales (por ejemplo, la espuela de caballero, la limnanta, el alhelí de Virginia, el aciano y la caléndula). Estas anuales que se siembran en otoño, florecen antes que las que se siembran en primavera.

1 **ACONDICIONAMIENTO DEL SUELO.** Es necesario que el semillero esté bien preparado para que las semillas tengan aire y humedad suficientes y sus minúsculas raíces puedan proporcionarles los nutrientes adecuados. Para efectuar la siembra, elegid un día en que el suelo esté húmedo pero la superficie seca. Apisonadlo suavemente y luego rastrilladlo hasta que la superficie quede uniforme y desmenuzable.

2 **DELIMITACIÓN DE LA ZONA.** Podéis esparcir las semillas por toda el área asignada pero luego os será difícil desherbarla y aclararla. Es mejor sembrarlas en surcos, a la distancia recomendada (véase lista alfabética). Observad que los surcos están dispuestos en ángulo para evitar una alineación militar de las plantas.

Marcad con un palo la zona destinada a cada variedad.

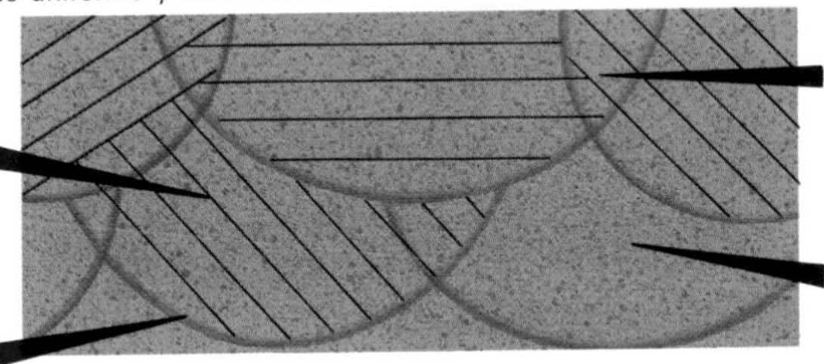

a) Observad la superposición para evitar divisorias netas.

b) Espacio vacío para plantar una anual semirresistente a mediados o finales de primavera.

3 **PREPARACIÓN DE LOS SURCOS.** La profundidad del surco depende del tamaño de las semillas. Por regla general, las semillas deben quedar cubiertas por una capa de suelo cuyo espesor sea del doble de su tamaño. Recordad que después de la siembra no se debe regar el semillero —si el suelo está seco, regad someramente los surcos antes de la siembra.

Para semillas pequeñas

Para semillas grandes

4 **SIEMBRA.** Las semillas deben quedar muy esparcidas. Si son muy pequeñas, mezcladlas previamente con arena, para que la siembra sea uniforme. Después de esparcirlas, rastrillad el suelo cubriendo los surcos y compactadlo suavemente con la parte posterior del rastrillo. Antes de la germinación no hace falta hacer otra cosa que regar ligeramente, si no llueve durante mucho tiempo, y proteger la zona de los pájaros cubriendo su superficie con ramas o con una red de cuerdas negras.

5 **ACLARADO.** Cuando las plántulas hayan alcanzado el tamaño ilustrado en la página 82, es necesario aclararlas dejando un ejemplar cada 5 cm. Arrancad las sobrantes con cuidado, para no perturbar las que deseéis conservar. Repetir el aclarado a los 10 días, de manera que las plantas queden a la distancia recomendada en la lista alfabética. Las plántulas de la siembra que se haya hecho a finales de verano deben aclararse en otoño.

Procedimiento para las bienales

Usos • Bienales resistentes que se deban trasplantar a los macizos en otoño.
• Perennes resistentes que hayan de trasplantarse a macetas, en otoño. Casi ninguna de las variedades afamadas de plantas perennes puede reproducirse por semillas ya que no dan plantas idénticas, pero es posible que no os importe tener una mezcla de colores; guiaos por un catálogo de semillas.

Época • Mediada la primavera-inicio verano (consultad la lista alfabética para posibles variaciones).

1 **ACONDICIONAMIENTO DEL SEMILLERO.** El semillero es una parcela especial de terreno acondicionado para la obtención de plántulas. Seguid las normas, para el acondicionamiento del suelo, dadas para las anuales resistentes. Fase 1 del recuadro anterior.

2 **PREPARACIÓN DE LOS SURCOS.** Seguid las normas para la preparación de los surcos dadas para las anuales resistentes. Fase 3 del recuadro anterior. Los surcos deben estar separados 30 cm y marcados con una etiqueta con el nombre de la variedad sembrada.

3 **ACLARADO.** Tan pronto como las plántulas alcancen el estado indicado en la página 82, aclaradlas a unos 5 cm de distancia. Apisonad el suelo que rodea las plántulas resultantes.

4 **TRASPLANTE.** En otoño, cuando las plantas tengan 4-5 cm de altura, desarraigadlas con un desplantador y trasladadlas, junto con el correspondiente cepellón de suelo, al macizo o al arriate, donde hayan de florecer (bienales resistentes) o a una maceta pequeña llena de compost de maceta (perennes resistentes). Una vez en su sitio, regadlas ligeramente.

TIPOS DE SEMILLAS

Semillas normales Las semillas se compran empaquetadas, poco antes de la época de siembra. El empaquetador las habrá seleccionado y limpiado.

Semillas tratadas El obtentor de semillas, antes de empaquetarlas, las espolvorea con un fungicida o un insecticida/fungicida.

Semillas píldoras Para facilitar el manejo de las semillas pequeñas, el empaquetador las habrá revestido con una mezcla de arcilla, ahorrando la faena del aclarado; sembrad las semillas a la mitad de la distancia final y, después de su germinación, sólo tendréis que trasplantar unas y eliminar las de al lado, alternativamente.

Semillas sobrantes Después de la siembra, generalmente suelen sobrar algunas semillas; las semillas de casi todas las variedades pueden guardarse para el año próximo poniéndolas en un recipiente hermético y guardándolo en un lugar fresco.

Semillas propias Las plantas anuales y las bienales podéis reproducirlas a partir de las semillas de los ejemplares de vuestro jardín. Cogedlas cuando estén maduras y dejadlas secar antes de guardarlas en un recipiente hermético y en un lugar fresco.

Semillas autodiseminadas Alrededor de muchas plantas aparecen plántulas espontáneas. La naturaleza ya se encargaba de reproducirlas antes de que el hombre interviniera. Estas plantas autodiseminadas se pueden desarraigar y trasplantar a otro lugar. El problema es el mismo que para las semillas propias: el polen puede proceder de un ejemplar inferior o incluso silvestre, y las flores resultantes suelen ser peores y más variadas que las obtenidas de semillas compradas.

DIVISIÓN

Perennes de arriate y de rocalla

La división es una forma de reproducción a la que os veréis forzados a menudo. Con el tiempo, las perennes de arriate que se extienden rápidamente, suelen degenerar a menos que las desarraiguéis y las dividáis. De esta manera, aumentaréis vuestras existencias al mismo tiempo que regeneráis la planta.

Hacedlo un día templado de primavera o de otoño, cuando el suelo está húmedo, pero no empapado. Desarraigad la planta con una horquilla, cuidando de no dañar demasiado las raíces. Sacudid el exceso de suelo y estudiad por dónde podéis dividirla. Tal vez podáis hacerlo con las manos, desgajando porciones que contengan brotes y raíces, pero si la mata es demasiado vigorosa, deberéis utilizar un par de horquillas; hincadlas en el centro de la mata, con los mangos opuestos y abridlos poco a poco. Haced lo mismo con las mitades resultantes, o divididlas con los dedos. Es posible que necesitéis un cuchillo afilado para cortar la base de las raíces.

Si la planta es vieja, elegid las porciones de la parte exterior, desechando la parte central, muerta. Replantad las porciones tan pronto como podáis y regadlas.

Siempre, antes de desarraigar una planta perenne, consultad la lista alfabética. Algunas no toleran ninguna perturbación y pueden tardar varios años en recuperarse, y las que se pueden dividir tal vez prefieran serlo en otoño o en primavera.

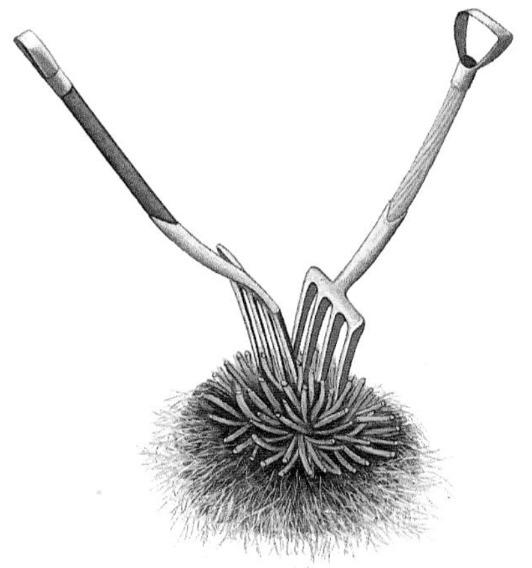

Rizomas

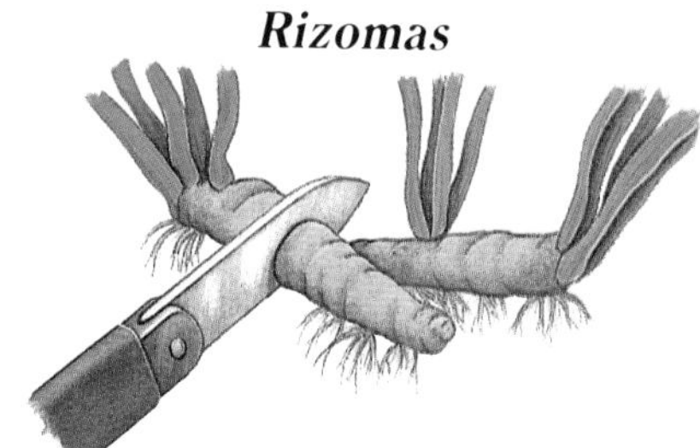

Cavad con cuidado alrededor de los rizomas y levantadlos suavemente para que conserven las raíces. Sacudid el exceso de tierra y dividid cada rizoma en porciones, mediante un cuchillo afilado, de manera que cada porción tenga hojas o yemas por arriba y raíces por abajo. Desechad todas las porciones viejas o enfermas y replantad las demás, a la misma profundidad que la planta de origen. La época normal para dividir rizomas es en verano.

Bulbos y cormos

La mayoría de bulbos y cormos se extienden formando matas que deben desarraigarse y dividirse de vez en cuando. La mejor época para hacerlo es cuando el follaje se ha marchitado. Desenterrad la mata con una horquilla y separad los rebrotes con los dedos. Replantad los ejemplares grandes directamente en donde queráis tener flores al año siguiente, pero los pequeños (bulbillos o rebrotes) ponedlos en un lugar aparte. Plantadlos a unos 5-10 cm de profundidad y no los toquéis hasta que, al cabo de 2 ó 3 años, hayan alcanzado la talla de floración. En cuanto hayan florecido, podréis desarraigarlos y trasladarlos al lugar del jardín que queráis.

ESQUEJES

Un esqueje es una pequeña porción de planta que, mediante un tratamiento adecuado, es inducida a formar raíces, transformándose en un ejemplar completo, idéntico a la planta originaria. Los más frecuentes son los esquejes de tallo —pequeños trozos apicales de un brote no florido, verdes y blandos por el extremo y bastante consistentes por la base. En primavera, alrededor de la base de los tallos principales de algunas perennes de arriate, se forman brotes nuevos, como en los lupinos, las peonías y las espuelas de caballero. Estos brotes, arrancados o cortados a ras de suelo mediante un cuchillo afilado, son los esquejes basales. El tercer tipo de esqueje que se obtiene, desgajando cuidadosamente una rama lateral del tallo principal, de manera que le quede adherida una pequeña porción de ésta (tacón). Estos esquejes de tacón suelen enraizar fácilmente. Las listas alfabéticas indican que no se debe tratar de averiguar experimentalmente cuál es el mejor tipo de esqueje ni cuál es la mejor época para plantarlo. No obstante, hay ciertas normas generales a seguir. Utilizad un medio de enraizamiento estéril y, una vez separados de la planta madre, plantad los esquejes lo más pronto posible. Para que gocen de una atmósfera adecuadamente húmeda, hace falta cubrirlos de alguna forma y debéis resistir la tentación de desenterrarlos para ver si han echado raíces. La reanudación del crecimiento es el mejor síntoma.

Esquejes de tallo

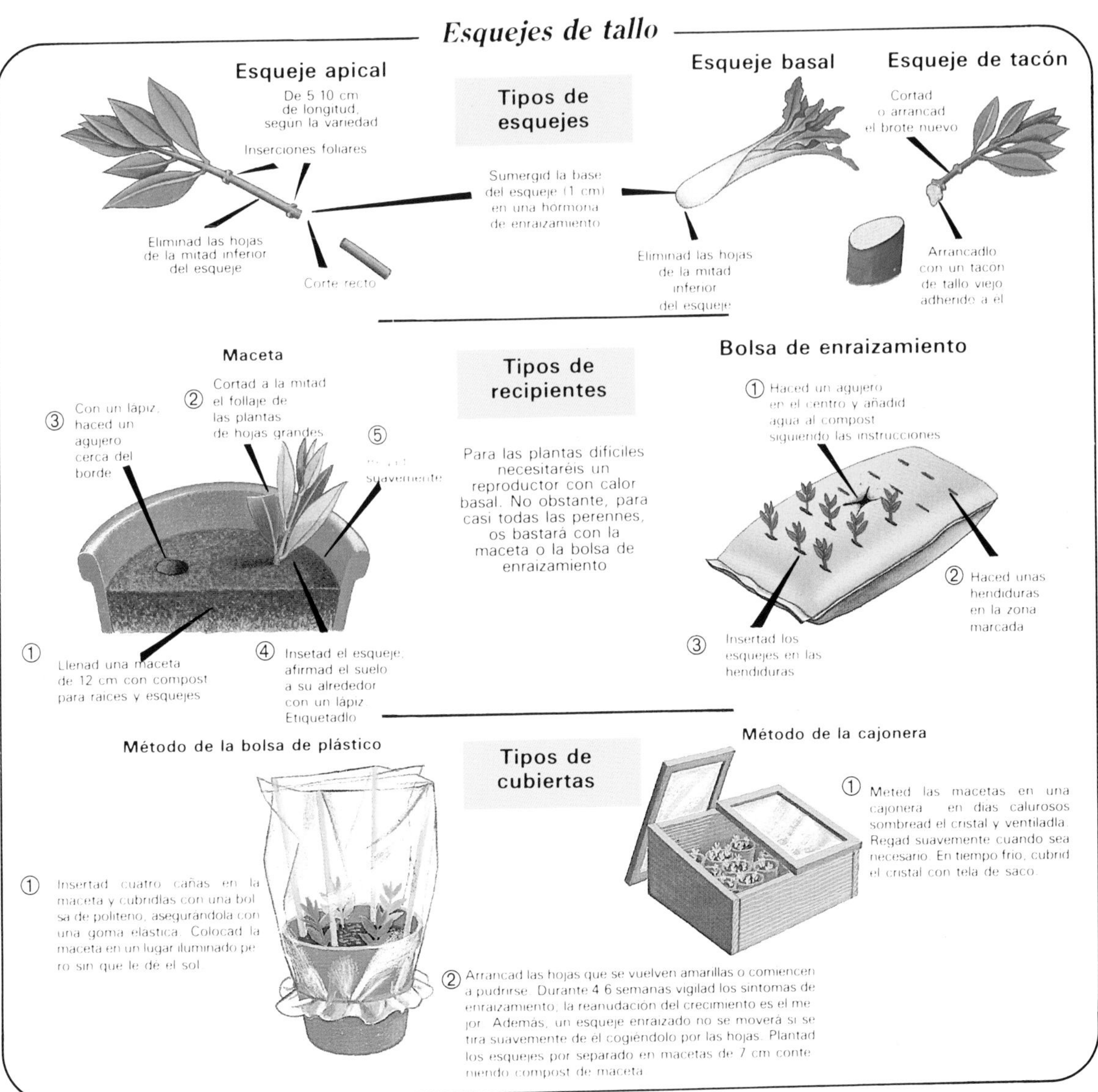

Esquejes de raíz

Algunas perennes pueden ser reproducidas plantando porciones de sus raíces carnosas, como el flox, la ancusa y la amapola oriental. Insertad verticalmente porciones de 3 cm en compost de semillas y esquejes hasta la mitad de su longitud y cubridlas totalmente con una capa de arena gruesa. Regadlas y, en cuanto aparezcan brotes nuevos, trasplantadlas a macetas individuales.

CAPÍTULO 5
PERENNES DE ROCALLA

«Perenne de rocalla» es un término vago que se emplea para describir una perenne herbácea enana, apropiada para cultivar en un jardín rocoso; no es posible ser más precisos. A menudo, a estas plantas se las llama alpinas debido a que muchas de ellas (las alpinas verdaderas) fueron encontradas en las laderas del Himalaya, de los Andes, de las montañas del Atlas, de los Alpes europeos, de las Montañas Rocosas, etc. —cualquier viajero intrépido podrá encontrar aún estas alpinas verdaderas en estado silvestre. El representante típico de este grupo es el edelweis de los Alpes suizos; una planta baja y extraordinariamente resistente que gusta del sol y de los suelos permeables y arenosos. Muchas alpinas verdaderas se pueden cultivar al exterior como perennes de rocalla, pero algunos de los ejemplares más selectos deben cultivarse en un invernadero alpino; un invernadero frío o fresco, con el techo muy poco inclinado. La razón para cultivar a cubierto estas plantas es que no pueden soportar los vientos, las heladas y las lluvias invernales; en su lugar de origen, pasan todo el invierno protegidas bajo una gruesa capa de nieve.

No todas las perennes de rocalla son alpinas verdaderas. Hay algunas que proceden de territorios bajos, como los desiertos y las costas; otras no son fruto de la Naturaleza sino del trabajo artesanal del obtentor. La aubrietia de nuestros jardines es bastante distinta de las aubrietias silvestres, de las que procede.

Se trata, pues, de una mezcolanza de plantas perennes de corta talla, pero de porte desparramado, que suelen cultivarse en la rocalla o jardín rocoso. El éxito de un jardín rocoso depende de que se haya emplazado, construido y plantado correctamente. Primero, emplazadlo. Elegid un sitio soleado, ya que casi todas las perennes rocosas gustan del sol. Unas pocas necesitan sombra, pero éstas encontrarán fácil acomodo al socaire de una roca, donde casi no les dará el sol. No intentéis nunca, pero nunca nunca, crear un jardín rocoso bajo los árboles. El goteo del follaje mojado en verano y la alfombra de hojas muertas en invierno pueden serle fatales.

Una vez encontrado el lugar correcto, deberéis aprender a construirlo. Encargad las rocas y, si podéis, buscad un suministrador local, ya que el coste del transporte de rocas a larga distancia puede ser prohibitivo. Lo que necesitáis son losas de 20 a 100 kg —y no pretendáis construir vosotros solos la rocalla, a no ser que estéis habituados a los trabajos duros. La mejor roca es la toba, una roca calcárea esponjosa que permite la expansión de las raíces.

Antes de levantar ni una sola roca comprobad que el drenaje es correcto. Si hay el más mínimo problema, deberéis hacer una plataforma de guijarros o de ladrillos triturados sobre la cual podréis erigir el jardín rocoso. Un jardín rocoso mal hecho resulta horrible y los libros dan consejos detallados para evitar estos «pastiches» a base de rocas inhiestas. Siempre debéis procurar que la rocalla parezca un afloramiento rocoso natural, con las losas ligeramente inclinadas hacia abajo de manera que queden sepultadas casi en su totalidad. Si disponéis de una pendiente suave, os será muy fácil, pero con cuidado (y con cierta habilidad) también podréis crearlo sobre un terreno llano.

Para erigir la estructura y llenar los espacios que quedan entre las rocas, en vez de suelo normal, emplead una mezcla para plantación a base de 2 partes de suelo, 1 parte de turba y 1 parte de arena gruesa. No utilicéis nunca arena fina —haría más mal que bien. La última fase es la plantación, y si sólo empleáis perennes de arriate obtendréis una rocalla muy pobre. En ella juegan un papel importante las coníferas enanas, los arbustos bajos y los bulbos enanos, con infinidad de distribuciones posibles. Lo mejor es que vayáis al jardín botánico de vuestra región y toméis nota de las plantas que crecen en el jardín rocoso.

Al llegar a casa, buscad estas plantas en las listas alfabéticas de este libro y en *Árboles y arbustos de jardín* —veréis que algunas deben plantarse en bolsas de suelo, mientras otras prefieren las grietas, y unas pocas deben crecer en los intersticios de las rocas para que las lluvias invernales no den de lleno en sus hojas.

Hemos tratado extensamente del jardín rocoso, pero, en un jardín pequeño o en terreno llano, éste no es el único, ni tan siquiera el mejor, lugar para las perennes rocosas. En un macizo elevado o en un jardín de pileta, las pequeñas alpinas selectas lucen a la perfección, mientras que se perderían entre las grandes piedras y las extensas sabanas de follaje de la rocalla. Muchas alpinas crecen en los intersticios de las piedras de los viejos muros o de las losas de los caminos, y siempre disponéis de la parte frontal de los arriates pequeños, donde pueden hacer que las plantas de talla mediana del centro parezcan gigantes. En todo jardín hay un lugar donde, como mínimo, pueden cultivarse unas cuantas perennes rocosas.

ACAENA Planta erizo

Se trata de una perenne baja, tipo alfombra, para plantar en los intersticios del pavimento o como planta de cobertera en la rocalla. Crece bien en suelos secos o pobres, pero morirá pronto si el terreno queda anegado. Forma una espesa mata de hojas perennes que se extiende rápidamente, y deberéis cuidar de que no sofoque las pequeñas plantas selectas que crecen a su alrededor. Las flores son pequeñas e insignificantes, pero las semillas, sedosas, se agrupan en un fruto parecido a un erizo que, en algunas especies, resulta muy vistoso.

VARIEDADES: la especie más popular es *A. microphylla* – altura 5 cm, extensión 5 cm, época de floración: durante todo el verano, los «erizos» se forman hacia mediados de verano y son de color rojo oscuro. Las hojas son verdebronceadas. *A. buchananii* tiene un porte bastante similar pero las hojas son verdeplateadas y los frutos anaranjados. La más vigorosa es *A. novae-zealandiae*, muy vistosa y coloreada, pero muy invasiva.

SUELO Y EMPLAZAMIENTO: en cualquier suelo permeable. Al sol o a media sombra.

REPRODUCCIÓN: dividid las matas en otoño o en primavera.

Acaena microphylla

ACHILLEA Milenrama alpina, milefolio alpino

La mayoría de las variedades de *Achillea* alcanzan una altura considerable y se encuentran en el centro o en la parte posterior del arriate herbáceo. Sin embargo, hay una variedad enana propia de la rocalla – *A. tomentosa*. Existen otras milenramas alpinas que pueden utilizarse para cubrir zonas de suelo seco y arenoso o para rellenar las grietas de entre las rocas. Las flores se abren en verano en lo alto de tallos cortos y las plantas se reproducen fácilmente por división.

VARIEDADES: los datos de *A. tomentosa* son: altura 15 cm, extensión 30 cm, época de floración: durante todo el verano. Las hojas, grisáceas y muy divididas, forman una estera postrada y las pequeñas flores amarillas se agrupan en inflorescencias aplanadas de unos 8 cm de envergadura. *A.* «King Edward» *(A. lewisii)* también tiene flores amarillas, pero florece antes y forma una planta más pequeña y ramificada.

SUELO Y EMPLAZAMIENTO: necesita un suelo permeable, pobre, a pleno sol.

REPRODUCCIÓN: dividid las matas en primavera.

Achillea tomentosa

AETHIONEMA Aethionema

Es una perennifolia arbustiva muy adecuada para el jardín rocoso o para plantar sobre un viejo muro. Las hojas, grisáceas y carnosas, forman una tupida estera que, en primavera o en verano, durante varias semanas, se encuentra cubierta de apiñadas inflorescencias. Cada inflorescencia es una espiga de flores pequeñas, cuyo color va desde el rosa claro al rosa más oscuro, según la variedad.

VARIEDADES: en el centro de jardinería encontraréis *A.* «Warley Rose». Altura 15 cm, extensión 30 cm, época de floración: hacia principios o mediados de primavera, color de las flores, rojo rosado. *A.* «Warley Ruber» es una planta similar pero las flores aún son más llamativas. *A. pulchellum* es más alta (22 cm) y produce flores de color rosa mate, entre mediados de primavera a comienzos de verano. La más alta es *A. grandiflorum* (30 cm), con flores color rosa claro durante todo el verano.

SUELO Y EMPLAZAMIENTO: en cualquier suelo permeable, no ácido; necesita mucho sol.

REPRODUCCIÓN: plantad esquejes no floridos en una cajonera, a comienzos de verano.

Aethionema 'Warley Rose'

Flores para cada estación

INVIERNO

(para PRIMAVERA, véase pág. 99)
(para VERANO, véase pág. 105)
(para OTOÑO, véase pág. 106)

Mediante una selección cuidadosa, podréis tener las rocallas en flor durante casi todo el año. Para cada mes hay cierto número de plantas perennes que es muy probable que estén en flor. Recordad que algunas de estas plantas pueden comenzar a florecer antes y seguir haciéndolo hasta varias semanas después.

MEDIADOS DE INVIERNO

Hepatica nobilis
Primula edgeworthii

FINALES DE INVIERNO

Arabis albida
Arenaria balearica
Aubrieta deltoidea
Hepatica nobilis
Polygonum tenuicaule
Primula auricula
Primula juliae
Ranunculus calandrinioides
Saxifraga (almohadilla)
Soldanella alpina

PRINCIPIOS DE PRIMAVERA

Aethionema «Warley Rose»
Alyssum saxatile
Androsace sarmentosa chumbyi
Arabis albida
Arenaria balearica
Armeria caespitosa
Aubrieta deltoidea
Draba aizoides
Erinus alpinus
Erysimum alpinum
Hepatica nobilis
Morisia monanthos
Onosma tauricum
Phlox subulata
Pleione bulbocodioides
Polygonum tenuicaule
Primula auricula
Primula juliae
Pulsatilla vulgaris
Ramonda myconii
Sanguinaria canadensis
Saxifraga (musgosa)
Shortia galacifolia
Soldanella villosa
Viola biflora
Waldsteinia ternata

ALYSSUM Alisón

En primavera, en casi todas las rocallas se ve una mancha de color amarillo fuerte de *Alyssum saxatile*. Cultivadlo siempre, pero no dejéis que se adueñe del lugar; son muchas las rocallas que se han estropeado por culpa de *Alyssum* y *Aubrieta*. Hay muchas plantas alpinas más selectas, aunque menos vigorosas, que debéis cultivar para que coloreen vuestra rocalla cuando los amarillos del alisón y los azules de la aubrieta hayan desaparecido. El alisón es una perenne grisácea y ramificada que vive en suelos pobres. En cuanto sus flores se hayan marchitado cortad los tallos, así prolongaréis la vida de la planta, la mantendréis dentro de sus límites y haréis que la floración del año siguiente sea mejor.

VARIEDADES: la especie básica es *A. saxatile* —altura 22-30 cm, extensión 45 cm, época de floración: durante toda la primavera. Cuando está en flor, las inflorescencias de color amarillo intenso pueden cubrir la planta por completo. Hay diversas variedades reputadas que representan cierta variación respecto a la especie tipo que se ve en todas partes. «Citrinum» tiene flores de color amarillo claro, y en el otro extremo de la escala están las flores de color ante de «Dudley Neville». Si queréis flores dobles elegid la variedad «Flore Pleno» y si disponéis de poco espacio podéis plantar la enana «Compactum», que sólo crece unos 15 cm. Todas estas variedades de *A. saxatile* son excelentes plantas de rocalla o de pared, pero si queréis una miniatura plantad *A. montanum*, una alpina que florece mediada la primavera, crece unos 10 cm y raramente se extiende más de 30 cm.

SUELO Y EMPLAZAMIENTO: en cualquier suelo permeable de jardín —si el terreno es ácido incorporadle calcio. Mejor a pleno sol.

REPRODUCCIÓN: sembrad las semillas de las especies, bajo cristal, en primavera. Para las variedades deberéis plantar esquejes no floridos en una cajonera a comienzos de verano.

Alyssum saxatile 'Citrinum'

Alyssum saxatile 'Compactum

ANACYCLUS Margarita del Atlas

Algunas de las perennes rocosas de este capítulo son tan conocidas que casi no precisan ser descritas, pero sólo un jardinero experimentado sería capaz de dar un nombre a esta característica alpina. Cuando las flores son tan sólo un capullo, únicamente se ve el reverso de los pétalos, pero cuando se abren, aparecen unas margaritas completamente blancas. Si os gustan las plantas llenas de colorido plantadla; capullos rojos, grandes flores blancas y follaje grisáceo, tipo helecho.

VARIEDADES: sólo hay un especie de *A. depressus*. Altura 5 cm, extensión 30 cm, época de floración: final primavera-mediados verano. Las hojas forman una estera postrada y las flores tienen 5 cm de diámetro. Plantadla en un lugar resguardado y eliminad las flores marchitas.

SUELO Y EMPLAZAMIENTO: en un suelo permeable y arenoso; es imprescindible que esté a pleno sol.

REPRODUCCIÓN: sembrad las semillas frescas, bajo cristal, en otoño. También podéis plantar esquejes, bajo cristal, en primavera.

Anacyclus depressus

ANDROSACE Jazmín rocoso

En los catálogos especializados encontraréis varias especies de *Androsace*, pero debéis elegir con cuidado ya que muchas son plantas delicadas para cultivar a cubierto. Algunas producen rosetas de hojas y las restantes tienen un porte más rastrero; todas forman flores pequeñas, tipo primavera.

VARIEDADES: hay diversas variedades de *A. sarmentosa*; la más frecuente es *chumbyi*. Sólo crece 10 cm, pero las rosetas de hojas se extienden hasta casi 60 cm. Hacia finales de primavera se abren las inflorescencias rosadas. *A. lanuginosa* vive al aire libre, siempre que esté protegida de las lluvias invernales; forma flores blancas o rosadas entre finales de primavera y comienzo de otoño.

SUELO Y EMPLAZAMIENTO: es esencial que el suelo sea permeable; antes de la plantación incorporadle arena gruesa. Al sol o a media sombra.

REPRODUCCIÓN: como esquejes, utilizad las rosetas o brotes basales —plantadlos en una cajonera a comienzos de verano.

Androsace sarmentosa chumbyi

ANTENNARIA Pie de gato

Es una planta rocosa poco espectacular, que nunca ha sido demasiado popular entre los jardineros, si bien es una buena planta de relleno. Sus hojas, estrechas, forman una estera ideal para cubrir el suelo bajo los bulbos enanos, y por ser perennes son muy útiles para llenar los intersticios del pavimento. Vive en suelos pobres, y a comienzos de verano aparecen sus inflorescencias pequeñas, blancas, rosadas o rojas.

VARIEDADES: sólo hay una especie, *A. dioica*, que se extiende formando una tupida alfombra de hojas verdegrisáceas que alcanza un diámetro de hasta 45 cm. Los pedúnculos florales aparecen en plena primavera y su altura y el color de las flores, de menos de 1 cm, y que se arraciman en su extremo, dependen de la variedad que hayáis elegido. La más baja es «Minima» (5 cm, rosada); una de las más altas es «Rosea» (15 cm, rosa oscuro).

SUELO Y EMPLAZAMIENTO: necesita un suelo permeable y mucho sol.

REPRODUCCIÓN: dividid las matas a comienzos de otoño o en primavera.

Antennaria dioica 'Rosea'

ARENARIA Arenaria

La arenaria no es una planta vistosa; los tallos postrados, cubiertos de hojas, forman una tupida estera, y las flores, blancas, no son demasiado llamativas. No obstante, juega un papel de gran utilidad ya que cubre las rocas, tanto si están al sol como a la sombra. Las hojas son perennes y aunque la planta puede extenderse sobre una amplia zona, no es difícil mantenerla a raya.

VARIEDADES: para tapizar rocas sombrías elegid *A. balearica* (altura 3 cm, extensión 45 cm, época de floración: inicio primavera-inicio verano). Sus diminutas hojas grises le dan un aspecto musgoso, y las pequeñas flores blancas se abren profusamente en lo alto de pedúnculos cortos. Para rocas soleadas, elegid *A. montana* (altura 15 cm, extensión 45 cm, época de floración, en plena primavera). *A. caespitosa* «Aurea» (nombre verdadero *Sagina glabra* «Aurea») tiene hojas herbáceas, doradas.

SUELO Y EMPLAZAMIENTO: necesita un suelo húmedo y permeable. Los requerimientos de sol y sombra dependen de la especie.

REPRODUCCIÓN: dividid las matas en otoño o en primavera.

Arenaria balearica

ARABIS Arabis

Son pocas las plantas de cobertera que, en primavera, producen una mancha de color tan vistosa como la de la forma blanca de Arabis, colgando de un muro o tapizando un margen. Por desgracia, muchas veces se le permite extenderse sin freno por una rocalla pequeña, donde resulta invasiva y tiene un desagradable aspecto cuando no está en flor. Para mantenerla a raya, es necesario cortar los tallos a ras de suelo, al terminar su floración. Parte de su popularidad es debida a que es fácil de cultivar.

VARIEDADES: la especie común blanca es *A. albida* (*A. caucasica*) — altura 22 cm, extensión 60 cm, época de floración: comienzos de primavera, con flores esporádicas hasta inicios del verano. Hay una forma doble y compacta («Flore Pleno») de flores más grandes pero menos abundantes. Hay, sin embargo, otros colores además del blanco: «Rosabella» es rosada y «Coccinea» roja. También hay una variedad baja de hojas variegadas — *A. albida* «Variegata». Si queréis una planta baja y compacta, olvidaos de *A. albida* y plantad una especie más bonita y menos errática, como *A. blepharophylla* (altura 8 cm, extensión 22 cm, flores de color rosa oscuro) o *A. ferdinandi-coburgii* «Variegata» (altura 10 cm, extensión 30 cm, flores blancas, hojas vivamente variegadas durante todo el año).

SUELO Y EMPLAZAMIENTO: en cualquier suelo permeable de jardín. Al sol o a media sombra.

REPRODUCCIÓN: dividid las matas en otoño o plantad esquejes en una cajonera, a finales de verano. Las especies (pero no las variedades) pueden sembrarse, bajo cristal, en primavera o en verano.

Arabis albida 'Flore Pleno'

Arabis blepharophylla

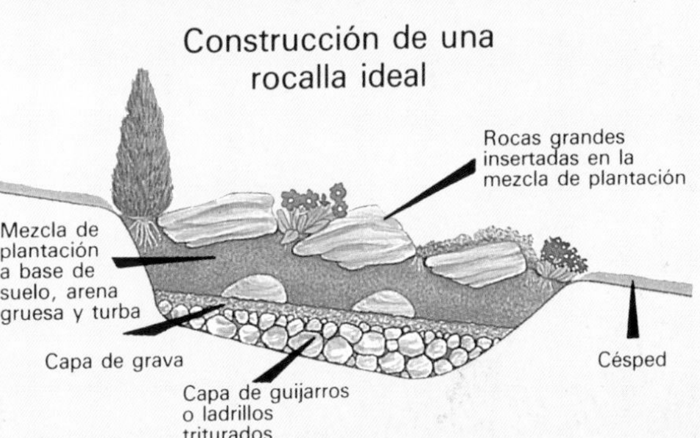

ARMERIA Estática, césped marino

Las hojas herbáceas de esta planta, agrupadas en mogotes compactos, son frecuentes en las rocallas y en los jardines litorales. Es una planta excelente para lugares secos y soleados. En primavera o comienzos de verano aparecen los tallos florales, delgados, sobre los que se forman inflorescencias globulares de flores diminutas, que pueden ser tan numerosas, que lleguen a cubrir el follaje.

VARIEDADES: el césped marino es *A. maritima* (altura 20 cm, extensión 30 cm, época de floración: mediados primavera-inicios verano). Las inflorescencias tienen unos 3 cm de diámetro —el color de la especie es el rosa pero hay variedades de otros colores. Podéis escoger entre «Alba» (blanca), «Laucheana» (rosa vivo), «Vindictive» (roja) o «Bloodstone» (rojo oscuro). A veces se necesita una especie más compacta, como *A. caespitosa (A. juniperifolia)*: altura 7 cm, extensión 22 cm, época de floración, hacia mediados de primavera. Las inflorescencias, rosadas, son casi sésiles.

SUELO Y EMPLAZAMIENTO: en un suelo permeable y al sol.

REPRODUCCIÓN: plantad esquejes basales en una cajonera, en verano.

Armeria maritima

ASTER Aster de montaña

En el jardín, los *Aster* están muy bien representados por las margaritas Michaelmas, que alegran la mayoría de los arriates herbáceos, pero hay una especie enana que pertenece al jardín rocoso. Es una planta desparramada, de hojas grisáceas, cuyas flores, grandes y llenas de color, se abren en verano. Si no os importa tener flores de diversos tonos, podéis obtener la planta a partir de las semillas; si queréis un sólo color, deberéis adquirir una variedad reputada.

VARIEDADES: en los viveros especializados encontraréis asters diminutos, como *A. natalensis* y *A. tibeticus*, pero en un centro de jardinería el único que es probable que encontréis es *A. alpinus*: altura 22 cm, extensión 45 cm, época de floración: inicios verano. Las flores, de unos 4 cm de diámetro, tienen pétalos radiales de color púrpura pálido rodeando un centro dorado. Hay variedades de otros colores —«Glory» (azul), «Albus» (blanco) y «Wargrave» (rosa).

SUELO Y EMPLAZAMIENTO: necesita un suelo permeable y un lugar soleado.

REPRODUCCIÓN: dividid las matas a comienzos de verano.

Aster alpinus

ASTILBE Astilbe

Los astilbes suelen asociarse a los arriates herbáceos; plantas de 90 cm, que en verano forman plumeros. Hay también cierto número de formas miniatura, de menos de 30 cm de altura; si disponéis de un macizo pequeño o tenéis que llenar un espacio frío y húmedo en la rocalla, podéis plantar alguna de ellas. Florecen a mediados de verano, cuando la mayoría de las alpinas ya lo han hecho, y sus pequeñas plumas de avestruz representan un cambio agradable respecto a las flores normales de las perennes rocosas. No obstante, recordad que necesitan humedad —en lugares secos morirán sin remisión.

VARIEDADES: una de las astilbes rocosas más populares es *A. chinensis pumila* —altura 22 cm, extensión 30 cm, época de floración: comienzos verano-comienzos otoño. Las flores son rosadas; si las queréis de otro color, elegid una variedad de *A. crispa*. La menor de la familia es *A. glaberrima* (altura 12 cm, extensión 12 cm, flores de color rosa y crema a inicios del verano).

SUELO Y EMPLAZAMIENTO: requieren un suelo húmedo, a media sombra.

REPRODUCCIÓN: dividid las matas en primavera.

Astilbe chinensis pumila

AUBRIETA Aubrieta

La aubrieta, con su cascada de flores colgando de una pared o cubriendo un margen, es uno de los heraldos de la primavera. Merece ocupar un sitio en una rocalla mediana, siempre que no dejéis que se extralimite. Cuando haya terminado de florecer, cortadla para que las plantas más escogidas, pero también más delicadas, pueden crecer.

VARIEDADES: la especie básica es *A. deltoidea* (altura 8 cm, extensión 60 cm, época de floración: comienzos primavera-comienzos verano), pero la forma silvestre no se planta. Las formas de jardín son híbridos de esta especie —los colores normales son el purpúreo pálido y el rosado, pero también las hay azules y rojas. Algunas de las variedades más populares son «Dr Mules» (violácea), «Riverslea» (color malva), «Dawn» (rosada), «Crimson Bedder» (roja), «Triumphant» (azul) y «Barker's Double» (rosada).

SUELO Y EMPLAZAMIENTO: en cualquier suelo permeable, no ácido; necesita mucho sol.

REPRODUCCIÓN: sembrad las semillas, bajo cristal, en primavera. En las variedades, podéis dividir las matas en otoño o plantar esquejes basales en una cajonera, en verano.

Aubrieta deltoidea

CAMPANULA Campánula

Ninguna rocalla está completa si no cuenta, al menos, con una campánula; se puede escoger entre varias formas; todas necesitan un suelo permeable que no sea ácido: si es necesario, incorporadle calcio. La mayoría tolera un ligero sombreado y las variedades populares son fáciles de cultivar. Su principal enemigo son las babosas: en primavera, esparcid un granulado contra babosas alrededor de las plantas. El tiempo de máxima floración es a comienzos de verano, habiéndose ganado una merecida reputación de producir gran cantidad de flores, que son de dos tipos según la especie de que se trate. La forma normal es la de una campana, que algunas veces es erecta, aunque normalmente es colgante. La otra forma es la estrellada, como las de *C. garganica* y *C. poscharskyana*.

VARIEDADES: una de las especies más populares es *C. carpatica* — altura 25 cm, extensión 30 cm, época de floración, de principio a finales de verano. Forma grandes ramilletes de flores cóncavas de tonos que varían entre el blanco puro y el azul oscuro. *C. cochlearifolia* es una planta encantadora que se extiende igual que *C. carpatica* y florece durante el mismo período, pero la altura de los tallos florales es sólo de 7 cm y las flores son pequeñas campanas colgantes, azuladas o blancas. Si el lugar es sombreado, plantad *C. muralis* — altura 10 cm, extensión 30 cm, época de floración, de principio a finales de verano. Forma grandes masas de flores acampanadas, púrpuras, que cubren los tallos rastreros, cargados de hojas. Si queréis cubrir una zona extensa muy de prisa, plantad *C. poscharskyana*: altura 25 cm, extensión 60 cm y las flores, estrelladas, blancas o azuladas, aparecen entre el inicio y el final del verano. Si queréis una campánula estrellada que no se extienda por todas partes, elegid *C. garganica*, que produce matas compactas y largos tallos llenos de flores azules o blancas entre principios y mediados del verano.

SUELO Y EMPLAZAMIENTO: en cualquier suelo permeable, no ácido; al sol o a media sombra.

REPRODUCCIÓN: en primavera sembrad las semillas, bajo cristal, o dividid las matas. También podéis plantar esquejes en una cajonera a finales de primavera.

Campanula carpatica

Campanula poscharskyana

CERASTIUM Cerastio

Debido a su capacidad de extenderse rápidamente, el *Cerastium* no suele mencionarse en muchos libros de plantas de rocalla, pero ello no basta, para dejarla de lado. Es una planta rampante que figura aún en muchas rocallas, extendiéndose como una mala hierba y sofocando otras plantas. En un jardín rocoso de dimensiones medias, estas sabanas de hojas plateadas que se cubren de flores blancas a comienzos de verano, están fuera de lugar.

VARIEDADES: en los catálogos y en los centros de jardinería suele figurar *C. tomentosum*. Altura 15 cm, extensión más de 60 cm, época de floración: mediados primavera-inicios verano. Las flores blancas miden unos 1.5 cm de diámetro. *C. biebersteinii* es una especie bastante parecida pero con hojas más grandes y más pubescentes. Algunos libros recomiendan *C. lanatum* porque es bastante menos invasiva que las demás, pero se debe proteger contra las lluvias invernales, y no vale la pena tomarse esta molestia.

SUELO Y EMPLAZAMIENTO: en cualquier suelo permeable. Mejor a pleno sol.

REPRODUCCIÓN: sembrad las semillas o dividid las matas en primavera.

Cerastium tomentosum

CYANANTHUS Cyananthus

En esta lista alfabética, emparedada entre dos famosas plantas de rocalla, *Campanula* y *Dianthus*, se encuentra una planta casi desconocida, el cyananthus, una alpina baja, de flores azules, estrechamente emparentada con la campánula, aunque normalmente, en vez de flores acampanadas o estrelladas, tienen flores en forma de embudo. Si queréis una planta compacta para llenar un hueco de suelo húmedo, pero permeable, vale la pena que penséis en ella.

VARIEDADES: la mejor especie es *C. microphyllus*, que es la que resiste mejor el clima invernal. Altura 8 cm, extensión 30 cm, época de floración, de mediados a finales de verano. Las flores, de color púrpura pálido, miden unos 3 cm de diámetro. Otra especie postrada es *C. lobatus*, de flores en forma de embudo y erectas, pero de color azul fuerte, con pétalos más anchos.

SUELO Y EMPLAZAMIENTO: necesita un suelo permeable, rico en humus. Al sol o a media sombra.

REPRODUCCIÓN: sembrad las semillas bajo cristal en primavera o plantad esquejes basales en una cajonera a finales de primavera.

Cyananthus microphyllus

DIANTHUS Clavelina rocosa

Los parientes enanos de la clavelina de arriate, del clavel y del clavel de ramillete (pág. 53) se plantan en la rocalla, donde forman pequeños montículos o extensas esteras de hojas largas, verdes o grises. A comienzos de verano, el follaje queda tachonado de flores fragantes; el color normal es el rosa, pero las hay de otros colores, incluso hay una clavelina amarilla —*D. knappii*. Por regla general, las clavelinas rocosas gustan de suelos calcáreos, no arcillosos, y crecen en lugares soleados y expuestos. Tienen varios usos: tapizar los muros, rellenar grietas, decorar los intersticios del pavimento y también adornar la rocalla. Las especies pueden reproducirse por semillas, pero las variedades deben propagarse por esquejes.

VARIEDADES: el clavel deltoide *(D. deltoides)* es una antigua planta estera —altura 15 cm, extensión 22 cm, época de floración, de inicios a finales de verano. Las flores pueden ser blancas, rosadas o rojas. La variedad más vistosa es la carmesí «Flashing Light». Otra especie famosa es el clavel de Cheddar *(D. caesius)* al que actualmente se le ha dado el difícil nombre de *D. gratianopolitanus*, que es el que forma la estera más grande —altura 20 cm, extensión 60 cm, época de floración: mediados primavera-comienzos verano. El follaje es estrecho y gris. Si queréis flores más grandes, elegid el clavel alpino *(D. alpinus)*. Aunque las flores tienen más de 2.5 cm de envergadura, el montículo de follaje es pequeño: altura 10 cm, extensión 15 cm, época de floración: mediados primavera-mediados invierno. Es una planta muy bonita pero que muere pronto, si el drenaje no es perfecto. *D. neglectus* forma un pequeño montículo de 15 cm de altura y 15 cm de envergadura, con flores en pleno verano. Es una planta rara —aborrece el suelo calcáreo y sus pétalos son rosados o color carmesí por arriba y de color amarronado por abajo.

SUELO Y EMPLAZAMIENTO: en suelos ligeros y calcáreos. A pleno sol.

REPRODUCCIÓN: sembrad las semillas, bajo cristal, en primavera o plantad esquejes no florales en una cajonera, en verano.

Dianthus deltoides 'Flashing Light'

Dianthus alpinus

DODECATHEON Sarapico

Las flores de esta planta parecen dardos estrellados, con los pétalos echados hacia atrás dejando al descubierto las anteras doradas. Se agrupan en racimos, en lo alto del tallo floral. Es una planta fácil de cultivar, siempre que las condiciones sean adecuadas; un lugar húmedo, a ser posible cerca de un estanque, y algo sombreado. En verano, cuando está en flor, es muy bonita, pero en invierno las hojas se marchitan y toda la planta desaparece de la vista.

VARIEDADES: la especie más popular es *D. meadia* —altura 45 cm, extensión 30 cm, época de floración, a comienzos de verano. El color normal de las flores es el purpúreo rosado, pero hay variedades blancas y rojas. Si vuestra rocalla es pequeña, la más apropiada es *D. pauciflorum* (22 cm).

SUELO Y EMPLAZAMIENTO: en un lugar húmedo pero permeable. Mejor a media sombra.

REPRODUCCIÓN: sembrad las semillas bajo cristal o dividid las matas en primavera.

Dodecatheon meadia

DRABA Draba

Algunas perennes rocosas, como *Cerastium, Arabis* y *Aubrieta*, se comportan en la rocalla como si fueran los amos. A draba le ocurre lo contrario; si el jardín rocoso es grande, este pequeño montículo de follaje puede pasar desapercibido. Es una planta para las rendijas del pavimento y los jardines-pileta.

VARIEDADES: la más fácil de cultivar es la más grande —*D. aizoides*— altura 10 cm, extensión 15 cm, época de floración, a principios de primavera. Las hojas, grisáceas, forman tupidas rosetas, y las flores, amarillas, de menos de 1 cm, se agrupan en ramilletes. La variedad más selecta es la diminuta *D. bryoides imbricata*, con una altura y una extensión de sólo 5 cm. Las flores, amarillas y brillantes, se forman en lo alto de unos tallos cortos y rígidos, a comienzos de la primavera; es una planta para un jardín-abrevadero o para una pequeña rocalla.

SUELO Y EMPLAZAMIENTO: en cualquier suelo permeable. Mejor a pleno sol.

REPRODUCCIÓN: sembrad las semillas, bajo cristal, en primavera o plantad rosetas esquejadas en una cajonera, en verano.

Draba aizoides

DRYAS Cariofilata de montaña

Es una excelente cobertera, de tallos rastreros, leñosos, y hojas perennifolias de vivo color verde por el haz y plateadas por el envés. A finales de primavera, sobre este follaje, como el del roble, aparecen las grandes flores, de pedúnculos cortos, seguidas de vistosos frutos sedosos.

VARIEDADES: la especie más popular es *D. octopetala*, que crece silvestre en muchas regiones montañosas europeas. Altura 10 cm, extensión 60 cm, época de floración, en plena primavera. Las flores, que parecen pequeñas rosas sencillas, miden unos 4 cm de diámetro y están formadas por 8 pétalos blancos y un centro dorado, de aspecto encantador, si son suficientemente numerosas para cubrir el follaje de una mata grande. La especie americana *D. drummondii* es parecida, pero las flores son amarillas. El híbrido de estas dos especies es *D. suendermannii*; como cabe esperar de tal maridaje, las flores son de color crema.

SUELO Y EMPLAZAMIENTO: en cualquier suelo permeable, no ácido —incorporadle un poco de compost o de turba, al hacer la plantación. Es esencial que tenga mucho sol.

REPRODUCCIÓN: plantad esquejes en una cajonera, en verano.

Dryas octopetala

ERIGERON Hierba pulguera

El *Erigeron* suele asociarse al arriate herbáceo, pero hay unas cuantas especies enanas para la rocalla. Son plantas que gustan del sol, se cultivan fácilmente, y sus flores, tipo margarita, aportan su color durante el verano.

VARIEDADES: la especie más popular es *E. mucronatus (E. karvinskianus)* —altura 25 cm, extensión 60 cm, época de floración, a lo largo de todo el verano. El aspecto delicado de esta planta oculta su naturaleza vigorosa. Se extiende bastante de prisa mediante sus tallos subterráneos y puede resultar demasiado invasiva para una rocalla pequeña. Crece entre las rocas, en las grietas del pavimento y en los intersticios de las paredes. Es una planta llena de colorido cuyas flores se oscurecen con el tiempo, pasando de blancas a rosadooscuras. Si el invierno es especialmente crudo, los ápices pueden morir, pero en primavera aparecen nuevas hojas. *E. aureus* es más pequeña —altura 10 cm, extensión 22 cm, con flores doradas a principios del verano.

SUELO Y EMPLAZAMIENTO: mejor en un suelo permeable y ligero, a pleno sol.

REPRODUCCIÓN: sembrad las semillas o dividid las matas en primavera.

Erigeron mucronatus

ERINUS Erinus

Esta pequeña alpina es muy adecuada para las grietas y los intersticios del pavimento y de los muros, así como para plantar en el jardín rocoso. Es fácil de cultivar pero su vida es bastante corta, aunque esto no es problema ya que las semillas se autodiseminan, produciendo pequeños montículos de diminutas hojas verdes. En primavera, sobre los pedúnculos cortos y rígidos, se abren ramilletes de flores estrelladas —una mancha de color blanco, rosa o rojo, que puede durar hasta mediados de verano o incluso más.

VARIEDADES: sólo se cultiva una especie, *E. alpinus*. Altura 8 cm, extensión 15 cm, época de floración: inicios primavera-mediados verano. El color de las flores de esta especie es el rosa, pero hay variedades de otros colores y lo bueno es que estas formas pueden reproducirse a partir de semillas. Las dos favoritas son «Albus» (blanca) y «Dr Hanele» (carmesí). «Mrs Charles Boyle» es una excelente variedad rosada.

SUELO Y EMPLAZAMIENTO: necesita un suelo permeable, poco fértil. Al sol o a media sombra.

REPRODUCCIÓN: sembrad las semillas en primavera, allí donde las plantas deban florecer.

Erinus alpinus

ERYSIMUM Alhelí alpino

El alhelí es una de las plantas de floración primaveral más apreciadas para los macizos y arriates, pero este alhelí alpino, enano, es una planta de rocalla poco frecuente. Cuando está en flor, es fácil de reconocer ya que parece una versión miniatura del alhelí amarillo común, tanto por las flores como por las hojas y el porte. Es una planta fácil de cultivar que crece en lugares abiertos y soleados, pero poco duradera.

VARIEDADES: algunas especies crecen más de 30 cm, sólo *E. alpinum* es una enana rocosa —altura 15 cm, extensión 15 cm, época de floración: inicios y mediados de primavera. Las flores, amarillas y fragantes, miden unos 1.5 cm de diámetro. Si no os gusta el color amarillo vivo de *E. alpinum*, hay otras variedades entre las que escoger, pero hacedlo con cuidado: algunas son demasiado altas. «K. Elmhurst» (color lila) puede alcanzar los 45 cm y «Moonlight» (amarillo primavera) es más alta que la especie. Con «Jubilee Gold» lo tenéis solucionado: sólo crece 15 cm.

SUELO Y EMPLAZAMIENTO: en cualquier suelo permeable, no ácido; mejor a pleno sol.

REPRODUCCIÓN: plantad esquejes en una cajonera, en verano.

Erysimum alpinum 'Moonlight'

GENTIANA Genciana

Si en vuestro jardín rocoso no hay, como mínimo, una especie de genciana, os falta algo, simplemente. Las trompetas azules de esta planta alpina, si cultiváis formas de floración primaveral, estival y otoñal, aportarán su color desde mediada la primavera hasta el final del verano. Con las gencianas debéis estar siempre mirando qué es lo que prefieren y qué es lo que aborrecen antes de adquirirlas —unas son carne y las otras pescado. El problema es el calcio —de entre las especies de floración primaveral, unas lo toleran, otras lo necesitan, pero las de floración otoñal lo detestan. Todas requieren un suelo permeable, pero fértil. Antes de la plantación incorporad turba o arena gruesa. La mayoría de gencianas son bastante temperamentales y no pueden considerarse como plantas «todo terreno».

VARIEDADES: la más fácil de contentar es *G. septemfida* que, en cualquier suelo permeable, produce un bello espectáculo de flores como trompetas, de 2.5 cm de largo. Altura 22 cm, extensión 30 cm, época de floración, en pleno verano. La popular *G. acaulis* es una planta más pequeña (8 cm de altura) y de floración más temprana (plena primavera), pero sus flores son mucho más vistosas —trompetas de 8 cm de longitud que se yerguen sobre las hojas, ovaladas y brillantes. Desafortunadamente es muy inconstante; en algunos lugares no florece y nadie sabe por qué. Si vuestras plantas florecen poco, en otoño, trasladadlas a otro lugar. *G. verna* es otra genciana de floración primaveral —altura 8 cm, extensión 15 cm, época de floración, en plena primavera. Sus flores, estrelladas, son de color azul fuerte y, en vez de agruparse en racimos, suelen abrirse en solitario. Es una hermosa perennifolia, aunque de vida corta. La más popular de las gencianas de floración otoñal es *G. sino-ornata:* altura 15 cm, extensión 30 cm, época de floración: final del verano-mediados de otoño. Las flores, trompetas de 5 cm de longitud, son de color azul fuerte con rayas verde-claras; muy vistosas en una época en que el jardín rocoso tiene pocas flores.

SUELO Y EMPLAZAMIENTO: en esencial que el suelo sea permeable —para las formas de floración primaveral puede ser calcáreo, pero las de floración otoñal precisan un suelo ácido. Al sol o a media sombra.

REPRODUCCIÓN: dividid las matas en primavera (gencianas de floración otoñal) o a mediados de verano (gencianas de floración primaveral). La reproducción por semillas es difícil.

Gentiana acaulis

Gentiana verna

GERANIUM Geranio

Hay varias especies de geranio que viven en la rocalla. Todas son fáciles de cultivar, siempre que el suelo sea permeable y el lugar no sea sombreado. Sus únicos enemigos son los terrenos anegados y las babosas; esparcid un granulado contra las babosas alrededor de los tallos, en primavera. Las hojas, lobuladas, son grises o verdes, según la especie, y las flores, rosadas o rojas, suelen tener nervios prominentes.

VARIEDADES: *G. cinereum* es una especie popular —altura 15 cm, extensión 30 cm, época de floración: mediada la primavera-final verano. Las flores, de 2.5 cm, de color rosa oscuro, tienen el centro y los nervios negros; las hojas son verdegrisáceas. *G. dalmaticum* tiene la misma talla y extensión, pero la época de floración es más corta (de principios a mediados de verano) y las flores, color rosa pálido, no tienen nervios marcados. Las hojas, brillantes, se vuelven rojas en otoño. *G. subcaulescens* «Splendens» (flores rosaoscuras, mediados primavera-final verano) es una variedad de flores grandes y *G.* «Ballerina» (flores liliáceas de nervios oscuros, mediados primavera-final verano) es un híbrido popular.

SUELO Y EMPLAZAMIENTO: en cualquier suelo permeable. Mejor a pleno sol.

REPRODUCCIÓN: dividid las matas en otoño o en primavera.

Geranium cinereum

GEUM Geum alpino

Los geum comunes, como «Mrs Bradshaw» y «Lady Stratheden», son frecuentes en el arriate herbáceo, pero las formas enanas no suelen serlo en la rocalla, hecho que no obedece a ninguna razón especial, ya que ninguna de ellas es difícil de cultivar y sus grandes flores amarillas son bastante vistosas. En los Alpes suizos hay varias formas alpinas silvestres que están destinadas a convertirse en plantas populares y sus flores son mucho más coloreadas que las del edelweis.

VARIEDADES: la especie más frecuente es *G. montanum*, de hojas rugosas y arrugadas que se agrupan entre sí, y sobre las que, en verano, aparecen los tallos florales, cortos, con flores cóncavas de 2.5 cm. Datos: altura 22 cm, extensión 30 cm, época de floración: mediados primavera-inicios verano. *G. reptans* tiene los mismos datos pero su porte es bastante distinto. De la planta nacen unos estolones, largos y rojos, que, cuando enraízan, producen rosetas de hojas.

SUELO Y EMPLAZAMIENTO: en cualquier suelo permeable. Mejor a pleno sol.

REPRODUCCIÓN: dividid las matas en primavera.

Geum montanum

GYPSOPHILA Gipsófila

Hay varias versiones miniatura para la rocalla. En verano, produce una nube de florecillas blancas o rosadas, ejemplares, a escala reducida, de la popular gipsófila de los arriates herbáceos. La mejor especie de rocalla, y la más popular, *G. repens*, es ideal para tapizar las rocas y colgar de las paredes. Gusta de suelos calcáreos, aunque no es imprescindible que lo sean.

VARIEDADES: los datos fundamentales de *G. repens (G. prostrata)* son: altura 15 cm, extensión 60 cm, época de floración: fin primavera-mediados verano. Es una estera de follaje azulado o grisáceo que cubre una extensa zona. Lo más frecuente es cultivar una variedad afamada —«Fratensis» (rosada), «Letchworth Rose» (rosada) o «Monstrosa» (blanca). Hay otras especies que son menos satisfactorias, pero se puede elegir entre *G. cerastioides* (altura 8 cm, extensión 30 cm) que forma una especie de almohadilla foliar, o bien *G. arietioides* (altura 5 cm, extensión 15 cm), si prefiere algo inusual.

SUELO Y EMPLAZAMIENTO: en un suelo permeable y a pleno sol.

REPRODUCCIÓN: plantad esquejes no floridos en una cajonera, a comienzos de verano.

Gypsophila repens

HABERLEA Haberlea

La haberlea es una encantadora planta alpina de color lila que representa todo un reto ya que es muy exigente en cuanto a las condiciones ambientales, y sólo vive si conseguís satisfacer todos sus caprichos. Necesita un suelo ácido, un emplazamiento soleado y, en invierno, no debéis dejar que el agua quede acumulada en el corazón de la roseta de hojas. Lo mejor es plantarla inclinada, en un intersticio entre las piedras o los ladrillos de una pared de la rocalla.

VARIEDADES: la haberlea común es *H. rhodopensis* —altura 10 cm, extensión 15 cm, época de floración, a mediados de primavera. Del centro de la roseta compuesta de hojas de color verde oscuro emergen los pedúnculos que sostienen racimos de flores, lilas y tubulares, de unos 2.5 cm de envergadura. «Virginalis» es una variedad blanca, pero si conseguís encontrarla, comprad *H. ferdinandi-coburgii* que es más grande que *H. rhodopensis* y sus flores lilas están rayadas de dorado.

SUELO Y EMPLAZAMIENTO: necesita un suelo permeable pero muy húmedo y que el sol directo le dé poco.

REPRODUCCIÓN: plantad esquejes de hojas adultas y sanas en una cajonera, en verano, o dividid las matas en otoño.

Haberlea rhodopensis

HELIANTHEMUM Estepa

En realidad la estepa llena de color, baja, que suele verse en las rocallas y en los macizos pequeños es un arbusto *(H. nummularium)*, véase *Árboles y arbustos de jardín*, página 31. Es una planta de relleno extremadamente útil ya que cubre en seguida grandes áreas desnudas y, de mediada la primavera a comienzos de verano, forma gran cantidad de flores. Descabezadla regularmente y cortad todos los tallos erráticos, en cuanto haya terminado la floración.

VARIEDADES: los datos fundamentales de *H. nummularium* son: altura 15 cm, extensión 60 cm, época de floración: mediados primavera-inicios verano. Hay muchas variedades reputadas cuyo color va desde el blanco y el amarillo al rojo oscuro. La estepa común tiene dos parientes alpinos, menos invasivos: *H. alpestre* (altura 10 cm, extensión 30 cm, época de floración, a comienzos de verano) de flores cóncavas y amarillas, y *H. lunulatum* (altura 20 cm, extensión 30 cm, época de floración: principios verano), de flores similares y hojas doradas.

SUELO Y EMPLAZAMIENTO: en un suelo no ácido que sea permeable; a pleno sol.

REPRODUCCIÓN: plantad esquejes en una cajonera, en verano.

Helianthemum nummularium 'Ben Afflick'

HELICHRYSUM Helichrysum

El sitio donde suele encontrarse el helichrysum es el macizo floral —el famoso *H. bracteatum* es una anual cultivada por sus coloreadas flores «siempreviyas» que se cortan y secan para la decoración de interiores. Esta anual semirresistente tiene un pariente perenne, enano, que puede utilizarse en la rocalla como cobertera.

VARIEDADES: la especie que encontraréis más fácilmente es *H. bellidioides* —altura 8 cm, extensión 45 cm, época de floración: final primavera-mediados verano. Forma una estera de hojas pequeñas, verdes por el haz y grises por el envés. Esta estera desparramada puede ser invasiva y, si en los aledaños crecen especies delicadas, se habrá de mantener a raya. En verano aparecen las típicas flores de pétalos de papel, sobre pedúnculos cortos. A diferencia de la especie de macizo, aquí el único color es el blanco.

SUELO Y EMPLAZAMIENTO: en cualquier suelo permeable de jardín; es imprescindible que esté a pleno sol.

REPRODUCCIÓN: plantad esquejes en una cajonera o dividid las matas en verano.

Helichrysum bellidioides

HEPATICA Hepática

Toda planta de rocalla que florezca antes de que las flores de *Aubrieta, Alyssum, Arabis* y de que las plantas bulbosas alegren la escena en primavera, es una bendición. La hepática tiene la ventaja adicional de crecer tanto a pleno sol como a media sombra, por lo que resulta sorprendente que su cultivo no esté más extendido. Antes de su plantación incorporad al suelo turba o compost.

VARIEDADES: la especie más frecuente es *H. nobilis (H. triloba)*. Datos: altura 8 cm, extensión 30 cm, época de floración: mediados invierno-principios primavera. Las flores, azules y estrelladas, de unos 2.5 cm de diámetro, se abren en lo alto de cortos pedúnculos por encima de las hojas trilobuladas. Hay variedades blancas, rosadas y rojas, pero tendréis que buscar un poco para conseguirlas. *H. transsilvanica* es una planta similar pero con hojas y flores más grandes. Posiblemente la mejor sea *H. media* «Ballardii» de flores color espliego.

SUELO Y EMPLAZAMIENTO: es necesario que el suelo sea permeable pero muy húmedo; al sol o a media sombra.

REPRODUCCIÓN: dividid las matas en otoño.

Hepatica nobilis alba

HYPERICUM Hierba de san Juan

La hierba de san Juan es un arbusto muy popular, pero la especie de jardín *H. calycinum* no tiene cabida en la rocalla ya que es demasiado invasiva; para este emplazamiento hay formas mejores. Todas las especies, tanto las perennes perennifolias como las arbustivas, son fáciles de cultivar. Viven en cualquier suelo que no quede anegado en invierno, pero las formas enanas rocosas requieren un poco más de sol que sus hermanas del jardín arbustivo.

VARIEDADES: el mejor arbusto de rocalla es *H. polyphyllum* —altura 15 cm, extensión 30 cm, época de floración, en pleno verano. Por encima del montículo de hojas verdeazuladas aparecen las típicas flores de la hierba de san Juan; pétalos dorados con estambres prominentes. *H. coris*, más que un arbusto, es una perenne perennifolia —altura 15 cm, extensión 30 cm, época de floración: a lo largo de todo el verano. Las flores son estrelladas y amarillas. Hay también una especie de cobertera— *H. reptans* (altura 8 cm, extensión 45 cm, época de floración, durante todo el verano).

SUELO Y EMPLAZAMIENTO: en cualquier suelo permeable; mejor a pleno sol.

REPRODUCCIÓN: plantad esquejes en una cajonera.

Hypericum polyphyllum

IBERIS Carraspique perenne

El carraspique anual suele encontrarse en una mezcla de colores blancos, rojos y rosados, pero las flores del carraspique perenne son tan sólo blancas. Es una planta arbustiva de rocalla muy útil y popular, que crece fácilmente siempre que tenga un poco de sol. Para prolongar su época de floración, descabezadla de vez en cuando y, si las hojas empiezan a tener perforaciones, pulverizadlas con un insecticida.

VARIEDADES: a menos que os dirijáis a un proveedor especializado, la única especie que encontraréis es *I. sempervirens*. Sus flores presentan la disposición tetrapétala típica de la familia de las crucíferas y se agrupan en inflorescencias compactas. La época de floración es hacia el final de la primavera; la altura y la extensión son distintas, según la variedad elegida. La mejor es «Snowflake» —altura 22 cm, extensión 45 cm. Si el espacio es limitado, elegid «Little Gem» —altura 10 cm, extensión 25 cm.

SUELO Y EMPLAZAMIENTO: en cualquier suelo permeable; mejor a pleno sol.

REPRODUCCIÓN: plantad esquejes no floridos en una cajonera, en verano.

Iberis sempervirens 'Snowflake'

IRIS Lirio rocoso

Hay lirios de una increíble variedad de formas y tamaños, y los hallaréis en diversos lugares del jardín y en otros dos capítulos del presente libro. De los del capítulo de las perennes de arriate, podéis escoger uno de los numerosos híbridos aristados enanos de *I. pumila* —de entre los bulbos destacan algunos lirios rocosos como *I. reticulata* y *I. danfordiae*.

VARIEDADES: la época de floración de los lirios rocosos es a finales de primavera. Entre las flores hay varios colores y diversas tallas —cada ejemplar puede diferir bastante de los datos siguientes: *I. cristata* (flores purpúreas y doradas, altura 10 cm, extensión 15 cm), *I. lacustris* (flores liláceas, amarillas y blancas, altura 8 cm, extensión 15 cm), *I. innominata* (flores doradas y marrones, altura 15 cm, extensión 22 cm) y *I. douglasiana* (flores liláceas amarillas, altura 30 cm, extensión 60 cm).

SUELO Y EMPLAZAMIENTO: requieren un suelo permeable, no calcáreo; al sol o a media sombra.

REPRODUCCIÓN: dividid los rizomas a finales de verano, cada dos años.

Iris innominata

LEONTOPODIUM Edelweis

El edelweis es el prototipo de las flores alpinas. Crece silvestre en los Alpes y resulta bastante sorprendente que también lo haga en los territorios bajos de Gran Bretaña, siempre que el lugar sea soleado y el suelo permeable. Hay muchas plantas alpinas más difíciles de cultivar, pero también hay otras que son más bonitas. Más que una belleza, el edelweis es una rareza; flores blancogrisáceas, en inflorescencias aplanadas, sobre pedúnculos cortos que emergen del follaje.

VARIEDADES: la única especie que suele encontrarse es *L. alpinum*, el edelweis común de los Alpes suizos. Altura 15 cm, extensión 22 cm, época de floración, a comienzos del verano. Las hojas, estrechas, son canosas por el haz y densamente pubescentes por el envés, formando una roseta de la que emergen los pedúnculos florales, peludos. Las curiosas inflorescencias tienen unos 5 cm de diámetro y están formadas por un grupo central de pequeñas margaritas apétalas, rodeado de grandes brácteas.

SUELO Y EMPLAZAMIENTO: en cualquier suelo permeable, a pleno sol.

REPRODUCCIÓN: sembrad las semillas, bajo cristal, a comienzos de primavera.

Leontopodium alpinum

LEWISIA Lewisia

Una lewisia en flor siempre es hermosa —predominan los rojos y amarillos, con lo que las flores pueden ser rosadas, anaranjadas, de color melocotón y también blancas. Los pétalos suelen estar rayados; un espectáculo lleno de color para comienzos de verano. Por desgracia, esta planta americana vive mal en la rocalla. Las hojas, carnosas, forman una roseta y, en invierno, si el agua se acumula en ella, el brote se pudre.

VARIEDADES: la forma más frecuente es un híbrido de la perennifolia *L. cotyledon* —altura 30 cm, extensión 22 cm, época de floración, a finales de primavera. Las otras especies son más difíciles de cultivar: la de flores blancas *L. brachycalyx* florece mediada la primavera; la aristócrata del grupo es *L. tweedyi* (altura 15 cm, extensión 22 cm) que forma unas flores sedosas, de 5 cm.

SUELO Y EMPLAZAMIENTO: requiere un suelo permeable y mucho sol.

REPRODUCCIÓN: sembrad las semillas bajo cristal a comienzos de primavera o plantad esquejes basales en una cajonera, a comienzos de verano.

Lewisia cotyledon

LINNAEA Té de Suecia

Resulta muy apropiado que a esta flor silvestre, que crece en las regiones más frías de Suecia, se le haya dado el nombre de *Linnaea* en honor del más famoso científico del país, Linneo. Si tenéis que cubrir una extensa zona húmeda y sombreada, haréis bien en plantarla. La enmarañada mata de tallos y hojas redondeadas y perennes se extiende rápidamente, y en los meses de verano forma flores acampanadas.

VARIEDADES: sólo hay una especie, *L. borealis*. Altura 5 cm, extensión 60 cm, época de floración: mediados primavera-comienzos verano. De la alfombra de tallos postrados y de hojas surgen los cortos pedúnculos florales rematados por un par de flores de color rosa pálido; de ahí el nombre vulgar inglés «flores gemelas». Antes de comprarla, verificad que disponéis de las condiciones necesarias ya que si el emplazamiento es soleado y el suelo arenoso, malgastaréis el dinero.

SUELO Y EMPLAZAMIENTO: en un suelo húmedo, rico en humus. A media sombra.

REPRODUCCIÓN: estacad los tallos rastreros al suelo, mediante pequeñas horquillas. Cuando haya enraizado, separadlos de la planta madre y trasladadlos a su nuevo emplazamiento.

Linnaea borealis

LITHOSPERMUM Granos de amor

El *Lithospermum* (actualmente bautizado como *Lithodora* por los botánicos) es una planta de cobertera cuyas flores en forma de embudo, de un vivo color azul, son lo más vistoso que encontraréis en el jardín rocoso estival. Necesita un lugar soleado y un suelo rico en humus; al hacer la plantación incorporadle turba o compost.

VARIEDADES: la especie más conocida es *L. diffusum*, altura 15 cm, extensión 60 cm, época de floración, durante todo el verano. Forma una estera postrada que se extiende rápidamente; las hojas son verdeoscuras y las flores azuloscuras. Casi nunca se cultiva la especie sino una de las variedades «Heavenly Blue» y «Grace Ward». La mayoría de expertos votan por «Grace Ward». El color de *L. oleifolium* es bastante distinto: las hojas son grisplateadas y las flores cambian del rosa, cuando son capullos, al azul claro cuando están completamente abiertas. Datos: altura 15 cm, extensión 30 cm, época de floración: mediados primavera.

SUELO Y EMPLAZAMIENTO: en cualquier suelo permeable y húmedo; mejor a pleno sol.

REPRODUCCIÓN: plantad esquejes en una cajonera a mediados de verano.

Lithospermum diffusum 'Grace Ward'

LYCHNIS Cruz de Malta alpina

Algunos *Lychnis* se cultivan en el arriate herbáceo y sus tallas varían, desde los 90 cm de la cruz de Jerusalén hasta los 27 cm de *L. coronaria*. Pero para la rocalla sólo hay una especie, *L. alpina*, que produce montoncitos de follaje verde oscuro y, en verano, flores estrelladas. Plantadla entre las losas del pavimento o en el jardín rocoso; al ser muy compacta es muy adecuada para cultivar en un jardín-pileta. No presenta ninguna dificultad, mientras el suelo no sea calcáreo y no haya riesgo de anegamiento. El único problema es que su vida es corta.

VARIEDADES: la cruz de Malta alpina puede estar catalogada como *L. alpina* o como *Viscaria alpina* —altura 10 cm, extensión 10 cm, época de floración: mediados primavera-principios verano. Los pedúnculos florales no tienen más de 5 cm de longitud y están coronados por un grupo de flores rosadas. Para tener otros colores, elegid la variedad «Alba» (blanca) o «Rosea» (rosaoscura).

SUELO Y EMPLAZAMIENTO: en cualquier suelo ácido o neutro que sea permeable; mejor a pleno sol.

REPRODUCCIÓN: sembrad las semillas bajo cristal a comienzos de primavera.

Lychnis alpina 'Splendens Plena'

LYSIMACHIA Lisimaquia rastrera

La lisimaquia rastrera (hierba de las monedas) es la especie enana que crece silvestre en algunos países y que se emplea en los jardines desde hace siglos. Sus tallos rastreros, vigorosos, sirven de cobertera para lugares pantanosos, sofocan las malas hierbas y, en verano, se visten de flores amarillas. Vive en los suelos húmedos próximos a los estanques, pero también crecerá en la rocalla siempre que, antes de plantarla, añadáis compost al suelo.

VARIEDADES: la lisimaquia rastrera común es *L. nummularia* —altura 5 cm, extensión 45 cm, época de floración, a comienzos del verano. Sus flores, discoidales, son de color amarillo fuerte y las hojas de color verde intenso. Es una planta estera muy vigorosa, demasiado para una rocalla pequeña. En su lugar, plantad la variedad de hojas amarillas «Aurea» —es mucho menos vigorosa y su follaje conserva su atractivo, durante todo el año.

SUELO Y EMPLAZAMIENTO: necesita un suelo permeable, rico en humus, en un lugar parcialmente sombreado.

REPRODUCCIÓN: plantad esquejes en una cajonera, en verano, o dividid las matas, en otoño.

Lysimachia nummularia

MAZUS Mazus

Es una planta de cobertera que no figura en muchos libros de este género pero que encontraréis en los grandes centros de jardinería. Es una excelente planta alfombra, de tallos rastreros, pero que precisa un suelo húmedo. Por tanto plantadla en un lugar húmedo y sombrío; si el lugar es seco y soleado, plantad *Antennaria* o *Thymus*. Las flores, que aparecen en verano, son bonitas y raras. Parecen bocas de dragón de color lila, con los pétalos inferiores manchados de blanco y dorado.

VARIEDADES: la única especie frecuente es *M. reptans* —altura 5 cm, extensión 45 cm, época de floración: fin primavera-mediados verano. Los tallos, delgados, se pegan al suelo, y las hojas, dentadas, forman una estera verde con un tinte bronceado. Hay otra especie, *M. radicans*, que suele denominarse *Mimulus radicans*, de flores blancas con manchas purpúreas.

SUELO Y EMPLAZAMIENTO: precisa un suelo permeable, rico en humus; mejor a media sombra.

REPRODUCCIÓN: dividid las matas en otoño o en primavera.

Mazus reptans

MIMULUS Almizcleña

Las flores, como trompetas, de la almizcleña se parecen a las de las bocas de dragón; su color suele ser o rojo con manchas amarillas o amarillo con manchas rojas, purpúreas o marrones. Podéis plantar una variedad de la famosa *M. cupreus* (pág. 30) como perenne de vida corta o tratarla como anual semirresistente. Hay también perennes de rocalla, pero cualquiera que sea la que escojáis, deberéis satisfacer sus necesidades: un suelo que retenga la humedad y riegos regulares en tiempo seco.

VARIEDADES: posiblemente la mejor especie sea *M. primuloides* —altura 10 cm, extensión 22 cm, época de floración: mediada la primavera-mediado el verano. De las matas de hojas surgen flores de vivo color amarillo, sobre pedúnculos cortos. *M. luteus guttatus (M. langsdorfii)* produce flores amarillas moteadas de marrón oscuro. *M. burnettii* tiene flores bronceadas con gargantas amarillas; la planta mide 22 cm de altura.

SUELO Y EMPLAZAMIENTO: es esencial que el suelo sea húmedo y que nunca dejéis que se seque; es mejor que tenga sombra.

REPRODUCCIÓN: en primavera sembrad las semillas, bajo cristal, o dividid las matas.

Mimulus burnettii

MORISIA Morisia

Es una planta en almohadilla, pulcra y compacta, para plantar entre los espacios de un pavimento irregular o en una bolsa de suelo entre las piedras de un jardín rocoso. Es un ejemplar raro con necesidades especiales; para que sobreviva es esencial que el suelo sea arenoso y para que su floración, primaveral, sea satisfactoria es necesario que tenga mucho sol. Las flores son sésiles, naciendo directamente de entre las pequeñas hojas dentadas. Al florecer pronto, es una planta muy útil, pero, si el suelo es denso, plantarla, es perder el tiempo.

VARIEDADES: sólo hay una especie, *M. monanthos (M. hypogaea)* —altura 3 cm, extensión 15 cm, época de floración: final invierno-mediada la primavera. No es una alpina verdadera; crece silvestre en las costas de Cerdeña. Los racimos de flores doradas demuestran que la morisia pertenece a la familia de las Crucíferas: flores de 4 pétalos en cruz.

SUELO Y EMPLAZAMIENTO: en un suelo ligero y permeable.

REPRODUCCIÓN: plantad esquejes de raíz en una cajonera, a finales de invierno.

Morisia monanthos

ONOSMA Onosma

Para ocupar un lugar en el jardín rocoso, cada planta debe poseer alguna virtud especial; la de onosma es su dilatada época de floración. Las primeras flores se abren en primavera y siguen haciéndolo ininterrumpidamente hasta finales de verano. Las hojas, estrechas y con pelos rígidos, son perennes y forman masas compactas. Los pedúnculos florales son erectos, pero curvados por el extremo de manera que los racimos de flores, grandes y tubulares, son colgantes. Es imprescindible que disfrute del sol y de un suelo seco; su lugar ideal está en las grietas de las rocas o sobre una pared seca.

VARIEDADES: la especie más popular es *O. tauricum* —altura 20 cm, extensión 22 cm, época de floración: principios de primavera-mediados verano. Las flores, amarillas y fragantes, miden unos 2 cm de longitud. *O. albo-roseum* es bastante parecida pero florece más tarde y las flores son blancas con unas pinceladas rosadas en el borde.

SUELO Y EMPLAZAMIENTO: es imprescindible que el suelo sea arenoso y permeable y que esté a pleno sol.

REPRODUCCIÓN: plantad esquejes en una cajonera, en verano.

Onosma tauricum

ORIGANUM Orégano

Las especies de *Origanum* de rocalla crecen sólo en lugares soleados y calurosos; no es completamente resistente y, por tanto, durante los días fríos de invierno, debe cubrirse con una campana. Las flores, largas y tubulares, aparecen en verano, pero no hay nada destacable en estas plantas.

VARIEDADES: el chiquitín de la familia es *O. amanum* —altura 5 cm, extensión 15 cm, época de floración: durante todo el verano. En este tiempo, la estera de tallos cargados de hojas, que se adhieren al suelo, queda cubierta de flores largas, rosadas. *O. dictamnus (Amaracus dictamnus)* es bastante distinto —forma una planta más grande y sus hojas, tomentosas, forman un montículo redondeado. Las flores se agrupan en inflorescencias como las del lúpulo —pequeñas flores rosadas que emergen de grandes brácteas purpúreas. *O. vulgare* «Aureum» es la variedad de hojas amarillas del orégano aromático común. Las flores, purpúreas, son insignificantes; se cultiva por el color de su follaje.

SUELO Y EMPLAZAMIENTO: en cualquier suelo permeable. Mejor a pleno sol.

REPRODUCCIÓN: plantad esquejes no floridos en una cajonera, a finales de verano.

Origanum amanum

Flores para cada estación

PRIMAVERA

(para INVIERNO-PRIMAVERA, véase pág. 87)
(para VERANO, véase pág. 105)
(para OTOÑO, véase pág. 106)

Mediante una selección cuidadosa, podréis tener la rocalla en flor durante casi todo el año. Para cada mes hay cierto número de plantas perennes que es muy probable que estén en flor. Recordad que algunas de estas plantas pueden comenzar a florecer antes y seguir haciéndolo hasta varias semanas después.

PLENA PRIMAVERA

Alyssum saxatile	Haberlea rhodopensis
Adrosace sarmentosa chumbyi	Iberis sempervirens
Antennaria dioica	Iris, especies de
Arenaria balearica	Lewisia cotyledon
Armeria caespitosa	Onosma tauricum
Armeria maritima	Penstemon rupicola
Aubrieta deltoidea	Raoulia australis
Cerastium tomentosum	Saxifraga (incrustante)
Dianthus caesius	Silene acaulis
Dryas octopetala	Uvularia grandiflora
Erinus alpinus	Vancouveria hexandra
Gentiana acaulis	Viola aetolica
Gentiana verna	Viola biflora

FINAL PRIMAVERA

Arenaria balearica	Helianthemum nummularium
Armeria maritima	Iberis sempervirens
Campanula, especies de	Iris, especies de
Cerastium tomentosum	Leontopodium alpinum
Dianthus, especies de	Linnaea borealis
Dodecatheon meadia	Lychnis alpina
Dryas octopetala	Onosma tauricum
Erigeron mucronatus	Oxalis adenophylla
Erinus alpinus	Primula vialii
Gentiana acaulis	Ranunculus gramineus
Gentiana verna	Sedum, especies de
Geranium cinereum	Sisyrinchium angustifolium
Geum montanum	Veronica prostrata

OXALIS Acedera menor, acederilla

No plantéis un *Oxalis* a menos que sepáis cuál es. Las especies que se describen a continuación son adecuadas, con un follaje bonito y flores en verano, pero hay otras formas que se extienden por todas partes y pueden arruinar gran parte de la rocalla. La acedera es una planta poco exigente, pero antes de su plantación es mejor añadir turba o compost.

VARIEDADES: la especie de rocalla más popular es *O. adenophylla* —altura 8 cm, extensión 15 cm, época de floración, principios de verano. En invierno, el follaje, grisáceo, se marchita —marcad su emplazamiento para que, en primavera, al desherbar, no la estropeéis. Las flores son discoidales y blancas, con un vistoso tono rosado en márgenes y nervios. *O. enneaphylla* tiene las mismas dimensiones y época de floración, y la variedad «Rosea» es popular como perenne rocosa. Sus flores, rosadas, miden unos 2.5 cm de diámetro y las hojas, plateadas, están parcialmente plegadas. La única especie desparramada que podéis plantar es *O. chrysantha* —altura 5 cm, extensión 30 cm. Es una preciosa planta alfombra de flores amarillas.

SUELO Y EMPLAZAMIENTO: en cualquier suelo permeable; mejor a pleno sol.

REPRODUCCIÓN: dividid las matas en otoño.

Oxalis adenophylla

PENSTEMON Penstemon

Los penstemons son plantas arbustivas perennes con flores como bocas de dragón, generalmente rosadas o purpúreas, aunque hay variedades azules y blancas. Plantad una o varias especies de rocalla, pero suelen ser delicadas. La época de prueba es el invierno, cuando muchos ejemplares mueren víctimas de la combinación de vientos fríos, heladas intensas y suelo empapado.

VARIEDADES: una de las especies más recomendables es *P. rupicola* —altura 8 cm, extensión 30 cm, época de floración, en plena primavera. Las flores, de 2.5 cm de longitud, son de color carmesí. La más resistente es *P. pinifolius* —altura 15 cm, extensión 30 cm, época de floración, durante todo el verano. Esta especie de floración tardía tiene flores de 1.2 cm, de color anaranjado oscuro. Hay algunas más *(P. menziesii, P. newberryi* y *P. scouleri)* que crecen unos 22-30 cm y miden 30-45 cm de envergadura, con flores rosadas o purpúreas claras, a principios de verano.

SUELO Y EMPLAZAMIENTO: en cualquier suelo permeable; mejor en un lugar resguardado a pleno sol.

REPRODUCCIÓN: plantad esquejes en una cajonera, en verano.

Penstemon newberryi

PLHOX Flox enano

El popular flox del arriate herbáceo tiene algunos parientes enanos originarios de América que vitalizarán cualquier jardín rocoso. Son fáciles de cultivar y cubren las rocas o cuelgan de las paredes, formando masas de flores de 1.5 cm, en primavera o a comienzos de verano. Estas sábanas florales blancas, rosadas o azuladas, representan un agradable cambio respecto a las sempiternas aubrietas.

VARIEDADES: el que os ofrecerán con mayor frecuencia es el flox musgoso, *P. subulata*, una planta alfombra de 8 cm de altura, 45 cm de extensión y cuya época de floración es a principios o mediados de primavera. Hay diversas variedades reputadas, como «Apple Blossom» (rosada), «Temiscaming» (roja) y «G.F. Wilson» (purpúrea clara). El flox alpino, *P. douglasii*, tiene una altura y una extensión similares pero florece algo más tarde. De él existen también diversas variedades útiles, pudiendo escoger entre la blanca, la rosada y la de color espliego. Si queréis una variedad rara, plantad *P. nana ensifolia*, que sólo se extiende 15 cm.

SUELO Y EMPLAZAMIENTO: en cualquier suelo permeable que retenga la humedad; mejor a pleno sol.

REPRODUCCIÓN: plantad esquejes en una cajonera, en verano.

Phlox subulata 'Temiscaming'

PLEIONE Orquídea rocosa

Es una planta para aquellos a quienes gusta enfrentarse a un reto; una orquídea verdadera que crece al aire libre. Todo lo que necesitáis es un lugar resguardado a media sombra —el suelo debe enriquecerse con abundante turba y tierra de hojas y con un poco de arena gruesa. En invierno cubrid la planta con una plancha de cristal para mantener seco el suelo. Como recompensa obtendréis unas orquídeas de verdad, de unos 8 cm de longitud, sostenidas por un corto pedúnculo; prueba fehaciente de que no todas las orquídeas provienen de la jungla.

VARIEDADES: las *Pleione* que suelen cultivarse al aire libre pertenecen a la especie *P. bulbocodioides (P. formosana)* —altura 15 cm, extensión 15 cm, época de floración: principios o mediados primavera. Las flores están formadas por pétalos estrechos, blancos o rosados, y un gran tubo central, amarillo, blanco o anaranjado. Después de la floración aparecen las hojas.

SUELO Y EMPLAZAMIENTO: necesita un suelo permeable, enriquecido con humus; no la plantéis a pleno sol.

REPRODUCCIÓN: desgajad un pseudobulbo y plantadlo en una cajonera, en primavera.

Pleione bulbocodioides

POLYGONUM Polygonum rocoso

El *Polygonum* suele cultivarse como planta herbácea de arriate, aunque el popular *P. affine* se planta, a veces, en el jardín rocoso, lo que generalmente es un error ya que las especies invasivas, como es el caso de *P. affine*, pueden sofocar con facilidad las alpinas menos vigorosas que crecen junto a ellas. Sólo hay dos especies recomendables para la rocalla.

VARIEDADES: la especie común de rocalla es *P. vaccinifolium* – altura 15 cm, extensión 90 cm, época de floración, durante todo el otoño. A finales de dicha estación, las hojas de esta perennifolia se tiñen de rojo y aparecen sus espigas erectas de florecillas rosadas. Se extiende rápidamente pero no es difícil mantenerla a raya; empleadla para cubrir rocas grandes o para que cuelgue en cascada sobre los muros de contención. Si queréis una planta más pequeña, elegid *P. tenuicaule* – altura 10 cm, extensión 30 cm, época de floración, de principios a mediados de primavera.

SUELO Y EMPLAZAMIENTO: en cualquier suelo permeable; mejor a pleno sol.

REPRODUCCIÓN: dividid las matas en otoño o en primavera, o plantad esquejes no florecientes en otoño.

Polygonum vaccinifolium

POTENTILLA Cincoenrama (quinquefolio) rocoso

Las formas arbustivas de *Potentilla* (*Árboles y arbustos de jardín,* pág. 45) son demasiado grandes para una rocalla modesta, pero hay algunas especies suficientemente pequeñas para tener cabida en este entorno. Estos quinquefolios rocosos suelen ser plantas estera que producen diversas floraciones a lo largo de un dilatado período. Son flores cóncavas que, a menudo, parecen diminutas rosas sencillas.

VARIEDADES: la más conocida es *P. nitida* – altura 8 cm, extensión 30 cm, época de floración, durante todo el verano. Tanto sus hojas, plateadas, como sus flores, de color rosa pálido, son bonitas, pero no produce muchas flores. Elegid la variedad rosada oscura «Rubra». Otra especie estera es *P. alba* – una planta de hojas brillantes con grandes flores blancas. Si queréis flores amarillas plantad *P. verna nana*. *P. alpestris (P. crantzii)* es una especie que no forma una estera – altura 15 cm, extensión 22 cm, flores anaranjadas con el centro amarillo, a lo largo de todo el verano.

SUELO Y EMPLAZAMIENTO: en cualquier suelo de jardín; mejor a pleno sol.

REPRODUCCIÓN: sembrad las semillas, bajo cristal, en primavera o dividid las matas en otoño.

Potentilla alpestris

PRIMULA Primavera rocosa

El género *Primula* es vasto y complejo. Las flores casi siempre tienen la forma de las primaveras y pueden ser erectas o colgar graciosamente. No hay normas generales para su cultivo – normalmente necesitan un suelo rico en humus y cierta sombra, pero las primaveras varían desde las especies fáciles que crecen en cualquier parte, a las llamadas asiáticas, que representan un verdadero reto. La línea divisoria entre las primaveras rocosas y las que se cultivan en el arriate herbáceo es poco definida. La primavera común, el *polyanthus* y la hierba centella gigante amarilla se plantan, a menudo, en el jardín rocoso, mientras que las aurículas, descritas a continuación, suelen emplearse para la parte frontal del arriate.

VARIEDADES: la aurícula de hojas carnosas *(P. auricula)* es una antigua planta de rocalla – altura 15 cm, extensión 15 cm, época de floración, a comienzos de primavera. Sobre los pedúnculos florales se abren racimos de grandes flores en una gama de combinaciones de colores. *P. juliae* tiene un porte distinto: es una planta estera – altura 8 cm, extensión 30 cm, época de floración: final invierno-mediados primavera. Los más conocidos son sus híbridos, de flores de pedúnculo corto, acunadas entre las hojas – por ejemplo, *P.* «Wanda» (color vino), y *P.* «Victory» (purpúrea). *P. rosea* (altura 15 cm, extensión 15 cm) suele recomendarse por sus flores de vivo color rosa que aparecen en primavera, pero no sobrevive a menos que disponga de un suelo muy húmedo. *P. vialii* es una primavera rara; bastante alta (altura 30 cm, extensión 30 cm), florece a principios del verano, y las inflorescencias se parecen a las de la *Kniphofia*. *P. marginata* es una planta pequeña (altura 10 cm, extensión 15 cm) que florece a comienzos de la primavera – racimos de colores azules o púrpures, fragantes, por encima del follaje blanquecino. La mejor variedad es «Linda Pope». *P. edgeworthii* es una primavera muy temprana que florece a fines del invierno, muy bonita, con sus flores color malva con el centro amarillo, pero difícil de cultivar en muchas zonas de Gran Bretaña. La más pequeña de la familia es *P. minima* – altura 5 cm, extensión 12 cm, época de floración: de principios a mediada la primavera. Los pedúnculos florales, que sostienen grandes flores rosadas, emergen del centro de las rosetas de hojas.

SUELO Y EMPLAZAMIENTO: por lo general, necesitan un suelo permeable que retenga la humedad y un poco de sombra.

REPRODUCCIÓN: plantad esquejes, bajo cristal, en verano o dividid las matas depués de la floración.

Primula 'Wanda'

Primula auricula

PULSATILLA Pulsátila

La pulsátila es una de las joyas de la rocalla. En primavera, los tallos florales emergen del suelo y se coronan con un capullo sedoso que se abre para dar una flor cóncava que luego se volverá estrellada, de unos 8 cm de diámetro. Después de las flores, aparecen las hojas, tipo helecho, y los frutos. Es una planta fácil de cultivar siempre que esté en un lugar soleado. El secreto del éxito estriba en que, al plantarla, la pulsátila quede bien afianzada.

VARIEDADES: *P. vulgaris (Anemone pulsatilla)* es la pulsátila silvestre europea. Altura 22 cm, extensión 30 cm, época de floración: inicios a mediados primavera. El color normal de las flores es púrpura pálido, pero hay variedades de otros colores. Si queréis una pulsátila similar que produzca grandes flores blancas, adquirid *P. alpina*. *P. vernalis* es otra especie blanca de talla pequeña (altura y extensión, 15 cm).

SUELO Y EMPLAZAMIENTO: en cualquier suelo permeable y soleado *P. vulgaris* y *P. vernalis* necesitan un suelo calcáreo.

REPRODUCCIÓN: sembrad las semillas, bajo cristal, en verano.

Pulsatilla vulgaris

RAMONDA Ramonda

Una planta alpina cuyas flores parecen demasiado grandes siempre resulta llamativa. Éste es el caso de ramonda, cuyas flores de 4 cm, de color azul espliego oscuro con una prominencia central de estambres anaranjados, emergen de una roseta de hojas de color verde oscuro. Por desgracia es una planta difícil de cultivar; requiere el mismo tratamiento que la haberlea (pág. 95), con la que está emparentada. Para evitar que se pudra en invierno, plantadla inclinada, en una grieta de una pared de la rocalla orientada al norte.

VARIEDADES: la más popular es *R. myconii* —altura 10 cm, extensión 22 cm, época de floración, a principio y mediada la primavera. Las hojas, perennes, son rugosas y funcidas —las flores, aplanadas, son de color espliego oscuro. Hay algunas variedades —«Rosea» (rosada) y «Alba» (blanca). Las demás especies son menos comunes — *R. serbica* y *R. nathaliae* son bastante parecidas y de igual calidad que *R. myconii*.

SUELO Y EMPLAZAMIENTO: en un suelo permeable pero muy húmedo, donde casi no le dé el sol directo.

REPRODUCCIÓN: plantad esquejes de hojas adultas y sanas en una cajonera, en verano, o dividid las matas en otoño.

Ramonda myconii

RANUNCULUS Botón de oro enano

En el jardín rocoso se cultivan varios parientes enanos del botón de oro; las formas más altas pertenecen al arriate, pero la línea divisoria entre ambos grupos es poco precisa — *R. ficaria* «Auricantus» (pág. 75) y *R. gramineus* (véase a continuación) se emplean tanto como planta de rocalla alta como para la parte frontal del arriate. Antes de plantarlas, incorporad un poco de arena gruesa o grava al suelo.

VARIEDADES: *R. calandrinioides* produce grandes flores blancas por encima del follaje verdegrisáceo —altura 15 cm, extensión 15 cm, época de floración: mediado invierno-comienzo primavera. *R. gramineus* florece más tarde (mediados de primavera-inicio de verano), y sus flores, cóncavas, son amarillas y se agrupan en ramilletes abiertos que se alzan sobre las hojas, azuladas y herbáceas. Es una planta bastante grande —altura 30 cm, extensión 30 cm. *R. montanus* es enana —altura 10 cm, extensión 10 cm, flores amarillas, en primavera.

SUELO Y EMPLAZAMIENTO: es esencial que el suelo sea permeable y el lugar soleado.

REPRODUCCIÓN: sembrad las semillas, bajo cristal, en primavera o dividid las matas en otoño.

Ranunculus montanus

RAOULIA Raoulia

La rauolia es una verdadera planta alfombra cuyo espesor no sobrepasa los 2 cm cuando está en flor. Las diminutas hojas y las pequeñas flores se adhieren al suelo cubierto por la alfombra viviente; una excelente cobertera para un terreno cultivado con bulbos enanos. Por desgracia, esta planta de Nueva Zelanda nunca se adapta a nuestro clima. En los inviernos muy crudos sobreviene la catástrofe; para preservarla de la lluvia, desde otoño hasta primavera, la planta debe cubrirse con un cristal.

VARIEDADES: la más conocida es *R. australis* —altura 1.5 cm, extensión 30 cm, época de floración, a mediados de primavera. Se cultiva primordialmente por su follaje plateado, ya que las minúsculas flores amarillentas tienen escaso valor ornamental. *R. lutescens* florece durante toda la primavera y se convierte en una alfombra de color amarillo vivo —altura 1.5 cm, extensión 30 cm. Desde la primavera hasta comienzos de verano las inflorescencias se abren y cubren el musgoso follaje verdegrisáceo.

SUELO Y EMPLAZAMIENTO: necesita un suelo permeable.

REPRODUCCIÓN: dividid la estera en otoño.

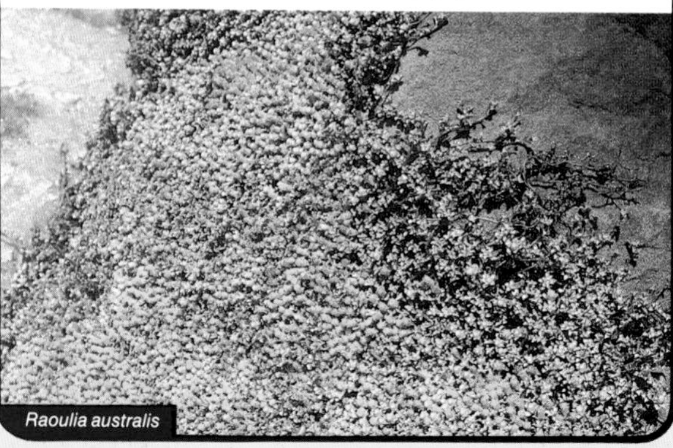
Raoulia australis

SANGUINARIA Sanguinaria del Canadá

Como cabe esperar de su nombre vulgar, la podredumbre de esta planta rezuma un líquido rojizo. La sanguinaria es una perenne desparramada de la familia de las amapolas y, por desgracia, ha heredado el defecto de tener flores de escasa duración. Pese a ello, las grandes flores blancas, acunadas entre las hojas lobuladas y grisáceas, resultan extraordinariamente bonitas. No es planta para una bolsa arenosa de la rocalla; plantadla en un suelo enriquecido con turba o compost.

VARIEDADES: sólo hay una especie, *S. canadensis* — altura 15 cm, extensión 45 cm, época de floración: comienzo a mediada la primavera. Cada flor mide 4 cm de diámetro y dura menos de un día. En su lugar, plantad la forma doble, de mayor duración y vistosidad, «Flore Pleno». Después de plantarla no la molestéis; señalizad las plantas, ya que en invierno, tanto las hojas como los tallos desaparecen.

SUELO Y EMPLAZAMIENTO: necesita un suelo ácido, rico en humus; al sol o a media sombra.

REPRODUCCIÓN: no es fácil; en primavera dividid con cuidado las matas.

Sanguinaria canadensis 'Flore Pleno'

SAPONARIA Jabonera rocosa

La saponaria del arriate herbáceo es *S. officinalis*, una planta de porte vertical y tendencia invasora muy popular en los jardines campestres (pág. 76). La saponaria rocosa también es invasora, pero es de porte bajo, tipo estera, una planta espléndida para cubrir las rocas o colgar de los muros. Como cabe esperar de una planta perenne originaria de los Alpes, sus principales enemigos son la sombra y la falta de drenaje; si los evitáis, tendréis una planta sin problemas.

VARIEDADES: los datos fundamentales de *S. ocymoides* son: altura 8 cm, extensión 45 cm, época de floración, durante todo el verano. Las flores son pálidas; si queréis flores de color rosa vivo, elegid la variedad «Splendens». Cuando haga falta una planta más pequeña, «Compacta» y la de flores rojas «Rubra Compacta» os serán muy útiles. También podéis plantar la rosada *S.* «Bressingham» (altura 4 cm, extensión 22 cm, época de floración: mediados primavera-mediados verano).

SUELO Y EMPLAZAMIENTO: necesita un suelo permeable y mucho sol.

REPRODUCCIÓN: sembrad las semillas, bajo cristal, en primavera o plantad esquejes no florales en verano.

Saponaria ocymoides

SAXIFRAGA Saxífraga

Las saxífragas son un grupo extenso y complejo de perennes que son imprescindibles tanto en los jardines rocosos pequeños como en los grandes. El porte normal es el bajo; un grupo de rosetas, o una sabana musgosa, de los que emergen flores cóncavas o estrelladas. Hay algunas excepciones a estas características generales, e incluso dentro del esquema básico hay muchas variaciones, por lo que debéis elegir con cuidado. A menudo, algunas formas se clasifican como plantas de la parte frontal del arriate — en la página 76 se describen *S. umbrosa* y *S. fortunei*, pero las demás se cultivan como plantas de rocalla. A continuación citamos algunas de las más conocidas.

VARIEDADES: hay 3 grupos fundamentales. El de las incrustadas incluye plantas de hojas incrustadas de calcio que se agrupan en una o varias rosetas. Las flores, pedunculadas, son estrelladas y aparecen en plena primavera. Como ejemplos, *S. aizoon (S. paniculata)* — altura 30 cm, extensión 30 cm, ramilletes de flores blancas sobre rosetas plateadas; — «Rosea», una variedad rosada; *S. cochlearis* — altura 20 cm, extensión 22 cm, ramilletes de flores blancas sobre pedúnculos rojos, por encima de rosetas plateadas, y la especie de gran talla *S. cotyledon* (altura 60 cm, extensión 30 cm) que tiene hojas de color verde oscuro con los márgenes incrustados. Hay dos variedades compactas famosas: «Esther» (color crema) y «Whitehills» (blanca) — altura 15 cm, extensión 22 cm). El grupo de las musgosas comprende plantas que forman montículos de hojas musgosas, con flores estrelladas o discoidales que se abren, hacia mediados de primavera. Sólo hay una especie, *S. moschata* (altura 8 cm, extensión 45 cm), con muchas variedades reputadas — «Pixie» (roja), «Peter Pan» (rosada), «Dubarry» (roja), «Atropurpurea» (roja), «Cloth of Gold» (flores blancas, follaje dorado) y «Flowers of Sulphur» (amarilla). Por último, el grupo de las almohadillas que contiene plantas de hojas recubiertas de cal como las del grupo de las incrustadas, pero de floración más temprana, de mediados de invierno a principio de primavera, y con el follaje formando una almohadilla baja. *S. burseriana* (altura 5 cm, extensión 30 cm) florece a mediados de invierno y es la primera en hacerlo. *S. apiculata* florece un poco después, y sus flores son amarillas en vez de blancas (altura 10 cm, extensión 30 cm). Otra forma de floración temprana es *S.* «Elizabethae» (amarilla), y *S.* «Jenkinsae» es una variedad famosa de grandes flores rosadas inmersas entre el follaje. *S.* «Cranbourne» (altura 2.5 cm) también es baja y sus flores son rosadas.

SUELO Y EMPLAZAMIENTO: todas necesitan un suelo permeable, húmedo, ligeramente sombreado al medio día — sólo el grupo de las incrustadas tolera el sol y los suelos secos.

REPRODUCCIÓN: generalmente se plantan rosetas no florecientes en una cajonera, a comienzos de verano.

Saxifraga aizoon

Saxifraga 'Elizabethae'

SEDUM Pan de cuco, siempreviva menor

Es probable que en los grandes centros de jardinería os ofrezcan varios *Sedum* distintos. Las características de este género son: hojas carnosas, cortas, con flores estrelladas, a comienzos de verano, generalmente amarillas, pudiendo ser aisladas o agrupadas en inflorescencias aplanadas. Verificad las propiedades de la variedad que pretendéis comprar, si no, podéis tener dificultades —las plantas escarchadas *(S. spectabile* y *S. maximum)* son plantas grandes para el arriate, pero no para la rocalla (pág. 78). Si tenéis una rocalla pequeña y selecta, desechad el pan de cuco común *(S. acre)* —una planta rampante que se puede convertir fácilmente en una mala hierba. Si soslayáis los escollos, aún podéis escoger entre una amplia gama de plantas alfombra que crecen en las grietas y los intersticios y confieren un toque alpino.

VARIEDADES: aunque es demasiado agresivo para la mayoría de rocallas, *S. acre* sigue siendo una planta muy útil para tapizar paredes y márgenes secos muy extensos. Sus datos fundamentales son: altura 5 cm, extensión más de 60 cm, época de floración, a principios de verano. Otra «mala hierba» de gran extensión es *S. album* que, afortunadamente, tiene una variedad no invasiva —«Coral Carpet» (extensión 22 cm, montículos de follaje gris, con flores amarillas). *S. dasyphyllum* (altura 4 cm, extensión 30 cm, hojas verdeazuladas, época de floración a finales de primavera, flores blancas) es una estera muy útil, pero no es tan conocida como *S. spathulifolium* —altura 8 cm, extensión 30 cm, época de floración, a comienzos de verano. Es una extensa alfombra de rosetas plateadas sobre la que aparecen las inflorescencias aplanadas de flores amarillas. La variedad «Purpureum» tiene hojas grandes, purpúreas; el follaje de «Cappa Blanca» es blanco. Las flores de *S. spurium* (altura 8 cm, extensión 30 cm) son blancas, rosadas o rojas —lo que representa una variación respecto a las amarillas usuales. La mejor es la variedad roja «Schorbusser Blut».

SUELO Y EMPLAZAMIENTO: necesita un suelo permeable; mejor a pleno sol.

REPRODUCCIÓN: muy fácil; dividid las matas en otoño o en primavera.

Sedum spathulifolium

Sedum spurium 'Schorbusser Blut'

SEMPERVIVUM Siempreviva mayor

La siempreviva mayor es frecuente en las rendijas de las rocallas ya afianzadas, con sus gruesos pedúnculos florales emergiendo de las rosetas redondeadas de hojas verdes o coloreadas. Es una planta ideal para lugares secos; esta suculenta perennifolia resiste la sequía estival.

VARIEDADES: la siempreviva mayor común *S. tectorum* es la más conocida —altura 8 cm, extensión 30 cm, época de floración, a principios de verano, con flores purpureorosadas, de color bastante similar a las de la especie más baja *S. montanum*. Las siemprevivas, más que por estas flores que se abren a comienzos del verano, suelen cultivarse por sus vistosas rosetas. Escoged, por tanto, una forma de follaje ornamental, como *S. arachnoideum*, de pequeñas rosetas cubiertas de espesos filamentos blancos. El grupo de las siemprevivas mayores, coloreadas también, es muy decorativo: «Othello» (rosetas de color rojo rubí) y «Commander Hay» (rosetas rojas bronceadas).

SUELO Y EMPLAZAMIENTO: en cualquier suelo permeable; es esencial que haya mucho sol.

REPRODUCCIÓN: plantad rosetas no floridas en una cajonera, en otoño o en primavera.

Sempervivum tectorum

SHORTIA Shortia

En contraste con *Sedum* y *Sempervivum* de esta página, *Shortia* es una planta de lugares sombríos que detesta los suelos calcáreos. Esta perenne rocosa no crece en las rendijas expuestas de las rocas, sino que necesita un terreno turboso y fresco donde formará sus vistosas inflorescencias. Eliminadlas en cuanto se marchiten. Las hojas, redondeadas y brillantes, suelen estar teñidas de rojo o de bronce y, en invierno, acostumbran a volverse completamente bronceadas o de color carmesí.

VARIEDADES: los datos fundamentales de *S. galacifolia* son: altura 15 cm, extensión 30 cm, época de floración, de principios a mediados de primavera. Las flores, como trompetas, miden unos 2.5 cm de diámetro y son blancas al abrirse, pero luego se van volviendo rosadas. Se abren en solitario en el extremo de los pedúnculos florales. Si la encontráis, plantad en su lugar *S. uniflora* que es más espectacular —altura 10 cm, extensión 30 cm. Las flores miden 4 cm de diámetro y sus pétalos están fruncidos. Pueden ser blancos o rosados.

SUELO Y EMPLAZAMIENTO: es necesario un suelo permeable, rico en humus; mejor a media sombra.

REPRODUCCIÓN: dividid las matas a comienzos de verano.

Shortia uniflora

Flores para cada estación

VERANO

(para INVIERNO, véase pág. 87)
(para PRIMAVERA, véase pág. 99)
(para OTOÑO, véase pág. 106)

Mediante una selección cuidadosa, podréis tener la rocalla en flor durante casi todo el año. Para cada mes hay cierto número de plantas perennes que es muy probable que estén en flor. Recordad que algunas de estas plantas pueden comenzar a florecer antes y seguir haciéndolo hasta varias semanas después.

COMIENZOS DEL VERANO

Anacyclus depressus	Leontopodium alpinum
Androsace lanuginosa	Linnaea borealis
Aster alpinus	Lithospermum diffusum
Campanula, especies de	Lychnis alpina
Cerastium tomentosum	Lysimachia nummularia
Dianthus, especies de	Mazus reptans
Dodecatheon meadia	Mimulus primuloides
Erigeron mucronatus	Onosma tauricum
Erinus alpinus	Penstemon pinofolius
Geranium cinereum	Sedum, especies de
Geum reptans	Sempervivum tectorum
Gypsophila repens	Sisyrinchium, especies de
Helianthemum, especies de	Thymus serpyllum
Helichrysum bellidioides	Verbascum, especies de

MEDIADOS DEL VERANO

Acaena microphylla	Helichrysum bellidioides
Achillea tomentosa	Hypericum polyphyllum
Anacyclus depressus	Lithospermum diffusum
Androsace lanuginosa	Mazus reptans
Astilbe chinensis pumila	Mimulus primuloides
Campanula, especies de	Origanum amanum
Cyananthus microphyllus	Penstemon pinifolius
Dianthus deltoides	Potentilla nitida
Erigeron mucronatus	Saponaria ocymoides
Gentiana septemfida	Silene maritima
Geranium cinereum	Sisyrinchium, especies de
Gypsophila repens	Verbascum «Letitia»

SILENE
Silene, cruz de Malta musgosa

Las cruces de Malta son fáciles de cultivar y la mayoría de ellas tienen un dilatado período de floración, extendiéndose hasta fines de verano o principios de otoño. Son plantas alfombra que suelen plantarse entre las rocas, con sus tallos y sus hojas estrechas desparramándose y formando una alfombra delgada de la que emergen las flores tubulares, con los bordes estrellados. Una vez plantada, no la molestéis.

VARIEDADES: algunas silenes de rocalla crecen silvestres. Una de ellas es *S. acaulis* (altura 5 cm, extensión 30 cm, época de floración, en plena primavera). Sus diminutas hojas verdes forman una estera sobre la que se abren las flores rosadas, desgraciadamente menos abundantes que en los ejemplares silvestres. Otra es *S. maritima*, la cruz de Malta marina; plantad la forma de flores dobles «Flore Pleno», que tiene flores blancas, de 4 cm, y follaje plateado. Sus datos fundamentales son: altura 15 cm, extensión 30 cm, época de floración, principio verano-comienzo otoño; estos mismos datos son aplicables a *S. schafta*, que produce gran cantidad de ramilletes de flores rosadas oscuras. La mejor variedad es «Abbotswood».

SUELO Y EMPLAZAMIENTO: en un suelo permeable, a pleno sol.

REPRODUCCIÓN: plantad esquejes en una cajonera, en verano.

Silene maritima 'Flore Pleno'

SISYRINCHIUM
Raíz de los cerdos

Al parecer, los cerdos son aficionados a hozar y comerse las raíces; de ahí el nombre vulgar. Los jardineros no son tan aficionados a esta perenne rocosa, aunque en un gran centro de jardinería probablemente encontraréis una o dos formas. Tiene hojas grandes, herbáceas, y las flores son estrelladas, con un dilatado período de floración.

VARIEDADES: la especie más pequeña es *S. brachypus* —altura 15 cm, extensión 15 cm, época de floración final primavera-comienzos otoño, con flores amarillas abriéndose ininterrumpidamente en lo alto de los pedúnculos florales. La especie más famosa es más alta *(S. angustifolium)* —altura 30 cm, extensión 22 cm, época de floración, mediada la primavera-principio otoño. *S. bermudianum* es muy similar y no es fácil diferenciarlas. Ambas forman flores azules; observad el centro amarillo de las flores de *S. bermudianum*. *S. grandiflorum* es una planta estrecha y erecta, de grandes flores acampanadas, purpúreas, a fines de invierno y principios de primavera.

SUELO Y EMPLAZAMIENTO: necesita un suelo permeable, rico en humus; en un lugar soleado.

REPRODUCCIÓN: dividid las matas en primavera o en otoño.

Sisyrinchium brachypus

SOLDANELLA
Estoraque norteamericano

Es un género para especialistas; preciosas flores acampanadas de márgenes rizados que cuelgan graciosamente del extremo de los pedúnculos erectos. El color normal es el azul espliego, pero hay otros. Son plantas para ser mimadas; la mayoría debe ser protegida de las lluvias invernales. Las babosas pueden devorar los capullos; en otoño e invierno, desparramad un granulado contra las orugas, alrededor de las matas.

VARIEDADES: *S. alpina* (altura 8 cm, extensión 22 cm, época de floración, a principios de primavera) presenta todas las características del género —hojas redondeadas y duras, campanas rizadas que se abren en primavera. Cultivarla al exterior no es fácil; será mejor que plantéis *S. montana*, más alta (altura 10 cm, extensión 30 cm), con campanas de 2 cm. La que produce más flores y es más fácil de cultivar es *S. villosa* (altura 15 cm, extensión 30 cm). Florece más tarde que las demás (mediados de primavera) y es mucho más robusta.

SUELO Y EMPLAZAMIENTO: en un suelo permeable y húmedo, a media sombra.

REPRODUCCIÓN: dividid las matas en verano.

Soldanella montana

THYMUS Tomillo

Esta hierba culinaria, tan conocida, tiene muchos parientes en el jardín floral; unos forman pequeños arbustos y otros forman esteras postradas. Estos últimos son los más utilizados en la rocalla, produciendo grandes sabanas de hojas aromáticas y una cubierta de pequeños racimos florales sobre cortos pedúnculos. Pueden llenar grietas o intersticios del pavimento irregular, o formar esteras hojosas que trepan por las rocas. Cuando terminen de florecer, cortad las flores marchitas con unas tijeras.

VARIEDADES: la especie básica es *T. serpyllum* —altura 5 cm, extensión 60 cm, época de floración, comienzo del verano. Existen diversas variedades y podéis elegir casi todos los tonos, desde el blanco al rojo —«Albus» (blanca), «Annie Hall» (rosada pálida), «Pink Chintz» (rosada oscura) o «Coccineus» (roja). Durante la mayor parte del año no están en flor; si queréis un follaje coloreado, elegid *T.* «Silver Queen» (verde y blanca) o el híbrido *T.* «Doone Valley» (verde, con manchas doradas).

SUELO Y EMPLAZAMIENTO: necesita un suelo permeable y mucho sol.

REPRODUCCIÓN: dividid las matas en otoño o en primavera.

Thymus serpyllum

UVULARIA Hermosilla

Una rareza que encontraréis en pocos jardines y en muy pocos libros. Pertenece a la familia de las azucenas y se extiende subterráneamente por medio de rizomas. Los tallos, erectos, tienen hojas amplexicaules, y en primavera estos tallos terminan en largas campanas péndulas. Sólo merece la pena buscarla si disponéis de una zona sombreada de suelo ácido; en una pequeña rendija soleada, morirá irremisiblemente.

VARIEDADES: la especie principal es *U. grandiflora (U. sessiliflora)* —altura 22 cm, extensión 22 cm, época de floración, mediada la primavera. Las hojas, sésiles, abrazan el tallo y, tanto las flores como los frutos, cuelgan de los extremos del tallo como racimos de uvas. Las flores, acampanadas y estrechas, son amarillas. *U. perfoliata* es una especie próxima de flores similares: la única diferencia importante es que parece que los tallos pasan a través de las hojas.

SUELO Y EMPLAZAMIENTO: necesita un suelo permeable pero húmedo; mejor a media sombra.

REPRODUCCIÓN: dividid las matas en verano.

Uvularia grandiflora

VANCOUVERIA Vancouveria

Como cabe esperar de su nombre, es una planta originaria de las tierras pantanosas del Canadá; una cobertera muy útil para lugares húmedos y sombríos de la rocalla, que produce esteras de hojas lobuladas sobre las que se yerguen los pedúnculos florales, delgados y rígidos. No es nada particularmente bonito; sólo una alfombra de hojas grandes que vuestros amigos no reconocerán. La vancouveria está emparentada con *Epimedium* (pág. 55) —ambas son miembros de la familia del agracejo. Una se clasifica tradicionalmente como planta de arriate y la otra como planta de rocalla; un ejemplo claro de lo artificiosas que son las líneas divisorias.

VARIEDADES: sólo hay una especie, *V. hexandra* —altura 22 cm, extensión 30 cm, época de floración, a mediados de primavera. Las flores son pequeñas y blancas, y, a diferencia de *Epimedium*, sus órganos aéreos desaparecen en invierno.

SUELO Y EMPLAZAMIENTO: en cualquier suelo rico en humus; mejor a media sombra.

REPRODUCCIÓN: dividid las matas en primavera.

Vancouveria hexandra

Flores para cada estación

OTOÑO

(para INVIERNO, véase pág. 87)
(para PRIMAVERA, véase pág. 99)
(para VERANO, véase pág. 105)

Mediante una selección cuidadosa, podréis tener la rocalla en flor durante casi todo el año. Para cada mes hay cierto número de plantas perennes que es muy probable que estén en flor. Recordad que algunas de estas plantas pueden comenzar a florecer antes y seguir haciéndolo hasta varias semanas después.

FINALES DE VERANO

Acaena microphylla	Geranium cinereum
Achillea tomentosa	Lithospermum diffusum
Androsace lanuginosa	Origanum amanum
Astilbe chinensis pumila	Penstemon pinifolius
Campanula, especies de	Polygonum vaccinifolium
Cyananthus microphyllus	Potentilla nitida
Dianthus deltoides	Saponaria ocymoides
Erigeron mucronatus	Silene maritima
Gentiana sino-ornata	Sisyrinchium, especies de

COMIENZOS DE OTOÑO

Androsace lanuginosa	Polygonum vaccinifolium
Astilbe chinensis pumila	Silene maritima
Gentiana sino-ornata	Sisyrinchium, especies de

MEDIADOS DE OTOÑO

Gentina sino-ornata	Polygonum vaccinifolium

FINAL DE OTOÑO

Polygonum vaccinifolium

VERBASCUM Gordolobo rocoso

Los gordolobos gigantes, de 2 m de altura, que alegran la parte posterior del arriate tienen tres parientes de rocalla. Los rasgos familiares son: necesidad de un lugar soleado, hojas peludas o espinosas y gran cantidad de flores discoidales.

VARIEDADES: la especie rocosa de porte similar a los gordolobos de arriate es *V. dumulosum* – altura 22 cm, extensión 30 cm, época de floración, a principios de verano. Las espigas de flores amarillas emergen firmes y erectas de los montículos de hojas grisáceas y tomentosas. *V. spinosum* es bastante distinta; las hojas son dentadas y puntiagudas, y las flores, amarillas, se agrupan en inflorescencias abiertas. Estas dos especies se cruzaron accidentalmente en los jardines de Wisley (Inglaterra) y el híbrido resultante, *V.* «Letitia», se ha convertido en el gordolobo más popular. Sus datos fundamentales son: altura 22 cm, extensión 30 cm, época de floración: finales primavera-mediados verano. Es una perenne arbustiva de hojas aterciopeladas que en verano se cubre de flores amarillas de 1.5 cm.

SUELO Y EMPLAZAMIENTO: necesita un suelo permeable y mucho sol.

REPRODUCCIÓN: plantad esquejes de raíz en una cajonera.

Verbascum dumulosum

VERONICA Verónica rocosa

Si el drenaje es satisfactorio, no tendréis ningún problema con las verónicas... ningún problema para cultivarlas, pero podéis tener dificultades para mantenerlas bajo control. Muchas son demasiado invasivas, como las pequeñas verónicas del césped. Las verónicas grandes se cultivan en el arriate (pág. 81), pero algunas de ellas, como *V. incana* y *V. teucrium*, ocasionalmente se plantan en las grandes rocallas.

VARIEDADES: la verónica rocosa por excelencia es *V. prostrata* – altura 10 cm, extensión 45 cm, época de floración: mediados primavera-inicio verano. El color básico es el azul; escoged entre «Spode Blue», «Kapitan» y «Royal Blue». Hay también «Alba» (blanca) y «Mrs Holt» (rosada). *V. filiformis* crece sólo 3 cm, pero pronto cubre una zona de hasta medio metro de diámetro; en definitiva, totalmente inadecuada para una rocalla pequeña o selecta. Si queréis una cobertera no invasiva, elegid *V. pectinata* (altura 8 cm, extensión 30 cm, época de floración, de mediados a final de primavera). Hay variedades azules y rosadas.

SUELO Y EMPLAZAMIENTO: en cualquier suelo de jardín; al sol o a media sombra.

REPRODUCCIÓN: dividid las matas en primavera.

Veronica prostrata

VIOLA Violeta rocosa

Las violas, los pensamientos y las violetas de arriate ya se han descrito en este libro (págs. 39 y 81) y algunas veces se plantan en la rocalla; son plantas bajas de flores aplanadas, en colores diversos. Pero también hay algunas violetas verdaderas que pueden cultivarse en los jardines rocosos.

VARIEDADES: tanto *V. aetolica* (época de floración: plena primavera) como *V. biflora* (de inicio a mediada la primavera) producen flores amarillas sobre pedúnculos cortos. Los datos fundamentales de estas dos violetas rocosas son: altura 5 cm, extensión 30 cm. *V. labradorica* «Purpurea» (altura 8 cm, extensión 30 cm), a principios de primavera, sobre el follaje purpúreo, forma flores violetas con la garganta blanca. Si véis flores de violeta de color blanco con nervios purpúreos, lo más probable es que se trate de la especie *V. cucullata*. En los jardines rocosos se plantan variedades de *V. gracilis* (altura 10 cm, extensión 30 cm, época de floración, durante toda la primavera); por ejemplo, «Major» (flor purpúrea de centro amarillo) y «Moonlight» (amarilla).

SUELO Y EMPLAZAMIENTO: en cualquier suelo permeable; al sol o a media sombra.

REPRODUCCIÓN: plantad esquejes en una cajonera, en verano.

Viola gracilis

WALDSTEINIA Waldsteinia

La primera planta descrita en este capítulo acerca de las perennes rocosas ha sido *Acaena*, la extraña planta erizo de Nueva Zelanda que puede emplearse como cobertera; la última planta del capítulo es *Waldsteinia*, igualmente efectiva como cobertera e igualmente extraña. Los tallos, de raíces superficiales, producen una estera de hojas lobuladas que se vuelven doradas en otoño.

VARIEDADES: la especie más frecuente es *W. ternata* – altura 6 cm, extensión 45 cm, época de floración, de inicios a mediados de primavera. Las flores, de color amarillo ranúnculo, miden 1.5 cm de diámetro y son muy abundantes. Es una planta perenne que vive en cualquier parte, extendiéndose con bastante rapidez en cualquier tipo de suelo, tanto al sol como a media sombra. *W. fragarioides* es bastante similar; las flores también son amarillas y discoidales, pero las hojas, lobuladas y dentadas, se parecen a las del fresal; de ahí su nombre científico.

SUELO Y EMPLAZAMIENTO: en cualquier suelo permeable; al sol o a media sombra.

REPRODUCCIÓN: dividid las matas a finales de verano.

Waldsteinia ternata

CAPÍTULO 6

BULBOS

Incluso los principiantes más modestos creen que lo saben todo acerca de los bulbos de floración primaveral. Los narcisos trompones, los tulipanes, los azafranes y las campanillas se plantan en un hoyo dos o tres veces más profundo que el diámetro del bulbo. Esto se hace en otoño y, una vez repuesto el suelo, ya no hay que hacer nada más hasta después de la floración. Cuando está marchito el follaje de los tulipanes, se desentierran los bulbos y se guardan para plantarlos en otoño; los de las otras especies se dejan en el suelo, a no ser que se quiera plantar en él otras plantas.

Esta sencilla norma para el cultivo de las plantas bulbosas es bastante satisfactoria, pero deja demasiadas cosas en el aire. Por ejemplo, hay algunas especies de tulipanes que no deben desenterrarse cada año, y hay narcisos trompones delicados, como los del grupo *Tazetta*, que no pueden dejarse al aire libre en invierno. La razón por la que el cultivo de los bulbos es tan fácil es que, mientras el suelo no quede nunca anegado, no hay casi nada que pueda torcerse. Los bulbos de narciso trompón y de gladiolo que se compran en las jardinerías, si son sanos y suficientemente grandes, tienen una calidad de floración ya determinada y en ella influirá muy poco la destreza del jardinero. Sin embargo, lo que ocurra en los años venideros, ya dependerá de vosotros. Con el tiempo, estos bulbos, cultivados y cuidados adecuadamente, mejorarán y se multiplicarán.

Por tanto, debéis aprender algunas cosas. Cercioraos de que el terreno sea permeable y bastante rico en humus. El mejor fertilizante es la harina de huesos; no empleéis nunca estiércol fresco. Si el suelo es más bien húmedo, los narcisos trompones vivirán mejor que los tulipanes. La elección queda en vuestras manos, pero comprad bulbos grandes; con bulbos pequeños no hay nada que hacer, a no ser que estéis dispuestos a esperar un par de años a que crezcan y comiencen a dar flores satisfactorias. Plantadlos a la profundidad recomendada; las cifras dadas en este libro indican la distancia que debe haber entre la superficie del suelo y la parte inferior del bulbo. Siempre que os sea posible, tratad de naturalizar los bulbos resistentes, plantándolos agrupados o diseminados alrededor de los árboles o en bancos herbáceos, donde puedan crecer sin ser molestados. Esparcid los bulbos sobre el terreno y plantadlos en el lugar en que hayan caído: así la distribución tendrá un aspecto natural.

Terminada la floración, las hojas deben permanecer en la planta ya que ahora empieza la fase en que producen los alimentos para los bulbos del año siguiente. Es recomendable abonarlos con un fertilizante líquido, y no anudéis nunca las hojas de los narcisos trompones para forzar su maduración. Si tenéis que limpiar el banco antes de que el follaje esté marchito, desarraigad las plantas y trasladadlas a una zanja poco profunda, en cualquier parte del jardín.

Hasta ahora, sólo hemos mencionado los bulbos primaverales más conocidos, y muchos jardineros, aparte de los gladiolos de floración estival, sólo quieren plantar las especies primaverales naturalizadas. Es una lástima, ya que las plantas bulbosas comprenden otras muchas variedades. En este capítulo encontraréis abundante información acerca de la capacidad de los bulbos para proporcionar colorido al jardín durante todo el año.

La palabra bulbos, que encabeza este capítulo y que figura en los catálogos, no tiene un significado botánico, sino que en realidad se refiere a las plantas bulbosas. Este grupo del mundo de las plantas con flores, incluye todas las formas que producen órganos subterráneos carnosos, y, bajo esta forma latente se venden en las jardinerías. Aquí se integran los bulbos verdaderos, los cormos, los tubérculos y algunos rizomas. Un bulbo verdadero consiste en un conjunto de hojas, o de bases de hojas, que nace de un disco basal. Algunos, como las azucenas, no tienen cubierta externa, pero otros muchos tienen una cubierta exterior o túnica, como las fritillarias, los jacintos, los jacintos racemosos, los narcisos trompones, los tulipanes y las campánulas. Dentro del bulbo está el embrión del tallo y de la flor, y esto es lo que los diferencia de los cormos, otro gran grupo de plantas bulbosas. Un cormo es la base de un tallo, aplanada y engrosada, y a medida que se va agotando a lo largo de la vida de la planta, se forma un nuevo cormo por debajo de él. Hay varias plantas vistosas que tienen cormo, como los azafranes y los gladiolos.

Los tubérculos son tallos, o raíces, engrosados. Diréis que esto no es un bulbo verdadero porque no tiene escamas ni hojas superpuestas, y veréis que no es un cormo porque carece de cubierta exterior. Los catálogos contienen diversos ejemplos: dalias, acónitos de invierno, begonias tuberosas, anémonas de floración primaveral y ranúnculos. El último grupo de las plantas bulbosas comprende los rizomas; tallos carnosos que serpentean por encima o por debajo de la superficie del suelo. En este capítulo encontraréis un representante muy conocido (el muguete) —la mayoría de los demás rizomas se venden como plantas desarrolladas.

Un último punto: no penséis que las plantas bulbosas son como las semillas, que pueden guardarse meses y meses antes de sembrarlas. Una vez compradas, sólo unas pocas pueden guardarse unos cuantos días en una bandeja fresca, pero, por lo general, deberéis plantarlas lo más pronto posible, lo mismo que las plantas de macizo.

ACIDANTHERA Acidanthera

La acidanthera tiene varias cualidades: sus flores son bonitas, muy fragantes y aparecen en otoño, cuando la mayoría de plantas bulbosas han dejado de florecer. Pero tiene un inconveniente importante: es una planta del África tropical, y en países septentrionales sólo es semirresistente. Requiere un clima templado y sus cormos deben desenterrarse antes de la llegada de los fríos invernales. Podéis guardarlos en un lugar caluroso y seco hasta la primavera.

VARIEDADES: sólo suele cultivarse una variedad, *A. bicolor murielae*, de hojas lanceoladas y flores estrelladas que le asemejan a un gladiolo. Las flores miden unos 5 cm de envergadura, y cada uno de los pétalos, blancos, tiene una mancha purpúrea en la base.

SUELO Y EMPLAZAMIENTO: es un cormo para zonas calurosas —elegid un lugar soleado, orientado al sur. En cualquier suelo permeable.

DATOS: época de plantación, a principios de primavera. Profundidad 10 cm. Distancia 22 cm. Altura 8 cm. Época de floración, hacia final del verano.

REPRODUCCIÓN: desenterrad todos los cormos pequeños, al iniciarse la primavera; tardarían varios años en florecer.

Acidanthera bicolor murielae

ALLIUM Ajo floreciente

Hay *Allium* enanos para la rocalla y otros altos para el arriate o el jardín arbustivo. Todos son fáciles de cultivar pero nunca han gozado de demasiada popularidad; tal vez el fuerte olor a cebolla asuste a muchos jardineros. Las hojas pueden ser anchas, como las del ajo, o estrechas, como las de la cebolla. Del mismo modo, las flores pueden tener los pétalos anchos o estrechos.

VARIEDADES: la especie gigante es *A. giganteum* (1.2 m) —flores liláceas agrupadas en inflorescencias globosas de 10 cm. La mayor inflorescencia corresponde a *A. albopilosum* (60 cm) —flores de color lila plateado, en racimos de 15-22 cm, ideales para hacer ramos, lo mismo que las rosadas, en forma de baqueta, de *A. aflatunense* (75 cm). Entre las enanas figuran *A. moly* (22 cm, flores estrelladas, amarillas, en inflorescencias laxas) y *A. ostrowskianum* (22 cm, flores estrelladas, rosadas, en inflorescencias laxas).

SUELO Y EMPLAZAMIENTO: en cualquier suelo permeable.

DATOS: época de plantación, a principios de otoño. Profundidad 3 veces la altura del bulbo. Distancia 15-30 cm. Altura variable según las especies. Época de floración, a finales de primavera.

REPRODUCCIÓN: dividid las matas cada tres años, en otoño.

Allium albopilosum

AMARYLLIS Amarilis

Plantar amarilis en limos húmedos no siempre es fácil. Si se dispone de un macizo junto a una pared soleada orientada al sur, vale la pena intentarlo; la recompensa será la aparición de grandes flores, como trompetas, de bello colorido, que pueden durar unas 8 semanas. Tiene un comportamiento algo extraño: las hojas, lineares, aparecen en primavera y se marchitan a comienzos de verano.

VARIEDADES: la especie que se cultiva es *A. belladonna*. Sus flores, fragantes, miden 8 cm de diámetro y son de color rosa o salmón, con la garganta amarilla. Estacad los tallos para evitar que el viento los doble y cortadlos en cuanto hayan florecido.

SUELO Y EMPLAZAMIENTO: es un bulbo para zonas calurosas; es imprescindible que esté a pleno sol. En cualquier suelo permeable.

DATOS: época de plantación, a comienzos de primavera. Profundidad 20 cm. Distancia 30 cm. Altura 60 cm. Época de floración: fin verano-comienzo otoño.

REPRODUCCIÓN: comprad bulbos nuevos; el amarilis no tolera ninguna manipulación.

Amaryllis belladonna

Flores para cada estación

INVIERNO

(para PRIMAVERA-VERANO, véase pág. 114)
(para OTOÑO, véase pág. 120)

Mediante una selección cuidadosa, podréis tener bulbos en flor durante todo el año. Para cada mes hay cierto número de plantas bulbosas que probablemente estarán en plena floración. Recordad que algunas de estas plantas pueden comenzar a florecer antes y continuar haciéndolo hasta varias semanas después.

PRINCIPIOS DE INVIERNO

Cyclamen coum	Galanthus
Eranthis	Iris (reticulados)

MEDIADOS DE INVIERNO

Anemone blanda	Eranthis
Anemone (flores tipo amapola)	Galanthus
Chionodoxa	Iris (reticulados)
Crocus	Leucojum (de floración primaveral)
Cyclamen coum	Scilla tubergeniana

FINALES DE INVIERNO

Anemone apennina	Hyacinthus (romano)
Anemone blanda	Iris (reticulados)
Chionodoxa	Leucojum (de floración primaveral)
Crocus	Narcissum
Cyclamen coum	Puschkinia
Eranthis	Scilla sibirica
Erythronium	Scilla tubergeniana

COMIENZOS DE PRIMAVERA

Anemone apennina	Iris (de Juno)
Anemone blanda	Leucojum (de floración estival)
Convallaria	Muscari
Crocus	Narcissus
Cyclamen repandum	Ornithogalum
Erythronium	Puschkinia
Fritillaria	Scilla nonscripta
Gladiolus (especies de)	Scilla sibirica
Htyacinthus (holandés)	Trillium
Ipheion	Tulipa

ANEMONE Anémona

En todo jardín hay un lugar para las anémonas, desde las grandes extensiones de margaritas azules naturalizadas en los vastos jardines campestres, a los pequeños grupos de flores discoidales, de vivos colores, de los pequeños jardines delanteros. Excepto *A. blanda*, todas crecen sin problemas en lugares ligeramente sombreados y las variedades populares son excelentes como flor cortada.

VARIEDADES: las anémonas se dividen en dos grupos. Las formas de flores tipo margarita tienen pétalos estrechos que rodean un disco dorado, y las flores, de 4 cm, se abren en primavera. La primera en florecer es *A. blanda* (mediados invierno-principio primavera) que necesita mucho sol ya que si le de la sombra se cierran las flores. Plantadla en la rocalla o naturalizadla en medio del césped. Algo más tarde, aparecen las flores de *A. apennina* (fin invierno-inicio primavera), que puede emplearse en la rocalla o como cobertera bajo los arbustos. Ambas especies crecen unos 15 cm y su color usual es el azul, aunque hay variedades blancas y rosadas. Plantad sus tubérculos, semejantes a ramillas, a principios del otoño, a unos 5 cm de profundidad y a una distancia de unos 10 cm. Las anémonas de flores tipo amapola son más conocidas pero menos duraderas. Sus flores, cóncavas, de 5 cm, tienen colores vivos —blanco, azul, rosado, espliego o rojo, y son muy apreciadas para ramos y para arreglos florales en cuencos. Cortad los tallos con las tijeras, no los arranquéis. La cepa de *Caen* produce flores sencillas —plantad una mezcla o elegid un solo color, como «The Bride» (blanco), «Mr Fokker» (azul) o «His Excellency» (rojo). Si queréis flores dobles o semidobles, debéis plantar la cepa «St Brigid», entre cuyas variedades reputadas figuran «Lord Lieutenant» (azul) y «The Governor» (roja). Las anémonas de flor de amapola crecen 15-22 cm y pueden florecer desde comienzos de primavera hasta finales de otoño, siempre que escalonéis las fechas de plantación. La plantación de mediados de otoño producirá flores hacia mediados de invierno, y las de principios de primavera, a comienzos del otoño. Antes de plantarlos, sumergid los tubérculos en agua durante doce horas; profundidad 5 cm, distancia 10 cm.

SUELO Y EMPLAZAMIENTO: necesitan un suelo permeable, rico en humus; al sol o a media sombra. Las anémonas de flores tipo amapola duran poco, especialmente en los países nórdicos; si podéis, plantadlas en un lugar caluroso y resguardado.

DATOS: véase arriba.

REPRODUCCIÓN: dividid las matas maduras a finales de verano y replantadlas en seguida.

Anemone blanda

Anemone 'de Caen'

BEGONIA Begonia tuberosa

Para muchos, la begonia tuberosa es la reina de las plantas estivales de arriate; una deslumbrante variedad de colores con que alegrar los macizos, arriates, cestillos colgantes o rocallas hasta la llegada de los primeros fríos. Crecen al sol o a la sombra, siempre que, antes de su plantación, hayáis enriquecido el suelo con humus y las reguéis regularmente si no llueve. Su época de floración tiene lugar durante todo el verano.

VARIEDADES: el grupo más famoso es el de *B. tuberhybrida*, de flores grandes, de 8 a 15 cm de diámetro, tipo rosa, con pétalos de borde liso, bicolores o de un solo color; muy pocas plantas pueden ofrecer tal variedad de formas y colores. Entre las formas famosas figuran «Sugar Candy» (rosa claro), «Gold Plate» (amarilla), «Guardsman» (vermellón), «Seville» (amarilla, bordeada de rosado), «Double Picotee» (color crema, bordeada de rojo) y «Diana Wynyard» (blanca). Las plantas crecen unos 30-45 cm, y deben distanciarse unos 30 cm. Los tubérculos son grandes, 2.5-5 cm. Algunos prefieren las begonias de macizo, que tienen gran número de flores pequeñas —para ellos la ideal es *B. multiflora maxima*, con masas de flores dobles en lo alto de matas ramificadas, de 15 cm de altura. *B. pendula* tiene tallos más delgados, péndulos, y flores de 5 cm —una planta muy adecuada para cestillos colgantes y jardineras de alféizar. Para cultivar begonias tuberosas, insertad los tubérculos en unos hoyos practicados en la parte superior de unos cajones llenos de turba, hacia principios de primavera. Guardadlos a 15-21°C y cuando aparezcar las hojas trasplantad los tubérculos por separado a compost de maceta. Plantadlos al exterior a finales de primavera, cuando ya haya pasado el riesgo de heladas. Estacadlos y abonadlos durante la época de crecimiento y, en el caso de *B. tuberhybrida*, las pequeñas flores femeninas, que se forman debajo de las grandes y vistosas flores masculinas, deben pinzarse mientras aún son pequeñas. Desenterrad los tubérculos a comienzos de otoño y guardadlos a cubierto. Una vez marchito el follaje, eliminad los tallos. Guardad los tubérculos en turba seca en un lugar libre de heladas, durante todo el invierno.

SUELO Y EMPLAZAMIENTO: necesitan un suelo rico en materia orgánica, no calcáreo o con muy poca cal; mejor a media sombra. Mantened el suelo húmedo —regad por la mañana, no a mediodía.

DATOS: véase arriba.

REPRODUCCIÓN: cuando los brotes son pequeños, los tubérculos pueden dividirse, pero es mejor comprar tubérculos nuevos.

Begonia tuberhybrida 'Zoe Colledge'

Begonia pendula

BRODIAEA **Brodiaea**

Es un pequeño grupo de plantas bulbosas con hojas estrechas, acintadas, y tallos florales delgados rematados por ramilletes de flores estrelladas o tubulares, excelentes para hacer ramos. La brodiaea tiene un aspecto frágil —no plantéis los bulbos aislados, sino en grupos.

VARIEDADES: *B. laxa (Triteleia laxa)* forma flores tubulares de color lila oscuro en inflorescencias laxas que parecen *Agapanthus* miniatura (pág. 43). *B. tubergenii* es bastante similar, con flores color lila pálido agrupadas en inflorescencias de 8-10 cm. Las flores de *B. grandiflora* son bastante distintas: esterillas purpúreas de 4 cm. *B. ida-maia (Dichelostemma ida-maia)* es bastante distinta y más rara. Cada flor péndula consiste en un tubo de color rojo vivo con un labio verde y amarillo.

SUELO Y EMPLAZAMIENTO: es imprescindible que esté en un lugar resguardado —plantadla al pie de un muro orientado al sur. Requiere un suelo permeable y mucho sol.

DATOS: época de plantación, fin verano. Profundidad 8 cm. Distancia 10 cm. Altura 45-60 cm. Época de floración: plena primavera.

REPRODUCCIÓN: no se le debe perturbar —comprad bulbos nuevos

Brodiaea laxa

CAMASSIA **Quamash**

Este extraño nombre vulgar es el que utilizan los indios norteamericanos para designar esta bonita planta que, en verano, forma espigas altas cubiertas de flores estrelladas. Vive en suelos densos y empapados, tanto al sol como a la sombra. Plantad los bulbos en un lugar, donde nadie los perturbe.

VARIEDADES: casi todo el mundo está de acuerdo en que la especie más llamativa es *C. leichtlinii* —la parte superior de los tallos, de 90 cm de altura, está engalanada con flores blancas, o azules, de 4 cm. *C. quamasch (C. esculenta)* suele ser algo más baja, pero las flores son igualmente abundantes, con colores que van desde el blanco al púrpura. La especie más alta es *C. cusickii*, que produce hasta 100 flores azules en cada una de las altas espigas.

SUELO Y EMPLAZAMIENTO: en cualquier suelo que retenga la humedad, al sol o a media sombra.

DATOS: época de plantación, hacia comienzos del otoño. Profundidad 10 cm. Espacio 15 cm. Altura 75-105 cm. Época de floración: a principios de verano.

REPRODUCCIÓN: dividid las matas maduras en otoño y replantadlas en seguida.

Camassia quamash

CANNA **Caña india**

La espiga de la caña india parece un gladiolo pero carece de la popularidad de éste. Las flores pueden ser bastante grandes, de hasta 12 cm de envergadura, de color amarillo, rosa, rojo o blanco. Es una planta que figura en muchos catálogos aunque tiene un inconveniente: no es resistente; los rizomas deben plantarse a cubierto, en turba, hacia finales de invierno, y luego, a finales de primavera, cuando haya pasado el riesgo de heladas, se pasan al exterior.

VARIEDADES: existen varios híbridos afamados de *C. indica* que se dividen en dos grupos: las variedades de hojas verdes y las de hojas coloreadas. Las hojas de la caña india son muy grandes y decorativas —elegid una forma de hojas coloreadas, como «Dazzler» (flores rojas, follaje bronceado), «Hercules» (flores rojas, follaje purpúreo) y «Tyrol» (flores rosadas, follaje purpúreo).

SUELO Y EMPLAZAMIENTO: empleadlas como plantas puntuales en el macizo —es imprescindible que el suelo sea rico en humus. No es adecuada para zonas frías.

DATOS: época de plantación, final primavera. Profundidad 5 cm. Distancia 45 cm. Altura 90 cm-1.2 m. Época de floración: mediados verano-principios otoño.

REPRODUCCIÓN: dividid los rizomas a comienzos de primavera.

Canna 'Golden Bird'

CARDIOCRINUM **Azucena gigante**

Imaginad una azucena de 15 cm de longitud; ahora imaginad 20 de estas flores dispuestas a lo largo de un tallo que os sobrepasa en altura. Si tenéis un jardín modesto, conteníaros con imaginarla, pero si disponéis de espacio suficiente, podéis cultivar la azucena gigante del Himalaya.

VARIEDADES: la especie gigante es *C. giganteum (Lilium giganteum)*, de hasta 2.7 m de altura. Las flores, blancas, están manchadas de púrpura por dentro y son bastante fragantes. La forma una corona de campanas grandes dispuestas en espiral sobre un tallo muy alto que se alza por encima de las hojas brillantes.

SUELO Y EMPLAZAMIENTO: es imprescindible que el suelo sea permeable y retenga la humedad. Es conveniente que esté a media sombra.

DATOS: época de plantación, principio otoño. Profundidad 15 cm. Ditancia 90 cm. Altura 1.8-2.7 m. Época de floración, de principios a mediados del verano.

REPRODUCCIÓN: comprad bulbos nuevos. El bulbo se marchita después de la floración; podéis plantar los bulbillos, pero tardarán varios años en florecer.

Cardiocrinum giganteum

CHIONODOXA Chionodoxa

Se trata de un bulbo de floración primaveral bastante popular, pero aún no tan extendido como el azafrán y la campanilla de invierno. Empezó muy tarde; la chionodoxa no fue introducida en los jardines hasta finales de la época victoriana. Plantad los bulbos en la rocalla o en la parte frontal del arriate, formando grupos grandes y dejad que se naturalicen.

VARIEDADES: la especie más frecuente es *C. luciliae*, cuyos pedúnculos florales sostienen unas 10 flores estrelladas, de color azul claro con un centro blanco. Las mejores son las azules, pero hay variedades de otros colores —«Alba» (blanca) y «Pink Giant» (rosada). Las flores más grandes (4 cm) son las de *C. gigantea*. *C. sardensis* produce flores azules, de tamaño normal, con un centro blanco muy pequeño.

SUELO Y EMPLAZAMIENTO: en cualquier suelo permeable; al sol o a media sombra.

DATOS: época de plantación: final del verano. Profundidad 8 cm. Distancia 10 cm. Altura 15 cm. Época de floración, de mediados a finales de invierno.

REPRODUCCIÓN: dividid las matas a mediados de primavera y replantadlas en seguida.

Chionodoxa luciliae

COLCHICUM Azafrán otoñal

A pesar de su nombre vulgar y de la forma de sus flores, *Colchicum* no está emparentado con los azafranes verdaderos. Las flores, como copas de vino, se abren a comienzos de otoño, y los largos tubos de la base de sus pétalos se extienden hacia abajo penetrando en el suelo. Las flores abiertas miden de 5 a 20 cm, según la especie. Al llegar el invierno, las flores ya han desaparecido y en primavera se forman las grandes hojas, de aspecto desaliñado.

VARIEDADES: *C. autumnale* tiene flores rosadas de 5 cm; la variedad más bonita es la de flores dobles «Roseum Plenum» (rosada). La gigante es *C. speciosum* (azafrán de los prados), con flores color malva que se abren hasta tener 20 cm de diámetro. Tiene diversas variedades enmarañadas y rayadas, como «Violet Queen» y «Lilac Wonder».

SUELO Y EMPLAZAMIENTO: requiere un suelo permeable, rico en humus; al sol o a media sombra.

DATOS: época de plantación, de inicios a mediados del verano. Profundidad 10 cm. Distancia 22 cm. Altura de las flores 15-22 cm.

REPRODUCCIÓN: dividid las matas a principios de verano y replantadlas en seguida.

Colchicum autumnale

CONVALLARIA Lirio de los valles, muguete

En primavera aparecen dos grandes hojas lanceoladas acompañadas de unos tallos florales curvados que sostienen cierto número de campanillas blancas. El aspecto y la fragancia de estas flores de 6 mm han sido la inspiración de poetas y de jardineros, desde hace siglos. Se emplea frecuentemente para los ramos de novia y en el jardín se utiliza como planta de cobertera para zonas sombreadas.

VARIEDADES: sólo hay una especie, *C. majalis*. Se extiende por medio de rizomas subterráneos ramificados que producen pequeños brotes verticales («pepitas») que se emplean para reproducirla. Si queréis flores más grandes, plantad «Fortin's Giant» o «Everest». «Rosea» tiene flores rosadas. Hay variedades de hojas, rayadas de color dorado.

SUELO Y EMPLAZAMIENTO: es imprescindible un suelo que retenga la humedad; mejor a media sombra.

DATOS: época de plantación, entre principios de otoño a finales de invierno. Profundidad 2.5 cm. Distancia 10 cm. Altura de las flores 20 cm. Época de floración: a comienzos de primavera.

REPRODUCCIÓN: dividid las matas al iniciarse el otoño y replantadlas en seguida.

Convallaria majalis

CRINUM Crinum

Es una pena que *Crinum* no tenga una constitución más resistente ya que, sin lugar a dudas, es uno de los mejores bulbos de floración estival tardía. Los bulbos son caros y sería tirar el dinero si no pudiérais destinarles un lugar cálido y resguardado, al pie de una pared orientada al sur.

VARIEDADES: la mejor especie de exterior es *C. powellii*, de hojas largas y acintadas. Tiene pedúnculos florales cortos provistos de ramilletes terminales de capullos, que se abren sucesivamente dando flores tipo azucena de unos 10 cm de largo. Hay variedades rosadas y blancas. Cada ejemplar es una pieza decorativa que debe disponer de espacio suficiente. Si no llueve, regadlas copiosamente y, en invierno, cubrid sus coronas con turba o helechos.

SUELO Y EMPLAZAMIENTO: es imprescindible que el suelo sea permeable y retenga la humedad. Es conveniente que esté en un lugar resguardado y soleado.

DATOS: época de plantación, de inicios a mediados de primavera. Profundidad 25 cm. Distancia 45 cm. Altura 60-90 cm. Época de floración, en pleno verano.

REPRODUCCIÓN: comprad bulbos nuevos y, una vez plantados, no los perturbéis.

Crinum powellii

CROCUS Azafrán

Todo el mundo conoce el azafrán, y para muchos jardineros, la elección es muy sencilla; una variedad púrpura o amarilla o una mezcla de ambas, para que florezcan después de las campanillas de invierno y antes que los tulipanes. Pero la historia del azafrán es mucho más larga; hay variedades que florecen a mediados de invierno junto con las campanillas de invierno, y otras que lo hacen en otoño, con las dalias. Las flores, como copas de vino, pueden tener varios colores, bronce, blanco, azul claro, rayadas, bicolores y moteadas, además de las familiares formas purpúreas y amarillas. Las hojas son estrechas y siguen creciendo, aun después de que las flores se hayan marchitado —vuestra tarea debe limitarse a aplicar un fertilizante alrededor de las matas, en otoño.

VARIEDADES: hay 3 grupos fundamentales. Las especies de floración invernal son pequeñas, 8 a 10 cm de altura, y muy adecuadas para la rocalla. En este grupo figura el precioso *C. imperati* (a rayas blancas y purpúreas), *C. susianus* (el azafrán dorado, con hojas y pétalos dorados) y *C. chrysanthus*, más toda una hueste de híbridos. En los catálogos encontraréis «E.A. Bowles» (amarillo oscuro), «Snow Bunting» (blanco), «Ladykiller» (purpúreo y blanco) y otros muchos. Los híbridos holandeses de floración primaveral son los más famosos; florecen a principio de primavera, con flores grandes de hasta 12 cm de altura. Algunas veces, en los catálogos, figuran como azafranes de flores grandes —escoged entre «Enchantress» (azul), «Remembrance» (purpúreo), «Golden Mammoth» (amarillo), «Joan of Arc» (blanco), «Little Dorrit» (color lila), «Pickwick» (rayado) y otros muchos. Las especies de floración otoñal, que florecen entre mediado el verano y principios de otoño, ofrecen una gama mucho menos extensa. Los más populares son *C. speciosus* y sus híbridos, de hermosas flores blancas.

SUELO Y EMPLAZAMIENTO: en cualquier suelo permeable; al sol o a media sombra.

DATOS: época de plantación, a comienzos de otoño (principios de verano para las especies de floración otoñal). Profundidad 8 cm. Distancia 10 cm. Altura 8-12 cm. Época de floración: mediado invierno-inicio primavera (mediado el verano-comienzo otoño para las especies de floración otoñal).

REPRODUCCIÓN: dividid las matas demasiado tupidas en otoño.

Crocus 'Little Dorrit'

Crocus speciosus

CROCOSMIA Montbretia

La montbretia es muy útil y bonita para los arreglos florales, pero también es muy decorativa en los jardines. Forma una mata desparramada de hojas lanceoladas y, a finales de verano, aparecen los pedúnculos florales, delgados y rígidos. Por desgracia no es completamente resistente; en climas fríos deberéis dejar las hojas en la planta durante todo el invierno y cubrir la corona con helechos, turba u hojarasca. En zonas aun más frías tendréis que desenterrar los bulbos y guardarlos a cubierto.

VARIEDADES: la preferida desde siempre es *C. crocosmiiflora*, popularmente llamada montbretia, de pedúnculos erectos cargados de flores, en forma de trompeta, dispuesta en zig-zag. Las flores, de 4 cm, pueden ser amarillas, anaranjadas o rojas. *C. masonorum* es mejor; presenta tallos arqueados con grandes trompetas de color rojo fuego.

SUELO Y EMPLAZAMIENTO: es esencial que el suelo sea permeable y rico en humus y que estén en un lugar resguardado y soleado.

DATOS: época de plantación, finales de invierno. Profundidad 8 cm. Distancia 15 cm. Altura 60-90 cm. Época de floración: pleno verano.

REPRODUCCIÓN: dividid las matas, después de la floración, cada 3 años.

Crocosmia masonorum

CYCLAMEN Ciclamen

Para la mayoría de la gente, el ciclamen es una planta de maceta —flores grandes, de pedúnculo largo, con pétalos curvados hacia afuera, emergiendo de las hojas acorazonadas, muy decorativas. Si este tipo de flores os gusta, hay formas resistentes, miniatura, con flores de 2.5 cm, que viven al exterior.

VARIEDADES: elegid entre *C. coum* (flores rojas, rosadas o blancas, hacia final otoño-final invierno; hojas verdes), *C. repandum* (flores fragantes, rojas, rosadas o blancas, a principios de primavera; hojas marmóreas), *C. europaeum* (flores fragantes, rojas, durante todo el verano; hojas con zonas plateadas —la especie más resistente) o *C. neapolitanum* (flores rojas, rosadas o blancas, a mediados de verano y de otoño; hojas marmóreas).

SUELO Y EMPLAZAMIENTO: requiere un suelo permeable, rico en humus; a media sombra.

DATOS: época de plantación, durante todo el verano. Profundidad 5 cm. Distancia 15 cm. Altura 8-15 cm. Época de floración, según las especies.

REPRODUCCIÓN: sembrad las semillas, bajo cristal, en verano —las matas no pueden dividirse.

Cyclamen coum

ERANTHIS Acónito invernal

Plantad un grupo de estos tubérculos al pie de los árboles o arbustos caducifolios y a mediados de invierno, o incluso antes, seréis premiados con una alfombra de flores de vivo color amarillo, ideal en una época en que la mayor parte del jardín está desnuda o dormida. Muchas veces, los acónitos invernales se plantan conjuntamente con las campanillas de invierno ya que florecen en la misma época.

VARIEDADES: la forma más conocida es *E. hyemalis*, con flores de 2.5 cm, color amarillo limón, con un bonito collar de hojas profundamente divididas. Si queréis que florezca muy pronto, habréis de elegir ésta, pero en zonas restringidas puede llegar a ser un estorbo ya que se autodisemina y produce gran número de plantas nuevas. El híbrido *E. tubergenii* es menos invasivo, más robusto y de flores más grandes.

SUELO Y EMPLAZAMIENTO: en cualquier suelo permeable; al sol o a media sombra.

DATOS: época de plantación, en pleno verano. Profundidad 5 cm. Distancia 8 cm. Altura 8-10 cm. Época de floración, durante todo el invierno.

REPRODUCCIÓN: dividid los tubérculos a comienzos de verano, replantándolos en seguida.

Eranthis tubergenii

ERYTHRONIUM Violeta de diente de perro

Es una planta excelente para la rocalla o para plantar alrededor de la base de los árboles; no gusta del sol pero agradece un suelo rico en humus. Las flores, estrelladas e inclinadas hacia abajo, se alzan sobre un hermoso follaje moteado. Su nombre vulgar no proviene de la forma de las hojas, sino de la forma de los tubérculos. Una vez plantada, no la perturbéis.

VARIEDADES: la forma normal de jardín es *E. dens-canis*, cuyas flores, rosadas, miden unos 5 cm de envergadura y las hojas son moteadas con pintas marrones. Hay algunas variedades bonitas, como «Pink Perfection» (rosada) y «Lilac Wonder» (purpúrea clara). La aristócrata es *E. revolutum* «White Beauty», de flores de un blanco purísimo con el centro rojo, sobre tallos de 30 cm.

SUELO Y EMPLAZAMIENTO: requiere un suelo permeable, pero húmedo; mejor a media sombra.

DATOS: época de plantación, mediados verano-inicios otoño. Profundidad 10 cm. Distancia 10 cm. Altura 15 cm. Época de floración, a comienzos de primavera.

REPRODUCCIÓN: a finales de verano desgajad los rebrotes y volved a plantarlos de inmediato —no dejéis nunca que los tubérculos de *Erythronium* se sequen.

Erythronium dens-canis

FREESIA Fresia de exterior

Las fresias de los floristas son famosas como flor cortada para hacer ramos, pero la fresia de exterior es menos conocida; plantadla en un lugar resguardado y soleado. Los cormos de estas fresias han sido especialmente preparados para que puedan crecer en climas frescos y, a finales de verano y en otoño, producen flores vistosas y fragantes; desgraciadamente, después de la floración, los cormos deben tirarse.

VARIEDADES: compre cormos preparados de *f. hybrida*. No intente cultivar freesias al aire libre a no ser que viva en un clima especialmente favorable, como sería la isla de Sicilia. El secreto del éxito está en proporcionar a la planta un clima cálido y regarla regularmente con agua caliente. Un surtido de cormos proporcionará flores blancas, rojas, amarillas, azules y color lila.

SUELO Y EMPLAZAMIENTO: es esencial que el suelo sea ligero y permeable y que esté a pleno sol.

DATOS: época de plantación, a principios de primavera. Profundidad 5 cm. Distancia 10 cm. Altura 30 cm. Época de floración: mediados verano-principios otoño.

REPRODUCCIÓN: es mejor comprar cormos nuevos.

Freesia hybrida

Flores para cada estación

PRIMAVERA-VERANO

(para INVIERNO, véase pág. 109)
(para OTOÑO, véase pág. 120)

Mediante una selección cuidadosa, podréis tener bulbos en flor durante todo el año. Para cada mes hay cierto número de plantas bulbosas que es muy probable que estén en plena floración. Recordad que algunas de estas plantas pueden comenzar a florecer antes y continuar haciéndolo hasta varias semanas después.

MEDIADOS DE PRIMAVERA

Brodiaea	Ornithogalum
Convallaria	Scilla nonscripta
Gladiolus (especies de)	Scilla peruviana
Hyacinthus (holandeses)	Sparaxis
Ipheion	Trillium
Leucojum (de floración estival)	Tritonia
Muscari	Tulipa

FINAL DE PRIMAVERA

Allium	Ixia
Brodiaea	Ranunculus
Camassia	Scilla nonscripta
Cardiocrinum	Scilla peruviana
Cyclamen europaeum	Sparaxis
Gladiolus (especies de)	Trillium
Iris (grupo Xiphium)	Tritonia

COMIENZO DE VERANO

Begonia	Gladiolus (híbridos)
Brodiaea	Iris (grupo Xiphium)
Camassia	Ixia
Cardiocrinum	Ranunculus
Cyclamen europaeum	Tigridia

MEDIADOS DE VERANO

Begonia	Cyclamen europaeum
Canna	Cyclamen napolitanum
Cardiocrinum	Freesia
Crinum	Galtonia
Crocosmia	Gladiolus (híbridos)
Crocus (de floración otoñal)	Tigridia

FRITILLARIA Fritilaria

Las flores campaniformes de *Fritillaria* se abren en primavera y cuelgan de lo alto de los tallos erectos provistos de hojas estrechas. Y aquí termina todo parecido con la familia; es difícil hacerse a la idea de que la majestuosa corona imperial y la delicada fritilaria, de cabeza de serpiente, sean especies tan próximas. Ambas plantas son fáciles de cultivar; todo lo que necesitan es un suelo permeable y un poco de sol. Cada dos años, aplicad un acolchado de compost maduro. Pero ello no significa que las fritilarias no tengan problemas; si no procedéis con cuidado al hacer la plantación, malgastaréis vuestro dinero. Los bulbos están compuestos de escamas carnosas; no dejéis que se sequen y manejadlos cuidadosamente. Poned un poco de arena gruesa en el fondo del hoyo de plantación y colocad el bulbo ladeado. Cubridlo con arena y luego reponed el suelo.

VARIEDADES: *F. meleagris* (fritilaria de cabeza de serpiente) es una planta para la rocalla, para la parte frontal del arriate o bien, para naturalizar en el césped. Cada tallo, de 30 cm, sostiene 1 ó 2 flores péndulas —campanas de 4 cm con un dibujo característico a base de rombos blancos y purpúreos. Hay diversas variedades; «Charon» es blanca con rombos purpureooscuros y «Poseidon» es purpúreoclara con rombos marrones. No vale la pena plantar las variedades «Alba» o «Aphrodita» de flores completamente blancas, donde desaparece el aspecto de tablero de ajedrez. *F. imperialis* (corona imperial) es una planta imponente, bastante distinta de la anterior. En lo alto de cada uno de los tallos, de 90 cm, hay un grupo de flores péndulas —tazones de 5 cm, amarillos, anaranjados o rojos. La inflorescencia es rara— la fragancia podría describirse como peculiar y hay una corona de hojas verdes, cortas. Realmente, no es una planta de rocalla; su lugar está en el arriate herbáceo o el arbustivo. Hay otras especies de fritilaria pero no tienen ni la resistencia ni la fama de las dos anteriormente descritas. *F. latifolia* parece una fritilaria de cabeza de serpiente enana y *F. pallidiflora* (30 cm) tiene flores amarillas.

SUELO Y EMPLAZAMIENTO: en cualquier suelo permeable; mejor a media sombra.

DATOS: época de plantación, de comienzos a mediados de otoño. Profundidad 12 cm *(F. meleagris)*, 20 cm *(F. imperialis)*. Distancia 15 cm *(F. meleagris)*, 45 cm *(F. imperialis)*. Altura 30-90 cm. Época de floración: comienzos de primavera.

REPRODUCCIÓN: dividid las matas en verano, cada 4 años.

Fritillaria meleagris

Fritillaria imperialis

GALANTHUS Campanilla de invierno

Es la planta que abre el año con pequeñas flores blancas, colgando de unos tallos de 15 cm, a partir de mediados de invierno en adelante. La fecha de su floración depende de la localidad y del clima; es una señal inequívoca de que la primavera está cerca. Aunque todo el mundo las conoce, las campanillas de invierno se confunden a veces con las campanillas del género *Leucojum* (pág. 118). En las campanillas de invierno, las flores tienen tres pétalos internos.

VARIEDADES: la campanilla de invierno común es *G. nivalis*, con flores sencillas de 2.5 cm; la mejor variedad es la alta «S. Arnott» (25 cm) que tiene flores más grandes que las de la especie. Hay una forma doble («Flore Pleno») con flores globosas. La campanilla de invierno gigante *(G. elwesii)* no es mayor que *G. nivalis* «S. Arnott».

SUELO Y EMPLAZAMIENTO: requiere un suelo húmedo y un poco de sombra.

DATOS: época de plantación: comienzos de otoño. Profundidad 10 cm. Distancia 8 cm. Altura 12 cm *(G. nivalis)*, 25 cm *(G. elwesii)*. Época de floración, durante todo el invierno.

REPRODUCCIÓN: dividid las matas adultas inmediatamente después de la floración y replantadlas a continuación.

Galanthus nivalis 'S. Arnott'

GALTONIA Jacinto estival

El jacinto estival es una planta espléndida para el centro o la parte posterior del arriate herbáceo, o también puede plantarse entre los arbustos. En verano, el pedúnculo floral queda revestido de 20 o más campanas blancas, péndulas, de unos 4 cm de longitud. Las hojas son largas y acintadas; hace el efecto de un jacinto gigantesco y alargado.

VARIEDADES: la única especie que probablemente encontraréis es *G. candicans (Hyacinthus candicans)*, con hojas de unos 60 cm de longitud y flores blancas con pintas verdes. Desde luego, es mucho más impresionante que un jacinto común, pero también es menos fragante. A pesar de su talla es una planta fácil de cultivar, siempre que os acordéis de plantar el bulbo a suficiente profundidad (15-20 cm) y que dejéis crecer las matas sin perturbarlas.

SUELO Y EMPLAZAMIENTO: en cualquier suelo razonable, mejor a pleno sol.

DATOS: época de plantación, a comienzos de primavera. Profundidad 15-20 cm. Distancia 30 cm. Altura 90 cm-1.2 m. Época de floración, en pleno verano.

REPRODUCCIÓN: mejor no perturbarla y comprar bulbos nuevos.

Galtonia candicans

GLADIOLUS Gladiolo

El gladiolo es una de las pocas flores que no necesita descripción, si bien las diferencias entre las diversas variedades son enormes. El grueso pedúnculo floral que emerge del cormo puede tener poco más de 30 cm de altura o hasta 1.5 m. Las flores, en forma de trompeta, es posible que tengan el tamaño de una huevera o ser como platos, y sus colores abarcan todo el arco iris. Las características principales de la familia son: hojas verticales, lanceoladas, y flores hexapétalas todas orientadas hacia un mismo lado. Hay una o dos especies resistentes, pero no son las que se suelen ver en todas las calles. Éstas son híbridos semirresistentes que se plantan en primavera para que florezcan en verano y luego se desentierran a comienzos de otoño. Los cormos se almacenan en un lugar fresco pero sin riesgo de helada, para volverlos a plantar a la primavera siguiente. Son plantas vistosas, fáciles de cultivar, siempre que el suelo sea bueno y el lugar soleado. Tan pronto aparezcan las espigas florales, se ha de tener en cuenta regar copiosamente si no llueve. Como plantas para flor cortada no tienen defecto, pero para plantar en los macizos presenta algunos inconvenientes: a veces es necesario estacarla, y la época de floración de cada espiga, es sólo de quince días. Sin embargo, durante estas dos semanas crean una amplia mancha coloreada y el truco estriba en escalonar las fechas de plantación para obtener una floración consecutiva.

TAMAÑO DE LA FLOR

Gigante
más de 14 cm

Grande
12-14 cm

Mediana
9-12 cm

Pequeña
7-9 cm

Miniatura
menos de 7 cm

VARIEDADES: hay 5 grupos fundamentales. El más popular está integrado por las plantas más altas y de flores más vistosas —los híbridos de flores grandes, que crecen de 90 cm a 1.2 m, plantadlos a una distancia de 15 cm. Las flores, triangulares, miden 11-17 cm de envergadura y hay una larga lista de variedades; tres de las más famosas son: «Oscar» (rojo vivo), «Peter Pears» (anaranjado, color melocotón y rojo) y «Flower Song» (rizado, amarillo dorado), pero hay otras muchas. Los híbridos *Primulinus* crecen 45-90 cm; distanciadlos 10 cm. El pétalo superior de cada flor está doblado como si fuera una capucha, y las flores se dispersan sobre el tallo. Su tamaño medio es de 8 cm y los mejores ejemplos son «Joyce» (rosado oscuro y amarillo) y «Columbine» (rosado claro y blanco). No es necesario estacarlos, y tampoco suele serlo en los del tercer grupo, los híbridos *Butterfly*, que crecen 5-10 cm; espaciadlos 10-15 cm. Los dos rasgos principales de la mayoría de estos híbridos son la apretada disposición de las flores sobre el tallo y los llamativos colores de las gargantas de las flores. Estos rasgos se distinguen claramente en variedades como «Melodie» (pétalos rosados, garganta color escarlata) y «Confetti» (pétalos rosados, garganta amarilla). Los híbridos miniatura son como pequeñas variedades *Primulinus* —altura 30-75 cm, distancia 10 cm, tamaño de la flor 5 cm, frecuentemente rizada y fruncida. Entre ellos figuran «Bo Peep» (color albaricoque) y «Greenbird» (amarillo azufre). El último grupo de gladiolos está formado por las especies —mucho menos mezclados que los híbridos y capaces de vivir al exterior durante todo el año. El más resistente es *G. byzantinus* (60 cm, flores pequeñas y rojas a final de primavera) —los más conocidos son las variedades de *G. colvillii* (60 cm, flores pequeñas, durante la primavera.

SUELO Y EMPLAZAMIENTO: en cualquier suelo permeable y fértil; mejor a pleno sol.

DATOS: época de plantación, final invierno-mediados primavera (híbridos), comienzos otoño (especies). Profundidad 10-12 cm. Distancia 10-15 cm. Altura, véase arriba. Época de floración, durante todo el verano (híbridos), durante toda la primavera (especies).

REPRODUCCIÓN: plantad los pequeños cormos, de comienzos a mediada la primavera. La floración tendrá lugar al cabo de dos años.

Gladiolus 'Flower Song'

Gladiolus 'Columbine'

Gladiolus 'Melodie'

Gladiolus 'Greenbird'

Gladiolus byzantinus

Gladiolus colvillii

HYACINTHUS Jacinto

Muchos de los grandes jardineros actuales se iniciaron en la horticultura cuando, de pequeños, plantaron bulbos de jacinto en una maceta. Es una planta de interior por excelencia; pedúnculos florales, desprovistos de hojas, que sostienen más de 30 campanas de borde estrellado y con una fragancia que llena toda la estancia. Al exterior son plantas de macizo primaveral de gran mérito —pulcras y compactas, con un período de floración dilatado, una amplia gama de colores y dulce fragancia. A pesar de estas cualidades, nunca han alcanzado la popularidad de los tulipanes, los narcisos trompones o los azafranes, posiblemente debido a lo caros que son sus bulbos en comparación con otras plantas primaverales. Los bulbos de los jacintos holandeses pueden permanecer en la mayoría de suelos durante el invierno, si bien las flores del segundo año no son tan bonitas como las del primero. Generalmente es mejor desenterrar los bulbos después de la floración y dejar que el follaje se marchite. Luego, los bulbos deben almacenarse en turba seca hasta que vuelva a llegar la época de plantarlos. Para plantar con éxito los jacintos hay dos trucos: no elijáis los bulbos grandes que se emplean para interiores, sino los medianos. Y, antes de la plantación, añadid al suelo compost maduro o turba.

VARIEDADES: el jacinto común u holandés es *H. orientalis*. A principios o mediada la primavera, hacen su aparición las compactas inflorescencias, cuyo color va desde el blanco al púrpura. Podéis elegir entre «L'innocence» (blanco), «Yellow Hammer» (amarillo cremoso), «Gipsy Queen» (anaranjado), «Pink Pearl» (rosado), «Jan Bos» (rojo), «Ostara» (azul) o «Amethyst» (color violeta). También está el jacinto romano *(H. orientalis albulus)* de flores dispuestas menos apretadamente y de floración más temprana que el jacinto holandés. Hay variedades blancas, rosadas y purpúreas, todas muy fragantes.

SUELO Y EMPLAZAMIENTO: en cualquier suelo normal de jardín adecuadamente enriquecido con humus; al sol o a media sombra.

DATOS: época de plantación, a comienzos de otoño. Profundidad 15 cm. Distancia 20 cm. Altura 15-30 cm. Época de floración, a principios de primavera (jacintos romanos), a mediados de primavera (jacintos holandeses).

REPRODUCCIÓN: plantad los bulbillos en otoño.

Hyacinthus orientalis 'Anne Marie'

Hyacinthus orientalis albulus

IPHEION Ipheion

Aparte de su nombre, nada es complicado en esta planta. Vivirá en un lugar soleado o en la parte frontal del arriate, y, en primavera, de cada bulbo surgirán varios tallos coronados por flores estrelladas y fragantes de 5 cm. Una planta encantadora, fácil de cultivar, que ha sido castigada con nombres tales como *Brodiaea uniflora, Milla uniflora, Triteleia uniflora*. En los catálogos puede figurar con cualquiera de estos nombres, amén de los nombres vulgares estrella de primavera y flor de los incas.

VARIEDADES: *I. uniflorum* tiene flores de color azul pálido —la mejor variedad es «Wisley Blue» (azul oscuro). Al estrujarlas, las hojas, estrechas y de color verde claro, exhalan un olor a cebolla.

SUELO Y EMPLAZAMIENTO: en cualquier suelo permeable, al sol o a media sombra. No gusta de lugares expuestos a los vientos.

DATOS: época de plantación, a comienzos de otoño. Profundidad 5 cm. Distancia 10 cm. Altura 15 cm. Época de floración, hacia comienzos de primavera.

REPRODUCCIÓN: divididla en otoño, cada tres años, replantándola a continuación.

Ipheion uniflorum

IXIA Ixia

Esta planta produce flores hexapétalas, estrelladas, sobre tallos delgados y rígidos, a comienzos de verano. Sus colores acostumbran a ser vivos —amarillo, anaranjado, rosa o rojo y el centro generalmente es rojooscuro o marrón. Es originaria de África del norte, por lo que no suele vivir bien en climas fríos. Las flores se cierran cuando el sol se va y en regiones frías muere si se deja durante el invierno en su sitio.

VARIEDADES: hay diversas variedades de *I. hybrida*, como «Hogarth» (amarilla) y «Vulcan» (roja), pero por lo general se vende una mezcla de ellas que produce una legión de flores de 2.5 cm, de varios colores. *I. viridiflora* tiene flores verdes.

SUELO Y EMPLAZAMIENTO: es imprescindible que el suelo sea ligero y permeable y que haya mucho sol.

DATOS: época de plantación, finales de invierno. Profundidad 8 cm. Distancia 10 cm. Altura 30-45 cm. Época de floración, a comienzos del verano.

REPRODUCCIÓN: cuando, en verano, desenterréis la planta, separad los cormos pequeños, guardadlos durante el invierno y plantadlos en primavera.

Ixia viridiflora

IRIS Lirio

Los majestuosos lirios que se alzan a más de 90 cm de altura en el centro del arriate herbáceo, pertenecen al grupo de los rizomas. El grupo de los bulbos es más pequeño y es para la rocalla o la parte delantera del arriate, y comprende muchas variedades útiles, desde enanos que asoman entre la nieve a principios de invierno, hasta plantas de flores grandes que se abren a comienzos de verano para deleite del jardinero y para hacer ramos. Sobrevivir en invierno puede ser un problema —algunas formas son demasiado delicadas y casi todas requieren un suelo arenoso y permeable para impedir la putrefacción.

VARIEDADES: hay cuatro grupos fundamentales. El grupo *Reticulata* comprende plantas enanas cuyos tallos florales miden 10-15 cm y florecen a finales de invierno o comienzos de primavera. Hay dos formas predilectas —*I. danfordiae* (a mediados de invierno, flores amarillas, fragantes) e *I. reticulata* (hacia mediados de invierno, flores azul purpúreo con pintas amarillas, fragantes). Las flores tienen unos 8 cm de envergadura; si queréis flores mayores y más tempranas, plantad *I. histrioides* «Major» (en pleno invierno, flores azules con pintas blancas y doradas). Plantad los bulbos, redondos, a 5 cm de profundidad y a 10 cm de distancia, a comienzos de otoño. El grupo *Juno* tiene bulbos característicos —en la base presentan unas raíces gruesas que no deben romperse al plantarlos. Las flores son bastante pequeñas (5-8 cm), pero sus pedúnculos son más altos que los de *Reticulata*, 30-45 cm. Plantad los bulbos a principios de otoño, a 5 cm de profundidad y a 15-22 cm de distancia. Es un grupo poco conocido: pocos jardineros conocen *I. bucharica* (inicio de la primavera, flores amarillas y cremosas) e *I. aucheri* (principios primavera, flores liláceas y amarillas). El grupo *Xiphium*, de floración estival, es muy popular, especialmente para flor cortada. Las numerosas variedades de este grupo deben plantarse a 10-15 cm de profundidad, a comienzos de otoño, dejando unos 15 cm entre cada ejemplar. Los pedúnculos florales miden 30-60 cm. Los primeros en florecer son los híbridos holandeses (finales primavera) —la variedad favorita es «Wedgwood» (azul claro) pero hay formas blancas, amarillas, purpúreas y azules. Los híbridos españoles florecen algo más tarde, a comienzos de verano —generalmente todos sus órganos son más pequeños que los tipos holandeses. Las plantas mayores y las flores mayores (22 cm de envergadura) corresponden a los híbridos ingleses, que florecen a principios de verano.

SUELO Y EMPLAZAMIENTO: es esencial que el suelo sea ligero y permeable, mejor si es calcáreo. Crecen mejor a pleno sol.

DATOS: véase arriba.

REPRODUCCIÓN: dividid los bulbos cuando el follaje se haya marchitado y guardadlos hasta la época de plantación, en otoño.

Iris reticulata

Iris xiphium 'Wedgwood'

LEUCOJUM Campanilla

Es muy fácil confundir una planta del género *Leucojum* con otra del *Galanthum*. Ambas aparecen a comienzos de primavera y ambas forman campanillas péndulas de seis pétalos. Las del primer género tienen todos los pétalos iguales y con una mancha verde en la punta. Es una planta que no gusta de ser molestada —plantad los bulbos tan pronto como los tengáis disponibles.

VARIEDADES: la especie primaveral es *L. vernum*, una planta tolerante que crece tanto a la sombra como en suelo húmedo. Las flores, cóncavas, tienen unos 2 cm de diámetro, y se alzan en el extremo de pedúnculos erectos por encima del follaje acintado. La especie estival, *L. aestivum*, tienen flores similares pero mayores.

SUELO Y EMPLAZAMIENTO: en un suelo permeable, al sol o a media sombra.

DATOS: época de plantación, a mediados o al final del verano. Profundidad 10 cm. Distancia 10 cm (especie primaveral), 20 cm (especie estival). Altura 20 cm (especie primaveral), 60 cm (especie estival). Época de floración: a mediados o al final del invierno (especie primaveral), en plena primavera (especie estival).

REPRODUCCIÓN: dividid las matas adultas en cuanto el follaje se haya marchitado y replantadlas en seguida.

Leucojum vernum

MUSCARI Jacinto racemoso

Es una popular planta que llena de azules la rocalla o los bordes de los macizos y arriates. Nadie canta sus alabanzas y no tiene el encanto de muchos de los bulbos de este capítulo, pero sin ella nuestros jardines serían más pobres. Sus campanillas se agrupan en lo alto de cada espiga —una flor excelente para pequeños arreglos florales.

VARIEDADES: las especies comunes son *M. armeniacum* (22 cm, flores azules con un cerco blanco) y *M. botryoides* (17 cm, flores de color azul cielo). Si os gustan las novedades, buscad en los catálogos *M. comosum* «Plumosum» (30 cm, flores azules, plumosas) o *M. tubergenianum* (15 cm, flores azuloscuras sobre otras de color azul claro, en una misma espiga).

SUELO Y EMPLAZAMIENTO: en cualquier suelo permeable; mejor a pleno sol.

DATOS: época de plantación, a comienzos de otoño. Profundidad 8 cm. Distancia 10 cm. Altura 15-30 cm. Época de floración: en plena primavera.

REPRODUCCIÓN: dividid las matas cada tres años, en otoño.

Muscari armeniacum

NARCISSUS

Narciso, narciso trompón

Es uno de los bulbos de floración primaveral más fáciles de cultivar y, desde luego, el más popular; el nombre vulgar de «narciso trompón» se emplea cuando el tubo central es tanto o más largo que los pétalos. En otoño, plantad los bulbos tan pronto como podáis y luego dejadlos tranquilos para que vayan extendiéndose con el tiempo; los pequeños en la rocalla y los más grandes en el arriate o en el césped. No cortéis las hojas hasta que estén completamente marrones.

VARIEDADES:

NARCISO TROMPÓN. Una flor por tallo —tubo tan largo como los pétalos, como mínimo. Altura 30-45 cm. Ejemplos: «King Alfred» (amarillo), «Beersheba» (blanco) y «Newcastle» (bicolor).

NARCISO DE TUBO LARGO. Una flor por tallo —tubo cuya longitud es mayor que 1/3 de la de los pétalos. Altura 30-60 cm. Ejemplos: «Carlton» (amarillo), «Silver Lining» (blanco) y «Fortune» (bicolor).

NARCISO DE TUBO CORTO. Una flor por tallo —tubo de longitud menor a 1/3 de la de los pétalos. Altura 30-45 cm. Ejemplos: «Frigid» (blanco), «Mahmoud» (bicolor) y «La Riante» (bicolor).

NARCISO DOBLE. Más de un verticilo de pétalos —tubo y pétalos no diferenciados. Altura 30-45 cm. Ejemplos: «Golden Ducat» (amarillo), «Snowball» (blanco) y «Texas» (bicolor).

NARCISO TRIPLE. Normalmente varias flores por tallo —flores péndulas y pétalos ligeramente reflejos. Altura 15-45 cm. Ejemplos: «Liberty» (amarillo), «Thalia» (blanco) y «Dawn» (bicolor).

NARCISO CICLAMEN. Una flor por tallo —flores péndulas con tubos largos y pétalos muy reflejos. Altura 15-30 cm. Ejemplos: «Peeping Tom» (amarillo) y «Tête-à-Tête» (bicolor).

JUNQUILLO. Varias flores por tallo —tubo más corto que los pétalos— fragante. Altura 15-30 cm. Ejemplos: «Sweetness» (amarillo), «Golden Sceptre» (amarillo oscuro) y «Bobbysoxer» (bicolor).

NARCISO TAZETTA. Varias flores por tallo —tubo más corto que los pétalos, que suelen ser rizados —muy fragante. Generalmente demasiado delicado para plantar al exterior. Altura 45 cm. Ejemplos: «Soleil d'Or» (amarillo), «Paper White» (blanco) y «Geranium» (bicolor).

NARCISO DE LOS POETAS. Generalmente una flor por tallo —pétalos blancos con un tubo rojo de boca rizada. Altura 45 cm. Ejemplos: «Actaea» (tubo amarillo) y «Pheasant's Eye» (tubo rojo).

NARCISO ENANO. Varias especies e híbridos que no crecen más de 20 cm. Ejemplos: *N. triandrus albus, N. bulbocodium, N. minimus, N. cyclamineus* y *N.* «February Gold». Los enanos son de floración temprana.

SUELO Y EMPLAZAMIENTO: en cualquier suelo permeable; al sol o a media sombra.

DATOS: época de plantación, de mediados a finales de verano —lo más pronto posible. Profundidad 10-17 cm. Altura 8-60 cm. Época de floración: a principios de primavera.

REPRODUCCIÓN: desenterrad las matas demasiado tupidas o «ciegas» a finales de verano; divididlas y plantad los rebrotes.

Narcissus 'King Alfred'

Narcissus 'Fortune'

Narcissus 'La Riante'

Narcissus 'Golden Ducat'

Narcissus 'Actaea'

Narcissus 'February Gold'

NERINE Nerine

Generalmente se considera que el nerine es demasiado delicado para plantarlo al aire libre, pero hay una especie resistente, de confianza para el jardín, con vistosas flores que se abren, en otoño, agrupadas en lo alto del pedúnculo, desprovisto de hojas, y que duran mucho. Las hojas, acintadas, aparecen a finales de verano, crecen durante el invierno y primavera y luego, en verano, se marchitan.

VARIEDADES: la especie resistente es *N. bowdenii*, cuyas flores miden unos 8 cm de envergadura, con pétalos largos, con aspecto de araña, retorcidos y reflejos. Su color es el rosa oscuro; si queréis flores rosadoplateadas, elegid «Pink Triumph». Plantad los bulbos en un lugar resguardado, a ser posible cerca de una pared orientada al sur.

SUELO Y EMPLAZAMIENTO: es esencial que el suelo sea permeable y que haya mucho sol.

DATOS: época de plantación, inicios o mediados de primavera. Profundidad 10 cm. Distancia 15 cm. Altura 60 cm. Época de floración: a comienzos del otoño.

REPRODUCCIÓN: dividid las matas demasiado espesas en primavera y replantadlas a continuación.

Nerine bowdenii

ORNITHOGALUM Estrella de Belen

Algunas de sus especies son demasiado delicadas para cultivarlas al exterior — *O. thyrsoides* se cultiva como planta de maceta y se vende como flor cortada. Las flores, estrelladas, aparecen en primavera, y siempre son de color blanco combinado con verde.

VARIEDADES: la mejor es *O. nutans*; cada tallo sostiene una docena de campanas péndulas, de 2.5 cm, con el reverso de color verde claro. *O. umbellatum* tiene la misma altura (30 cm) pero un porte distinto —las estrellas, blancas y aplanadas, miran hacia arriba y se abren durante el día. Tomad precauciones al plantarla, ya que puede convertirse fácilmente en una mala hierba. *O. balansae* (15 cm) es una planta enana de rocalla, con pétalos blancos rayados de color verde.

SUELO Y EMPLAZAMIENTO: en cualquier suelo permeable; al sol o a media sombra.

DATOS: época de plantación, comienzos de otoño. Profundidad 5 cm. Distancia 10-15 cm. Altura 15 cm. Época de floración, a principios de primavera.

REPRODUCCIÓN: dividid las matas en verano y replantadlas a continuación.

Ornithogalum umbellatum

PUSCHKINIA Escila rayada

Es extraño que esta especie, tan próxima a la campánula, se cultive tan poco, y más, teniendo en cuenta que es una planta excelente para la rocalla —de talla baja y fácil cultivo y que florece a principios del año. Se extiende bastante rápidamente por medio de rebrotes, que podéis emplear para aumentar vuestras existencias.

VARIEDADES: la especie que se cultiva como planta de jardín es *P. scilloides (P. libanotica)*. Cada tallo sostiene unas 6 flores en forma de campanas estrelladas, de pétalos de color azulclaro con una banda central azuloscura; bonita y fácil de cultivar y, no obstante, casi olvidada por los jardineros. Para que haga más efecto, plantadla en grupos, añadiendo al suelo turba o compost, antes de poner los bulbos. Hay una variedad de pétalos blancos: «Alba».

SUELO Y EMPLAZAMIENTO: en cualquier suelo permeable; al sol o a media sombra.

DATOS: época de plantación, final de verano o principios de otoño. Profundidad 5 cm. Distancia 8 cm. Altura 10 cm. Época de floración: a comienzos del otoño.

REPRODUCCIÓN: dividid las matas en verano y replantadlas a continuación.

Puschkinia scilloides

Flores para cada estación

OTOÑO

(para INVIERNO, véase pág. 109)
(para PRIMAVERA-VERANO, véase pág. 114)

Mediante una selección cuidadosa, podéis tener bulbos en flor durante todo el año. Para cada mes hay cierto número de plantas bulbosas que es muy probable que estén en plena floración. Recordad que algunas de estas plantas pueden comenzar a florecer antes y seguir haciéndolo hasta varias semanas después.

FINALES DE VERANO

Acidanthera — Cyclamen europaeum
Amaryllis — Cyclamen neapolitanum
Begonia — Freesia
Canna — Galtonia
Coclchicum — Gladiolus (híbridos)
Crinum — Nerine
Crocosmia — Sternbergia
Crocus (de floración otoñal) — Tigridia

PRINCIPIOS DE OTOÑO

Amaryllis — Cyclamen neapolitanum
Anemone (flor tipo amapola) — Freesia
Colchicum — Nerine
Crocus (de floración otoñal) — Sternbergia

MEDIADOS DE OTOÑO

Colchicum — Cyclamen neapolitanum

FINALES DE OTOÑO

Cyclamen coum

SCILLA Escila, campánula

Las escilas, tanto en los jardines como en los bosques, son los heraldos de la primavera, con sus tallos erectos alzándose sobre las hojas acintadas, a la par que sostienen sus flores péndulas, acampanadas o estrelladas, en distintos tonos de azul. Pero no todas son iguales: hay formas enanas de floración invernal para la rocalla y las campánulas tradicionales que crecen bajo los árboles, alrededor de los arbustos o naturalizadas en medio del césped. Éstas florecen a mediados de primavera; si queréis flores en verano, elegid la azucena cubana. Entre todas cubren una amplia gama de meses de floración y de tallas, y lo mismo ocurre con el color de las flores; las hay blancas, rosadas, purpúreas y del típico color azul. Muchas escilas son fáciles de cultivar: pueden dejarse en el suelo para que se extiendan formando grandes grupos al cabo de los años, y sólo la azucena cubana precisa una cubierta protectora de turba, cenizas u hojarasca en invierno. Lo único que tenéis que recordar es que los bulbos corren el riesgo de pudrirse cuando están desenterrados.

VARIEDADES: la escila más temprana y más pequeña es *S. tubergeniana* — distancia 8 cm, altura 8 cm, época de floración a finales del invierno. Las flores son de color azul claro con bandas color azul oscuro; estrechamente emparentadas con *Puschkinia* (pág. 120). El lugar ideal para esta planta es entre las campanillas y los acónitos de invierno. Pese a que constituyen un bello espectáculo a finales de invierno, la escila favorita de floración temprana es otra — *S. sibirica* (la escila siberiana o primaveral) cuyos datos son: distancia 10 cm, altura 15 cm, época de floración a principios de la primavera. Hay una forma blanca y otra azulclara, pero la mejor escila siberiana es «Spring Beauty», de color azul fuerte. Otra escila de floración temprana muy útil es *S. bifolia*, que tiene flores estrelladas de color azul oscuro, sobre tallos de 15 cm, a finales de invierno. Desde luego, la especie más conocida es la campánula originaria de Inglaterra, llamada también jacinto silvestre, y que tiene múltiples nombres científicos: *S. nonscripta, S. nutans, Hyacinthus nonscriptus* y *Endymion nonscriptus*, ninguno de los cuales figura, a veces, en los catálogos. Sus datos son: distancia 10 cm, altura 22 cm, época de floración en plena primavera. Al mismo tiempo florece la campánula gigante (*S. campanulata* o *Endymion hispanicus*) de la que existen excelentes variedades azules, rosadas y blancas. El farolillo rojo de la floración es *S. peruviana* (la azucena cubana) — distancia 15 cm, altura 30 cm, época de floración: plena primavera, en que aparecen grupos de flores de color azul claro.

SUELO Y EMPLAZAMIENTO: en cualquier suelo permeable; al sol o a media sombra.

DATOS: época de plantación, hacia finales del verano. Profundidad 10 cm. Para otros datos, véase arriba.

REPRODUCCIÓN: dividid las matas demasiado densas, al terminar el verano y replantadlas a continuación.

Scilla sibirica

Scilla nonscripta

RANUNCULUS Ranúnculo asiático

Las flores semidobles del ranúnculo asiático son muy apreciadas para hacer ramos ya que, puestos en agua, duran mucho. También es una hermosa planta de jardín, con sus tallos provistos de varias flores de 8 cm, blancas, rosadas, anaranjadas o rojas. Lo normal es plantar los tubérculos en primavera y luego, a principios de otoño, después de que el follaje se haya marchitado, guardarlos en turba seca o arena.

VARIEDADES: al comprar *R. asiaticus* lo normal es que os den una mezcla de variedades de todos los colores. Las hojas están profundamente divididas. Incorporad turba o compost descompuesto al suelo y, antes de plantarlos, sumergid los tubérculos en agua durante varias horas.

SUELO Y EMPLAZAMIENTO: en cualquier suelo permeable; mejor a pleno sol.

DATOS: época de plantación hacia el final del invierno. Profundidad 5 cm. Distancia 15 cm. Altura 30 cm. Época de floración a comienzos del verano.

REPRODUCCIÓN: dividid los tubérculos al desenterrarlos. Replantadlos en primavera.

Ranunculus asiaticus

SPARAXIS Arlequina

Si queréis plantar unos bulbos en la rocalla o en la parte frontal del arriate para luego olvidaros de ellos, no penséis ni por un momento en la arlequina. En las zonas frías debe plantarse a cubierto, en las templadas puede plantarse al exterior, en un lugar resguardado, orientado al sur, e, incluso entonces, deberéis seguir un procedimiento poco habitual: desenterrar los cormos a mediados de verano, cuando el follaje se haya marchitado, y guardarlos secos hasta el otoño.

VARIEDADES: *S. hybrida* se vende como una mezcla seleccionada que forma tallos delgados y rígidos, con flores blancas, anaranjadas, amarillas, rojas y purpúreas. Algunas pueden ser poco vistosas, otras extremadamente coloreadas.

SUELO Y EMPLAZAMIENTO: es esencial que el suelo sea permeable y que haya mucho sol.

DATOS: época de plantación, a mediados de otoño. Profundidad 8 cm. Distancia 10 cm. Altura 30 cm. Época de floración, a finales de primavera.

REPRODUCCIÓN: separad los cormos pequeños cuando desenterréis las plantas y replantadlos a mediados de otoño.

Sparaxis hybrida

STERNBERGIA Sternbergia

A primera vista, esta planta parece un azafrán de floración tardía: las hojas son estrechas y las flores tienen la típica forma de copa de vino. Si las observáis detenidamente, veréis que las de la sternbergia emergen de un tallo y no de una extensión del tubo del pétalo como las del azafrán. Es una planta ideal para plantar en una rocalla de suelo permeable y donde el sol le dé, de lleno, en verano. Es muy lenta en afianzarse; una vez plantada, no la desenterréis.

VARIEDADES: la especie más conocida es *S. lutea*, con flores de 5 cm, de color dorado vivo, en otoño. Eliminad las flores marchitas, pero no las hojas. La mejor variedad es *angustifolia*.

SUELO Y EMPLAZAMIENTO: es esencial que el suelo sea permeable y calcáreo y que haya mucho sol.

DATOS: época de plantación, a mediados de verano. Profundidad 12 cm. Distancia 12 cm. Altura 15 cm. Época de floración, a principios de otoño.

REPRODUCCIÓN: comprad bulbos nuevos; la sternbergia odia ser perturbada.

Sternbergia lutea

TIGRIDIA Atigrada

Al final de verano, justo en el momento en que comenzáis a creer que todas las flores de vivos colores han desaparecido, la atigrada comienza a florecer. Las flores tienen una belleza exótica. Miden unos 10 cm de diámetro, los 3 pétalos exteriores son grandes y de un solo color, blanco, amarillos malva o rojo, los 3 pétalos interiores son pequeños y salpicados de color rojo oscuro y púrpura y la garganta también está moteada; de ahí su nombre vulgar.

VARIEDADES: la única especie que se cultiva es *T. pavonia* que, en áreas templadas y en lugares resguardados, es resistente; si os sentís valientes, afortunados y entendidos, no la desenterréis. Las flores sólo duran un día pero van abriéndose ininterrumpidamente.

SUELO Y EMPLAZAMIENTO: es esencial que el suelo sea permeable y el lugar soleado y resguardado.

DATOS: época de plantación, principios de primavera. Profundidad 10 cm. Distancia 15 cm. Altura 45 cm. Época de floración: verano.

REPRODUCCIÓN: separad los rebrotes al desenterrar las plantas en otoño y replantadlos en primavera.

Tigridia pavonia

TRILLIUM Trillium

Es una planta poco común ya que requiere un ambiente especial; sólo vivirá si la plantáis en un suelo boscoso donde pueda disfrutar de un follaje sombreado por arriba y de un montón de hojarasca por debajo. El trillium es una planta realmente bonita cuando está bien cultivada, con todos sus órganos dispuestos por tríos: 3 hojas anchas en cada tallo, 3 pequeños sépalos verdes y 3 grandes pétalos, rodeando el grupo central de estambres dorados.

VARIEDADES: la especie favorita es *T. grandiflorum*, que tiene flores de 8 cm, que primero son blancas y luego, con el tiempo, se van tornando rosadas. *T. undulatum* es bastante similar pero más pequeña, con sus pétalos blancos, rayados de color púrpura, de 4 cm. De talla parecida es *T. erectum* (30 cm) que forma pequeñas flores de color vino.

SUELO Y EMPLAZAMIENTO: es esencial que el suelo sea permeable y rico en humus; mejor a media sombra.

DATOS: época de plantación, a mediados de verano. Profundidad 8 cm. Distancia 30 cm. Altura 30-45 cm. Época de floración: a finales de primavera.

REPRODUCCIÓN: dividid las matas adultas en otoño y replantarlas a continuación.

Trillium grandiflorum

TRITONIA Tritonia

Por lo general las flores de las tritonias tienen unos 5 cm de diámetro— unas flores estrelladas de color anaranjado con el centro amarillo. A veces se confunde con la *Crocosmia* (pág. 113) con la que está estrechamente emparentada, pero desafortunadamente, la tritonia es aun menos resistente.

VARIEDADES: sólo hay una especie popular, *T. crocata*, de hojas lanceoladas, erectas, con pedúnculos florales sosteniendo una hilera doble de flores, a comienzos de verano. Si hay riesgo de heladas, cubrir las coronas con helechos, turba o cenizas. Hay diversas variedades: entre las que no son anaranjadas figuran «Roseline» (rosada) y «White Beauty» (blanca).

SUELO Y EMPLAZAMIENTO: es esencial que el suelo sea permeable y el lugar resguardado y soleado.

DATOS: época de plantación, finales del verano. Profundidad 5 cm. Distancia 15 cm. Altura 45 cm. Época de floración: hacia finales de primavera.

REPRODUCCIÓN: separad los rebrotes al desenterrar las matas demasiado tupidas y replantarlos, al terminar el verano.

Tritonia crocata

TULIPA Tulipán

Tanto en el jardín, en primavera, como en los catálogos de los viveros encontraréis tulipanes en abundancia; no hay ninguna necesidad de que cantemos aquí sus alabanzas, ni nos extendamos en ilustrar la gran gama de variedades disponibles. En vez de esto, en esta página daremos una somera descripción de los diversos grupos y las normas para su cultivo. Los tulipanes crecen bien en cualquier suelo de jardín siempre que no quede anegado. El grupo más popular es el de los híbridos de jardín que se cultivan como plantas de macizo y florecen después de los narcisos; cuando el follaje se vuelve amarillo deben desenterrarse. Los bulbos secos se guardarán en un lugar sin riesgo de heladas. El grupo de las especies tiene menos partidarios, a pesar de que cuenta con algunas variedades excelentes, incluidas las enanas de rocalla, que parte de ellas pueden dejarse en el suelo en invierno.

HÍBRIDOS DE JARDÍN

TULIPANES TEMPRANOS SENCILLOS
22-40 cm, floración temprana, a principios de primavera. Esta planta cuenta con tallos fuertes y adecuados para una exhibición temprana, pero sus flores son más pequeñas que las de las variedades tardías. Los pétalos se abren del todo. Ejemplos: «Keizerskroon» (amarillo y rojo), «Brilliant Star» (rojo), «Couleur Cardinal» (rojo oscuro, fragante) y «Bellona» (amarillo dorado).

TULIPANES TEMPRANOS DOBLES
22-40 cm, floración: a comienzos de primavera. Presentan tallos fuertes y adecuados para una exhibición temprana —las flores, de pétalos múltiples, duran mucho. Los pétalos a veces son rizados. Ejemplos: «Peach Bloosom» (rosado), «Orange Nassau» (anaranjado), «Marechal Niel» (amarilloanaranjado) y «Schoonoord» (blanco).

TULIPANES TRIUMPH
40-60 cm, floración: a mediados de primavera. Ofrecen tallos fuertes y adecuados para macizos que se deban aclarar con el fin de plantar plantas de macizos de floración estival. Parecen tulipanes Darwin pequeños. Ejemplos: «Garden Party» (rosado, márgenes blancos), «Apricot Beauty» (rosa salmón), «Korneforos» (rojo) y «Sulphur Glory» (amarillo).

TULIPANES DARWIN
60-75 cm, floración temprana: a mediados de primavera. De tallos fuertes. El tulipán de jardín más popular. Flores grandes —los híbridos Darwin son aún mayores. Ejemplos: «Apeldoorn» (rojo anaranjado), «Clara Butt» (rosado), «La Tulipe Noire» (púrpura negruzco), «Zwanenburg» (blanco) y «London» (rosado).

TULIPANES DE FLOR DE AZUCENA
50-75 cm, floración: hacia mediados de primavera. De tallos fuertes; junto con los Darwin, son los tulipanes preferidos para los macizos. Flores largas con pétalos puntiagudos de ápices reflejos. Ejemplos: «West Point» (amarillo fuerte), «China Pink» (rosado), «Queen of Sheba» (anaranjado y rojo) y «White Triumphator» (blanco).

TULIPANES CAMPESTRES
60-75 cm, floración: a mediados de primavera. Tulipanes antiguos de flores largas, en forma de huevo. Pueden mezclarse con los Darwin. Ejemplos: «Rosy Wings» (rosado y blanco), «Golden Harvest» (amarillo), «Marshal Haig» (rojo y amarillo) y «Greenland» (rosado, color crema y verde).

TULIPANES REMBRANDT
50-60 cm, floración: en plena primavera. Tulipanes «quebrados»; los pétalos están veteados o listados de otro color debido a un virus inocuo —algunas veces se denominan tulipanes grotescos. Ejemplos: «Absalon» (amarillo y rojo), «Cordell Hull» (blanco y rojo), «Victory» (amarillo y marrón) y «Gloire de Holland» (color violeta y blanco).

TULIPANES PAPAGAYO
50-65 cm, floración: en plena primavera. De tallos débiles que pueden necesitar soporte. Flores grandes de pétalos rizados; generalmente bicolores. Ejemplos: «Texas Gold» (amarillo, márgenes rojos), «Black Parrot» (color púrpura negruzco), «Firebird» (vermellón y blanco) y «Fantasy» (rosado y verde).

TULIPANES TARDÍOS DOBLES
40-60 cm, floración a mediados de la primavera. Necesitan soporte para protegerlos de los vientos y la lluvia. Flores muy grandes —algunas veces denominados tulipanes peonía. Ejemplos: «Eros» (rosado, fragante), «Nizza» (amarillo y rojo), «Moonglow» (amarillo) y «Symphonia» (rojo).

SUELO Y EMPLAZAMIENTO: es necesario un suelo permeable.

DATOS: época de plantación, a mediados o finales de otoño (si se plantan antes, las heladas pueden dañarlos). Profundidad 15 cm. Distancia 8-10 cm.

REPRODUCCIÓN: separad los bulbillos al desenterrarlos. Secadlos, amlacenadlos y replantadlos a finales de otoño.

ESPECIES

T. kaufmanniana. Las variedades y los híbridos son enanos (15-25 cm) y florecen a finales de invierno. Estos tulipanes, tipo nenúfar, son ideales para la rocalla. Sus flores son como estrellas coloreadas. No los desenterréis en invierno; dejad que se extiendan. Entre las variedades famosas se incluyen «Heart's Delight» (rojo con el margen blanco) y «Stresa» (rojo y amarillo).

T. fosteriana. Las variedades y los híbridos son bajos (30-45 cm) y florecen, a comienzos de primavera. Se cultivan por sus flores enormes que, una vez abiertas, pueden tener hasta 25 cm. Estas flores gigantescas suelen necesitar soporte.

T. greigii. Las variedades y los híbridos son enanos (20-30 cm) y florecen a mediados de primavera. Las flores son duraderas —las hojas a menudo están moteadas o rayadas de color marrón. Una planta excelente para la rocalla. Ejemplos: «Cape Cod» (rojo y amarillo), «Red Riding Hood» (rojo) y «Plaisir» (color crema y rojo).

T. clusiana. De 20 cm de altura y floración a comienzos de primavera. En marcado contraste con los numerosos tulipanes grandes y brillantes —las hojas son herbáceas y las flores, pequeñas, son blancas con rayas rosadas, en la parte exterior de los pétalos.

T. praestans. Se cultiva por sus flores rojas. Crece unos 30 cm y florece a principios de primavera.

Tulipa 'Peach Blossom'

Tulipa 'London'

Tulipa 'West Point'

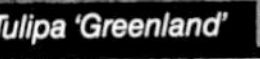

Tulipa 'Greenland'

CAPÍTULO 7

EL CUIDADO DE LAS FLORES

Algunas flores no suelen plantear ningún problema y podemos decir que saben cuidarse a sí mismas, floreciendo ininterrumpidamente año tras año. Estas plantas son minoría y, a pesar de todo, a la hora de comprarlas y plantarlas requieren ciertas atenciones.

Todas las demás precisan de una serie de cuidados; azadonarlas, regarlas, abonarlas, pulverizarlas, estacarlas, etc. Ninguna de ellas resulta particularmente onerosa ni difícil, pero si dejáis de prestarle una de las atenciones esenciales, luego tendréis que realizar un trabajo adicional.

Adquisición

Por regla general, uno obtiene lo que paga, aunque esto no siempre es absolutamente cierto; a veces, en un centro de jardinería con reputación, pueden endosaros plantas de mala calidad, mientras que muchos jardineros han conseguido un excelente lote de plantas, beneficiándose de las ofertas anunciadas en los periódicos. Pero la regla general sigue vigente: esto pagáis, esto tendréis.

FUENTES DE ABASTECIMIENTO

GARDEN CENTER

La gran ventaja es que podéis ver qué es exactamente lo que compráis. Como las plantas suelen venderse en macetas, podréis adquirir ejemplares perennes casi en cualquier época del año para, luego, trasplantarlas. Las existencias de estos Garden Centers son múltiples y variadas y, si tienen cierto prestigio, podéis estar seguros de que las anuales semirresistentes han sido endurecidas adecuadamente. Frente a todas estas ventajas, hay que admitir que las plantas cultivadas en contenedor son más caras que las que han sido desarraigadas del suelo y que, para transportarlas, hace falta disponer de un coche. Tampoco cabe esperar que los Garden Centers dispongan de todas las plantas descritas en este libro; para adquirir algunas de ellas tendréis que dirigiros a un vivero especializado.

Si se os presenta algún problema, devolved la planta al Garden Center y explicad la situación. Llevad siempre la factura de la compra. Si lo que ocurre no os es imputable, el establecimiento normalmente os cambiará el ejemplar.

GRANDES TIENDAS

En las floristerías, grandes almacenes, verdulerías y supermercados, cuando llega la época de la plantación, encontraréis una selección de las variedades más comunes. En primavera habrá bulbos, y en primavera y otoño se os ofrecerá también plantas perennes, casi siempre empaquetadas en bolsas de plástico para facilitar su transporte. También encontraréis algunas plantas de macizo, aunque no cabe esperar que dispongan de variedades raras. Estos establecimientos tienen sus ventajas: al hacer vuestras compras habituales podéis adquirir algún ejemplar a un precio bastante asequible, pero el calor que reina en estos lugares puede provocar su marchitamiento o su desarrollo prematuro.

Si algo va mal y no es culpa vuestra, podéis intentar devolver la planta a la tienda. Sin embargo, la respuesta dependerá del establecimiento en cuestión y no hay ninguna garantía de que os la cambien.

PUESTO DE MERCADO

En los puestos de los mercados, también pueden adquirirse palntas de macizo y bulbos. Suelen ser los proveedores más baratos y, en ellos, las plantas no están sometidas a temperaturas excesivas. Pero, ¡cuidado!, aquí es donde es más fácil que la calidad sea inferior, y no tendréis a quién reclamar. Tocad los bulbos para verificar su consistencia y no compréis plantas de macizo que estén en plena floración. Lo mejor es hacer las adquisiciones al inicio de la época de plantación.

Si os surge algún problema hay muy pocas probabilidades de que vuestra reclamación sea atendida. Sería sorprendente que el vendedor admitiera que sus bulbos estaban enfermos o que sus plantas no habían sido endurecidas adecuadamente.

VENTA POR CORREO

A pesar de las ventajas de los Garden Centers, también podéis hacer vuestra compra por correo, directamente a un vivero reputado. Así elegiréis con toda comodidad, pudiendo consultar los requerimientos de las plantas deseadas en la lista alfabética, antes de rellenar la hoja de pedido. En los catálogos de los especialistas encontraréis variedades que vuestro Garden Center no puede ofreceros; pero para el jardinero normal existe el gran inconveniente de no poder inspeccionar los ejemplares antes de comprarlos. Además, es posible que el pedido os llegue en un momento en que las condiciones meteorológicas o ambientales no sean las adecuadas para efectuar la plantación.

Si algo va mal, escribid al viverista explicando lo sucedido; si estiman fundamentada vuestra reclamación, la mayoría os devolverá el dinero o un vale a descontar de una próxima compra.

OFERTAS DE LOS VIVEROS

A menudo, las revistas de jardinería y los periódicos publican anuncios de «rebajas». Algunas veces, en estas ofertas encontraréis ejemplares de calidad pero, por lo general, debéis mirarlas con recelo. Sobre todo, no os toméis al pie de la letra las descripciones brillantes. Si disponéis de poco dinero y tenéis que plantar una gran extensión, los lotes «rebajados» son un sistema económico de haceros con variedades comunes.

Si las plantas están medio muertas, o enfermas, escribid al establecimiento y al periódico o revista en que haya aparecido el anuncio. Pero, si las plantas son pequeñas y sólo tienen unos pocos tallos, en comparación con las plantas vigorosas que venden en los Garden Centers de vuestro pueblo, no podéis presentar motivo de queja: se trataba de una «rebaja» y no tenéis ningún derecho a esperar plantas de calidad excepcional.

TIPOS DE MATERIAL VEGETAL

Lo mejor es comprar plantas de calidad, no plantas de origen desconocido. Si las plantas han nacido y crecido en condiciones precarias, pocas veces logran recuperarse; contrastad los ejemplares que os proponéis adquirir con las indicaciones que se dan a continuación. Si os véis obligados a efectuar la compra antes de que podáis hacer la plantación, guardad las plantas en un lugar seco y oscuro. No toquéis el suelo, compost, o turba, que rodea las raíces, pero mantenedlos húmedos. Si os habéis de demorar más de 3 ó 4 días, escorad las plantas en una zanja poco profunda.

Plantas cultivadas en contenedor

Una perenne de contenedor es una planta que ha sido obtenida de semilla o de esqueje y luego se ha plantado en una maceta para trasplantarla posteriormente al contenedor de metal o de plástico, con el que se expone a la venta. No tendría que haberse desarraigado del terreno, para embutirla en dicho contenedor. Tal tipo de plantas desarraigadas también son puestas a la venta y pueden dar resultados excelentes, pero nunca deben venderse, ni pagarse, como plantas cultivadas en contenedor. Las verdaderas perennes resistentes cultivadas en contenedor, pueden trasplantarse en cualquier época del año, siempre que el terreno no esté helado.

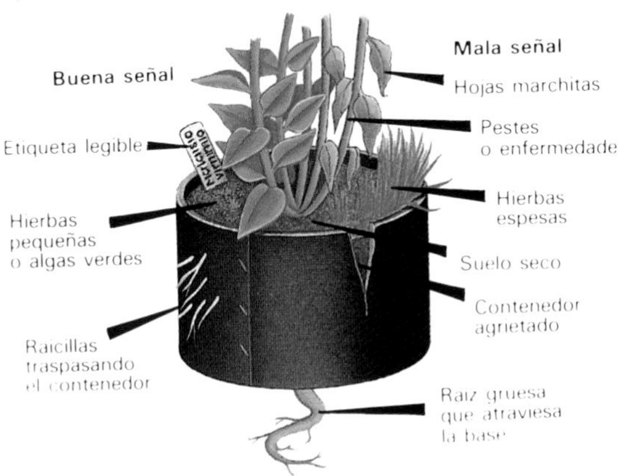

Plantas cultivadas en maceta

Una planta de maceta es una versión miniatura de una planta de contenedor. Puede tratarse de una perenne de rocalla adulta o de una forma juvenil (plántula o esqueje enraizado) de una perenne, anual o bienal, de arriate. Es la mejor manera de comprar una perenne de rocalla y, generalmente, resulta más económica para las perennes de arriate que las plantas cultivadas en contenedor. Es el procedimiento más caro de adquirir anuales, pero también el de tener flores antes y más grandes.

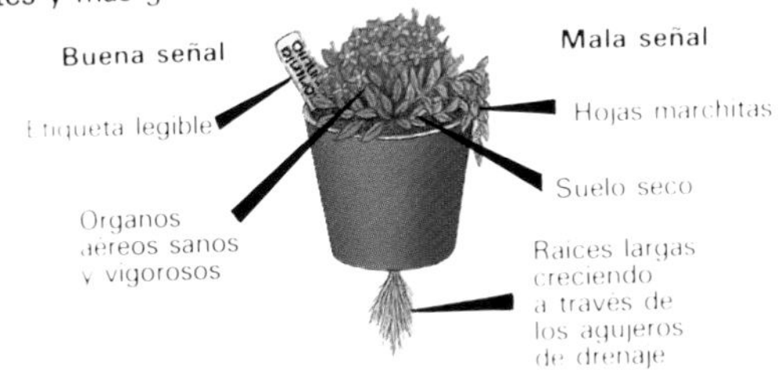

Bulbos

Verificad que la base de los bulbos y los cormos que compráis sea consistente. No deben haber iniciado su desarrollo, y su superficie ha de estar exenta de moho. Los bulbos grandes suelen ser los mejores, pero, para plantar grandes extensiones, es más barato comprar bulbos mezclados. Los bulbos medianos de los jacintos de exterior son mejores que los grandes. No importa que los bulbos de los tulipanes hayan perdido su cubierta exterior, en cambio es necesario que las escamas exteriores de los bulbos de azucena sean fuertes y carnosas; no compréis bulbos que estén cubiertos de escamas marchitas.

Plantas empaquetadas

El material vegetal que suele venderse en las ferreterías, los supermercados y los grandes almacenes son plantas perennes empaquetadas; también las hay en los Garden Centers. Son plantas con las raíces desnudas y cubiertas con turba, musgo o compost, húmedos, metidas en bolsas de plástico provistas de la etiqueta correspondiente. Este material es más barato que el cultivado en contenedores, pero tiene sus inconvenientes. No podéis ver qué es lo que compráis y, dada la temperatura que suele reinar en las tiendas, es posible que la planta haya iniciado prematuramente su desarrollo.

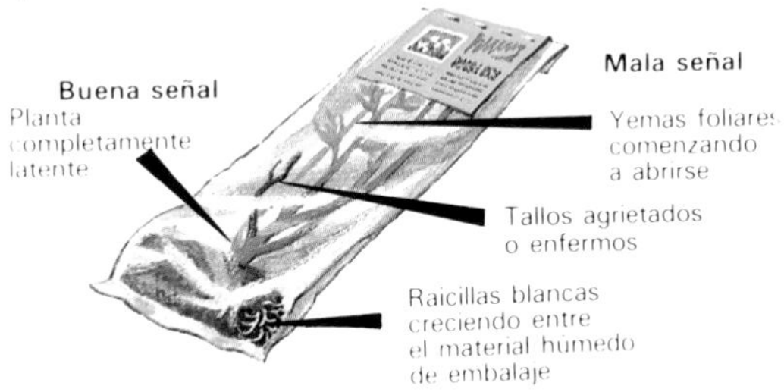

Plantas desarraigadas

A veces, las matas pequeñas de plantas perennes y las porciones de matas grandes desarraigadas y divididas se meten en bolsas de plástico y se ponen a la venta. El problema estriba en que, durante este proceso, se rompen algunas raíces, con lo que, las variedades de raíces pivotantes pueden tardar cierto tiempo en afianzarse en su nuevo emplazamiento.

Semillas

El paquete de semillas es una de las piedras angulares de la jardinería y es el procedimiento usual para obtener plantas anuales y bienales, permitiéndonos conseguir una gama de variedades mucho mayor que si nos limitáramos a adquirir plantas de bancal. Algunas perennes también se pueden obtener a partir de sus semillas. Buscad las formas etiquetadas como híbridos F_1: esto significa que la variedad ha sido reproducida cuidadosamente para que tenga más vigor y produzca flores más vistosas que las especies comunes. Son plantas más caras, pero, generalmente, salen a cuenta. En la época de la siembra, se encuentran plántulas presembradas: son cubetas de plástico, llenas de compost de semillas, en las que se han presembrado determinadas plantas: la cubierta transparente sirve de protección durante la etapa previa a la germinación. Es un sistema muy útil si disponéis de poco tiempo, aunque la gama de plantas disponibles es limitada y el coste es mucho más alto.

Cubetas

Las plantas anuales y bienales de arriate se venden en cubetas de plástico o de madera («bandejas»). Adquiridlas a algún proveedor reputado o del que hayáis quedado satisfechos en años anteriores; si las plantas no se han endurecido adecuadamente tendréis dificultades. No compréis nunca anuales semirresistentes antes de la época de plantación recomendada. Si podéis, comprad toda una cubeta, no sólo unos pocos ejemplares envueltos en papel de periódico.

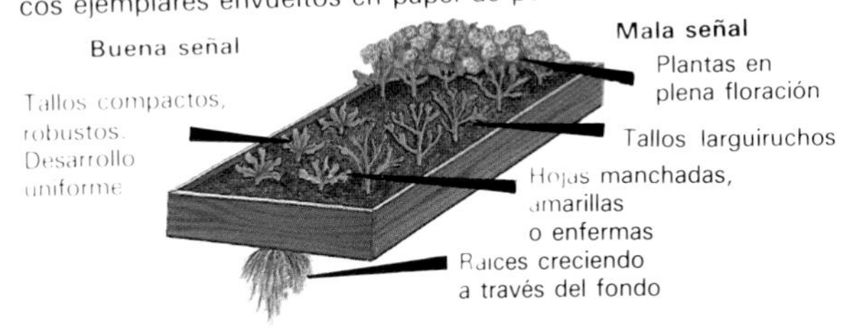

Plantación

ACONDICIONAMIENTO DEL SUELO

DOBLE CAVA. Es un procedimiento recomendado para airear la capa superior del suelo y desmenuzar el subsuelo. La primera fase consiste en cavar una zanja de unos 45 cm de ancho por 30 cm de profundidad a un lado del macizo o arriate y transportar el suelo al otro lado. Clavad las púas de la horquilla en el fondo de la zanja e incorporad al subsuelo turba o compost. Pasad la banda A, vuelta del revés, a la zanja así trabajada. Trabajad ahora la zanja formada en A, incorporándole también turba o compost. Pasad la banda B, vuelta del revés, y así sucesivamente hasta tener una última zanja que se rellenará con el suelo de la primera. No saquéis las piedras pequeñas ya que, en época de sequía, resultan beneficiosas. Al hacer la cava, eliminad las raíces de las hierbas perennes. Para aportar al suelo nutrientes vegetales, trabajadlo con la horquilla mezclándole unos 100 g de fertilizante por metro cuadrado y luego, antes de plantarlo, dejad que el terreno se asiente durante unas 6 semanas, como mínimo.

PLANTACIÓN

La lista alfabética y el estado del suelo os indicarán la época de la plantación. El suelo no debe estar ni helado ni empapado. Coged un puñado de suelo y estrujadlo: debe estar suficientemente húmedo para que se forme una bola, pero suficientemente seco para que, al tirarla contra una superficie dura, ésta se deshaga. Cuando el terreno es permeable, la mejor época para plantar las perennes es el final del verano y el comienzo del otoño: para las plantas de tallos huecos es aconsejable esperar hasta el final del invierno.

Plantas de bancal

Para promover su ramificación, pinzad los ápices de crecimiento unos 10 días antes de plantarlas. En cuanto haya llegado la época recomendada, poneos manos a la obra lo más pronto posible. La época recomendada para las anuales resistentes que se hayan cultivado a cubierto es el comienzo de la primavera entre mediados y finales de la primavera para las anuales semirresistentes y hacia el final del verano para los bulbos. Primero, unas horas antes de efectuar la plantación, regad las cubetas y, mientras esperáis, rastrillad someramente el macizo y luego afirmadlo con los pies. Llevad las cubetas al exterior y tapadlas con un papel; con la laya cavad un hoyo que sea suficientemente hondo para alojar las raíces sin tener que doblarlas. Después de la plantación, la parte superior del cepellón de suelo adherido a la planta debe quedar justo por debajo del nivel del terreno; esto será lo que os indicará cuál es la profundidad correcta del hoyo. Desarraigad suavemente una planta de la cubeta sirviéndoos del desplantador y trasplantadla directamente al hoyo. No desarraiguéis varias plantas a la vez dejándolas junto a vosotros, ya que se secarían. Reponed el suelo que habíais sacado del hoyo y afirmadlo con los dedos. Regad, y ya está. Es un trabajo sencillo, pero debéis aprender a realizarlo de prisa, cogiendo siempre las plantas por las hojas o por el cepellón de suelo, nunca por el tallo. Si habéis comprado las plantas de bancal en una tienda, pinzad sus ápices de crecimiento.

Mezcla de plantación

Para rellenar los espacios que queden alrededor de las plantas nuevas, en vez de suelo normal, emplead una mezcla de plantación. Haced la mezcla en una carretilla, un día en que el suelo esté bastante seco y desmenuzable: 1 parte de suelo, 1 parte de turba húmeda y 3 puñados de harina de huesos por cada carga de carretilla. Guardad la mezcla en un cobertizo hasta que vayáis a iniciar la plantación.

Bulbos

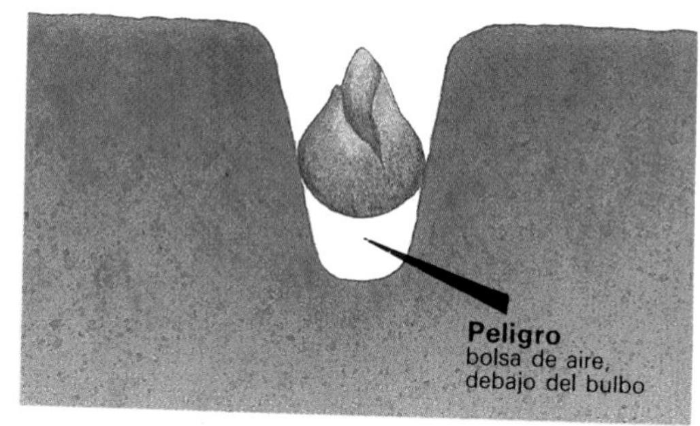

La época normal para plantar los bulbos es el otoño, pero hay excepciones, por lo que es mejor consultar la lista alfabética para saber la época adecuada. No compréis los bulbos hasta que estéis seguros de poder plantarlos de inmediato: muchos bulbos no resisten el estar desenterrados por mucho tiempo. Si tenéis que plantar una zona muy extensa, cavad todo el suelo a la profundidad requerida y cubrid la base de esta extensión con arena. Esparcid los bulbos a la distancia necesaria, hincándolos en la arena, y reponed el suelo, apisonándolo ligeramente con los pies para que no queden bolsas de aire. Los bulbos casi siempre se plantan individualmente y las bolsas de aire son la causa más frecuente del fracaso de los bulbos grandes. Cavad un hoyo con una laya o con un plantador de bulbos, de modo que sea más hondo que la profundidad recomendada, poned arena en el fondo e hincad el bulbo en ella, así evitaréis que se forme una bolsa de aire. Reponed el suelo y afirmadlo. Regadlo.

Plantas empaquetadas. Plantas desarraigadas, con un cepellón de suelo conteniendo grandes raíces

Si las raíces de las plantas perennes empaquetadas son secas, sumergidlas en un cubo con agua durante unas 2 horas. Regad las plantas desarraigadas el día anterior a su plantación. Lo primero qué hay que hacer es señalar con cañas el lugar donde se van a plantar para verificar que estén correctamente distribuidas. Luego hay que cavar un hoyo para cada ejemplar, y el error más frecuente es hacerlo demasiado profundo o demasiado estrecho. Para la profundidad, podéis guiaros por la señal que el suelo ha dejado en el tallo de la planta; para la anchura, medid la envergadura de las raíces y añadidle unos cuantos centímetros. No sacudáis el suelo que queda entre las raíces de las plantas desarraigadas.

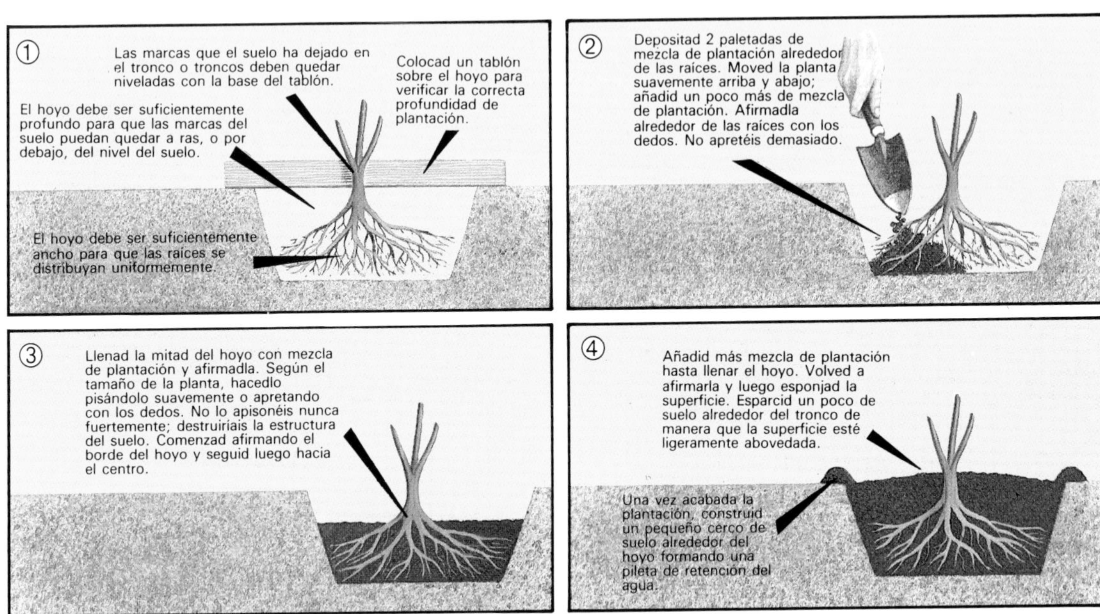

Plantas cultivadas en contenedor y en maceta, y plantas desarraigadas con un cepellón compacto de suelo

Plantar ejemplares de contenedor o de maceta no puede considerarse nunca como un procedimiento sencillo de plantar perennes. Si el ambiente que rodea el cepellón de suelo no es el adecuado, las raíces no penetrarán en el suelo del jardín. Esto significa que no basta cavar un hoyo, sacar la planta del contenedor, colocarla en el hoyo y reemplazar el suelo. Tenéis que empezar regando las plantas el día anterior a su plantación; señalizad sus emplazamientos y, luego, seguid las instrucciones siguientes.

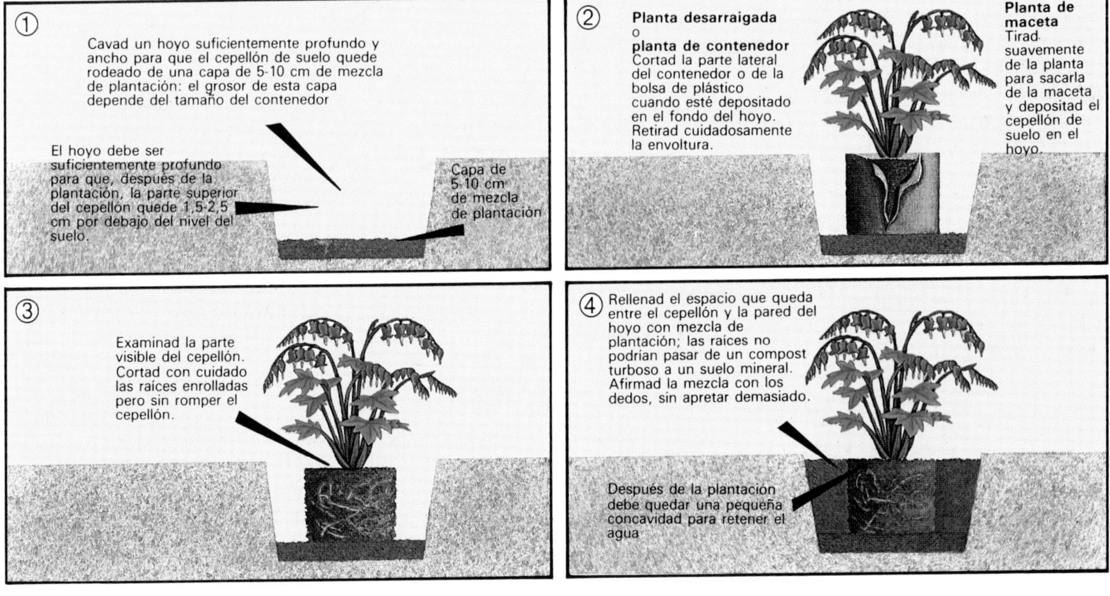

Azadonar y desherbar

En todos los jardines, las malas hierbas son una amenaza y deben mantenerse a raya. No son bonitas y deslucen el macizo o el arriate. Cuando se trata de plantas pequeñas, como las perennes rocosas, las plantas de macizo o las perennes de arriate recién plantadas, las malas hierbas significan un problema adicional, ya que compiten con ellas por el espacio, los alimentos, el agua, etc., y pueden dañarlas o, incluso, ahogarlas.

Para el problema de los hierbajos no hay ninguna solución milagrosa, sino una serie de tareas eslabonadas que deberéis llevar a cabo. A la hora de acondicionar el suelo eliminad todas las raíces de malas hierbas perennes que encontréis. Esto tiene especial importancia cuando pretendéis plantar un arriate que luego deberá quedar inamovible durante varios años. Si el lugar está tapizado de gramíneas el problema es serio. Lo mejor es pulverizarlo con un herbicida antes de la plantación, siguiendo meticulosamente las instrucciones.

Aunque hayáis sacado todas las malas hierbas al acondicionar el suelo, luego pueden aparecer otras entre las plantas cultivadas. Para solucionar este problema lo mejor es azadonar el suelo, operación que debe realizarse regularmente para mantener a raya los hierbajos anuales y para remover los órganos subterráneos de los perennes. En manos poco cuidadosas, una azada puede ser más perjudicial que beneficiosa; no os acerquéis a los tallos y no trabajéis a más de unos 3 cm de la superficie del suelo. No azadonéis pensando que así conserváis la humedad del suelo: la antigua idea de crear un «acolchado esponjoso» ha perdido vigencia. Siempre que os sea posible, arrancad los cardos, las ortigas, las malvas, las corregüelas y las malas hierbas perennes.

Los productos químicos desempeñan su papel, pero deben manejarse con precaución ya que no distinguen entre amigos y enemigos. Existen productos para «quemar» las malas hierbas que crecen entre las plantas. Antes de utilizarlos, leed atentamente las instrucciones, tomad las precauciones que en ellas se indican y marcad la regadera que váis a emplear con la palabra «herbicida» y destinadla únicamente a este uso. A lo mejor, algún día, habrá una solución química al problema de las malas hierbas, pero hasta entonces la base de su control estriba en azadonar, acolchar y desherbar a mano.

Flor cortada

Uno de los placeres de la jardinería es poder cortar flores y hojas para hacer ramos. Es una forma de poda estival, o primaveral, que no suele ser perjudicial, aunque tiene sus inconvenientes. Obviamente, va en detrimento de la vistosidad del jardín y, en el caso de perennes recién plantadas, la pérdida de tallos y de hojas verdes puede disminuir la formación de tallos al año siguiente. Si disponéis de espacio y sois expertos en arreglos florales, merece la pena que tengáis un macizo aparte donde cultivar plantas para cortar flores.

Riego

Durante las primeras semanas del trasplante de las anuales y el primer año de la plantación de las perennes, es imprescindible que en primavera y en verano, siempre que no llueva, las reguéis. Una vez afianzadas, no hará falta regarlas a menos que la sequía sea prolongada. Entonces, no esperéis a que den muestras de estar sedientas; si se marchitan, significa que llegáis demasiado tarde; debéis regar en cuanto el suelo esté seco a pocos centímetros de profundidad y el follaje se vuelva mate.

Una vez hayáis decidido regar, hacedlo copiosamente; un salpicado superficial sólo causará perjuicios. Como norma general, se necesitan de 8 a 15 litros por metro cuadrado y, aunque a menudo se utiliza una regadera, a menos que el jardín sea muy pequeño, es mucho mejor emplear una manguera.

La frecuencia del riego depende de la naturaleza del suelo: un suelo arenoso se seca mucho más rápidamente que un suelo franco. Los suelos pobres en humus también se secan de prisa. No intentéis mantener el suelo siempre empapado: entre dos riegos consecutivos ha de haber un período de cierta sequedad.

Posiblemente el mejor procedimiento de regar sea hacerlo mediante una manguera perforada extendida sobre el suelo. En América suele hacerse un cerco de tierra alrededor de las plantas perennes grandes y luego llenar la concavidad resultante con la manguera.

Descabezado

Eliminar las flores marchitas tiene sus ventajas: ayuda a conservar el buen aspecto del macizo o arriate y, en algunos casos (lupino, espuela de caballero, etc.), prolonga la floración e induce una segunda floración. Según la variedad, deberéis emplear unas tijeras, los dedos o un cuchillo afilado, y

cuidar siempre de no cortar una porción de tallo demasiado larga. Claro está que esta tarea no es aplicable a todas las plantas y que debe evitarse cuando se trate de plantas cultivadas por sus frutos.

Acolchado

Acolchar es depositar una capa de materia orgánica sobre el suelo que rodea los tallos. Las plantas anuales no suelen acolcharse, pero para las perennes herbáceas el acolchado resulta beneficioso:

- Durante los días secos de verano, el suelo se mantiene húmedo.
- Ayuda a mantener a raya las malas hierbas anuales.
- Al incorporar humus, mejora la estructura del suelo.
- Algunos acolchados aportan nutrientes vegetales.
- En invierno, disminuye la penetración del frío en el suelo.

Los materiales apropiados para acolchar son la turba húmeda, el estiércol descompuesto, la tierra de hojas, un buen compost de jardín, el biohumus, los residuos de lúpulo de las fábricas de cerveza, el compost de hongos y la corteza desmenuzada. También suelen recomendarse y emplearse los recortes de césped, pero es necesario hacer una advertencia: podéis depositar de vez en cuando una capa delgada de recortes y mezclarlos, pero no los utilicéis si contienen malas hierbas o si se ha aplicado un herbicida al césped.

La época normal para acolchar es mediada la primavera. El éxito depende de si, antes de depositar la alfombra orgánica, el suelo se ha preparado adecuadamente. Sacad los residuos, las hojas muertas y los hierbajos y, si el suelo está seco, regadlo. Si no lo habéis abonado, aplicadle un fertilizante primaveral, azadonad ligeramente y ya estará a punto de acolcharlo. Extended una capa de 5-8 cm de acolchado alrededor de los troncos, pero sin tocarlos. Trabajadla someramente con la horquilla para mezclarla con el suelo superficial, a principios del otoño.

A la vista de los beneficios obtenidos con el acolchado, resulta extraño que no sea una práctica más generalizada. Y no es porque sea un procedimiento moderno: los romanos ya acolchaban la base de sus plantas con piedras para mantener la superficie del suelo fresca, húmeda y libre de malas hierbas. Tal vez, con el tiempo, nos pongamos a su altura.

Poda

En el macizo y el arriate la poda estival casi no es necesaria; las únicas operaciones que realizan la mayoría de jardineros en esta época son cortar flores para hacer ramos y eliminar las flores marchitas. Los que concurren a las exhibiciones podan los tallos laterales de las dalias, los guisantes de olor, etc., pero los jardineros normales sólo lo hacen cuando las plantas están superpobladas.

Lo que ocurre en el jardín rocoso ya es distinto. Durante el verano, algunas de las plantas de floración primaveral han desarrollado tallos largos y erráticos que deben cortarse con las tijeras para que la planta conserve un buen aspecto y para que, al año siguiente, las flores estén distribuidas uniformemente y no formando un cerco. La aubrieta es un buen ejemplo de este tipo de plantas y su poda puede provocar una segunda floración.

Renovación

Al cabo de unos cuantos años, muchas perennes de arriate y los bulbos resistentes necesitan ser renovados. Si la mata se ha hecho muy grande y la parte central ha quedado despoblada, hay que tratarla. También es necesario renovarlas si están superpobladas, si han invadido el territorio destinado a otras plantas o si se produce un desarrollo excesivo del follaje en detrimento de la formación de flores.

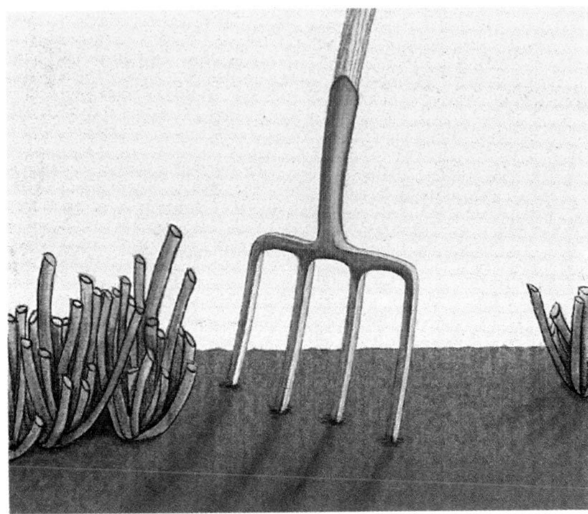

Desarraigad la planta y divididla. Si el desarrollo ha quedado limitado al anillo exterior de la mata, desgajad porciones de aquél de modo que tengan raíces y desechad la porción central. Esta tarea debe realizarse a finales de otoño, a menos que el suelo sea denso y poco permeable; entonces hay que demorarla hasta el comienzo de la primavera. Aprovechad la ocasión para eliminar aquellas malas hierbas perennes que os han importunado durante años, y replantad las porciones a la misma profundidad que la mata original. Plantadlas firmemente tal como se ha indicado en el capítulo 4.

Una advertencia: antes de poner manos a la obra, consultad la lista alfabética. La época correcta para la planta en cuestión puede no ser la misma que para la mayoría de las plantas y, en algún caso, la división puede ser improcedente. Algunas plantas tardan varios años en afianzarse y sería una locura perturbarlas justo cuando empiezan a sentirse como en su casa.

Estacado

Las estacas, los alambres y otros tipos de soportes siempre son feos y, en manos inexpertas, pueden resultar horrorosos, pero son imprescindibles cuando las plantas tienen tallos débiles, son muy altas o están en lugares expuestos, cuando las inflorescencias son voluminosas y en el caso de plantas trepadoras. No esperéis a que la planta se desmorone para estacarla. Ciertas plantas, como las dalias y los crisantemos, deben plantarse una vez colocadas las estacas. En otros casos, los soportes pueden colocarse cuando las plantas aún son pequeñas, de manera que sus tallos crezcan entre ellos, ocultándolos.

Hay distintos tipos de soportes; emplead el más adecuado a cada planta. Para muchas plantas que requieren soporte basta con colocar un cerco de maleza, o unas cuantas ramillas hincadas en el suelo, alrededor de la planta joven cuando sus tallos tienen una altura de 30-45 cm. Evitad a toda costa el mal efecto producido por varios tallos de una planta grande atados a una simple caña de bambú. En vez de esto, tratad de que la planta se desarrolle libremente, insertando tres o cuatro cañas alrededor de sus tallos y atándolas con cuerdas a intervalos de 30 cm, de modo que los brotes de la planta crezcan dentro de esta estructura.

Cuidados invernales

Las plantas anuales no precisan cuidados invernales; en invierno su vida ha acabado y renacerán en primavera, al germinar sus semillas. Las perennes semirresistentes también deben abandonar el jardín, pero ellas tienen destinado un emplazamiento cubierto en donde esperarán hasta que, con la llegada de la primavera, el tiempo cálido permita su reintroducción en el jardín. No caben generalizaciones acerca de las condiciones adecuadas para las perennes semirresistentes y los bulbos que deben pasar el invierno a cubierto. Es un período de reposo durante el cual los bulbos deben mantenerse secos y frescos, mientras que a las plantas verdes se les suministra el agua suficiente para que se mantengan vivas. No obstante, es mejor que consultéis la lista alfabética para comprobar que les aplicáis el tratamiento correcto.

Fuera, en el jardín, las perennes de arriate, las de rocalla y los bulbos resistentes aguardan el regreso de la primavera a cielo abierto. Muchas de ellas no tienen nada que temer, ya que la nieve y las heladas no las perjudican a menos que el terreno no esté anegado; la putrefacción de las raíces mata más plantas que la congelación de éstas.

Los tallos muertos de las perennes de arriate suelen cortarse a finales de otoño. Algunas plantas se podan a ras de suelo y otras a unos 10 cm de éste; la lista alfabética os indicará la altura adecuada. Esta poda invernal hace que el arriate aparezca desnudo, pero hay algunas excepciones: no podéis los perennifolios ni, claro está, las plantas de floración invernal, y las perennes que no son del todo resistentes deben cortarse en primavera. El suelo del arriate herbáceo, o del mixto, se prepara para el descanso invernal trabajándolo con la horquilla un día de finales de otoño en que el suelo esté húmedo (no mojado) y no haya riesgo de heladas. Trabajad desde el fondo del arriate hacia adelante y desde el centro del macizo hacia los bordes, rompiendo con la horquilla la superficie del suelo, volviendo de arriba a abajo los 5 primeros centímetros del suelo que rodea las plantas. No os acerquéis a las raíces, pero cada vez que encontréis una mala hierba perenne, cavad y arrancadla.

Mezclad con el suelo el acolchado que habíais depositado en primavera, dejando una superficie desigual. Es una tarea agradable que podéis realizar un día soleado de otoño y que,

probablemente, os divertirá más que las mismas plantas, a menos que vuestro suelo sea denso y proclive a encostrarse y cubrirse de musgo.

Las perennes que no son del todo resistentes son un problema; podéis tentar la suerte, pero en muchas regiones un invierno crudo significará irremisiblemente su muerte. Podéis cubrirlas con campanas de cristal, aunque lo más frecuente es tapar sus coronas con una capa de paja, helechos, hojarasca o turba. Afianzad esta cubierta con clavijas y no os olvidéis de sacarla en primavera, cuando comiencen a aparecer los brotes nuevos.

Las plantas alpinas resistentes, pero delicadas, deben protegerse tanto del frío invernal como de la lluvia. El procedimiento normal es cubrir las plantas con un cristal sostenido por ladrillos.

Abonado

Las flores, al igual que todos los seres vivos, necesitan alimentos. La producción de tallos, hojas, raíces y flores representa una disminución de las reservas de nitrógeno, fosfatos, potasio y otros elementos del suelo. Si se agota uno o varios de estos elementos, las hojas y las flores presentan síntomas de ello y quedan afectados tanto su vigor como su aspecto. Para evitarlo, en determinada etapa, o etapas, de la vida de la planta, es necesario aplicarles un fertilizante.

No hay una regla general común a todas las plantas. Las necesidades de una pequeña planta alpina han de ser forzosamente distintas de las de un crisantemo de flores grandes, por lo que, a menudo, la alpina está sobrealimentada mientras las grandes perennes pasan hambre.

Antes de la plantación, al acondicionar el suelo, incorporad a su superficie un fertilizante granulado cuyo contenido en nitrógeno no sea nunca superior al de fosfato o potasio; para las perennes de arriate emplead Ferticros, para las anuales Ferticros o harina de huesos y para las perennes de rocallas harina de huesos. Antes de hacerlo, consultad la lista alfabética: hay algunas plantas que crecen mejor si pasan hambre, en un suelo poco fértil, y no deben abonarse.

La mayoría de plantas necesitan ser abonadas; en el caso de las perennes de arriate, pulverizad Ferticros alrededor de los troncos en primavera y abonad regularmente con un fertilizante líquido las plantas grandes o de abundante follaje. Un abonado regular también suele ser beneficioso para la mayoría de bulbos. Las plantas anuales, al no tener que desarrollar un sistema de almacenamiento de reservas para el invierno, necesitan mucho menos abono. Cuando comiencen a florecer, aplicadles un fertilizante líquido; no las sobrealimentéis, o tendréis muchas hojas y pocas flores. Por regla general, las perennes rocosas casi no necesitan ser abonadas: basta aplicarles un fertilizante rico en potasio una vez al año.

Unas cuantas normas. Mezclad fertilizantes pulverulentos o granulados con la capa superficial de suelo y no los apliquéis nunca cuando la superficie esté seca. No los apliquéis nunca tocando los tallos y las hojas.

Cuando el abonado radicular resulta ineficaz, puede emplearse

el abonado foliar. Una técnica muy útil para todas las plantas cuando el suelo es poco profundo y cuando aquéllas han sido atacadas por una peste o enfermedad. La respuesta es rápida y la actividad radicular se reanuda enseguida. Podéis emplear una regadera o un pulverizador.

CAPÍTULO 8
LAS PLANTAS DE AFICIONADO

La práctica de la jardinería es un pasatiempo saludable, gratificante y sumamente popular. En casi todos los jardines hay una amplia gama de plantas que reciben los cuidados necesarios para que, si no llegan a florecer, al menos consigan sobrevivir. Todas contribuyen al esplendor general del jardín, pero es bastante natural que el jardinero sienta especial preferencia por alguna de ellas, aquellas sin las cuales no sabría pasarse y que reciben ciertas atenciones especiales a lo largo de toda la temporada.

Hay algunas personas para las cuales este favoritismo no es suficiente; la selección, el cuidado y la exhibición de un solo género de plantas los absorbe tanto que su cultivo llega a convertirse en su único pasatiempo. Indudablemente no todas las flores suscitan tal devoción, ya que muchas no representan ningún reto. Tomemos por ejemplo las capuchinas. Estas plantas anuales, llenas de color, que en verano alegran las jardineras de las ventanas y los macizos florales con sus vivos tonos amarillos y rojos, son muy útiles y vistosas, pero son tan fáciles de cultivar y hay un número de variedades tan limitado que el jardinero no es puesto a prueba y no tiene la sensación de que le falta aprender muchas cosas y adquirir mucha destreza. El reto es algo necesario para que una actividad se convierta en afición; el alpinismo y la navegación son aficiones populares, montar en escaleras mecánicas y cruzar ríos en transbordador, no.

En el otro extremo de las capuchinas están los crisantemos, un ejemplo ideal de planta de aficionado. En primer lugar hay una increíble gama de variedades entre las que elegir y, suponiendo que seáis lo suficientemente listos para conocer los cientos de variedades que existen hasta la fecha, tendréis que enfrentaros al problema que supone dominar la avalancha de formas nuevas que surgen año tras año. Variedades en abundancia y, además, ciertas técnicas que tendréis que aprender si pretendéis cultivar estas plantas a la perfección. Todo esto significa que el crisantemo reúne los requisitos necesarios para ser una planta de aficionado; hay libros dedicados exclusivamente a su cultivo, sociedades especializadas creadas para informar a sus entusiastas afiliados, poner al día la clasificación de los crisantemos en caso necesario y organizar exposiciones y concursos. En el calendario del entusiasta de los crisantemos los días en que participa en los diversos concursos, tanto a nnivel local como estatal, son fechas señaladas. Antes de desarraigar las matas y trasladarlas a cubierto, a finales de otoño, hay un año largo de trabajo: acondicionar el suelo, plantar, estacar, refrenar, abonar regularmente, pulverizar, regar, eliminar yemas, etc. Y en invierno hay libros, catálogos y revistas que leer y plantas que ordenar.

El crisantemo es una perenne semirresistente: cada año hay que comenzar de nuevo y luego prepararlas para el invierno. Por tanto, es una planta que requiere una actividad más prolongada que la mayoría de las flores del jardín y por esto no es de extrañar que casi todas las plantas de aficionados sean perennes semirresistentes. La dalia, al igual que el crisantemo, pasa el invierno en estado de latencia, mientras que las otras dos, la fucsia y el geranio, siguen viviendo como planta verde, pero con su actividad disminuida.

Hay una excepción: la azucena es un bulbo. Todo lo que tenéis que hacer es plantar los bulbos correctamente y en la época adecuada y, luego, éstos, seguirán, año tras año, coronándose de preciosas flores. En realidad, el cultivo de la azucena no es tan sencillo; aunque no precisa ser desenterrada en invierno, no por esto deja de ser un reto: muchas especies y variedades son bastante temperamentales y requieren un emplazamiento especial. El objetivo del aficionado a las azucenas es conseguir una colección representativa de este vasto grupo de plantas; lo mismo que en el cultivo de las orquídeas, lo que le fascina es la combinación de la belleza de las flores con las dificultades del cultivo y de la reproducción.

Agrupar cierto número de plantas famosas bajo el epígrafe de plantas de aficionado es algo totalmente artificioso ya que no existe ningún vínculo natural entre ellas. Se trata sólo del reconocimiento de que las plantas en cuestión tienen un nutrido grupo de devotos, lo que permite al autor describir más detalladamente su clasificación, sus variedades y su cultivo. En este libro reciben este tratamiento los crisantemos, las dalias, las fucsias, las azucenas y los geranios. Otras plantas podrían reclamar para sí idéntica atención: los guisantes de olor, los gladiolos, los lirios y los claveles, por ejemplo. Si queréis una lista completa de las variedades existentes, consultad algunos catálogos especializados.

Un última cuestión. ¿Es bueno dedicarse exclusivamente a una flor en vez de atender por un igual a todas las plantas del jardín? La respuesta es que no; pero si el encanto y el reto que representa una determinada planta se apoderan de vosotros, entonces nada podrá impedir que os convirtáis en sus más firmes adoradores: seréis sus verdaderos esclavos.

CHRYSANTHEMUM Crisantemo

El crisantemo se ajusta perfectamente a la definición de planta de aficionado: hay innumerables variedades y una larga lista de términos técnicos. Para cultivarlo con éxito se necesita tanto experiencia como habilidad, y sus formas se han clasificado en diversos grupos, clases, secciones y subsecciones. Pese a esta complejidad, o a causa de la ella, el crisantemo es, posiblemente, la perenne de aficionado por excelencia en Gran Bretaña, superada tan sólo por la rosa.

Los objetivos del aficionado, más que el buen aspecto general de la planta, son el tamaño y la perfección de las flores, aunque el crisantemo es también una excelente planta de jardín. Los hay de varios tipos: el crisantemo anual, una planta resistente llena de color, que crece fácilmente a partir de semilla, y la margarita Shasta, una perenne herbácea. Pero éstos no son más que parientes poco importantes de las plantas que florecen a finales de verano y en otoño.

Técnicamente, éstos son los crisantemos de florista, con hojas lobuladas, de color verde oscuro. Lo primero que tenéis que decidir es si queréis una variedad de exterior o una de invernadero; no es una decisión difícil. El grupo de exterior comprende un gran número de secciones, pero la alternativa básica es entre el tipo de flores pequeñas, para el jardín (que da poco trabajo), o el tipo decorativo, con flores más grandes, que debe ser estacado y parado. Es necesario estacarlo para sostener las inflorescencias y pararlo (eliminar los ápices de crecimiento) para que florezca antes, para que las inflorescencias sean mayores.

Las cosas se ponen más difíciles si queréis flores para concursos y exposiciones: la primera detención, y en ocasiones la segunda, debe programarse cuidadosamente para que las flores estén en su máximo esplendor el día señalado. Las variedades cultivadas para concursos suelen ser altas y descapulladas (se han eliminado los primordios de los ápices de crecimiento y de las yemas florales englobadas en el primordio principal), operaciones necesarias para que la yema floral elegida se desarrolle por completo. Esta única flor que se abre en lo alto de cada tallo puede necesitar protección contra los elementos mediante el ensacado (consistente en encerrar la flor dentro de una bolsa de papel) o cubriendo toda la planta con una lámina de plástico.

Y esto es todo por lo que respecta a los tipos de exterior, que pueden ser fáciles de cultivar o muy exigentes según el objetivo que persigáis. Las variedades de invernadero comienzan a florecer a principios de otoño, cuando las de exterior se marchitan, y aquí también la disyuntiva es entre la producción de flor cortada o el aspecto general de la planta. Para tener flores cortadas de calidad, elegid una variedad de exhibición en la que las operaciones de parar el desarrollo y de eliminar los capullos son esenciales; de esta manera pueden obtenerse flores de más de 25 cm de diámetro.

Se ha escrito mucho acerca de la historia de los crisantemos en el jardín. En Japón los cultivan desde hace más de 2500 años, pero todas las facetas espectaculares de esta flor fascinante han sido desarrolladas en el siglo XX.

VARIEDADES DE EXTERIOR

Otras denominaciones: crisantemos de floración tempana crisantemos de arriate

Incluyen todas aquellas variedades que florecen en la época normal, antes de finales del verano, al aire libre y sin ninguna protección.

Variedades de jardín de flores pequeñas

Si espontáneamente no se ha producido ninguna pausa, es necesario pararlas apenas mediada la primavera. No es necesario descapullarlas

Variedades decorativas de jardín

Si espontáneamente no se ha producido ninguna pausa, es necesario pararlas apenas mediada la primavera. No suele ser necesario descapullarlas

Variedades decorativas de flor cortada

Es necesario pararlas y descapullarlas

VARIEDADES DE INVERNADERO

Otra denominación: crisantemos de floración tardía

Incluye todas las variedades que normalmente florecen desde principios hasta finales de otoño.

Plantas que florecen en maceta

Variedades enanas de las formas estándar, variedades Charm y margaritas. Puede ser necesario pararlas, pero no hace falta descapullarlas

Variedades decorativas de flor cortada

Es necesario pararlas y descapullarlas

Variedades en cascada

Los tallos colgantes deben ser dirigidos

MATERIAL DE PLANTACIÓN DE LOS CRISANTEMOS

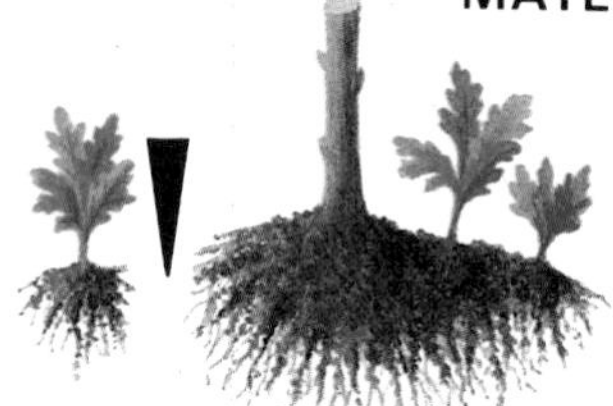

DIVISIONES DE RAÍZ

En primavera, las porciones externas de los tallos del último año pueden desgajarse de modo que cada uno contenga brotes nuevos y raíces. Todos los crisantemos pueden propagarse por medio de estas matas, pero en la práctica este procedimiento sólo se emplea para los híbridos coreanos.

ESQUEJES ENRAIZADOS

Los tallos de la última temporada se guardan en una cajonera o un invernadero. Antes del comienzo de la primavera se toman esquejes, de 5-8 cm de longitud, de la base (no de los lados) de los tallos. Se enraízan a 10-15 °C y luego se pasan a macetas de 8 cm.

SEMILLAS

Las semillas producidas por los crisantemos no suelen emplearse para reproducirlos porque dan lugar a plantas que pocas veces son iguales a sus progenitores. Las variedades de charm y cascade son excepciones y se cultivan de semillas.

ESTACADO

Insertad en el suelo, a una profundidad de 30-35 cm, una robusta caña de bambú antes de plantar las variedades de gran talla o de flores grandes. Sujetad el tallo a la estaca, sin apretar, mediante una cuerda suave. A medida que la planta crezca, haced nuevas ataduras. A finales del verano puede ser necesario poner otra estaca.

PINZADO

Cuando la planta tiene unos 20 cm de altura, el ápice de crecimiento, blando, debe pinzarse o pararse, con lo que se estimula el crecimiento de los tallos laterales portadores de flores (forzados). Cuando se trate de ejemplares de jardín deben conservarse todos los tallos forzados. En el caso de tallos para flor cortada reducidlos a 8, y si son para exhibición a 3. A principios del verano, pinzad los tallos laterales que se hayan formado sobre los tallos forzados restantes.

PLANTACIÓN

Los esquejes enraizados deben plantarse al exterior a mediados de la primavera. El día antes, regad copiosamente las macetas y, con una laya, cavad un hoyo en el suelo húmedo más ancho, pero sólo un poco más profundo, que el cepellón que acompaña al esqueje. No plantéis nunca un crisantemo demasiado profundamente. Rellenad el hoyo con suelo tamizado y afirmadlo. Regadlo, pero no lo volváis a regar hasta una semana después.

VARIEDADES DE INVERNADERO

Al comienzo de la primavera trasladad los esquejes enraizados a macetas de 8-12 cm, e insertad en ellas una o varias cañas de bambú para aguantar los tallos. Al igual que para las variedades de exterior, es necesario parar el crecimiento. Al final de la primavera colocad las macetas al exterior sobre una base de cenizas, baldosas u hormigón. Disponed unos postes firmes y tirad entre ellos varios alambres a los que sujetaréis las plantas. Regadlas regularmente, pero sin que el compost quede permanentemente empapado. Hacia el final del verano, volved a poner las macetas a cubierto. Descapullad las plantas cuando sea necesario. Abonadlas regularmente hasta que los capullos tomen color.

ACOLCHADO

A partir del final de la primavera, no azadonéis el suelo. Mantenedlo fresco y húmedo y aplicad alrededor de las plantas una capa de turba o de compost.

REGADO Y ABONADO

Si no llueve regad el suelo copiosamente, pero sin que quede constantemente empapado. Rociar someramente el follaje también es beneficioso. Cada quince días abonad el suelo con un fertilizante líquido, hasta que los capullos comiencen a hincharse.

DISTANCIA DE PLANTACIÓN

Para jardín: 30-45 cm. Producción de flor cortada. Hileras de 45 cm de ancho, plantas a 37 cm de distancia.

PLAGAS Y ENFERMEDADES

Las primeras plagas serias son las babosas y los pájaros, que pueden devorar o destrozar las plantas jóvenes. Los pulgones, los cápsidos, los minadores foliares y las tijeretas también pueden resultar un problema: combatidlos con un insecticida sistémico. El mildiú y la podredumbre pueden prevenirse mediante un tratamiento adecuado; pulverizad las plantas con un fungicida sistémico tan pronto como aparezcan las primeras manchas. El principal enemigo es el nematodo del crisantemo, cuya presencia se detecta por el ennegrecimiento de las hojas inferiores. No hay ningún tratamiento eficaz; las plantas deben destruirse y el suelo queda inhabilitado para siempre para el cultivo del crisantemo.

SUELO Y EMPLAZAMIENTO

Elegid un lugar donde, en los días despejados, el sol dé al menos unas cuantas horas. No las plantéis nunca bajo los árboles. Casi todos los suelos son adecuados siempre que sean permeables. No hace falta que sean calcáreos; los crisantemos prefieren cierta acidez. En invierno, incorporad al suelo gran cantidad de materia orgánica: trabajadlo con la pala a una profundidad de unos 25 cm. Incorporadle unos 100 g de harina de huesos por cada metro cuadrado.

ALMACENAMIENTO DE TALLOS ENRAIZADOS

A mediados de otoño, cortad los tallos a unos 15 cm del suelo, desarraigadlos con cuidado y sacudidlos suavemente para que se desprenda el suelo de entre las raíces. Eliminad todas las hojas y etiquetadlos. Las raíces así preparadas (tallos enraizados) se colocan en cajas y se rodean de compost. Guardad las cajas en una cajonera y en cuanto aparezcan los primeros brotes regaladlas.

DESCAPULLADO

Al cultivar variedades grandes para cortar flores lo que se persigue es obtener una flor soberbia en cada tallo. El descapullado consiste en eliminar todos los brotes y los capullos laterales indeseados de un tallo. Así se asegura el capullo principal.

ENSACADO

Muchos aficionados suelen proteger las flores de exhibición con una bolsa de plástico. Este ensacado es una técnica muy frecuente en las variedades blancas y amarillas; sobre cada capullo, en cuanto empieza a tomar color, se coloca una bolsa de papel especial.

CHRYSANTHEMUM (continuación)

Formas ornamentales

Flores medianas: hasta 15 cm de diámetro
Flores grandes: 15-25 cm de diámetro

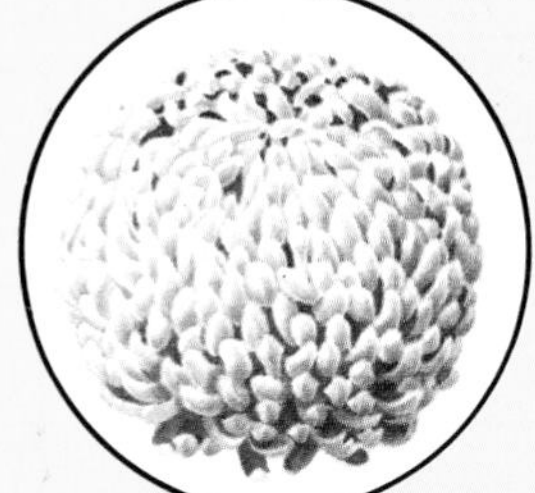

INCURVADA
Las florecillas están curvadas hacia el centro. La flor forma una apretada bola.

Ejemplos de exterior:
Flores medianas «Martin Riley» (amarilla), «Nancy Matthews» (blanca)

Flores grandes «Derek Bircumshaw» (amarilla), «Evelyn Bush» (blanca)

INTERMEDIA
Las florecillas son laxas y están incurvadas irregularmente o son parcialmente reflejas.

Ejemplos de exterior:
Flores medianas «Cricket» (blanca), «Claret Glow» (color rosa oscuro),

Flores grandes «Keystone» (purpúrea), «Escort» (roja)

REFLEJAS
Las florecillas están dobladas hacia afuera y hacia abajo desde el centro.

Ejemplos de exterior:
Flores medianas «Karen Rowe» (rosada), «Regalia» (purpúrea rosada),

Flores grandes «Tracy Waller» (rosada), «Abundance» (amarilla)

Formas de flores pequeñas y de ramillete

FLORES SENCILLAS
Menos de 5 verticilos de florecillas radiales. Grupo central de florecillas en disco.

Ejemplos: «Abel Miles» (roja), «Peggy Stevens» (amarilla), «Pat Joice» (rosada), «Ben Dickson» (anaranjada).

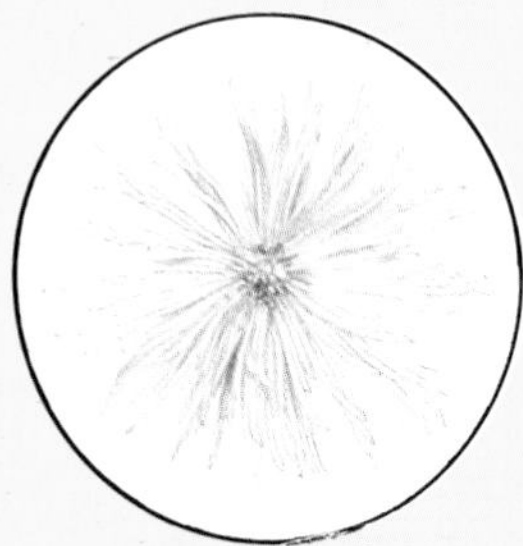

FLORES-ARAÑA
Las florecillas son filiformes o acucharadas.

Ejemplos: «Pink Rayonnante» (rosada, filiforme), «Pietro» (roja, filiforme), «Tokio» (blanca, filiforme), «Magdalena» (amarilla, acucharada)

FLORES TIPO ANÉMONA
Menos de 5 verticilos de florecillas radiales. Montículo central de florecillas tubulosas.
Ejemplos: «Flying Saucer» (blanca), «Oliviero» (purpúrea), «Vivien» (roja), «Beautiful Lady» (rosada)

HÍBRIDOS COREANOS
Planta ramificada de floración tardía para jardines expuestos: puede quedarse sobre el terreno 2-3 años. Ejemplos: «Sunny Day» (amarilla) y «Caliph» (roja)

RAMILLETES
Variedades de exterior y de invernadero con abundantes inflorescencias pequeñas sobre cada tallo ramificado. Ejemplos: «Anne Ladygo» (rosada) y «Pennine Silver» (blanca)

CHARM
Plantas de maceta que forman un montículo cubierto de una masa de pequeñas inflorescencias tipo margarita. Ejemplos: «Red Charm» y «Yellow Charm»

CASCADA
Plantas de maceta con inflorescencias como las de las *Charm* pero de porte rastrero. Ejemplos: «White Cascade» y «Pink Cascade»

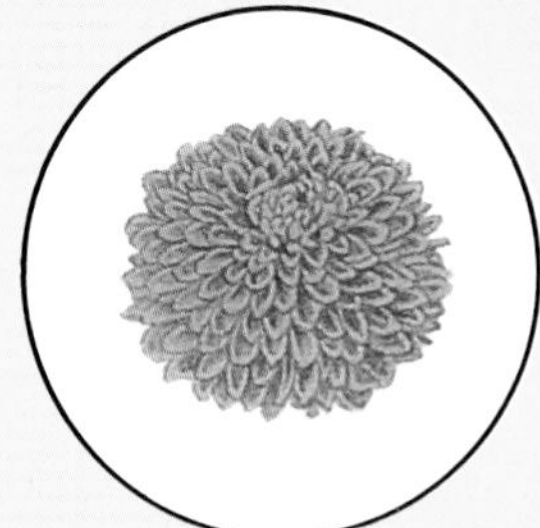

POMPÓN
Florecillas dispuestas apretadamente (no curvadas) formando una pequeña inflorescencia globosa. Ejemplos: «Denise» (amarilla), «Fairie» (rosada), «Cream Bouquet» (color crema), «Bob» (roja)

Forma de la flor

Una flor de crisantemo es una inflorescencia formada por numerosas florecillas, cada una de las cuales es una flor verdadera con los pétalos soldados, y la forma de las florecillas existentes es la que permite la identificación. Pueden ser pequeñas, como una porra, y dispuestas en un disco central (florecillas discoidales), o más largas y tubulares, con idéntica disposición (florecillas tubulosas). Los «pétalos» de las inflorescencias son, en realidad, florecillas radiales (liguladas). En las flores dobles sólo hay florecillas liguladas, y la dirección en que están curvadas es un buen dato para su clasificación.

Chrysanthemum 'Evelyn Bush'

Chrysanthemum 'Keystone'

Chrysanthemum 'Tracy Waller'

Chrysanthemum 'Peggy Stevens'

Chrysanthemum 'Beautiful Lady'

Chrysanthemum 'Fairie'

Chrysanthemum 'Yellow Rayonnante'

Chrysanthemum 'Anne Ladygo'

Chrysanthemum 'Red Charm'

DAHLIA Dalia

La historia de las dalias es interesante. Los primeros tubérculos llegaron a Europa, concretamente a España, en el siglo XVIII, enviados por los colonizadores españoles de Méjico. Andreas Dahl (de donde proviene el nombre de la planta) la consideraba una hortaliza, más que una flor de jardín, pero, cuando en Bélgica se obtuvieron las primeras variedades de flores grandes y dobles, la gente dejó de interesarse por los tubérculos comestibles para hacerlo por las flores. Algunas de las novedades de M Donckelaar se extendieron por Europa y comenzó la locura.

En pocos años se desarrollaron casi todos los colores que admiramos actualmente, y los catálogos de la época victoriana contienen cientos de variedades. Las favoritas de aquella época fueron las dalias globosas y las dalias ornamentales de flores pequeñas; hoy en día, la atención del público se centra en las ornamentales de flores grandes y en las de tipo cactus. Las modas cambian, pero la popularidad de esta flor tardía va en aumento.

Las razones para esta devoción por las dalias son bastante obvias. En primer lugar, la habilidad de los hibridadores ingleses, holandeses, alemanes, australianos y americanos ha producido una variedad de tallas y colores sin parangón en el mundo de las flores de jardín. La talla va desde las enanas de macizo de 30 cm de altura a las gigantes, más altas que una persona; el tamaño de las flores va desde las de menos de 2 cm hasta las que son grandes como platos.

También es muy importante su época de floración. Desde mediado el verano hasta los primeros fríos, cuando tantas flores han dejado atrás su esplendor, las dalias forman grandes masas coloreadas. Y, por encima de todo, se trata de unas plantas acomodaticias, que gustan de un buen suelo franco, pero crecen casi en cualquier parte. Agradecen el sol, pero también florecen a media sombra. El lugar ideal para las dalias es un macizo dedicado exclusivamente a ellas, pero también se sienten en su casa en un arriate herbáceo... o incluso en la rocalla, si se trata de variedades enanas de macizo.

Una virtud importante es su manera de comportarse con un jardinero ocasional o inexperto. Para éste, cultivar dalias es sólo plantar los tubérculos que el año anterior desenterró y guardó en el garage. Esta plantación debe realizarla cuando ya ha pasado la época de las heladas y, si no tiene tubérculos, le basta desplazarse hasta el Garden Center más próximo, donde encontrará una amplia gama de tubérculos en maceta o de esquejes enraizados. Después de la plantación, no tiene más que estacar los tallos cuando amenacen derrumbarse y pulverizar el follaje cuando los pulgones comiencen a ser un estorbo. A pesar de darles un tratamiento tan sencillo, obtendrá excelentes resultados.

Pero no se trata de que sea una planta «fácil». Para los entusiastas cultivar dalias es una tarea exigente y absorbente. Hay que preparar las mezclas de suelo y los composts en invierno, esquejar los tubérculos para enraizarlos, pinzar los ápices de crecimiento, aplicar los fertilizantes, eliminar los brotes laterales, descapullar las plantas, mantener húmedas las raíces y preparar las flores para las exhibiciones. El aficionado tiene ante sí varios retos: batir el récord mundial de la inflorescencia de 52.5 cm, cultivar la dalia azul y ganar una infinidad de concursos.

Pero, además, la mayoría de dalias siguen siendo cultivadas por los jardineros normales que no la consideran un pasatiempo. Para ellos, la dalia sirve para alegrar el arriate herbáceo a finales de verano... con la ventaja adicional de obtener flores cortadas suficientemente largas para impresionar a los vecinos.

MATERIAL DE PLANTACION DE LAS DALIAS

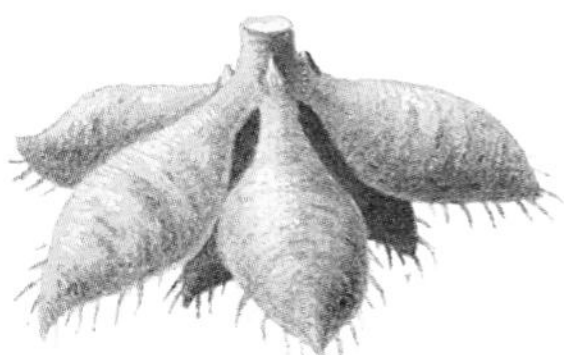

TUBÉRCULOS DEL SUELO
Proveedor normal: el jardín propio. Desenterrados en otoño y guardados durante el invierno.

Cada dos años, dividid los tubérculos con cuidado, verificando que cada porción tenga un trozo de tallo provisto de tubérculos hinchados.

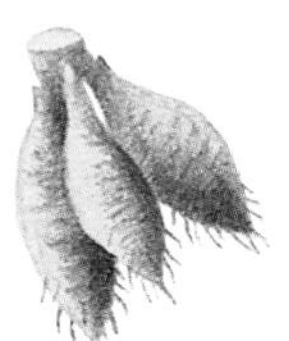

TUBÉRCULOS DE MACETA
Proveedor normal: el Garden Center o un vivero con venta por correo. Los tubérculos en maceta son un material de plantación muy apropiado y fácil de manipular, pero resulta más económico utilizarlos para obtener esquejes que luego se enraizan para ser plantados al exterior.

ESQUEJES ENRAIZADOS
Proveedor normal: el Garden Center o un vivero con venta por correo

o

obtenidos en casa: los tubérculos se plantan en compost húmedo, bajo cristal, hacia finales de invierno, para conseguir tallos de 8 cm. Éstos se esquejan y se deshojan y luego se emplean como esquejes, pasándolos a una maceta para trasplantarlos después.

SEMILLAS
Proveedor normal: un Garden Center o un vivero con venta por correo. Las variedades de bancal (pág. 17) pueden obtenerse de esta manera. Sembradlas en un bancal ligeramente caliente (15 °C) al comenzar la primavera y trasplantadlas hacia el final de la ésta. La época de floración es antes de mediado el verano hasta mediado el otoño.

TAMAÑO DE LA FLOR

Algunos catálogos usan ciertos términos para describir el diámetro de las inflorescencias de las variedades ornamentales y cactus. La clave siguiente os ayudará a hacer vuestra elección.

Gigante	Más de 25 cm
Grande	20-25 cm
Mediana	15-20 cm
Pequeña	10-15 cm
Miniatura	Menos de 10 cm

TALLA DE LA PLANTA

Algunos catálogos emplean ciertos términos para describir la talla media de las variedades cultivadas en condiciones adecuadas. Recordad que la talla indicada es sólo la media; la talla que una planta alcance en vuestro jardín dependerá de su emplazamiento, del clima y de las condiciones de cultivo.

Variedad de arriate alta	Más de 1.2 m
Variedad de arriate mediana	90 cm-1.2 m
Variedad de arriate pequeña	Menos de 90 cm
Variedad de bancal	Menos de 60 cm
Variedad liliputiense	30 cm o menos

ESTACADO
Para las variedades altas emplead una estaca de madera de 6 cm^2 de sección; para las formas más pequeñas utilizad una caña de bambú gruesa. Hincad la estaca a unos 30-37 cm de profundidad antes de la plantación. Debe quedar a una altura sobre el suelo de unos 30 cm menos de la que se espere tenga la planta. Cuando el tallo tiene unos 22 cm, atadlo suavemente a la estaca mediante una cuerda flexible. A medida que la planta crezca, haced nuevas ataduras. Si la planta tiene varios tallos principales, podéis necesitar algunas estacas complementarias.

DESCABEZADO
La eliminación regular de las inflorescencias marchitas prolonga la temporada de floración de la planta.

RIEGO Y ABONADO
Si no llueve, regad copiosamente. En cuanto aparezcan los capullos, si no llueve es necesario regar cada dos días. Desde el comienzo hasta el final del verano abonad de vez en cuando, empleando un fertilizante líquido que tenga mayor contenido en potasio que en nitrógeno.

PLANTACIÓN DE LOS TUBÉRCULOS
Plantad los tubérculos latentes al comienzo de la primavera; en regiones septentrionales, esperad hasta bien avanzada ésta. Cavad un hoyo de unos 15 cm de profundidad con la laya, colocad el tubérculo en el fondo y cubridlo con suelo tamizado. La corona del tubérculo debe quedar a unos 8 cm de la superficie. Cercioraos de que no queden bolsas de aire bajo los tubérculos; después de llenar el hoyo, apretad el suelo con los dedos. Etiquetad la estaca con el nombre de la variedad. En esta fase no hace falta regar.

PLANTACIÓN DE LOS ESQUEJES ENRAIZADOS
Plantadlos cerca del final de la primavera; en regiones septentrionales esperad casi hasta el comienzo del verano. Una hora antes de plantarlos, regad las macetas. Con un trasplantador, haced un agujero que sea más grande que el cepellón de suelo del esqueje. Después de la plantación, regadlo durante un par de días. Los tubérculos ya con brotes deben tratarse como si fueran esquejes enraizados.

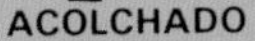

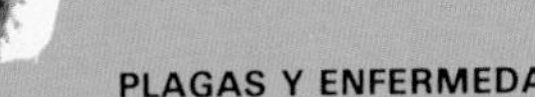

ACOLCHADO
No azadonéis el suelo, ya que las plantas están enraizadas superficialmente. Desherbadlo y mantenedlo húmedo aplicando una capa de unos 5 cm de turba o compost alrededor de las plantas, al comienzo del verano.

DISTANCIAS DE PLANTACIÓN

Variedades de arriate altas	90 cm
Variedades de arriate medianas	60 cm
Variedades de bancal	30-45 cm

PLAGAS Y ENFERMEDADES
Las plagas peores, pulgones, cápsidos, arañuelas rojas, orugas y nematodos, se combaten fácilmente con productos sistémicos pulverizados. Si hay doradillas (gusanos de alambre) en el suelo, antes de la plantación, incorporadle con el rastrillo un producto que contenga fósforo. En veranos húmedos, esparcid un granulado contra babosas alrededor de los tallos jóvenes. Las enfermedades no suelen ser graves, pero el mosaico y la peste negra son dos enfermedades incurables de origen vírico. Arrancad las plantas y quemadlas. Acordaos de pulverizarlas contra los pulgones, que son los portadores de ambos virus.

SUELO Y EMPLAZAMIENTO
Elegid un lugar que, en días soleados, reciba el sol durante algunas horas. No plantéis bajo los árboles ni en un suelo que quede anegado. El suelo ideal es el franco medio, pero casi todos los suelos resultan adecuados. En invierno, incorporadle materia orgánica en abundancia, en forma de compost o de estiércol descompuesto; no hay necesidad de cavar a más profundidad que la altura de la hoja de la laya. Después de ello, aplicad con el rastrillo 100 g de harina de huesos por metro cuadrado.

ALMACENAMIENTO DE TUBÉRCULOS
Cuando los primeros fríos hayan ennegrecido el follaje cortad los tallos a unos 15 cm del suelo. Con la horquilla, desenterrad cuidadosamente los tubérculos y eliminad el exceso de suelo y las raíces quebradas. Dejad secar el exceso de humedad de los tubérculos durante unos días y luego colocadlos en unos cajones profundos, sobre una capa de turba, y cubrid las raíces, no las coronas, con más turba. Guardadlos en un lugar fresco, pero al abrigo de las heladas.

PINZADO
Para aumentar la ramificación es necesario pinzar los ápices de crecimiento de los tallos principales unas 3 semanas después de la plantación.

BROTES LATERALES
Para la decoración de interiores y para las exposiciones se necesitan plantas de tallos largos; a las 2 semanas de pararlo, eliminad todos los brotes laterales que emergen del tallo principal.

DESCAPULLAR
Cuando se quieren flores más grandes (pero en menor número) es necesario eliminar las yemas laterales, dejando solamente el capullo central.

DAHLIA (continuación)

I

FLORES SENCILLAS
Un verticilo de flores radiales. Grupo central de florecillas discoidales. Altura 45-60 cm. Inflorescencias de hasta 10 cm. Ejemplos: «Yellow Hammer» (amarilla), «Princess Marie José» (rosada) y «Orangeade» (anaranjada rojiza).

II

FLORES TIPO ANÉMONA
Uno o varios verticilos de florecillas radiales. Grupo central de florecillas tubulosas. Altura 60-90 cm. Inflorescencias de hasta 10 cm. Ejemplos: «Vera Higgins» (bronceada), «Lucy» (purpúrea y amarilla) y «Comet» (roja).

III

COLLARETE
Un verticilo exterior de florecillas radiales aplanadas más un verticilo interior de florecillas en collarete y un grupo central de florecillas discoidales. Altura 75 cm-1.2 m. Inflorescencias de hasta 10 cm. Ejemplos: «La Gioconda» (dorada y escarlata), «Claire de Lune» (amarilla y color crema) y «Chimborazo» (roja y color crema).

IV

FLORES TIPO PEONÍA
Dos o más verticilos de florecillas radiales aplanadas. Grupo central de florecillas discoidales. Altura 73 cm-1.2 m. Inflorescencias de hasta 12 cm. Ejemplos: «Bishop of Llandaff» (roja), «Symphonia» (color vermellón) y «Fascination» (purpúrea).

V

ORNAMENTAL
Muy doble. Las florecillas radiales aplanadas son anchas y de ápice romo. Altura 90 cm-1.5 m. Inflorescencias de 7-25 cm o más. Ejemplos: gigante, «Jocondo» (purpúrea); grande, «Thames Valley» (amarilla); mediana, «Terpo» (roja); pequeña, «Gerrie Hoek» (rosada), y miniatura, «David Howard» (anaranjada).

Las inflorescencias de las dalias están formadas por diminutas flores llamadas florecillas. Los tipos de florecillas presentes son los que permiten identificarlas.

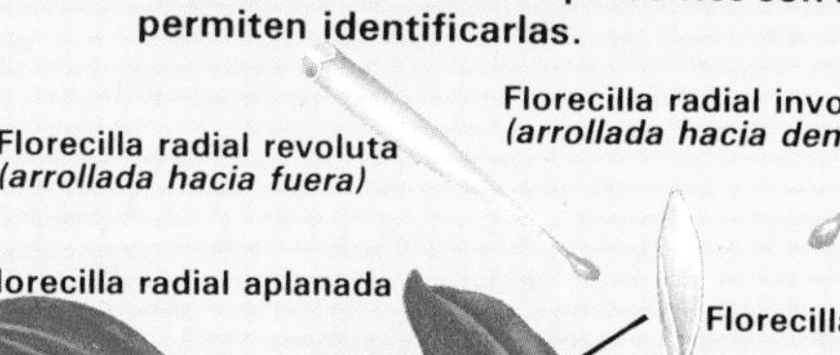
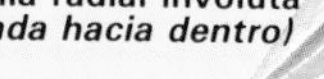
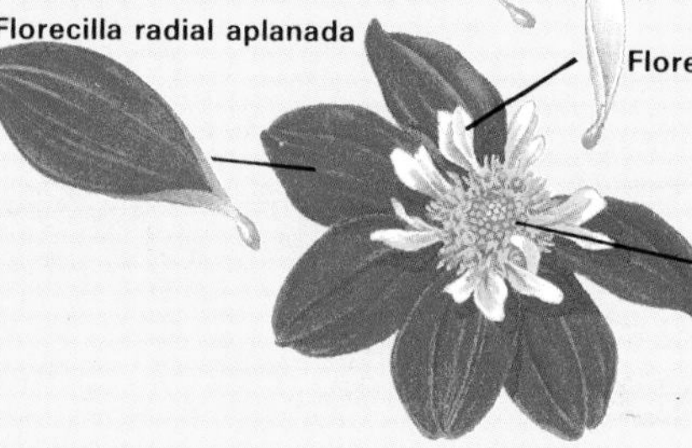

VI

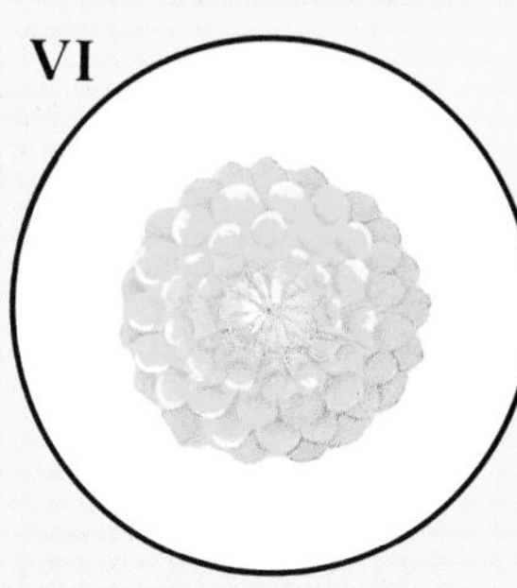

GLOBOSA
Muy doble; redonda, a menudo aplanada. Las florecillas radiales, enrolladas hacia dentro, tienen el ápice redondeado o romo. Altura 90 cm-1.2 m. Inflorescencias de 7-15 cm. Ejemplos: «Doreen Hayes» (roja), «Crichton Honey» (roja y color anaranjado melocotón) y «Esmonde» (amarilla).

VII

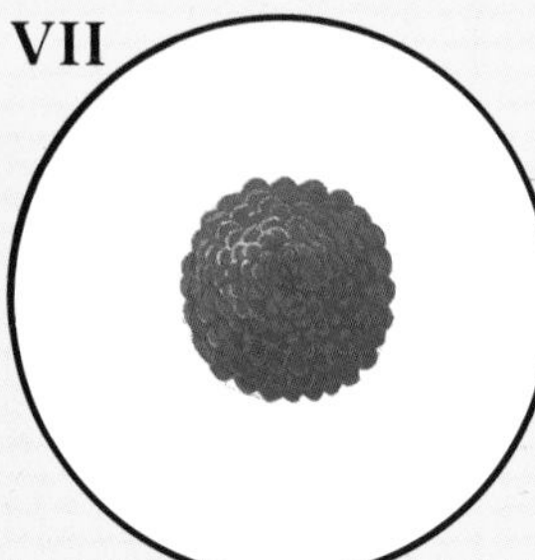

POMPÓN
Muy doble; globosa. Las florecillas radiales, enrolladas hacia dentro, tienen el ápice redondeado o romo. Altura 90 cm-1.2 m. Inflorescencias de menos de 5 cm. Ejemplos: «Hallmark» (lavándula), «Willo's Violet» (color púrpura claro) y «Noreen» (rosada).

VIII

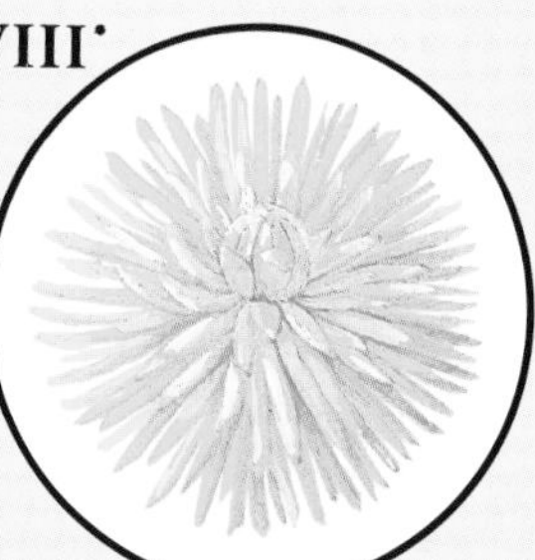

CACTUS
Muy doble. Las florecillas radiales, arrolladas hacia fuera, son estrechas y puntiagudas. Altura 90 cm-1.5 m. Inflorescencias de 7-25 cm o más. Ejemplos: gigante. «Danny» (rosada), Grande: «Irish Visit» (roja), mediana: «Appleblossom» (rosada clara), pequeña «Doris Day» (roja) y miniatura: «Pirouette» (amarilla).

IX

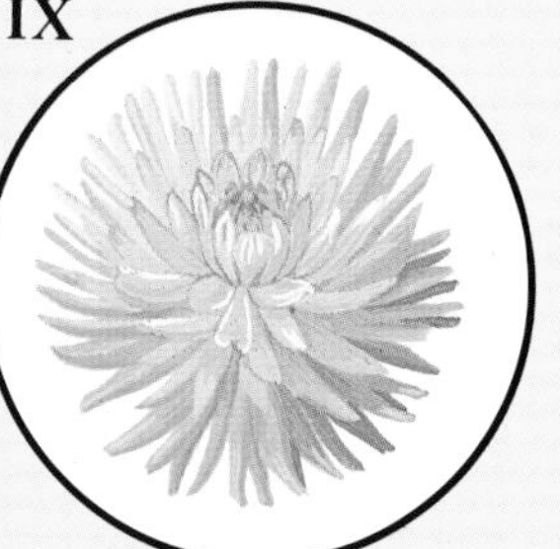

SEMICACTUS
Muy doble. Las florecillas radiales, puntiagudas, sólo están enrolladas hacia fuera en una mitad, o menos, de su longitud. Más anchos que los pétalos de la dalia cactus. Altura 90 cm-1.5 m. Inflorescencias de 7-25 cm, o más. Ejemplos: gigante, «Hamari Boy» (roja); grande, «Nantenan» (amarilla); mediana, «Autumn Fire» (roja anaranjada); pequeña, «White Swallow» (blanca), y miniatura, «Yellow Mood» (amarilla).

X

MISCELÁNEA
Flores que no se ajustan a ninguna de las formas de los grupos I-IX. Ejemplos: las dalias de flor de orquídea, como «Giraffe» (roja y amarilla), las dalias de flores tipo crisantemo, incurvadas, como «Andries Wonder» (color salmón) y las dalias estrelladas que actualmente son raras.

Dahlia 'Princess Marie José'

Dahlia 'Comet'

Dahlia 'Chimborazo'

Dahlia 'Fascination'

Dahlia 'Terpo'

Dahlia 'Crichton Honey'

Dahlia 'Willo's Violet'

Dahlia 'Doris Day'

Dahlia 'Nantenan'

FUCHSIA Fucsia

Nadie puede negar la belleza de una fucsia en flor: hermosas campanas colgantes, de sépalos curvados hacia atrás, en un gran surtido de colores: blanco, rojo, rosado, color malva, violeta, color crema... frecuentemente 2 ó 3 combinados en una misma flor. Realmente merece un lugar en un libro de flores, pese a que la especie *F. magellanica* y sus variedades, de talla alta, son plantas para el arriate arbustivo y se describen en *Árboles y arbustos de jardín*. En este libro trataremos de las variedades de flores grandes y coloreadas de *F. hybrida*, derivada de complejos cruces en los que intervinieron *F. magellanica, F. fulgens* y algunas especies más.

Estos híbridos son fáciles de cultivar y tienen un período de floración considerablemente largo: desde finales de invierno hasta el otoño siguiente bajo cristal, y desde el comienzo del verano hasta entrado el otoño, al aire libre. Como todos los seres vivos, está sujeta a pestes y enfermedades, pero, cuando se cultiva bajo las condiciones adecuadas, la fucsia es una planta sana. Su verdadero problema es su resistencia: algunas variedades son delicadas y, para que florezcan en todo su esplendor, deben permanecer toda su vida a cubierto. En el otro extremo de la escala hay diversas variedades que, tratadas convenientemente, vivirán al exterior, aunque cada invierno el frío destruya su ápice de crecimiento. Entre ambas están las variedades de bancal que, plantadas al exterior hacia el final de la primavera, crecerán y florecerán en el jardín, para luego ser devueltas a cubierto durante el invierno.

Se trata pues de una flor bonita, pero puede parecer extraño que haya sido elegida incluyéndola en las plantas de aficionado. Es una planta de exterior menos popular que el guisante de olor, el tulipán, el clavel, etc., ninguno de los cuales se ha incluido. Pese a que carece de popularidad universal, la fucsia tiene otros atributos de las plantas de aficionado: hay un sinnúmero de variedades de clasificación compleja, hay mucho que aprender respecto a formas de la flor, modo de desarrollo y resistencia, y su cultivo puede ser fácil o difícil, según cuál sea el efecto deseado. Hay variedades y técnicas para casi todas las situaciones: rocalla, macizo floral, cesto colgante, jardinera de alféizar, invernadero o conservatorio. Podéis cultivarla como planta ramificada o convertirla en un estándar o una pirámide. No es de extrañar que provoque tanto entusiasmo.

FORMAS DE LA FLOR

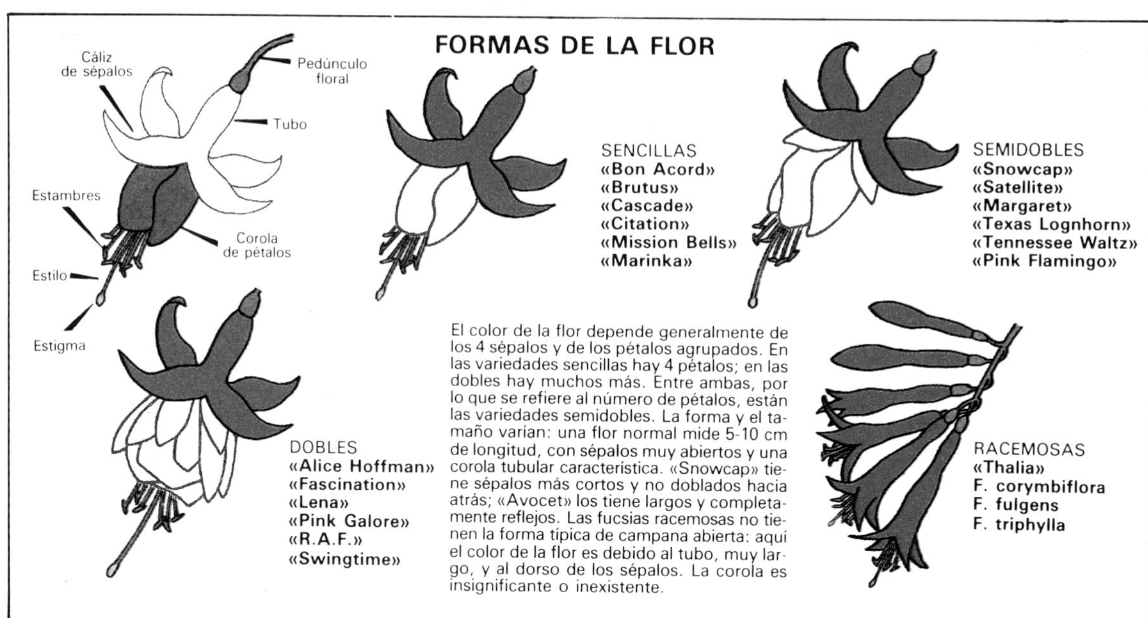

El color de la flor depende generalmente de los 4 sépalos y de los pétalos agrupados. En las variedades sencillas hay 4 pétalos; en las dobles hay muchos más. Entre ambas, por lo que se refiere al número de pétalos, están las variedades semidobles. La forma y el tamaño varían: una flor normal mide 5-10 cm de longitud, con sépalos muy abiertos y una corola tubular característica. «Snowcap» tiene sépalos más cortos y no doblados hacia atrás; «Avocet» los tiene largos y completamente reflejos. Las fucsias racemosas no tienen la forma tipica de campana abierta: aquí el color de la flor es debido al tubo, muy largo, y al dorso de los sépalos. La corola es insignificante o inexistente.

EMPLAZAMIENTO

EXTERIOR Resistente en varias zonas de Gran Bretaña, siempre que se sigan las normas dadas en la página 141.	**ROCALLA** Ejemplos: «Alice Hoffman» (sépalos rojos, corola blanca), «Tom Thumb» (sépalos rojos, corola color malva), «Lady Thumb» (sépalos rojos, corola blanca) y «Peter Pan» (sépalos rojos, corola purpúrea). **MACIZO O ARRIATE** Ejemplos: «Brilliant» (sépalos color escarlata, corola magenta), «Peggy King» (sépalos rojos, corola purpúrea), «Mrs Popple» (sépalos rojos, corola purpúrea), «Brutus» (sépalos rojos, corola purpúrea), «Tennessee Waltz» (sépalos rosados, corola color lila) y «Mme Cornelissen» (sépalos rojos, corola blanca).
BANCAL Tratadla como planta de macizo estival; plantadla en el jardín cuando haya pasado todo riesgo de heladas y colocadla a cubierto antes de los primeros fríos invernales.	Ejemplos: «Avocet» (sépalos rojos, corola blanca), «Bon Accord» (sépalos blancos, corola color lila), «Royal Velvet» (sépalos rojos, corola purpúrea), «Snowcap» (sépalos rojos, corola blanca), «Satellite» (sépalos rojos, corola blanca), «Ting-a-ling» (sépalos y corola blancos), «Mission Bells» (sépalos rojos, corola purpúrea), «Fascination» (sépalos color rosa oscuro, corola color rosa claro), «Dollar Princess» (sépalos rojos, corola color lila), «Heidi Ann» (sépalos rojos, corola color malva), «Rufus the Red» (sépalos y corola rojos), «Checkerboard» (sépalos blancos, corola roja), «Display» (sépalos rosados, corola color rosa oscuro) y «R.A.F.» (sépalos rojos, corola color rosa claro).
INVERNADERO No adecuada para exteriores; es mejor tratarla como planta de interior.	Ejemplos: «Winston Churchill» (sépalos color rosa oscuro, corola purpúrea), «Candlelight» (sépalos y corola blancos), «Texas Longhorn» (sépalos rojos, corola blanca), «Jack French» (sépalos rojos, corola purpúrea) y «Sophisticated Lady» (sépalos color rosa pálido, corola blanca).

CULTIVO DE FUCSIAS AL EXTERIOR

SUELO Y EMPLAZAMIENTO

En cualquier suelo de jardín, siempre que sea permeable. Mejorad su capacidad de retención de la humedad incorporándole compost, turba o tierra de hojas antes de efectuar la plantación. Si el suelo no es fértil, añadid harina de huesos. Las fucsias necesitan sol, pero pueden estar algo sombreadas durante parte del día.

PLANTACIÓN AL EXTERIOR

Elegid con cuidado. Si pretendéis dejar la planta en el jardín durante el invierno, elegid una variedad de exterior; si estáis dispuestos a trasladarla a cubierto después de que haya florecido, el abanico de variedades de bancal es mucho más amplio. La época de la plantación es hacia finales de la primavera, cuando ya ha pasado el riesgo de heladas. El secreto para plantar las fucsias como perennes es plantar variedades de exterior de manera que aproximadamente unos 10 cm del tallo queden por debajo del nivel del suelo. Esto puede parecer extraño, pero así en invierno las yemas de desarrollo quedan protegidas de los fríos superficiales. Regad las macetas una hora antes de hacer la plantación.

RIEGO Y ABONADO

Si no llueve, regad copiosamente. Abonad de vez en cuando con un fertilizante líquido.

REPRODUCCIÓN

Emplead esquejes de tallo no florido. En primavera o verano insertad esquejes de 8 cm en macetas llenas de compost de semillas y esquejes, colocadlos en una cajonera o un reproductor y enraizarán al cabo de unas 3 semanas. Pasad los esquejes enraizados a macetas de 8 cm.

CUIDADO INVERNAL

Si vivís en una región de clima templado, las variedades de exterior pueden pasar el invierno como matas arbustivas perennifolias, pero en muchos lugares los órganos aéreos se mueren. No cortéis los tallos; servirán de protección y podéis podarlos en primavera. Como protección adicional, cubrid las coronas con helechos, turba o paja. Las variedades de bancal deben trasladarse a cubierto durante el invierno. En otoño, desarraigad cuidadosamente las plantas, ponedlas en macetas y guardadlas en un invernadero o en un cobertizo bien iluminado durante el invierno. Mantenedlas frescas, no las abonéis y regadlas muy de tarde en tarde hasta que llegue la primavera.

PODA

Las variedades de exterior que han pasado el invierno al aire libre podadlas hacia el final de éste cortando los tallos a 3 cm del suelo.

PLAGAS Y ENFERMEDADES

Las fucsias suelen ser plantas sanas, pero los pulgones, los cápsidos, las arañuelas rojas y las orugas pueden atacar sus hojas. En el interior pueden verse amenazadas por la mosca blanca. Pulverizadlas con un insecticida sistémico general. Las hojas algunas veces presentan roya y podredumbre; utilizad un fungicida, pero procurad que sea adecuado para fucsias leyendo la etiqueta antes de comprarlo.

ALTURA Y ESPACIO

Arbustos: altura 60 cm, distancia 45 cm.
Estándares y pirámides: altura 90 cm-1.5 m, distancia 75 cm.

FORMAS DE FUCSIAS

ARBUSTO

Para promover la ramificación, pinzad el ápice de crecimiento cuando se hayan formado tres verticilos de hojas. Así se favorece el desarrollo de los tallos laterales; cuando éstos tengan a su vez tres verticilos de hojas, pinzad sus ápices de crecimiento. Podéis necesitar cañas o estacas para sostener las plantas.

COLGANTE

Elegid una de las variedades de cesto (colgantes), como «Cascade» (sépalos blancos, corola roja), «Marinka» (sépalos rojos, corola purpúrea), «Pink Galore» (sépalos rosados, corola color rosa claro) o «Swingtime» (sépalos rojos, corola blanca). Pinzad el ápice de crecimiento cuando el tallo principal haya alcanzado la altura deseada. Pinzad los ápices de los tallos laterales en cuanto se hayan formado 3 verticilos de hojas.

PIRÁMIDE

Elegid una variedad erecta vigorosa y dejad que el tallo principal crezca unos 60 cm. Pinzad el ápice de crecimiento, con lo que favoreceréis la formación de tallos laterales. Dejad que el tallo superior crezca hacia arriba y pinzad los ápices de los demás cuando tengan tres verticilos de hojas. Repetid el proceso hasta que la pirámide tenga la altura deseada.

ESTÁNDAR

Elegid una variedad erecta vigorosa, como «Avocet» o «Mission Bells» o podéis emplear también una variedad de cesto, como «Cascade» o «Pink Galore»; el tallo debe estacarse desde el principio y, aunque tardará tiempo en hacerlo, se convertirá en un excelente estándar. Hincad una caña robusta junto a la planta. Eliminad los tallos laterales (pero no las hojas) hasta que el tallo principal alcance la altura deseada. A medida que éste vaya creciendo, sujetadlo a la caña. Cuando tenga la altura precisa, eliminad su ápice de crecimiento. Dejad que se desarrollen 5 ó 6 ramas vigorosas que formarán la copa del arbolillo. Arrancad las hojas del tallo principal.

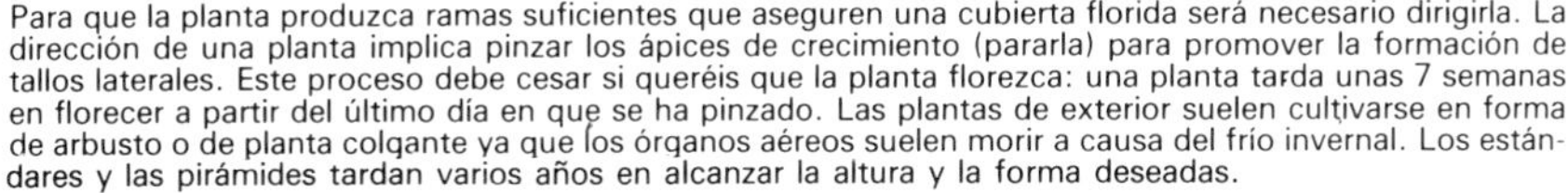

Para que la planta produzca ramas suficientes que aseguren una cubierta florida será necesario dirigirla. La dirección de una planta implica pinzar los ápices de crecimiento (pararla) para promover la formación de tallos laterales. Este proceso debe cesar si queréis que la planta florezca: una planta tarda unas 7 semanas en florecer a partir del último día en que se ha pinzado. Las plantas de exterior suelen cultivarse en forma de arbusto o de planta colgante ya que los órganos aéreos suelen morir a causa del frío invernal. Los estándares y las pirámides tardan varios años en alcanzar la altura y la forma deseadas.

Fuchsia 'Citation'

Fuchsia 'Swingtime'

Fuchsia 'Thalia'

LILIUM Azucena

Las azucenas han fascinado a los jardineros desde hace 3000 años y siguen contando con una legión de devotos. Reunir una extensa colección de estas plantas bulbosas y conseguir cultivarlas a la perfección requiere muchos conocimientos y mucha dedicación. Las especies antiguas suelen ser bastante exigentes: unas necesitan un suelo calcáreo mientras otras lo detestan y todas suelen ser propensas a las enfermedades. *L. candidum* está muy expuesto a la botritis y *L. auratum* es muy sensible al ataque de los virus. La mayoría de los jardineros que no sienten una especial predilección por la azucena la consideran una planta difícil y la tratan como tal. No se puede esperar de ella que produzca abundantes flores en su primer año. Necesita un suelo con un buen drenaje. Los bulbos, carnosos, que llegan del vivero envueltos en turba o en virutas de madera, deben plantarse inmediatamente; no es de extrañar que el jardinero medio se incline por los tulipanes, los gladiolos y los lirios.

Sin embargo, en la actualidad, la reputación de «difícil de cultivar» que tiene la azucena es bastante infundada. Durante el siglo pasado se descubrieron cierto número de especies resistentes y tolerantes y, en los últimos 30 años, las azucenas híbridas han establecido nuevos patrones en cuanto a tamaño de la flor, vigor y resistencia a las enfermedades. Las flores de azucena tienen un diámetro que varía entre 3 y 30 cm, con un olor que va desde el delicioso al desagradable. Su color abarca todo el espectro floral, a excepción del azul, y la gran variedad de tallas hace que la azucena moderna sea adecuada para muchas zonas del jardín. Para el jardín rocoso disponemos de especies enanas como *L. pumilum*, de 30 cm, y para la parte posterior del arriate tenemos gigantes de 2.4 m, como *L. henryi*. Entre estos dos extremos figuran la mayoría de las azucenas, de 90 cm a 1.8 m, idóneas para el arriate herbáceo y para el arbustivo. Los aficionados a las azucenas suelen dedicarles un macizo entero y, seleccionando las variedades apropiadas, consiguen que esté en flor desde mediado de primavera a mediado de otoño. Hay variedades de zonas boscosas, como los híbridos *Bellingham*, que agradecen la sombra y el suelo rico en humus que impera bajo los árboles, mientras que otras, como «Empress of China», deben cultivarse en macetas. Para casi todos los jardines hay una azucena. Pero, para convertiros en un verdadero cultivador de azucenas necesitaréis disponer de espacio y tener buenas manos.

FORMAS DE LA FLOR

CÓNCAVA
Los pétalos son abiertos y forman un cuenco ancho. Las flores suelen ser grandes.
Ejemplos:

L. auratum
L. «Imperial Gold»
L. «Imperial Crimson»
L. «Empress of China»
L. «Crimson Beauty»
L. speciosum

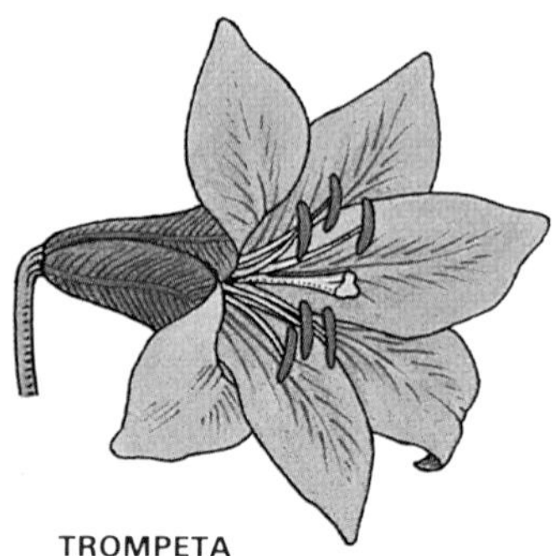

TROMPETA
Los pétalos están cerrados hasta aproximadamente la mitad de la flor, formando un tubo basal.
Ejemplos:

L. longiflorum
L. «Black Dragon»
L. «Limelight»
L. regale
L. bulbiferum
L. candidum

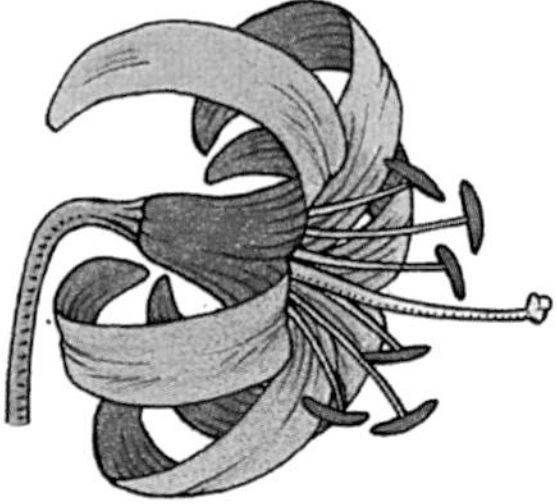

GORRO TURCO
Los pétalos están curvados hacia atrás. Las flores suelen ser pequeñas.
Ejemplos:

L. amabile
L. hansonii
L. martagon
L. tigrinum
L. «Discovery»
L. monadelphum

Lilium 'Imperial Crimson'

Lilium regale

Lilium tigrinum

CULTIVO DE AZUCENA AL EXTERIOR

ADQUISICIÓN DE LOS BULBOS

Los bulbos de las azucenas están formados por escamas carnosas, solapadas. Carecen de cubierta exterior protectora, por lo que no debéis dejar que se sequen. No guardéis los bulbos de azucena, plantadlos tan pronto como lleguen a vuestras manos. Elegid cuidadosamente: escoged bulbos que no estén ni magullados ni arrugados.

PLANTACIÓN

La época de plantación abarca desde finales de verano hasta comienzos de primavera; el mejor momento es en pleno otoño. Elegid un día en que el suelo esté húmedo y atemperado. Si cuando llegan a vuestras manos están arrugados o el tiempo no es el adecuado, antes de plantarlos al exterior, ponedlos en una maceta con turba húmeda. Muchas azucenas son de tallo enraizante, produciendo raíces por el tallo, justo encima del bulbo, al mismo tiempo que por debajo de éste. Estos bulbos necesitan estar cubiertos por una capa de 15 cm de suelo. Unas pocas azucenas, como *L. candidum*, son sólo de enraizado basal y deben plantarse en otoño, con una capa de suelo de sólo 5 cm. Antes de plantarlos esparcid un poco de arena gruesa en el fondo del agujero. Desparramad las raíces y esparcid arena entre ellas. Por último, llenad el hoyo con tierra.

SUELO Y EMPLAZAMIENTO

Es imprescindible que el suelo sea permeable. La mayoría de suelos resultan adecuados pero, si os tomáis el cultivo de las azucenas en serio, deberéis enriquecer los terrenos ligeros con materia orgánica y acondicionar los densos con turba y arena gruesa. Es imposible generalizar acerca del contenido del suelo en calcio: muchas especies, como *L. auratum* y *L. pardalinum,* no viven si hay calcio, mientras que unas pocas, como *L. candidum*, requieren un suelo alcalino. Afortunadamente, la mayoría de híbridos modernos son bastante tolerantes y crecen en ambos tipos de suelos. Muchas azucenas agradecen un lugar soleado, pero si durante el día les toca un poco la sombra no hay problema. La parte inferior de las plantas debe quedar sombreada por los arbustos o por las perennes bajas circundantes.

CUIDADO ESTIVAL

Las azucenas no deben secarse: en tiempo seco, regadlas copiosa y regularmente. Abonadlas de vez en cuando con un fertilizante líquido y no las azadonéis; en vez de hacerlo, acolchad el suelo alrededor de los tallos. No todas las azucenas necesitan ser estacadas, pero si tenéis un ejemplar de más de 90 cm en un lugar abierto, es seguro que deberéis hacerlo. No esperéis a que sus tallos se desmoronen; estacadla a fines del invierno.

DESCABEZADO

Antes de que formen semillas, eliminad las flores marchitas; así la planta conservará su vigor. A finales de temporada dejad que los tallos se marchiten y, cuando estén muertos, cortadlos a ras de suelo.

PLAGAS Y ENFERMEDADES

Cuando los brotes comienzan a asomar, las babosas son una amenaza; esparcid un granulado contra babosas alrededor de los tallos. Los pulgones se combaten fácilmente pulverizando las plantas con un insecticida sistémico, y la botritis mediante un fungicida sistémico. Lo que pone en peligro la vida de la planta es el virus del mosaico cuyos síntomas son, primero, un moteado amarillo de las hojas, seguido de la atrofia de las plantas y la disminución del número y de la calidad de las flores, que se agrava con los años. No puede curarse: desenterrad los bulbos y quemad las plantas afectadas.

REPRODUCCIÓN

El procedimiento más sencillo es la división de las matas adultas en otoño. Replantadlas de inmediato y aceptad que las nuevas plantas no florezcan al año siguiente. La escamadura es un método popular: desgajad las escamas de un bulbo y plantadlas separadamente en compost de esquejes y semillas de manera que la mitad de cada escama quede enterrada. Al cabo de 6 semanas, en la base de las escamas, aparecerán pequeños bulbos; plantad estas nuevas plantas, por separado, en macetas de 8 cm y colocadlas en un invernadero fresco o en una cajonera.

Muchas azucenas pueden obtenerse a partir de semillas, pero las de las variedades no dan lugar a plantas iguales a sus progenitores. Sembrad las semillas, bajo cristal, en otoño.

Lilium 'Enchantment'

ESPECIES

L. amabile. Altura 1.4 m. Distancia 45 cm. Tallos enraizantes. Flores en gorro de turco, de 8 cm, rojas con manchas negras. Olor desagradable. Época de floración inicio del verano.

L. auratum (azucena de rayas doradas). Altura 1.5-2.4 m. Distancia 30 cm. Tallos enraizantes. Flores cóncavas, de 20-25 cm, blancas con rayas amarillas, manchas marrones. Fragante. Época de floración hacia el final del verano.

L. bulbiferum (azucena anaranjada). Altura 60 cm-1.2 m. Distancia 22 cm. Tallos enraizantes. Flores en trompeta, de 8 cm, anaranjadas con manchas purpúreas. Época de floración principios del verano.

L. canadense (azucena canadiense). Altura 1.2-2.4 m. Distancia 30 cm. Enraizamiento basal. Flores en trompeta, de 5 cm, amarillas con manchas marrones. Época de floración a finales del verano. A media sombra.

L. candidum (azucena de la Virgen). Altura 1.2-1.5 m. Distancia 22 cm. Enraizamiento basal. Flores en trompeta, de 8 cm, blanco níveo. Fragante. Época de floración inicio del verano.

L. hansonii (azucena de gorro de turco dorada). Altura 1.2-1.5 m. Distancia 30 cm. Tallos enraizantes. Flores en gorro de turco, de 4 cm, amarillas con manchas marrones. Fragante.

L. henryi (azucena de Henry). Altura 1.8-2.4 m. Distancia 45 cm. Tallos enraizantes. Flores en gorro de turco, de 8 cm, amarillas con manchas rojooscuras. Fragante.

L. longuiflorum (azucena de Pascua). Altura 75-90 cm. Distancia 22 cm. Tallos enraizantes. Flores en trompeta, de 12-15 cm, blancas. Fragante. Época de floración pleno verano. Semirresistente; cultivadla bajo cristal.

L. martagon (azucena de gorro de turco). Altura 90 cm-1.5 m. Distancia 30 cm. Enraizamiento basal. Flores en gorro de turco, de 4 cm, pardopurpúreas con manchas oscuras. Olor desagradable. Época de floración al inicio del verano.

L. pardalinum (azucena leopardo). Altura 90 cm-1.8 m. Distancia 30 cm. Enraizamiento basal. Flores en gorro de turco, de 7 cm, anaranjada oscura con manchas purpúreas.

L. pumilum (azucena de coral). Altura 30-45 cm. Distancia 15 cm. Tallos enraizantes. Flores en gorro de turco, de 4 cm, color escarlata. Época de floración a inicios del verano.

L. regale (azucena regia). Altura 90 cm-1.8 m. Distancia 45 cm. Tallos enraizantes. Flores en trompeta, de 12 cm, blancas con gargantas amarillas. Fragante. Época de floración pleno verano.

L. speciosum. Altura 90 cm-1.5 m. Distancia 45 cm. Tallos enraizantes. Flores cóncavas, de 8-12 cm, blancas con pintas rojas. Fragante. Época de floración bien avanzado el verano. Semirresistente; cultivadla bajo cristal.

L. tigrinum (azucena atigrada). Altura 90 cm-1.5 m. Distancia 45 cm. Tallos enraizantes. Flores en gorro de turco, de 8-10 cm, anaranjada oscura con manchas purpúreas.

HÍBRIDOS

L. «Backhouse Hybrids». Altura 90 cm-1.5 m. Distancia 45 cm. Enraizamiento basal. Flores en gorro de turco, de 4 cm, de diversos colores. Época de floración inicio del verano. Ejemplos: «Brocade» y «Sutton Court».

L. «Bellingham Hybrids». Altura 1.2-2.1 m. Distancia 45 cm. Rizomas enraizantes. Flores en gorro de turco, de 8 cm, de diversos colores, todas moteadas. Época de floración pleno verano. Ejemplos: «Shuksan» y «Afterglow».

L. «Fiesta Hybrids». Altura 90 cm-1.5 m. Distancia 45 cm. Tallos enraizantes. Flores en gorro de turco, de 8 cm, de diversos colores. Época de floración pleno verano. Ejemplo: «Adagio».

L. «Mid-Century Hybrids». Altura 60 cm-1.2 m. Distancia 30 cm. Tallos enraizantes. Flores en trompeta, de 10-12 cm, amarillas, anaranjadas o rojas, todas moteadas. Época de floración inicio del verano. Ejemplo: «Enchantment».

L. «Olympic Hybrids». Altura 1.5-1.8 m. Distancia 45 cm. Tallos enraizantes. Flores en trompeta, de 12 cm, de diversos colores. Fragante. Época de floración de comienzos a mediados del verano. Ejemplo: «Black Dragon».

L. «Parkmannii Hybrids». Altura 90 cm-1.5 m. Distancia 30 cm. Tallos enraizantes. Flores cóncavas, de 15-18 cm, de diversos colores. Época de floración de comienzos a mediados del verano.

PELARGONIUM Geranio

Esta planta, de hermosas inflorescencias blancas, rosadas, rojas o purpúreas, se encuentra en los jardines, invernaderos, jardineras de alféizar, balcones y ventanas, de cualquier país. El geranio es una de las plantas estivales de bancal preferidas, aunque no se trata del verdadero geranio, sino del pelargonio zonado.

Observad una de las hojas de cualquier variedad típica y veréis que tiene como una herradura o «zona», de ahí su nombre. Estos pelargonios zonados se clasifican en tres grupos, con líneas divisorias bastante imprecisas. Los más populares pertenecen al grupo de los geranios de bancal que crecen tanto al exterior como bajo cristal; sus hojas generalmente (pero no siempre) son zonadas. El segundo grupo, los geranios de invernadero, tiene flores y marcas foliares similares pero no crece bien al aire libre. El último grupo lo constituyen los geranios de hojas caprichosas, cuyas marcas foliares son más coloreadas y decorativas que las inflorescencias, que generalmente (pero no siempre) son insignificantes.

Para el aficionado, uno de los grandes atractivos de los *Pelargonium* es la gran variedad de formas existentes, y cada año aparecen nuevos tipos. Aquí no debéis contentaros con flores sencillas, rojas o blancas; como se muestra abajo y en el texto de la página siguiente, hay infinidad de colores y de formas de flores entre las que escoger. Cultivado en el interior, y siempre que la temperatura sea igual o superior a 10 °C y la iluminación suficiente, se puede inducir al pelargonio zonado a florecer en cualquier época del año. Prodigándoles las atenciones necesarias, tendréis geranios en flor en vuestro invernadero durante nueve meses del año, o incluso más.

Las formas zonadas, universalmente conocidas, están estrechamente emparentadas con los aristocráticos pelargonios regios, los más bellos, con su porte ramificado, sus hojas aserradas y sus flores grandes, fruncidas y bicolores. Pero es una planta problemática: al exterior sólo crece en lugares calurosos y resguardados y es mejor cultivarla como planta de interior. Las variedades antiguas tienen una época de floración corta, de dos o tres meses, pero los híbridos modernos, siempre que disfruten de suficiente luz y calor, pueden ser inducidos a florecer durante todo el año.

Otra especie emparentada es el pelargonio de hojas de hiedra, de follaje carnoso y porte rastrero. En Gran Bretaña se emplea para los cestos colgantes y para cubrir las espalderas, pero en muchos países se utiliza ampliamente como cobertera. Fuera del propósito de este libro quedan los geranios de follaje fragante, con aroma a limón, a rosas y a manzanas, tan estimados en la época victoriana.

Para cultivar pelargonios no hace falta que tengáis manos de plata. No son propensos ni a las plagas ni a las enfermedades y tampoco son exigentes. Todo lo que necesitan es un suelo permeable y mucha luz. Su reproducción es muy fácil; el procedimiento tradicional consiste en esquejar las plantas a finales de verano, pero la introducción de las variedades obtenidas de semilla de los híbridos F_1 significa que actualmente podéis producir pelargonios para vuestro jardín con la misma facilidad que bocas de dragón y caléndulas francesas.

En los jardines ingleses siguen imperando las formas antiguas, como «Paul Crampel», pero hoy en día hay muchas otras entre las que escoger. Enanas de sólo 20 cm, «Stellars», «Rosebuds», «Deacons», y otras. Formas miniatura de menos de 12 cm y estándars que sobrepasan los 2.5 m. En lugares muy fríos, antes de que lleguen las primeras heladas deben trasladarse a cubierto, donde permanecerán hasta la primavera. Sólo en lugares especialmente favorecidos pueden ser cultivados al aire libre y, si el verano es húmedo, produce muchas hojas y pocas flores.

En las regiones secas y sin riesgo de heladas de Europa meridional los *Pelargonium* alcanzan todo su esplendor. Aquí pueden verse las variedades de follaje de hiedra colgando de los balcones, como perennes arbustivas, y en las laderas el pelargonio zonado se ha naturalizado en un ambiente que recuerda su lugar de origen, Sudáfrica.

TIPOS DE PLANTAS

GERANIO DE BANCAL

P. hortorum híbrido

GERANIO DE HOJAS CAPRICHOSAS

PELARGONIO REGIO

P. domesticum híbrido

PELARGONIO DE HOJA DE HIEDRA

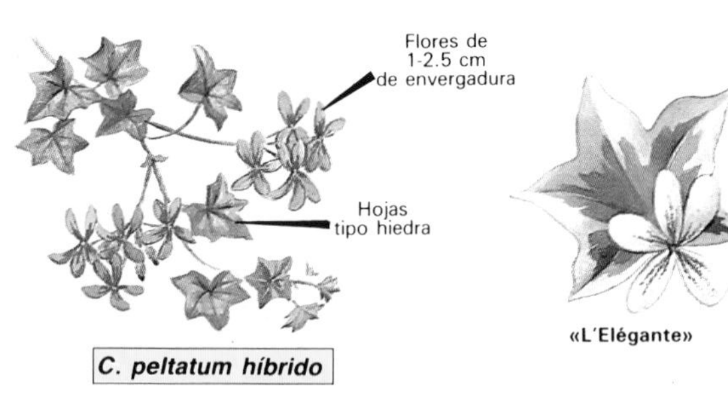

C. peltatum híbrido

CULTIVO DE GERANIOS AL EXTERIOR

SUELO Y EMPLAZAMIENTO

En cualquier suelo permeable de jardín, el ideal es el franco arenoso. Antes de la plantación, incorporadle compost o estiércol descompuesto. Crecen mejor al sol, pero toleran una sombra ligera.

PLANTACIÓN AL EXTERIOR

Casi nada puede salir mal a la hora de plantarlos. Todo lo que tenéis que hacer es escoger un día de mediados a fines de primavera, cuando el riesgo de heladas haya pasado. El suelo debe estar húmedo y las macetas con los geranios se deben haber regado unas cuantas horas antes de comenzar. Plantadlos firmemente, eso es todo. Sin embargo, puede haber fracasos y las plantas, en lugar de seguir creciendo, parecen detenidas. La causa suele ser que no se han «endurecido» las plantas: éstas deben ir aclimatándose paulatinamente a su nuevo ambiente y no deben trasladarse repentinamente, en un solo día, desde el invernadero caldeado al frío exterior.

REPRODUCCIÓN

Los esquejes de geranio enraízan fácilmente. Utilizad los extremos de los tallos verdes, de unos 8-10 cm de longitud, e insertadlos en compost de semillas y esquejes. No empleéis hormonas enraizantes ni cubráis los esquejes; para la reproducción de geranios las bolsas de esquejes, pequeñas, van muy bien. Tomad los esquejes en pleno verano: enraizarán en 2-3 semanas. Después deben pasar a macetas de 8 cm con compost de maceta. Es invierno regadlos muy de tarde en tarde; a principios de primavera colocadlos en una cajonera para que se endurezcan, y a finales de ésta ya podréis plantarlos en el jardín, al aire libre. Los híbridos F_1 pueden obtenerse de semillas sembradas bajo cristal al iniciarse el invierno.

CUIDADO ESTIVAL

De vez en cuando, para que las plantas sean más ramificadas, pinzad los ápices de crecimiento. Los geranios resisten la sequía mejor que la mayoría de plântas; regarlos muy a menudo es el mejor sistema de matarlos. Dejadlos a su aire, pero si la sequía se prolonga, entonces será necesario un riego copioso. Abonadlos de vez en cuando con un fertilizante líquido con mayor contenido en potasio que en nitrógeno. Para prolongar la floración, eliminad las inflorescencias marchitas.

CUIDADO INVERNAL

Antes de que lleguen los primeros fríos, desenterrad cuidadosamente las plantas y sacudid la tierra de entre sus raíces. Plantadlas individualmente en macetas con compost de semillas y esquejes, empleando macetas de tamaño suficiente para albergar las raíces, pero no más grandes. Reducid la longitud del tallo a la mitad y eliminad todas las hojas amarillentas y las inflorescencias marchitas. Colocad las macetas en una habitación sin calefacción o en un invernadero frío. No las abonéis y regadlas sólo cuando sea imprescindible para que las hojas no queden fláccidas.

PLAGAS Y ENFERMEDADES

Las dos plagas fundamentales del geranio, los pulgones y la mosca blanca, suelen atacarlo cuando se cultiva bajo cristal, y pueden debilitar gravemente las plantas; tratadlas pulverizándolas con un insecticida sistémico. La enfermedad de la podredumbre también es más frecuente en plantas de itnerior; procurad que haya ventilación suficiente y pulverizadlas con un fungicida sistémico. El cáncer y el tizón de las raíces suelen ser consecuencia del empleo de compost no estéril, del exceso de riego o del exceso de humedad ambiental: no tienen cura.

GERANIOS DE BANCAL

1. **Variedades estándar**: altura 30-45 cm, distancia 30 cm. Reproducción por esquejes tomados a finales de verano.
   - **P. «Paul Crampel»**. Color rojo vivo, sencilla
   - **P. «King Denmarck»**. Rosada, semidoble
   - **P. «Gustave Emich»**. Color rojo vivo, doble
   - **P. «Elaine»**. Color rosado cereza, sencilla
   - **P. «Jane Campbell»**. Anaranjada, sencilla
   - **P. «Queen of the Whites»** Blanca, sencilla
   - **P. «Pandora»** Roja, sencilla
   - **P. «Vera Dillon»** Purpúrea, sencilla
   - **P. «Mrs Lawrence»**. Rosada, doble
   - **P. «Hermione»**. Blanca, doble
   - **P. «Festiva Maxima»** Purpúrea, doble
   - **P. «Josephine»** Roja, doble

2. **Irenes**: vigorosos; floración abundante. Altura 30-60 cm, distancia 45 cm. Flores semidobles; inflorescencias mayores que las de las variedades estándar.
   - **P. «Springtime»**. Color rosado salmón
   - **P. «Modesty»** Blanca
   - **P. «Surprise»**. Rosada
   - **P. «Electra»**. Roja con tonalidades azuladas
   - **P. «Fire Brand»**. Roja

3. **Deacons**: compactos. Inflorescencias pequeñas pero muy numerosas.
   - **P. «Deacon Fireball»**. Color rojo vivo, doble
   - **P. «Mandarin»**. Anaranjada, doble
   - **P. «Deacon Bonanza»**. Color rosa vivo, doble
   - **P. «Deacon Coral Reef»**. Rosada, doble

4. **Rosebuds**: flores pequeñas, centro de los pétalos sin abrirse, como pequeños capullos de rosa.
   - **P. «Red Rambler»**. Roja
   - **P. «Appleblossom Rosebud»**. Rosada
   - **P. «Rosebud Supreme»**. Roja

5. **Cactus**: pétalos estrechos y retorcidos.
   - **P. «Fire Dragon»**. Roja
   - **P. «Noel»**. Blanca
   - **P. «Tangerine»**. Color vermellón

6. **Híbridos F_1 obtenidos de semilla**: pueden comprarse como plantas de bancal o en forma de semillas.
   - **P. «Cherie Improved»**. Color rosa salmón
   - **P. «Ringo»**. Roja
   - **P. «Munstang»**. Roja
   - **P. «Bright Eyes»**. Roja con el centro blanco
   - **P. «Sprinter»**. Roja
   - **P. «Carefree Mixed»**. Varios colores

7. **Miniaturas y enanos**: altura 20 cm o menos. Distancia 10-15 cm.
   - **P. «Red Black Vesuvius»**. Roja
   - **P. «Fantasia»**. Blanca
   - **P. «Pixie»**. Color salmón
   - **P. «Caligula»**. Roja
   - **P. «Grace Wells»**. Color lila

GERANIOS DE HOJAS CAPRICHOSAS

Altura 30-45 cm, distancia 22 cm. Reproducción por esquejes tomados a finales de verano.

PELARGONIOS REGIOS

Altura 30-60 cm, distancia 30 cm. Reproducción por esquejes tomados a finales de verano.

- **P. «Aztec»**. Blanca con manchas rosadas
- **P. «Lavender Grand Slam»**. Color lavanda con manchas purpúreas
- **P. «Grandma Fischer»**. Anaranjada con manchas marrones
- **P. «South American Bronze»**. Color marrón con bordes blancos
- **P. «Geronimo»**. Roja, fruncida
- **P. «Applause»**. Rosada, fruncida
- **P. «Gay Nineties»**. Blanca con manchas purpúreas
- **P. «Elsie Hickman»**. Vermellón, rosada y blanca
- **P. «Georgia Peach»**. Color melocotón, fruncida
- **P. «Carisbrooke»**. Rosada
- **P. «Sue Jarret»**. Color rosado salmón con manchas marrones

PELARGONIOS DE HOJA DE HIEDRA

Extensión 90 cm. Reproducción por esquejes tomados a finales de verano.

- **P. «La France»**. Color malva
- **P. «Ville de Paris»**. Color rosado salmón
- **P. «Abel Carrière»**. Color magenta
- **P. «Galilee»**. Rosada
- **P. «Mexicanerin»**. Blanca con bordes rojos
- **P. «Enchantress»**. Rosada
- **P. «Crocodile»**. Follaje de nervios blancos; flores color rosa claro
- **P. «L'Elégante»**. Follaje de bordes blancos; flores color rosa claro

Pelargonium 'Paul Crampel'

Pelargonium 'Carisbrooke'

Pelargonium 'Crocodile'

CAPÍTULO 10

PROBLEMAS DE LAS PLANTAS

Incluso en los jardines mejor cuidados a veces las cosas se tuercen; es una solemne tontería creer que las plagas y enfermedades sólo atacan las plantas enfermizas. Por muy buen aspecto que presenten los macizos y arriates, debéis estar en guardia contra posibles invasores: los insectos y las enfermedades fúngicas pueden atacar vuestras plantas y echar por tierra todos vuestros esfuerzos.

Este capítulo abarca una galería de malhechores espantosamente larga, pero es poco probable que en vuestro jardín aparezcan más de uno o dos. Es más probable que vuestras plantas se vean afectadas por un enemigo de dentro que no por uno de fuera. Estas causas internas pueden ser la pobreza del suelo, la falta de agua, la deficiencia de nutrientes, la sombra, el frío o que os hayáis equivocado eligiendo plantas inadecuadas o haciendo las cosas mal. Para tener flores sanas lo mejor es prevenir los problemas antes de que comiencen y solucionarlos tan pronto se presenten.

Prevención de problemas antes de su aparición

- **Elección acertada.** No compréis bulbos blandos, plantas de bancal larguiruchas, ni perennes portadoras de enfermedades; leed las normas de la página 125. Aunque compréis las mejores plantas, serán un fracaso si las plantáis en un lugar inadecuado. Utilizad las listas alfabéticas y descartad las formas que sean demasiado delicadas para vuestro jardín. No plantéis bajo los árboles variedades que requieren sol: están destinadas a fracasar.
- **Acondicionamiento del suelo.** Una planta vigorosa se recobrará mejor de una plaga o una enfermedad que una planta débil. En suelos calcáreos, uno de los peores problemas es el anegamiento del terreno debido a un acondicionamiento insuficiente. Si os proponéis plantar perennes, acabad con las raíces de todos los hierbajos e incorporad al suelo un plaguicida adecuado si las plagas han hecho mella en las raíces de alguna zona del jardín.
- **Plantación o siembra correcta.** Es posible que hayáis elegido las plantas, o las semillas, adecuadas, y que hayáis acondicionado el suelo para recibirlas, pero si no seguís las normas para una plantación correcta dadas en este libro, continuaréis teniendo problemas. En la página 127 se indica cómo evitar la formación de bolsas de aire en el suelo y cómo conseguir que las raíces se expandan por él en el menor tiempo posible. La siembra de semillas (págs. 82-83) exige que cada operación se haga correctamente y en la época adecuada; si sembráis demasiado pronto al aire libre, las semillas pueden pudrirse; si sembráis demasiado tarde al interior, la floración puede ser corta. Cuando sembréis semillas a cubierto recordad que, antes de trasladar las plántulas al exterior, es imprescindible endurecerlas.
- **Desperdicios, no.** Las cajas, las macetas viejas, etc. son un lugar abonado para las babosas y las cochinillas. Las plantas podridas pueden ser fuente de infección y atraer plagas al jardín.
- **Abonado adecuado.** Las deficiencias de nutrientes pueden ocasionar muchos problemas: falta de vigor, flores pequeñas, poca resistencia a las enfermedades y hojas decoloradas. Leed la página 130 y las instrucciones que figuran en la caja o la botella del abono; un exceso de abono puede producir quemaduras, y el empleo de un fertilizante no equilibrado, con demasiado nitrógeno, significará muchas hojas y pocas flores.
- **Inspección regular de las plantas.** Vigilad los problemas y buscad sus causas en las páginas siguientes. Una vez sepáis de qué se trata, actuad con rapidez; la mayoría de plagas y enfermedades pueden ser eliminadas si son tratadas con presteza, pero puede ser difícil o imposible controlarlas si se os escapan de las manos por negligencia o por ignorancia.

Tratamiento inmediato del problema

- **Eliminación manual del problema.** La presencia de unas pocas orugas o de minadores foliares puede resolverse eliminándolas con los dedos. Si, de pronto, la planta muere, desenterradla y observadla detenidamente para buscar la causa. Examinad el suelo y las raíces en busca de plagas del suelo: si las encontráis, actuad rápidamente. Si la descripción del problema en estas páginas indica la necesidad de un período de cuarentena, no reemplacéis el ejemplar muerto por otro similar.
- **«Botiquín» para plantas.** Es posible que no podáis acudir a la jardinería hasta unos días después, pero el ataque súbito de pulgones, orugas y babosas precisa de una acción inmediata. Por tanto, lo mejor es tener una pequeña reserva de pesticidas en el cobertizo para casos de emergencia. Necesitaréis una botella de fertilizante líquido, un paquete de granulado contra babosas y otro de fungicida inespecífico. No compréis más del que necesitéis; es mejor comprar cada año la cantidad precisa que guardar el sobrante de un año para otro.
- **Pulverización correcta.** En cuanto las plagas y enfermedades comienzan a aparecer es necesario actuar con prontitud. Leed las instrucciones cuidadosamente y verificad que sea un producto adecuado a la planta que queréis pulverizar. Seguid las instrucciones: no hagáis una solución más concentrada que lo indicado ni empleéis un equipo que haya contenido un herbicida.

  Hacedlo un día que no sea ni demasiado caluroso ni ventoso, y durante la época de la floración pulverizad al atardecer, cuando las abejas han dejado de trabajar. Emplead un pulverizador potente y seguid pulverizando hasta que las hojas queden cubiertas de líquido y comiencen a gotear. No pulvericéis directamente las flores abiertas delicadas.

  Después del tratamiento, lavad el equipo y lavaos las manos y la cara. Guardad los productos sobrantes en un lugar seguro y procurad que conserven su etiqueta; si no, marcadlos. No guardéis nunca los pesticidas ni los herbicidas en botellas de cerveza o similares.
- **Abonado foliar recuperador.** Las plantas, como las personas, pueden quedar inválidas a causa de una plaga o una enfermedad, y la mejor manera de que se recuperen es emplear un fertilizante que pueda pulverizarse sobre las hojas, como Zeltifoliage, Bayfolán, Greenzit (fertilizante foliar).

Problemas de las raíces

El principal problema de las plagas del suelo es que actúan a escondidas. La mayoría de las que se citan a continuación y la oruga de los heliálidos (pág. 152) devoran las raíces y, con el tiempo, los daños son tan considerables que la planta no tiene salvación. Incorporad bromofós al suelo antes de la plantación. Si el lugar ha sido hasta hace poco una pradera o un césped, esparcid un granulado contra babosas alrededor de los tallos.

Gusano de 2.5 cm

GUSANO DE CUERO (TÍPULA HUERTAS)

Son gusanos grises, o pardogrisáceos, que pueden causar serios problemas en los arriates herbáceos o en suelos poco permeables. El ataque es más grave después de un invierno húmedo; no suele ser frecuente en suelos arenosos. Si en las raíces de las plantas muertas hay gusanos de este tipo, esparcid un granulado contra las babosas sobre el suelo y rastrilladlo someramente.

GUSANOS DE ALAMBRE, ELATÉRIDOS

En los jardines nuevos y en las parcelas cercanas al césped, estos insectos brillantes y diminutos son un problema. Se mueven lentamente; no tienen la actividad de los ciempiés. Devoran las raíces de la mayoría de plantas florecientes y pueden minar los tallos de los crisantemos. Esparcid bromofós sobre el suelo de la zona afectada.

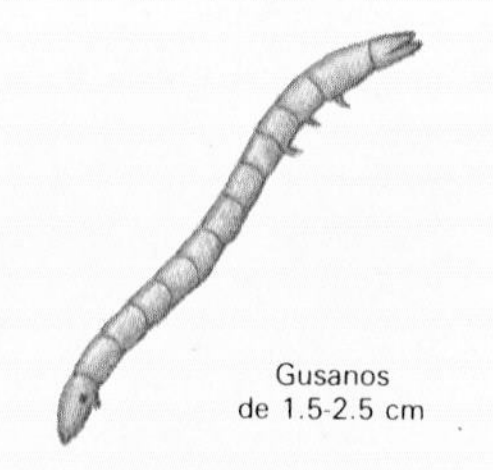
Gusanos de 1.5-2.5 cm

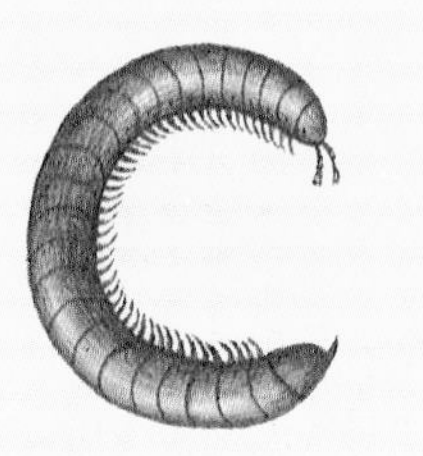

DIPLÓPODOS

En el suelo hay diversos tipos, tanto negros como moteados. Al tocarlos se enrollan y deben ser destruidos ya que causan daños a los órganos subterráneos de muchas plantas, especialmente si ya están enfermas. Emplead granulado contra babosas.

ORUGAS CORTADORAS

Estas orugas del suelo, verdes, grises o marrones, pueden tener hasta 5 cm de longitud, y devoran tanto los tallos como las raíces, pero su efecto manifiesto es segar a ras de suelo las plántulas y las plantas jóvenes de macizo. Cuando esto ocurra, buscadlas y destruidlas. Como medida preventiva esparcid bromofós sobre el suelo y rastrilladlo.

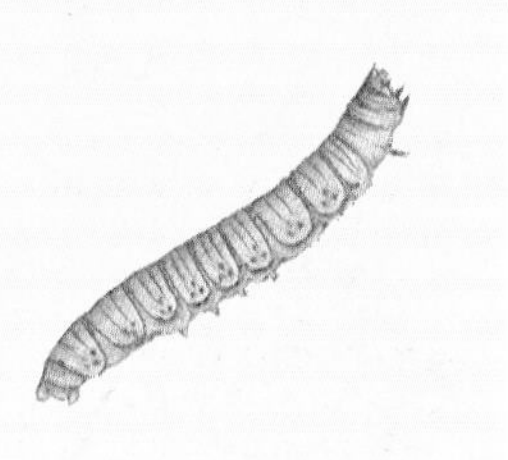

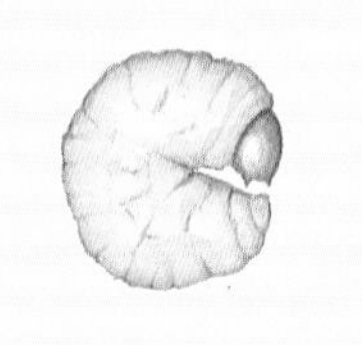

GORGOJO DE LA VID

Estos gusanos, rugosos y blancos, atacan las raíces de muchas plantas, sobre todo de los helechos, las plantas de maceta y las alpinas. Si una planta rocosa muere de repente, buscad en el suelo el gusano del gorgojo de la vid. Si lo encontráis, cogedlo y destruidlo. Pulverizad el suelo con un insecticida adecuado.

GUSANO DE LA MELOLONTA

Los gruesos gusanos curvados viven durante todo el año sobre las raíces de las plantas del arriate herbáceo, pudiendo causar la muerte tanto de los crisantemos como de las dalias. Si encontráis estos gusanos en el suelo o pensáis plantar un macizo en un lugar donde anteriormente hubo césped, esparcid bromofós sobre el suelo y rastrilladlo someramente.

POTRA (HERNIA)

Esta grave enfermedad del huerto puede afectar a los alhelíes. Las raíces se hinchan y se deforman y los órganos aéreos quedan pequeños y se marchitan antes de lo normal. Lo mejor es incorporar calcio al suelo antes de la plantación y no plantar alhelíes en el mismo sitio año tras año.

CÁNCER DE LAS RAÍCES

Es una enfermedad frecuente en la boca de dragón, la begonia, el guisante de olor, el geranio, etc. Por debajo, las raíces se ennegrecen; no hay curación posible, por lo que es preciso evitar las causas: compost no estéril en plantas de interior, tierras de hojas sin compost en las de exterior, y replantar el mismo tipo de plantas en el suelo infectado.

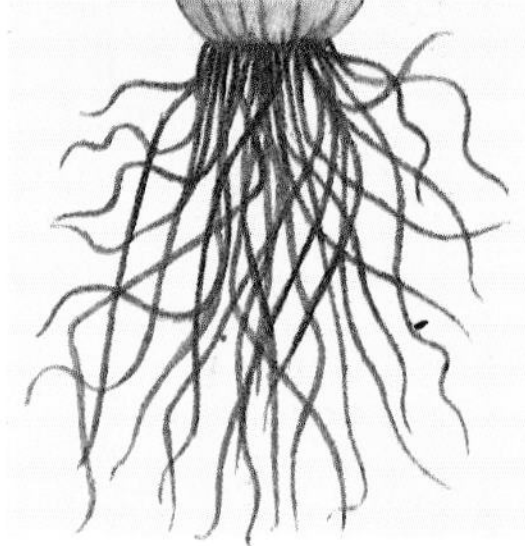

GATOS

Los gatos son una peste para las flores anuales ya que escarban el suelo de los semilleros y de los macizos recién plantados, dañando las raíces y causando la muerte de las plántulas. Si los gatos han elegido vuestro macizo floral para llevar a cabo su aseo personal poco podréis hacer para protegerlo; esparcid pimienta pulverizada en abundancia alrededor del terreno escarbado.

TOPOS

Una invasión de topos es una catástrofe. Al excavar sus galerías forman pequeños montículos, que pueden pasar desapercibidos, y dañan gravemente las raíces llegando a desarraigar plantas pequeñas. Tratad de erradicarlos fumigándolos. Puede ser necesario ponerles trampas o gasearlos; esto es mejor que lo haga un exterminador profesional.

Problemas en tubérculos, bulbos y cormos

Son muchas las plantas que se obtienen a partir de bulbos, cormos, rizomas y tubérculos. Durante todo su ciclo vital, estos órganos carnosos corren peligro: pueden verse atacados en el suelo por las orugas de los hepiálidos, por el pulgón de los bulbos, la mosca del narciso y los nematodos (véase abajo) y por los animales que buscan su alimento. Los bulbos y los cormos también son atacados por los gusanos de alambre, los gusanos de la melolonta y el gorgojo de la vid (pág. 151).

PODREDUMBRE DEL TUBÉRCULO

Los tubérculos de las dalias almacenados pueden ser destruidos por los hongos de la podredumbre. Para evitar que esto ocurra, al desenterrar los tubérculos dejadlos sobre el terreno para que se sequen. Limpiadlos de tierra. Pulverizadlos copiosamente con benomyl; antes de guardarlos en cajas en un lugar seco y sin riesgo de heladas y dejar que se sequen.

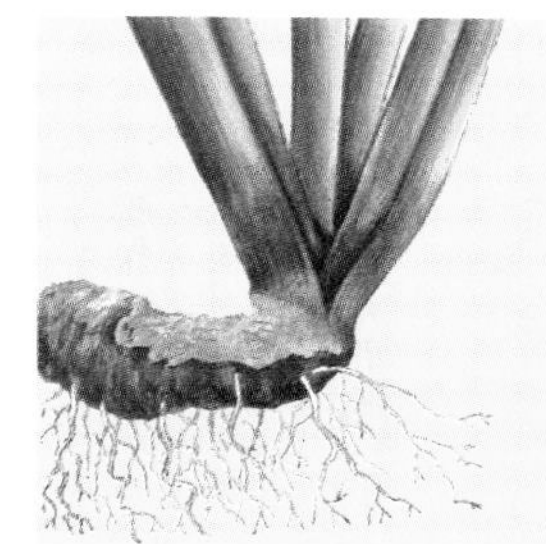

PODREDUMBRE DE LOS RIZOMAS

Es una grave enfermedad de los lirios de estandarte, especialmente en suelos poco permeables. Los ápices foliares amarillean y se marchitan, luego todas las hojas se colapsan. Los rizomas quedan afectados por una podredumbre viscosa y amarillenta. Podéis salvar las plantas si elimináis las zonas blancas del rizoma tan pronto como las detectéis.

PODREDUMBRE DE LOS BULBOS

Los bulbos de los tulipanes y los narcisos trompones al estar almacenados pueden verse gravemente afectados por la podredumbre. El chamuscado del narciso produce el marchitamiento del bulbo y sobre las escamas externas aparecen pequeños micelios. La podredumbre basal se inicia en la base de los bulbos de los narcisos trompones y las azucenas, y la podredumbre, de color marrón, se extiende hacia arriba a través de las escamas internas. El fuego del tulipán es la enfermedad más grave de este bulbo: en las escamas externas aparecen pequeños micelios fúngicos que dañan tallos y flores. Si en el pasado ha habido una enfermedad de este tipo, sumergid los bulbos en benomyl poco después de desenterrarlos.

Chamuscado del narciso

Podredumbre basal

Fuego del tulipán

MOSCA DEL NARCISO

Los bulbos de los narcisos afectados son blandos y están podridos, y si se plantan o se dejan en el suelo, producen unas cuantas hojas pero ninguna flor. Los gusanos miden 1.5-2 cm. Es difícil combatirla. A la hora de desenterrar y a la de plantar los bulbos, desechad siempre los que estén blandos. Si el follaje se marchita, azadonad bien el suelo.

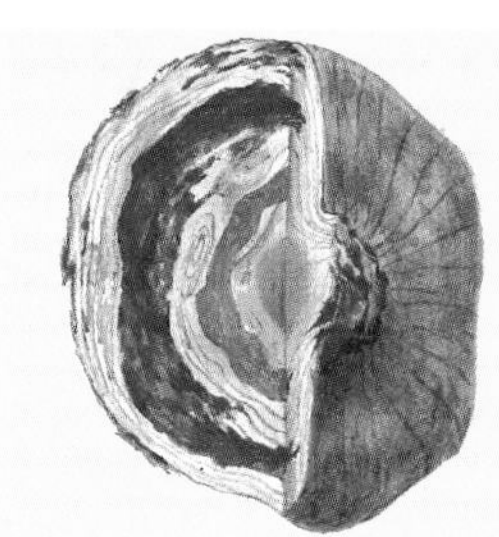

NEMATODO DE TALLO Y DEL BULBO

Los bulbos de narciso trompón, de tulipán, de jacinto, etc., afectados aparecen blandos y podridos. Al cortar un bulbo transversalmente pueden verse unos cercos oscuros reveladores. Las hojas del narciso trompón se vuelven pálidas, retorcidas y presentan unas pequeñas abolladuras amarillas características. Desechad todos los bulbos blandos.

PODREDUMBRE DE LOS CORMOS

En los cormos de los azafranes y los gladiolos almacenados se producen podredumbres graves. En el cormo la podredumbre seca produce manchas blancas que posteriormente emergen a la superficie y el tejido queda totalmente necrosado. En la podredumbre dura las manchas son marrones y el cormo afectado se agrieta. Las manchas de la roña son redondas, marrones y brillantes. La podredumbre interna es bastante distinta de las demás enfermedades del cormo: se inicia en el centro de los cormos de gladiolo y va extendiéndose hacia fuera como una podredumbre húmeda. Si anteriormente ha habido podredumbre, sumergid los cormos en benomyl.

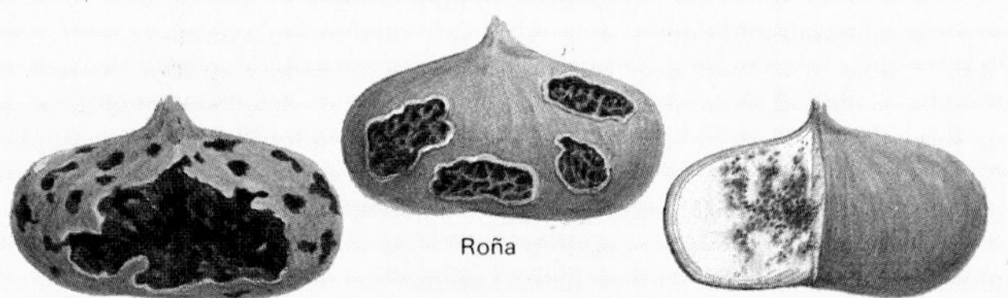

Podredumbre seca — Roña — Podredumbre interna

HEPIÁLIDOS

Estas orugas del suelo atacan los cormos de los gladiolos, los rizomas de los lirios y todo tipo de bulbos. A diferencia de las orugas cortadoras (pág. 151) se mueven hacia atrás al tocarlas. Si creéis que los hepiálidos van a ser un grave problema, antes de la plantación esparcid bromofós sobre el suelo y rastrilladlo. Si no, podéis prevenir esta plaga azadonando el suelo de vez en cuando.

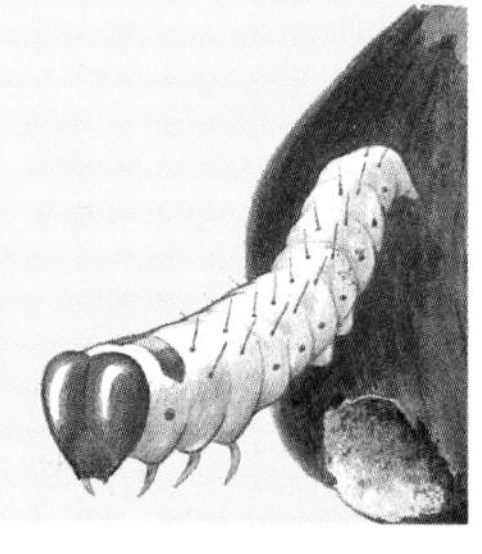

PULGÓN DE LOS BULBOS

En los bulbos de los tulipanes y las azucenas y en los cormos de los azafranes y los gladiolos almacenados pueden formarse colonias de pulgones que se alimentan y se refugian bajo las escamas externas. Al plantar los bulbos infestados, las plantas jóvenes quedan gravemente afectadas. Antes de plantarlos, eliminar todos los pulgones

Agujeros foliares

Algunas veces, los agujeros y los desgarros que aparecen en las hojas jóvenes son debidos al frío o al granizo, pero generalmente el culpable es un insecto. Las plántulas, las plantas pequeñas y las hojas inferiores de las perennes altas pueden verse dañadas gravemente por las babosas, los caracoles, las cochinillas de la humedad y los gorgojos de la vid que de noche se alimentan del follaje y de día se esconden bajo las piedras, los desechos, etc. Atacan tanto las hojas bajas como las altas: las chinches producen pequeños agujeros ovales, marrones, y las orugas hacen agujeros grandes, o incluso llegan a esqueletizar el follaje. Hay varios tipos de orugas: la de la *Phytometra* es la que ataca a una mayor gama de plantas, y la polilla vaporosa puede ser muy perjudicial en los jardines públicos. Observad que estas orugas de jardín son larvas de polillas, más que de mariposas; la única excepción es la de la mariposa blanca de la col, muy abundante.

GORGOJO DEL GUISANTE Y DE LA JUDÍA

Es una planta frecuente en el huerto que ataca a las plantas de la familia de las leguminosas (guisante de olor, lupino, etc.). Las plántulas son las más propensas y, en cuanto aparezcan en sus hojas las características muescas en forma de U, debéis pulverizarlas con Endosulfán o Fenitrothion. Las hojas de las plantas viejas también pueden verse atacadas, pero no suele ser necesario pulverizarlas.

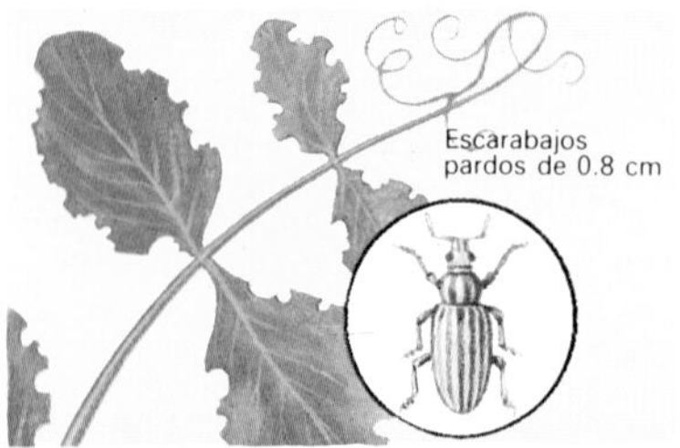

ORUGAS

Las plantas anuales y perennes del jardín pueden verse atacadas por diferentes orugas; algunas son poco frecuentes; otras, como la de la *Phytometra* y la de la mariposa blanca de la col, pueden causar graves daños. Si podéis, coged todas las orugas; si hay muchas, pulverizad las plantas con un insecticida sistémico, como el Endosulfán o el Fenitrothion.

PHYTOMETRA

Oruga sin pelos, de unos 5 cm de longitud, que ataca gravemente las dalias, los gladiolos y muchas perennes.

MARIPOSA DE LA COL

Oruga sin pelos, de unos 3 cm de longitud, que ataca algunas anuales y perennes, pudiendo esqueletizar sus hojas.

MARIPOSA BLANCA DE LA COL

Oruga ligeramente peluda, de unos 4 cm de longitud, que ataca a muchas anuales y perennes. Las hojas quedan en el esqueleto.

POLILLA VAPOROSA

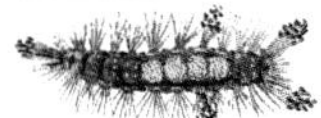

Oruga coloreada, de unos 2.5 cm de longitud, que, de mediada la primavera hasta mediado el verano, se alimenta de las hojas de muchas perennes.

COCHINILLA DE LA HUMEDAD

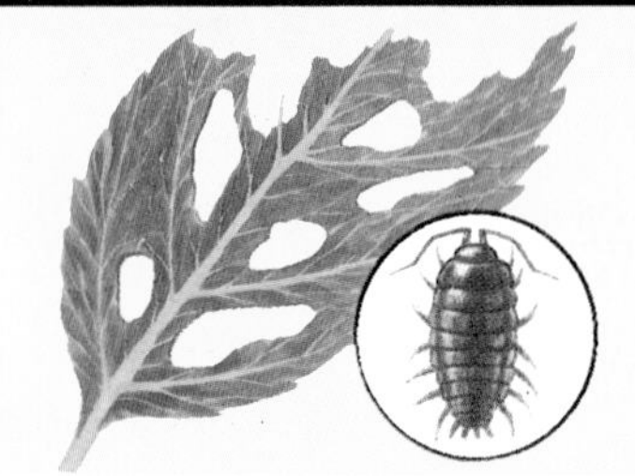

Es una plaga muy frecuente en los jardines públicos sombríos. Durante el día, los insectos se esconden bajo las piedras y las hojas y de noche devoran las hojas jóvenes de gran número de plantas de flor. Esta plaga se ceba en las plantas que ya han sido atacadas por otra peste. Es difícil de combatir: no dejéis materiales de desecho en el jardín y esparcid un granulado contra babosas.

BABOSAS Y CARACOLES

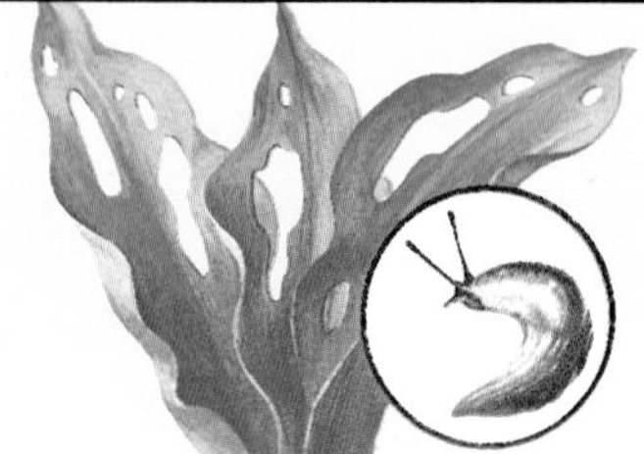

Causan graves daños sobre todo en los tulipanes, los lirios, las espuelas de caballero, las plantas anuales y las rocosas. Producen agujeros irregulares y dejan un rastro viscoso revelador. Los daños son peores en suelos poco permeables y en lugares umbríos. De día suelen esconderse entre los desechos, por lo que la mejor solución es limpiar la zona y cultivarla. Esparcid un granulado contra babosas y caracoles alrededor de las plantas atacadas

ALTICAS

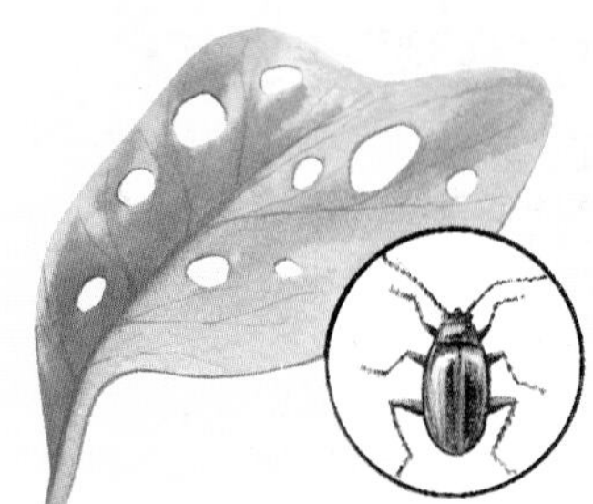

Pequeños escarabajos blancos o blancos y amarillos que atacan las plántulas de la familia de las crucíferas (alhelíes, aubrietas, alisones, etc.). En las hojas aparecen numerosos agujeros pequeños y redondeados. El crecimiento es más lento y las plántulas pueden llegar a morir. Al tocarlos, los escarabajos saltan. Pulverizad las plantas jóvenes con Endosulfán tan pronto como detectéis los primeros síntomas.

TIJERETAS

Es una plaga frecuente en verano y otoño que ataca los crisantemos, las dalias y alguna otra planta de jardín. Los machos tienen pinzas ahorquilladas, las hembras rectas. De noche devoran las hojas, de día se esconden en los pétalos. Para combatir esta peste, sacudid los tallos primero y luego pulverizad las plantas y el suelo con Endosulfán.

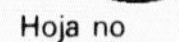
Hoja no deformada

Hoja deformada

CHINCHES

Estas pequeñas chinches verdes dañan gravemente las dalias, los crisantemos, las salvias y otras plantas. Al principio, las hojas quedan moteadas; a medida que las hojas crecen, las manchas se convierten en pequeños agujeros irregulares de bordes marrones. Las hojas se deforman y se arrugan. Pulverizad las plantas y el suelo con Endosulfán o Fenitrothion.

Problemas en hojas y tallos

En veranos secos los pulgones y el oídio son problemas graves y, si el tiempo es húmedo, la podredumbre gris puede ser muy destructiva. La falta de nutrientes impide el desarrollo de las hojas y de los tallos y los restos de herbicidas pueden producir deformaciones graves. En estas dos páginas se describen los principales problemas de los tallos y las hojas; de vez en cuando pueden aparecer otros insectos u hongos, pero casi nunca precisan ser combatidos.

DESMORONAMIENTO

El hongo del desmoronamiento ataca las raíces y la base de los tallos de las plántulas. Las raíces se agrietan y se pudren y las plantas se derrumban. Para que esto no ocurra, lo mejor es esparcir bien las semillas y no regar demasiado. Bajo cristal, proveed una ventilación adecuada. Eliminad las plántulas colapsadas inmediatamente; regad las restantes con Ditane.

CICADELAS

En las hojas aparecen unas manchas pálidas, pequeñas; frecuentes en verano, en los geranios y las prímulas. En el envés de las hojas encontraréis pequeños insectos amarillentos, o sus mudas vacías, blancas. Por sí solos no producen graves daños, pero pueden transmitir enfermedades víricas. Pulverizad con Endosulfán.

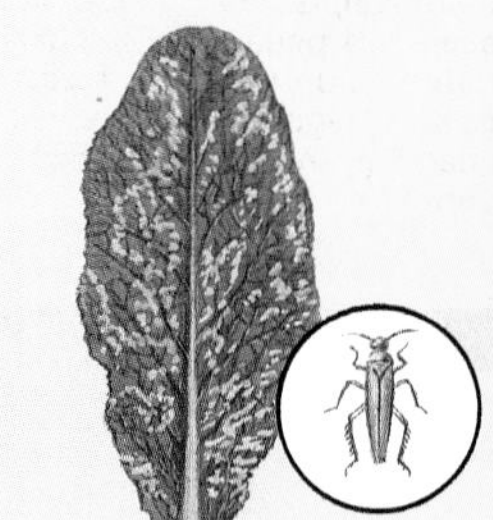

NEMATODO DEL CRISANTEMO

Entre los nervios foliares se forman unas zonas pardas; las plantas pueden llegar a morir. Los *Aster* y las *Paeonia* también pueden verse atacadas. Las begonias y los helechos presentan síntomas similares producidos por el nematodo de la antracnosis foliar. Arrancad las hojas afectadas y quemadlas; destruid las plantas gravemente enfermas.

PODREDUMBRE DEL TALLO

Hay varias podredumbres del tallo que atacan las plantas de jardín y todas son graves. Todo el tallo, o parte de él, se marchita y las hojas también. La esclerotinia es una enfermedad frecuente en el arriate herbáceo: girasol, campánula, crisantemo, etc. En la médula de los tallos se forman unos cuerpos negros, duros. No hay remedio; desarraigad las plantas enfermas y quemadlas.

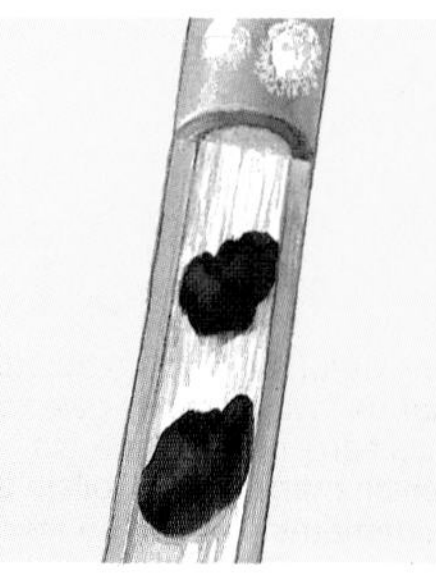

FRÍO

En primavera, si se produce un súbito cambio de temperatura, se destruye la clorofila de las yemas foliares y de las hojas en vías de desarrollo. Al crecer, la hoja afectada puede quedar con el margen amarillo (anémona, guisante de olor, etc.), casi blanco (muchas plantas de bancal) o con bandas blancas (narciso trompón). Arrancad las hojas dañadas; pulverizad las restantes con Fersal.

BROTES ATROFIADOS

En la base de la planta se forma una masa de brotes cortos, con hojas engrosadas y deformes. Esta enfermedad se propaga mediante los tallos enraizados o tomando esquejes de plantas enfermas, por lo que éstas deben ser destruidas y nunca deben utilizarse para propagar la planta. Es frecuente en el guisante de olor, el crisantemo, la dalia y el pelargonio.

ESPUMADORAS

Todo el mundo conoce las masas blancas y espumosas que aparecen en los tallos de los *Geum, Solidago, Chrysanthemum,* y otras muchas plantas. Los que no son tan conocidos son sus causantes: unos cercópidos rosáceos de 3 mm que chupan la savia y deforman los brotes jóvenes. Regadlos con un chorro fuerte de agua y luego pulverizadlos con Endosulfán.

NEMATODO DEL FLOX

Las hojas jóvenes de las plantas afectadas son acintadas y se marchitan prematuramente. Las hojas más viejas se deforman. Es una enfermedad que ataca a varias perennes como el flox, la gipsófila y la aubrieta. Las coronas de *Polyanthus* mueren. Arrancad los ejemplares enfermos y quemadlos; no volváis a plantar perennes sensibles en 3 años.

PODREDUMBRE BASAL

El primer síntoma es el ennegrecimiento y posterior podredumbre de la base del tallo. El nombre de la enfermedad depende de la planta afectada: pie negro del geranio, enfermedad del pensamiento, podredumbre de la corona de la campánula, etc. Para los semilleros y las macetas utilizad compost estéril. Evitad el anegamiento. Destruid las plantas afectadas.

FUEGO DEL TULIPÁN

Es una grave enfermedad que produce quemaduras foliares y manchas florales. Los brotes jóvenes pueden quedar cubiertos de un moho grisáceo, aterciopelado. Los bulbos se pudren (pág. 152). Cortad los brotes enfermos por debajo del nivel del suelo y pulverizad las plantas restantes con Maneb o Mancozeb. Repetid el tratamiento cada quince días.

PULGONES

Cuando el tiempo es caluroso las flores anuales y perennes se ven afectadas por diversas especies de pulgones. Los más frecuentes son el pulgón negro de las habas y el de la patata. Los brotes se debilitan y deforman; las hojas quedan cubiertas de una sustancia pegajosa que posteriormente se cubre de un moho negruzco. Si el tiempo es seco, regad copiosamente las plantas. En cuanto aparezcan las primeras colonias, pulverizadlas con Endosulfán o Malathion.

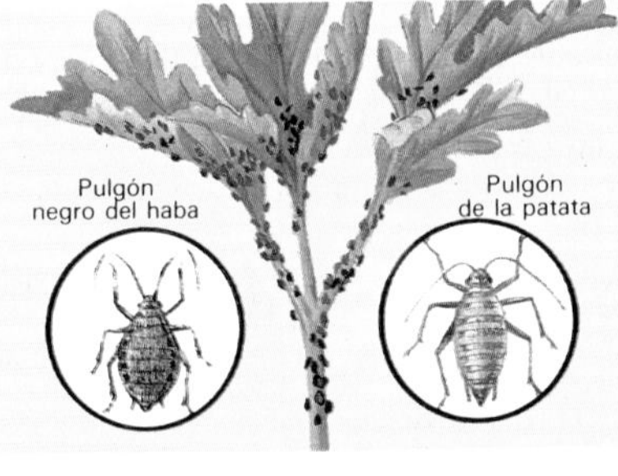

MINADOR FOLIAR

Es un pequeño gusano que devora el tejido foliar excavando unas galerías largas y tortuosas que primero son blancas y luego se vuelven marrones. El follaje del crisantemo frecuentemente sufre su ataque. La mosca del clavel actúa de forma bastante distinta, produciendo ampollas sobre las hojas y pudiendo llegar a matar la planta. Arrancad y destruid las hojas dañadas.

PODREDUMBRE GRIS (BOTRITIS)

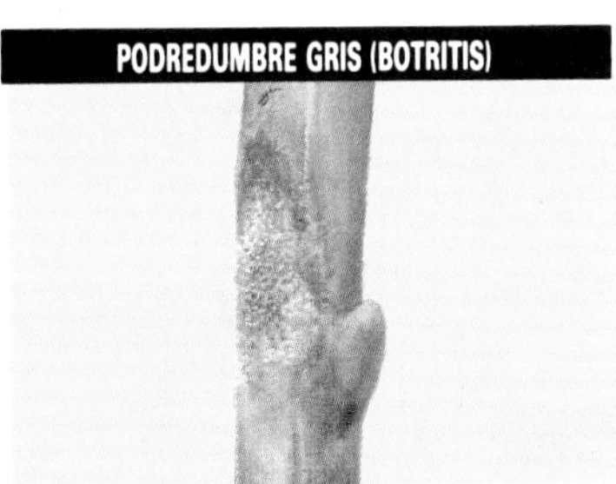

Es una grave enfermedad que aparece en épocas húmedas, formando una podredumbre blanda en las hojas y también en los tallos de muchas plantas de bancal *(Godetia, Clarkia, Petunia, Zinnia,* etc.). Eliminad las hojas y las plantas gravemente afectadas. Pulverizad el resto con un fungicida.

OÍDIO

El síntoma principal es la formación de una harina blanca sobre las hojas. Se agrava si las plantas están muy tupidas y el suelo es seco. Es una enfermedad frecuente en las margaritas Michaelmas, las espuelas de caballero y los crisantemos. Al primer síntoma pulverizad con un fungicida sistémico. Si la enfermedad vuelve a aparecer, repetid el tratamiento.

MARCHITAMIENTO

A veces, aunque el suelo esté húmedo, las hojas y los tallos se marchitan. Cuando se trata de bocas de dragón, guisantes de olor, claveles, crisantemos, lupinos o amapolas, lo más probables es que sea debido a un hongo del suelo. El tejido interior del tallo posiblemente estará teñido de marrón. No hay curación. Eliminad las plantas enfermas y no plantéis ninguna especie susceptible en su lugar.

ROYA

El síntoma principal es la aparición de unas abolladuras coloreadas sobre las hojas y los tallos. Estas manchas prominentes pueden ser amarillas, anaranjadas o pardas. Es una enfermedad común en las bocas de dragón, la madreselva, el pelargonio, el clavel, el crisantemo y el guisante de olor. Arrancad y quemad las hojas atacadas.

MILDIÚ

Suele ser menos problemático que el oídio, aunque en épocas muy húmedas suele afectar a las bocas de dragón, los guisantes de olor, las amapolas y los alhelíes. El haz foliar presenta manchas amarillas o mates; en el envés se forman unos micelios grisáceos. Si es grave, las plantas pueden defoliarse. Pulverizad con Maneb o Mancozeb al primer síntoma; repetir cada quince días.

ARAÑA ROJA

Si las hojas se tiñen de un insano color bronceado, mirad si en el envés hay arañas rojas. La presencia de hilillos sedosos es un síntoma revelador. En climas cálidos puede ser necesario pulverizar con un insecticida sistémico.

VIRUS

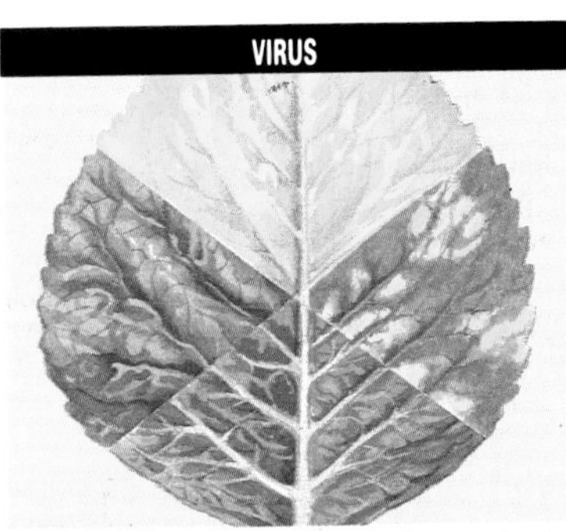

Los virus pueden ser transportados por los insectos, por las herramientas o por vuestras propias manos. Los síntomas de la infección pueden ser diversos: hojas amarillas, hojas con manchas amarillas o en mosaico, hojas abolladas, deformes o con nerviaciones blancas. Los tallos pueden estar cubiertos de bandas pardas (estriado) o quedar atrofiados y deformes. No hay solución; arrancad las plantas y quemadlas. Comprad ejemplares sanos; prevenid la aparición de pulgones.

MANCHA FOLIAR

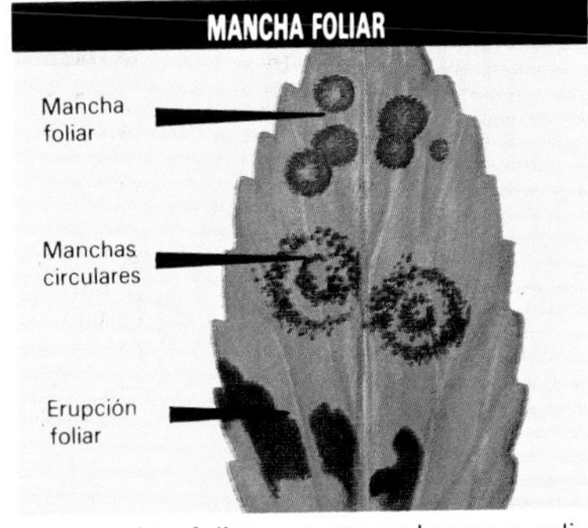

Las manchas foliares comprenden un amplio grupo de enfermedades que se ceban en muchas plantas de jardín. La mancha foliar (manchas redondas u ovaladas, coloreadas) es una enfermedad grave del pensamiento, el flox, el *Polyanthus*, la amapola, el lirio y el clavel de san Isidro. Las manchas circulares (anillos concéntricos de esporas) son frecuentes en los claveles, y la erupción foliar (manchas de forma irregular) afecta a las espuelas de caballero. Arrancad las hojas afectadas. Pulverizad las plantas con Maneb o Mancozeb.

Problemas en capullos y flores

Las flores pueden ser pequeñas y de poca calidad. También pueden estar deformadas o manchadas. Además de las plagas y enfermedades citadas aquí, hay otros enemigos de las flores que ya han sido mencionados en las páginas anteriores: las babosas (pág. 153), los nematodos (págs. 152 y 154) y las orugas de la *Phytometra* (pág. 153).

PÁJAROS

A la hora de elegir sus flores los pájaros son muy selectivos. Casi todas las flores son ignoradas, pero, en primavera, los capullos y las flores de *Polyanthus, Primula* «Wanda» y *Crocus* (especialmente las variedades de flores amarillas) pueden quedar completamente destrozadas por los gorriones y los mirlos. Sorprendentemente, las plantas de un jardín pueden arruinarse mientras que las plantas similares del jardín de al lado permanecen intactas. Es difícil combatirlos porque las redes hacen feo.

SIN FLORES

Hay varias causas posibles de que las plantas no florezcan. Algunas plantas herbáceas de arriate no toleran ser perturbadas y durante el primer año a lo mejor no florecen. Los narcisos trompones pueden sufrir una enfermedad incurable merced a la cual producen hojas tipo gramínea, pero no flores. A veces los tulipanes tampoco florecen. Pero la causa más probable es alguno de los factores citados en el apartado siguiente.

POCAS FLORES

Es frecuente que las plantas produzcan menos flores de lo normal. Las causas suelen ser demasiada sombra y exceso de nitrógeno. Algunas plantas de bancal y rocosas dejarán de florecer por completo si la sombra es muy espesa; atención a la elección de emplazamiento. Un exceso de nitrógeno, debido a un abonado excesivo, da lugar a mucho follaje y muy pocas flores; para restablecer el equilibrio, emplead un fertilizante más rico en potasio que en nitrógeno. Hay otras muchas posibilidades: no haber pinzado el ápice de crecimiento para provocar la ramificación, no haber eliminado las flores marchitas para inducir nuevas floraciones, y no haber regado en tiempo seco. Si se produce una helada tardía, o sólo con que una noche haga mucho frío, los capullos pueden dejar de abrirse; esto es frecuente en los guisantes de olor. Por último, cualquier enfermedad o plaga de las descritas en esta página pueden reducir el número de flores.

ÁFIDOS

Los áfidos, tanto los pulgones negros como los verdes, pueden reducir considerablemente la cantidad y la calidad de las flores producidas. Cuando el tiempo es seco y caluroso, muchas especies de plantas florales ven sus capullos atacados por grandes colonias de estos insectos haciendo que, al abrirse, den lugar a flores más pequeñas de lo normal. Pulverizad con Endosulfán, un insecticida de garantía al primer síntoma de la plaga.

TIJERETAS

Es una plaga importante de los crisantemos y las dalias. Por la noche devoran los pétalos de las flores. Durante el día se esconden dentro de las flores o entre la hojarasca u otros desechos que haya por el suelo. Limpiad el terreno. Sacudid las flores abiertas y luego pulverizad el suelo y las plantas con un insecticida adecuado.

TRIPS

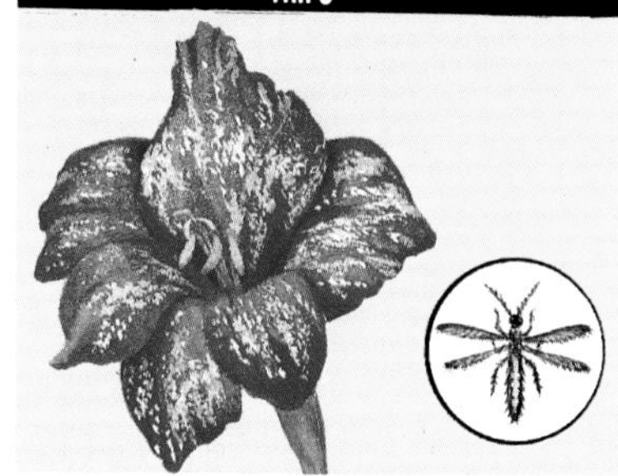

En veranos calurosos los trips revolotean sobre las hojas y las flores. El síntoma más frecuente es la aparición de unas pintas plateadas sobre los pétalos y las hojas. Los gladiolos son especialmente susceptibles. Puede ser grave. Pulverizad con un buen insecticida.

CHINCHE DE CAMPO

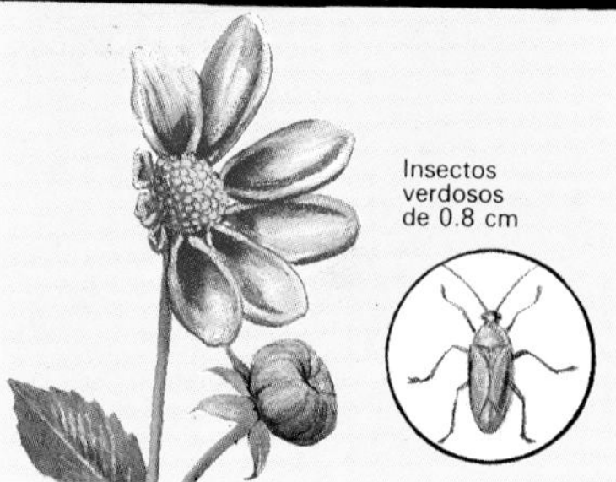

Estas activas chinches chupadoras de savia son una plaga grave de las dalias, los crisantemos y otras muchas flores. Los capullos pueden morir; si se abren, dan flores con pétalos por un solo lado. Al primer síntoma de su presencia en las hojas, pulverizad con un insecticida (pág. 153).

NECROSIS DE LOS PÉTALOS

En veranos frescos y húmedos esta enfermedad del crisantemo puede destruir sus flores. Sobre los pétalos aparecen pequeñas vesículas acuosas que, a veces, se extienden y destruye toda la flor. *Anemone, Centaurea* y *Dahlia* son también afectadas. Pulverizad con un fungicida los capullos cuando empiecen a tomar color. Repetid semanalmente. Eliminad las flores enfermas.

PODREDUMBRE GRIS (BOTRITIS)

Es una grave enfermedad que ataca cuando el tiempo es húmedo. Afecta a varias plantas; crisantemos, dalias, peonías, azucenas y plantas de bancal son especialmente susceptibles. Al principio, las flores pueden quedar moteadas, pero luego se pudren y comienzan a cubrirse de un moho lanoso. Los capullos seriamente enfermos no llegan a abrirse. Eliminad las hojas y las flores mohosas en seguida. Pulverizad con un fungicida sistémico.

ALTERACIÓN DEL COLOR

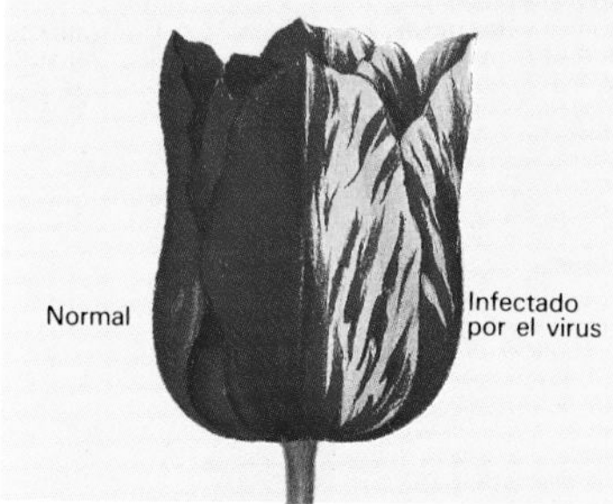

A veces los pétalos presentan manchas o rayas de un color anormal. Esta alteración del color es producida por un virus y es irreversible. Los más afectados son los tulipanes; también lo son las dalias, los crisantemos, las azucenas, las violas y los alhelíes. Pueden producir un efecto decorativo; se han creado variedades multicolores de tulipanes afectados por este virus. Pero en un macizo de flores de un solo color no hacen buen efecto y, si queréis conservar la cepa pura, deberéis desechar estas plantas. Cuando se produce la filodia de las flores (las flores se vuelven verdes) es imprescindible destruir las plantas enfermas.

CAPÍTULO 11

ÍNDICE DE PLANTAS

pág.

A

ACAENA BUCHANII 87
ACAENA MICROPHYLLA 87
ACAENA NOVAE-ZEALANDIAE 87
ACANTHUS MOLLIS LATIFOLIUS 42
ACANTHUS SPINOSUS 42
ACIANO 14, 50
ACIDANTHERA BICOLOR MURIELAE 109
ACÓNITO INVERNAL 114
ACONITUM «BICOLOR» 42
ACONITUM «BRESSINGHAM SPIRE» 42
ACONITUM NAPELLUS 42
ACONITUM «NEWRY BLUE» 42
ACONITUM «SPARK'S VARIETY» 42
ACONITUM WILSONII «BARKER'S VARIETY» 42
ACROCLINIUM HUMBOLDTIANUM 8
ACROCLINIUM «LARGE-FLOWERED MIXED» 8
ACROCLINIUM MANGLESII 8
ACROCLINIUM ROSEUM 8
ACHILLEA CLAVENNAE 87
ACHILLEA FILIPENDULINA 42
ACHILLEA «KING EDWARD» 87
ACHILLEA LEWISII 87
ACHILLEA MILLEFOLIUM «CERISE QUEEN» 42
ACHILLEA PTARMICA 42
ACHILLEA TOMENTOSA 87
ADORMIDERA 32
AETHIONEMA GRANDIFLORUM 87
AETHIONEMA PULCHELLUM 87
AETHIONEMA «WARLEY ROSE» 87
AETHIONEMA «WARLEY RUBER» 87
AGAPANTHUS AFRICANUS 43
AGAPANTHUS CAMPANULATUS 43
AGAPANTHUS «HEADBOURNE HYBRID» 43
AGAPANTHUS UMBELLATUS 43
AGÉRATO 8
AGERATUM HOUSTONIANUM 8
AGERATUM HOUSTONIANUM «BLUE ANGEL» 8
AGERATUM HOUSTONIANUM «BLUE BLAZER» 8
AGERATUM HOUSTONIANUM «BLUE BOUQUET» 8
AGERATUM HOUSTONIANUM «BLUE MINK» 8
AGERATUM HOUSTONIANUM «FAIRY PINK» 8
AGERATUM HOUSTONIANUM «SUMMER SNOW» 8
AGROSTEMMA GITHAGO 8
AGROSTEMMA GITHAGO «MILAS» 8
AGUILEÑA 45
AJENUZ 32
AJO FLORECIENTE 109
AJUGA PYRAMIDALIS 43
AJUGA REPTANS 43
ALCANA 45
ALCHEMILLA ALPINA 44
ALCHEMILLA MOLLIS 44
ALHELÍ 14, 29
ALHELÍ ALPINO 93
ALHELÍ BROMPTON 29
ALHELÍ DE DIEZ SEMANAS 29
ALHELÍ DE DIEZ SEMANAS ENANO 29
ALHELÍ DE SIBERIA 14
ALHELÍ DE VIRGINIA 28
ALHELÍ EAST LOTHIAN 29
ALHELÍ NOCTURNO 29
ALHELICILLO 9
ALISÓN 9
ALLIUM AFLATUNENSE 109
ALLIUM ALBOPILOSUM 109
ALLIUM GIGANTEUM 109
ALLIUM MOLY 109
ALLIUM OSTROWSKIANUM 109
ALQUIMILA 44
ALSTROEMERIA AURANTIACA 44
ALSTROEMERIA «LIGTU HYBRIDS» 44
ALTHAEA ROSEA 9
ALYSSUM MARITIMUM 9
ALYSSUM MONTANUM 88
ALYSSUM SAXATILE 88
AMAPOLA 32, 69
AMAPOLA ALPINA 32
AMAPOLA AZUL DEL HIMALAYA 67
AMAPOLA DE CALIFORNIA 20
AMAPOLA DE ISLANDIA 32
AMAPOLA GALESA 67
AMAPOLA PLUMOSA 66
AMAPOLA SILVESTRE 32
AMARACUS DICTAMNUS 99
AMARANTHUS CAUDATUS 9
AMARANTO ROJO 9
AMARYLLIS BELLADONNA 109
ANACYCLUS DEPRESSUS 88
ANAPHALIS MARGARITACEA 44
ANAPHALIS TRIPLINERVIS 44

pág.

ANAPHALIS YEDOENSIS 44
ANCHUSA AZUREA 45
ANCHUSA CAPENSIS 10
ANCHUSA ITALICA 45
ANCHUSA MYOSOTIDIFLORA 48
ANCUSA 45
ANDROSACE LANUGINOSA 88
ANDROSACE SARMENTOSA 88
ANDROSACE SARMENTOSA CHUMBYI 88
ANÉMONA DE CAEN 110
ANÉMONA DE FLOR DE AMAPOLA 110
ANÉMONA DE FLOR DE CRISANTEMO 134
ANÉMONA DE FLOR DE DALIA 138
ANÉMONA DE FLOR DE MARGARITA 110
ANÉMONA JAPONESA 45
ANÉMONA ST. BRIGID 110
ANEMONE APENNINA 110
ANEMONE BLANDA 110
ANEMONE «DE CAEN» 110
ANEMONE «HIS EXCELLENCY» 110
ANEMONE HYBRIDA 45
ANEMONE JAPONICA 45
ANEMONE «LORD LIEUTENANT» 110
ANEMONE «MR FOKKER» 110
ANEMONE PULSATILLA 102
ANEMONE «ST BRIGID» 110
ANTENNARIA DIOICA 89
ANTIRRHINUM MAJUS 10
ANTIRRHINUM MAJUS «APPLE BLOSSOM» 10
ANTIRRHINUM MAJUS «BLACK PRINCE» 10
ANTIRRHINUM MAJUS «CORONETTE MIXED» 10
ANTIRRHINUM MAJUS «FIERY RED» 10
ANTIRRHINUM MAJUS «FLORAL CARPET» 10
ANTIRRHINUM MAJUS «MADAME BUTTERFLY» 10
ANTIRRHINUM MAJUS «MAGIC CARPET» 10
ANTIRRHINUS MAJUS «REMBRANDT» 10
ANTIRRHINUS MAJUS «ROCKET HYBRIDS» 10
ANTIRRHINUM MAJUS «TON THUMB MIXED» 10
AQUILEGIA «CRIMSON STAR» 45
AQUILEGIA HYBRIDA 45
AQUILEGIA «MCKANA HYBRIDS» 45
AQUILEGIA «SNOW QUEEN» 45
AQUILEGIA VULGARIS 45
ARABIS ALBIDA 89
ARABIS BLEPHAROPHYLLA 89
ARABIS CAUCASIANA 89
ARABIS FERDINANDI-COBURGII «VARIEGATA» 89
ARAÑUELA 32
ARCTOTIS GRANDIS 11
ARCTOTIS HYBRIDA 11
ARENARIA 89
ARENARIA BALEARICA 89
ARENARIA CAESPITOSA «AUREA» 89
ARENARIA MONTANA 89
ARLEQUINA 121
ARMERIA CAESPITOSA 90
ARMERIA JUNIPERIFOLIA 90
ARMERIA MARITIMA 90
ARUNCUS SYLVESTER 46
ASTER 13, 46, 90
ASTER ALPINUS 90
ASTER AMELLUS 46
ASTER CHINO 13
ASTER DE MONTAÑA 90
ASTER DE STOKE 79
ASTER FRIKARTII 46
ASTER NEPALENSIS 90
ASTER NOVAE-ANGLIAE 46
ASTER NOVAE-ANGLIAE «HARRINGTON'S «PINK» 46
ASTER NOVI-BELGII 46
ASTER NOVI-BELGII «ADA BALLARD» 46
ASTER NOVI-BELGII «AUDREY» 46
ASTER NOVI-BELGII «CRIMSON BROCADE» 46
ASTER NOVI-BELGII «JENNY» 46
ASTER NOVI-BELGII «MARIE BALLARD» 46
ASTER NOVI-BELGII «ROYAL VELVET» 46
ASTER NOVI-BELGII «SNOWSPRITE» 46
ASTER NOVI-BELGII «WINSTON S. «CHURCHILL» 46
ASTER THOMSONII «NANA» 46
ASTER TIBETICUS 90
ASTILBE ARENDSII 47
ASTILBE ARENDSII «BRESSINGHAM BEAUTY» 47
ASTILBE ARENDSII «DEUTCHLAND» 47
ASTILBE ARENDSII «FANAL» 47
ASTILBE ARENDSII «FEDERSEE» 47
ASTILBE ARENDSII «FIRE» 47
ASTILBE ARENDSII «IRRLICHT» 47
ASTILBE ARENDSII «OSTRICH PLUME» 47
ASTILBE CHINENSIS PUMILA 90
ASTILBE CRIPSA 90
ASTILBE GLABERRIMA 90
ASTILBE SIMPLICIFOLIA «SPRITE» 47
ASTRANCIA MAYOR 47
ASTRANTIA CARNIOLICA «RUBRA» 47

pág.

ASTRANTIA MAJOR 47
ASTRANTIA MAXIMA 47
ATIGRADA 122
AUBRIETA DELTOIDEA 90
AURÍCULA 101
AZAFRÁN DE FLORACIÓN INVERNAL 113
AZAFRÁN DE FLORACIÓN OTOÑAL 113
AZAFRÁN DORADO 113
AZAFRÁN DE LOS PRADOS 112
AZAFRÁN OTOÑAL 112
AZUCENA 142-143
AZUCENA AFRICANA 43
AZUCENA ANARANJADA 143
AZUCENA ATIGRADA 143
AZUCENA CANADIENSE 143
AZUCENA CÓNCAVA 142
AZUCENA CUBANA 121
AZUCENA DE CORAL 143
AZUCENA DE GORRO DE TURCO 143
AZUCENA DE GORRO DE TURCO DORADA 143
AZUCENA DE HENRY 143
AZUCENA DE KAFIRISTÁN 77
AZUCENA DE LA VIRGEN 109, 143
AZUCENA DE PASCUA 143
AZUCENA DE RABO DE ZORRO 56
AZUCENA DE RAYAS DORADAS 143
AZUCENA DEL HIMALAYA GIGANTE 111
AZUCENA EN TROMPETA 142
AZUCENA LEOPARDO 143
AZUCENA PERUANA 44
AZUCENA REGIA 143

B

BALSAMINA 23
BARBA CABRUNA 46
BARTONIA AUREA 11
BEGONIA DE RAICES FIBROSAS 11
BEGONIA MULTIFLORA MAXIMA 110
BEGONIA PENDULA 110
BEGONIA SEMPERFLORENS 11
BEGONIA SEMPERFLORENS «COCKTAIL» 11
BEGONIA SEMPERFLORENS «DANICA» 11
BEGONIA SEMPERFLORENS «ORGANDY» 11
BEGONIA SEMPERFLORENS «THOUDANS WONDERS WHITE» 11
BEGONIA TUBERHYBRIDA 110
BEGONIA TUBERHYBRIDA «DIANA WYNYARD» 110
BEGONIA TUBERHYBRIDA «DOUBLE PICOTEE» 110
BEGONIA TUBERHYBRIDA «GOLD PLATE» 110
BEGONIA TUBERHYBRIDA «GUARDSMAN» 110
BEGONIA TUBERHYBRIDA «SEVILLE» 110
BEGONIA TUBERHYBRIDA «SUGAR CANDI» 110
BEGONIA TÚBEROSA 110
BELLIS PERENNIS 12
BERGAMOTA 67
BERGENIA «BALLAWLEY» 47
BERGENIA CORDIFOLIA 47
BERGENIA CRASSIFOLIA 47
BERGENIA «SILBERLICHT» 47
BERGENIA «SUNNINGDALE» 47
BETÓNICA MAYOR 79
BETONICA MACRANTHA 79
BOCA DE DRAGÓN 10
BOCCONIA 66
BOTÓN DE ORO 75
BOTÓN DE ORO AMARILLO 75
BRODIAEA GRANDIFLORA 111
BRODIAEA IDA-MAIA 111
BRODIAEA LAXA 111
BRODIAEA TUBERGENII 111
BRODIAEA UNIFLORA 117
BRUNNERA MACROPHYLLA 48

C

CABEZA DE PERRO 75
CABEZUELA 14, 50
CABEZUELA PURPURA 55
CALCEOLARIA MULTIFLORA 12
CALCEOLARIA RUGOSA 12
CALDERÓN 80
CALÉNDULA 12, 37
CALÉNDULA AFRICANA 37
CALÉNDULA FRANCESA 37
CALENDULA OFFICINALIS 12
CALTHA PALUSTRIS 48
CALZONES HOLANDESES 54
CALLIOPSIS 16
CALLISTEPHUS CHINENSIS 13
CALLISTEPHUS CHINENSIS «DUCHESS» 13
CALLISTEPHUS CHINENSIS «GIANTS OF CALIFORNIA» 13
CALLISTEPHUS CHINENSIS «MILADY» 13
CALLISTEPHUS CHINENSIS «MISS EUROPE» 13
CALLISTEPHUS CHINENSIS «PEPITE» 13
CALLISTEPHUS CHINENSIS «PERFECTION» 13
CALLISTEPHUS CHINENSIS «PINNOCHIO» 13
CALLISTEPHUS CHINENSIS «PIRETTE» 13
CALLISTEPHUS CHINENSIS «PRINCESS GIANT» 13
CALLISTEPHUS CHINENSIS «SUPER CHINENSIS» 13
CAMASSIA CUSICKII 111
CAMASSIA ESCULENTA 111
CAMASSIA LEICHTLINII 111
CAMASSIA QUAMASCH 111
CAMPANILLA 118
CAMPANILLA DE INVIERNO 115

pág.

CAMPANILLA DE INVIERNO GIGANTE 115
CAMPANILLA ESTIVAL 118
CAMPANILLA PRIMAVERAL 118
CAMPANILLAS DE CORAL 61
CAMPANILLAS DE IRLANDA 30
CAMPÁNULA 49, 91
CAMPANULA CARPATICA 91
CAMPANULA COCHLEARIFOLIA 91
CAMPÁNULA CHINA 71
CAMPÁNULA DE CALIFORNIA 31
CAMPANULA GARGANICA 91
CAMPÁNULA GIGANTE 121
CAMPANULA GLOMETARA 49
CAMPANULA LACTIFLORA 49
CAMPANULA LATIFOLIA 49
CAMPANULA MEDIUM 13
CAMPANULA MURALIS 49
CAMPANULA PERSICIFOLIA 49
CAMPANULA POSCHARSKYANA 91
CAMPANULA PYRAMIDALIS 13
CANDELARIA 8
CANNA INDICA 111
CAÑA INDIA 111
CAPUCHINA 38
CARDO GLOBOSO 55
CARDIOCRINUM CORDATUM 111
CARDIOCRINUM GIGANTEUM 111
CARDO CORREDOR 56
CARIOFILATA 58
CARIOFILATA DE MONTAÑA 93
CARIOFILATA ALPINA 94
CARRASPIQUE 23
CARRASPIQUE PERENNE 96
CARRIZO DE LAS PAMPAS 52
CATANANCHE CAERULEA 49
CELIDONIA MENOR 75
CELOSIA ARGENTEA «CRISTATA» 14
CELOSIA ARGENTE «PLUMOSA» 14
CELOSIA DE CRESTA DE GALLO 14
CENTAUREA CYANUS 14
CENTAUREA CYANUS «BLUE BALL» 14
CENTAUREA CYANUS «BLUE DIADEM» 14
CENTAUREA CYANUS «JUBILEE GEAM» 14
CENTAUREA CYANUS «POLKA DOT» 14
CENTAUREA CYANUS «RED BALL» 14
CENTAUREA DEALBATA 50
CENTAUREA DEALBATA «JOHN COUTTS» 50
CENTAUREA DEALBATA «STEENBERGII» 50
CENTAUREA MACROCEPHALA 50
CENTAUREA MONTANA 50
CENTAUREA MOSCHATA «SWEET SULTAN» 14
CENTRANTHUS RUBER 50
CERASTIO 91
CERASTIUM BIEBERSTEINII 91
CERASTIUM LANATUM 91
CERASTIUM TOMENTOSUM 91
CÉSPED DEL OLIMPO 90
CICLAMEN 113
CIMICIFUGA AMERICANA 51
CIMICIFUGA CORDIFOLIA 51
CIMICIFUGA FOETIDA 51
CIMICIFUGA RACEMOSA 51
CINCOENRAMA 73
CINCOENRAMA ROCOSO 101
CLARKIA ELEGANS 15
CLARKIA PULCHELLA 15
CLAVEL 18
CLAVEL ALPINO (ROCOSO) 92
CLAVEL COMÚN 18
CLAVEL CHINO 18
CLAVEL DE CHEDDAR 92
CLAVEL DE SAN ISIDRO 18
CLAVEL DELTOIDE 92
CLAVEL MARINO 90
CLAVEL ROCOSO 92
CLAVELINA 18, 53
CLAVELINA ANTIGUA 53
CLAVELINAS MODERNAS 53
CLEMATIS HERACLEIFOLIA 51
CLEMATIS INTEGRIFOLIA 51
CLEMATIS RECTA 51
CLEOME SPINOSA 15
COBAEA SCANDENS 16
COBAEA SCANDENS ALBA 16
COGULLA DE FRAILE 42
COLCHICUM AUTUMNALE 112
COLCHICUM SPECIOSUM 112
COLCHICUM SPECIOSUM «LILAC WONDER» 112
CONCHICUM SPECIOSUM «VIOLET QUEEN» 112
CONSUELDA MEDIA RASTRERA 43
CONVALLARIA MAJALIS 112
CONVALLARIA MAJALIS «EVEREST» 112
CONVALLARIA MAJALIS «FORTIN'S GIANT» 112
CONVALLARIA MAJALIS «ROSEA» 112
CONVOLVULUS MAJOR 24
CONVOLVULUS MINOR 16
CONVOLVULUS TRICOLOR 16
CONVOLVULUS TRICOLOR «BLUE FLASH» 16
CONVOLVULUS TRICOLOR «CRIMSON MONARCH» 16
CONVOLVULUS TRICOLOR «ROYAL ENSIGN» 16
COREOPSIS DRUMMONDII 16
COREOPSIS GRANDIFLORA 51
COREOPSIS TINCTORIA 16
COREOPSIS VERTICILLATA 51
CORONA IMPERIAL 115
CORTADERIA ARGENTEA 52
CORTADERIA SELLOANA 52
COSMOS BIPINNATUS 17
COSMOS SULPHUREUS 17
CRINUM POWELLI 112
CRISANTEMO 15, 132-135
CRISANTEMO CASCADE 134
CRISANTEMO COREANO HÍBRIDO 134

pág.

CRISANTEMO DE FLOR SENCILLA 134
CRISANTEMO DE FLORECILLAS EN DISCO 134
CRISANTEMO DE FLORES PEQUEÑAS 134
CRISANTEMO DE RAMILLETES 134
CRISANTEMO INCURVADO 134
CRISANTEMO INTERMEDIO 134
CRISANTEMO ORNAMENTAL 134
CRISANTEMO POMPÓN 134
CRISANTEMO REFLEJO 134
CROCOSMIA CROCOSMIFLORA 113
CROCOSMIA MASONORUM 113
CROCUS CHRYSANTHUS 113
CROCUS CHRYSANTHYS «E.A. BOWLES» 113
CROCUS CHRYSANTHUS «LADYKILLER» 113
CROCUS CHRYSANTHUS «SNOW BUNTING» 113
CROCUS «ENCHANTRESS» 113
CROCUS «GOLDEN MAMMOUTH» 113
CROCUS HOLANDESES DE FLORACIÓN PRIMAVERAL 113
CROCUS IMPERATI 113
CROCUS «JOAN OF ARC» 113
CROCUS «LITTLE DORRIT» 113
CROCUS «PICKWICK» 113
CROCUS «REMEMBRANCE» 113
CROCUS SPECIOSUS 113
CROCUS SUSIANUS 113
CRUZ DE JERUSALÉN 65
CRUZ DE MALTA 65, 105
CRUZ DE MALTA ALPINA 98
CRUZ DE MALTA MARINA 105
CRUZ DE MALTA MUSGOSA 105
CYANANTHUS LOBATUS 91
CYANANTHUS MICROPHYLLUS 91
CYCLAMEN COUM 113
CYCLAMEN EUROPAEUM 113
CYCLAMEN NEAPOLITANUM 113
CYCLAMEN REPANDUM 113
CHEIRANTHUS ALLIONII 14
CHEIRANTHUS CHEIRI 14
CHEIRANTHUS CHEIRI «CLOTH OF GOLD» 14
CHEIRANTHUS CHEIRI «TOM THUMB MIXED» 14
CHEIRANTHUS CHEIRI «VULCAN» 14
CHIONODOXA GIGANTEA 112
CHIONODOXA LUCILIAE 112
CHIONODOXA SARDENSIS 112
CHRYSANTHEMUM CARINATUM 15
CHRYSANTHEMUM COCCINEUM 74
CHRYSANTHEMUM CORONARIUM 15
CHRYSANTHEMUM MAXIMUM 50
CHRUSANTHEMUM PARTHENIUM 28
CHRYSANTHEMUM RUBELLUM 50
CHRYSANTHEMUM SPECTABILE «CECILIA» 15
CHRYSANTHEMUM TRICOLOR 15

D

DAHLIA «COLTNESS HYBRIDS» 117
DAHLIA «DANDY» 117
DAHLIA «FIGARO» 117
DAHLIA «REDSKIN» 117
DAHLIA «RIGOLETTO» 117
DALIA 136-139
DALIA CACTUS 138
DALIA DE COLLARETE 138
DALIA DE FLOR DE ORQUÍDEA 138
DALIA DE FLOR DE PEONÍA 138
DALIA DE FLOR SENCILLA 138
DALIA ESTRELLADA 138
DALIA GLOBOSA 138
DALIA ORNAMENTAL 138
DALIA POMPÓN 138
DALIA SEMICACTUS 138
DAMA EN EL BAÑO 54
DEDALERA 19
DELPHINIUM AJACIS 18
DELPHINIUM AJACIS «DWARF ROCKET» 18
DELPHINIUM AJACIS «TALL ROCKET» 18
DELPHINIUM «BLUE BEES» 52
DELPHINIUM CONSOLIDA 18
DELPHINIUM CONSOLIDA «GIANT IMPERIAL» 18
DELPHINIUM ELATUM 52
DELPHINIUM ELATUM «BLUE TIT» 52
DELPHINIUM ELATUM «BUTTERBALL» 52
DELPHINIUM ELATUM «CINDERELLA» 52
DELPHINIUM ELATUM «MIGHTY ATOM» 52
DELPHINIUM ELATUM «MULLION» 52
DELPHINIUM ELATUM «VESPERS» 52
DELPHINIUM «GALAHAD» 52
DELPHINIUM «KING ARTHUR» 52
DELPHINIUM «PINK SENSATION» 52
DIANTHUS ALPINUS 92
DIANTHUS ALLWOODII 53
DIANTHUS BARBATUS 18
DIANTHUS CAESIUS 92
DIANTHUS CARYOPHYLLUS 18, 53
DIANTHUS CARYOPHYLLUS «CHABAUD» 18
DIANTHUS CARYOPHYLLUS «KNIGHT» 18
DIANTHUS CARYOPHYLLUS «RAOUL MARTIN» 18
DIANTHUS «CONSUL» 53
DIANTHUS CHINENSIS 18
DIANTHUS CHINENSIS «BABY DOLL» 18
DIANTHUS CHINENSIS «QUEEN OF HEARTS» 18
DIANTHUS CHINENSIS «SNOWFLAKE» 18
DIANTHUS CHINENSIS «TELSTAR» 18
DIANTHUS DELTOIDES 92
DIANTHUS DELTOIDES «FLASHING LIGHT» 92
DIANTHUS «DORIS» 53
DIANTHUS «EDENSIDE FAIRY» 53
DIANTHUS «EMIL PARÉ» 53
DIANTHUS «EXCELSIOR» 53
DIANTHUS «FIERY CROSS» 53
DIANTHUS GRATIANOPOLITANUS 92
DIANTHUS KNAPPII 92
DIANTHUS «MRS SINKINS» 53
DIANTHUS NEGLECTUS 92
DIANTHUS «PERFECT CLOVE» 53
DIANTHUS PLUMARIUS 53
DIANTHUS «ROBIN» 53
DIANTHUS «SHOW PEARL» 53
DIANTHUS «WHILE LADIES» 53
DICENTRA EXIMIA 54
DICENTRA FORMOSA 54
DICENTRA SPECTABILIS 54
DICTAMNO 54
DICTAMNUS ALBUS 54
DICTAMNUS FRAXINELLA 54
DICHELOSTEMNA IDA-MAIA 111
DIGITALIS PURPUREA 19
DIMORPHOTHECA AURANTIACA 19
DODECATHEON MEADIA 92
DODECATHEON PAUCIFLORUM 92
DONDIEGO DE DÍA 24
DONDIEGO DE DÍA ENANO 16
DORÓNICO 54
DORONICUM CAUCASICUM 54
DORONICUM «GOLD DWARF» 54
DORONICUM PLANTAGINEUM 54
DRABA AIZOIDES 92
DRABA BRYOIDES IMBRICATA 92
DRAGONTEA 51
DRYAS DRUMMONDII 93
DRYAS OCTOPETALA 93
DRYAS SUENDERMANNII 93

E

ECHINACEA PURPUREA 55
ECHINOPS HUMILIS 55
ECHINOPS RITRO 55
ECHINOPS «TAPLOW BLUE» 55
ECHINOPS «VEITCH'S BLUE» 55
ECHIUM PLANTAGINEUM 19
EDELWEIS 97
ELÉBORO 60
ENDYMION HISPANICUS 121
ENDYMION NONSCRIPTUS 121
EPIDEMIUM GANDRIFLORUM 55
EPIDEMIUM PERRALDERIANUM 55
EPIMEDIUM PINNATUM COLCHICUM 55
EPIMEDIUM VERSICOLOR «SULPHUREUM» 55
EPIMEDIUM WARLEYENSE 55
ERANTHIS «GUINEA GOLD» 114
ERANTHIS HYEMALIS 114
ERANTHIS TUBERGENII 114
EREMURUS BUNGEI 56
ERENURUS ELWESII 56
ERENURUS ROBUSTUS 56
EREMURUS STENOPHYLLA 56
ERIGERON AUREUS 93
ERIGERON «DARKEST OF ALL» 56
ERIGERON «DIGNITY» 56
ERIGERON «FOESTER'S LIEBLING» 59
ERIGERON KARVINSKIANUS 93
ERIGERON MUCRONATUS 93
ERIGERON «PROSPERITY» 56
ERIGERON SPECIOSUS 56
ERINUS ALPINUS 93
ERYNGIUM ALPINUM 56
ERYNGIUM BOURGATII 56
ERYNGIUM OLIVERIANUM 56
ERYNGIUM TRIPARTITUM 56
ERYNGIUM VARIFOLIUM 56
ERYSIMUM ALPINUM 93
ERYTHRONIUM DENS-CANIS 114
ERYTHRONIUM REVOLUTUM «WHITE BEAUTY» 114
ESCABIOSA 36, 77
ESCALERA DE JACOB 72
ESCILA 121
ESCILA PRIMAVERAL 121
ESCILA RAYADA 120
ESCILA SIBERIANA 121
ESCHSCHOLZIA CALIFORNICA 20
ESPLIEGO MARINO 25, 64
ESPUELA DE CABALLERO 18
ESTÁTICE 25, 64, 90
ESTEPA 95
ESTORAQUE NORTEAMERICANO 105
ESTRELLA DE BELÉN 120
EUFORBIO 57
EUPHORBIA EPITHYMOIDES 57
EUPHORIA GRIFFITHII «FIREGLOW» 57
EUPHORBIA MYRSINITES 57
EUPHORBIA POLYCHROMA 57
EUPHORBIA ROBBIAE 57
EUPHORBIA WULFENII 57

F

FALSA SPIRAEA 47
FAROLILLO CHINO 71
FILIPENDULA HEXAPETALA 57
FILIPENDULA RUBRA 57
FILIPENDULA ULMARIA «AUREA» 57
FLECHA DE CHUPIDO 49
FLOR DE ARAÑA 15
FLOR DE ESPUMA 80
FLOR DE JUPITER 65
FLOR DE LOS INCAS 117
FLOR DE MARIPOSA 36
FLOR DE UNA HORA 23
FLOX 34
FLOX ALPINO 100
FLOX ENANO
FLOX MUSGOSO 100
FREESIA DE EXTERIOR 114
FREESIA HYBRIDA 114
FRITILARIA DE CABEZA DE SERPIENTE 115
FRITILLARIA IMPERIALIS 115
FRITILLARIA LATIFOLIA 115
FRITILLARIA MELEAGRIS 115
FRITILLARIA PALLIDIFLORA 115
FUCSIA 140-141
FUCSIA DE EXTERIOR 140
FUCSIA DE INVERNADERO 140
FUCSIA DOBLE 140
FUCSIA RACEMOSA 140
FUCSIA SEMIDOBLE 140
FUCSIA SENCILLA 140
FUCHSIA CORYMBIFLORA 140
FUCHSIA FULGENS 140
FUCHSIA TRIPHYLLA 140

G

GAILLARDIA ANUAL 20
GAILLARDIA ARISTATA 58
GAILLARDIA GRANDIFLORA 58
GAILLARDIA PULCHELLA 20
GALANTHUS ELWESII 115
GALANTHUS NIVALIS 115
GALTONIA CANDICANS 115
GAZANIA «HARLEQUIN» 20
GAZANIA «MINI-STAR YELLOW» 20
GAZANIA «RED HYBRID» 20
GAZANIA «SUNDANCE MIXED» 20
GAZANIA «TREASURE CHEST» 20
GENCIANA 94
GENTIANA ACUALIS 94
GENTIANA SEPTEMFIDA 94
GENTIANA SINO-ORNATA 94
GENTIANA VERNA 94
GERANIO 144-145
GERANIO DE HOJAS CAPRICHOSAS 145
GERANIO ROCOSO 94
GERANIUM «BALLERINA» 94
GERANIUM CINEREUM 94
GERANIUM DALMATICUM 94
GERANIUM ENDRESII «WARGRAVE PINK» 58
GERANIUM «JOHNSON'S BLUE» 58
GERANIUM MACRORRHIZUM «WALTER INGWERSEN» 58
GERANIUM PLATYPETALUM 58
GERANIUM PSILOSTEMON 58
GERANIUM SUBCAULESCENS «SPLENDENS» 94
GEUM BORISII 58
GEUM CHILOENSE 58
GEUM MONTANUM 94
GEUM REPTANS 94
GEUM RIVALE 58
GIPSÓFILA 21, 59, 95
GIRASOL 22, 59
GLADIOLO 116
GLADIOLUS «BO PEEP» 116
GLADIOLUS BYZANTINUS 116
GLADIOLUS «COLUMBINE» 116
GLADIOLUS COLVILLII 116
GLADIOLUS «CONFETTI» 116
GLADIOLUS «FLOWER SONG» 116
GLADIOLUS «MELODIE» 116
GLADIOLUS «OSCAR» 116
GLADIOLUS «PETER PEARS» 116
GLADIOLUS «ZENITH» 116
GODETIA GRANDIFLORA 21
GORDOLOBO 81
GORDOLOBO HÍBRIDO 81
GORDOLOBO ROCOSO 107
GRANOS DE AMOR 97
GUISANTE DE OLOR 24
GYPSOPHILA ARIETIOIDES 95
GYPSOPHILA CERASTIOIDES 95
GYPSOPHILA ELEGANS 21
GYPSOPHILA ELEGANS ALBA 21
GYPSOPHILA PANICULATA 59
GYPSOPHILA PROSTRATA 95
GYPSOPHILA REPENS 95

H

HABERLEA FERDINANDI-COBURGII 95
HABERLEA RHODOPENSIS 95
HABERLEA RHODOPENSIS «VIRGINALIS» 95
HELENIO 59
HELENIUM AUTUMNALE 59
HELENIUM AUTUMNALE «BUTTERPAT» 59
HELENIUM AUTUMNALE «COPPELIA» 59
HELENIUM AUTUMNALE «CRIMSON BEAUTY» 59
HELENIUM AUTUMNALE «CHIPPERFIELD ORANGE» 59
HELENIUM AUTUMNALE «MOERHEIM BEAUTY» 59
HELIANTHEMUM ALPESTRE 95
HELIANTHEMUM LUNULATUM 95
HELIANTHEMUM NUMMULARIUM 95
HELIANTHUS ANNUUS 22
HELIANTHUS ANNUUS «AUTUMN BEAUTY» 22
HELIANTHUS ANNUUS «RUSSIAN GIANT» 22
HELIANTHUS ANNUUS «SUNGOLD» 22
HELIANTHUS ANNUUS «TALL SINGLE» 22
HELIANTHUS DECAPETALUS 59
HELICHRYSUM BELLIDIOIDES 95
HELICHRYSUM BRACTEATUM 22
HELIOPSIS SCABRA 60
HELIOTROPIUM «LORD ROBERTS» 22
HELIOTROPIUM «MARINE» 22
HELIOTROPIUM PERUVIANUM 22
HELIOTROPIUM «VILMORIN'S VARIETY» 22
HELIOTROPIUM «WHITE LADY» 22
HELIOTROPO 22
HELLEBORUS FOETIDUS 6
HELLEBORUS NIGER 6
HELLEBORUS ORIENTALIS 6
HEMEROCALLIS «BLACK MAGIC» 6
HEMEROCALLIS FULVA 6
HEMEROCALLIS «GOLDEN CHIMES» 6
HEMEROCALLIS «GOLDEN ORCHID» 6
HEMEROCALLIS «PINK DAMASC» 6
HEMEROCALLIS «STAFFORD» 6
HEPATICA MEDIA «BALLARDII» 9
HEPATICA NOBILIS 9
HEPATICA TRANSSILVANICA 9
HEPATICA TRILOBA 9
HERMOSILLA 1
HEUCHERA BRIZOIDES 6
HEUCHERA «GREENFINCH» 6
HEUCHERA «HYPERION» 6
HEUCHERA «JUBILEE» 6
HEUCHERA «PEARL DROPS» 6
HEUCHERA «RED SPANGLES» 6
HEUCHERA SANGUINEA 6
HEUCHERA «SCINTILLATION» 6
HEUCHERELLA TIARELLOIDES 6
HIBISCO 2
HIEDRA MORADA
HIERBA CENTELLA 48, 7
HIERBA CENTELLA AMERICANA 9
HIERBA CENTELLA GIGANTE
HIERBA DE LA MONEDA 9
HIERBA DE LA PLATA 2
HIERBA DE SAN BENITO 5
HIERBA DE SAN JUAN 9
HIERBA GATERA 6
HIERBA PULGUERA 56, 9
HIERBA PUNTERA 1
HIERBA VELLUDA 4
HIBISCUS TRIONUM 2
HOSTA FORTUNEI «ALBOPICTA» 6
HOSTA «ROYAL STANDARD» 6
HOSTA SIEBOLDIANA «ELEGANS» 6
HOSTA «THOMAS HOGG» 6
HOSTA UNDULATA 6
HOSTA VENTRICOSA 6
HYACINTHUS CANDICANS 1
HYACINTHUS NONSCRIPTUS 1
HYACINTHUS ORIENTALIS 1
HYPERICUM CORIS 9
HYPERICUM POLYPHYLLUM 9
HYPERICUM REPTANS 9

I

IBERIS SEMPERVIRENS 9
IBERIS UMBELLATA 2
IMPATIENS «ELFIN» 2
IMPATIENS «FLORETTE» 2
IMPATIENS «FUTURA» 2
IMPATIENS «GRAND PRIX» 2
IMPATIENS «IMP» 2
IMPATIENS «ZIG-ZAG» 2
INCARVILLEA DELAVAYI 6
INCARVILLEA DELAVAYI «BEES PINK» 6
INCARVILLEA GRANDIFLORA 6
INMORTAL 4
INULA ENSIFLORA 6
INULA HOOKERI 6
INULA MAGNIFICA 6
INULA ORIENTALIS 6
IPHEION UNIFLORUM 1
IPOMOEA «FLYING SAUCERS» 2
IPOMOEA «HEAVENLY BLUE» 2
IPOMOEA PURPUREA 2
IPOMOEA RUBRO-CAERULEA 2
IPOMOEA «SCARLETT O'HARA» 2
IPOMOEA TRICOLOR 2
IRIS AUCHERI 1
IRIS «BLUE DOL» 6
IRIS «BRIGHT WHITE» 6
IRIS BUCHARICA 1
IRIS CRISTATA
IRIS DANFORDIAE 1
IRIS FOETIDISSIMA 6
IRIS «FROST AND FLAME» 6
IRIS GERMANICA 6
IRIS «GOLDEN FAIR» 6
IRIS HISTRIOIDES «MAJOR» 1
IRIS INNOMINATA
IRIS «JANE PHILLIPS»
IRIS KAEMPHERI
IRIS LACUSTRIS
IRIS «PARTY DRESS»
IRIS «PIONA»
IRIS PSEUDACORUS
IRIS SIBIRICA «PERRY'S BLUE»
IRIS «STATEN ISLAND»
IRIS STYLOSA
IRIS «TOP FLIGHT»
IRIS «WEDGWOOD» 1
IXIA HYBRIDA 1

J

JABONERA
JACINTO 1
JACINTO ESTIVAL 1
JACINTO HOLANDÉS 1
JACINTO RACEMOSO 1
JACINTO ROMANO 1
JACINTO SILVESTRE 1
JAZMÍN ROCOSO 8
JUNQUILLO 1

K

KNIPHOFIA GALPINII
KNIPHOFIA UVARIA

pág.

L

LATHYRUS ODORATUS ... 24
LATHYRUS ODORATUS «AIR WARDEN» ... 24
LATHYRUS ODORATUS «BIJOU» ... 24
LATHYRUS ODORATUS «JET SET» ... 24
LATHYRUS ODORATUS «KNEE-HI» ... 24
LATHYRUS ODORATUS «LEAMINGTON» ... 24
LATHYRUS ODORATUS «LITTLES WEET HEARTS» ... 24
LATHYRUS ODORATUS «MRS R. BOLTON» 24
LATHYRUS ODORATUS «PATIO» ... 24
LATHYRUS ODORATUS «SNOOPEA» ... 24
LATHYRUS ODORATUS «SPENCER MIXED» 24
LATHYRUS ODORATUS «WHITE ENSIGN» ... 24
LATHYRUS ODORATUS «WINSTON CHURCHILL» ... 24
LAVATERA TRIMESTRIS ... 25
LAVATERA TRIMESTRIS «LOVELINESS» ... 25
LAVATERA TRIMESTRIS «MONT BLANC» ... 25
LAVATERA TRIMESTRIS «SILVER CUP» ... 25
LAVATERA TRIMESTRIS «TANAGRA» ... 25
LENGUA DE BUEY ... 19
LENGUA DE CORDERO ... 79
LENGUA URSINA ... 70
LEONTOPODIUM ALPINUM ... 97
LEUCOJUM AESTIVUM ... 118
LEUCOJUM VERNUM ... 118
LEWISIA BRACHYCALYX ... 97
LEWISIA COTYLEDON ... 97
LEWISIA TWEEDYI ... 97
LIATRIS CALLILEPIS ... 63
LIATRIS SPICATA ... 63
LIGULARIA DENTATA ... 63
LIGULARIA DENTATA «DESDEMONA» ... 63
LIGULARIA DENTATA «OTHELLO» ... 63
LIGULARIA PRZEWALSKII «THE ROCKET» ... 63
LILIUM AMABILE ... 143
LILIUM AURATUM ... 143
LILIUM «BACKHOUSE HYBRIDS» ... 143
LILIUM BULBIFERUM ... 143
LILIUM CANADENSE ... 143
LILIUM CANDIDUM ... 143
LILIUM «FIESTA HYBRIDS» ... 143
LILIUM GIGANTEUM ... 111
LILIUM HANSONII ... 143
LILIUM HENRYI ... 143
LILIUM LONGLIFLORUM ... 143
LILIUM MARTAGON ... 143
LILIUM «MID-CENTURY HYBRIDS» ... 143
LILIUM «OLYMPIC HYBRIDS» ... 143
LILIUM PARDALINUM ... 143
LILIUM «PARKMANNII HYBRIDS» ... 143
LILIUM PUMILUM ... 143
LILIUM REGALE ... 143
LILIUM SPECIOSUM ... 143
LILIUM TIGRINUM ... 143
LIMNANTA ... 25
LIMNANTHES DOUGLASII ... 25
LIMONIUM LATIFOLIUM ... 64
LIMONIUM SINUATUM ... 25
LIMONIUM SUWOROWII ... 25
LINARIA MACROCCANA ... 26
LINARIA RETICULATA ... 26
LINARIA RETICULATA «CRIMSON AND GOLD» ... 26
LINNAEA BOREALIS ... 97
LINO ... 27
LINO ESCARLATA ... 27
LINO PERENNE ... 64
LINO SILVESTRE ... 27
LINUM GRANDIFLORUM ... 27
LINUM GRANDIFLORUM «ALBUM» ... 27
LINUM GRANDIFLORUM «BLUE FLAX» ... 27
LINUM GRANDIFLORUM «ROSEUM» ... 27
LINUM GRANDIFLORUM «RUBRUM» ... 27
LINUM NARBONENSE ... 64
LINUM NARBONENSE «HEAVENLY BLUE» ... 64
LINUM NARBONENSE «SIX HILLS» ... 64
LINUM PERENNE ... 64
LIRIO ACUÁTICO ... 62
LIRIO ALEMÁN ... 62
LIRIO ARISTADO ... 62
LIRIO DE ESTANDARTE ... 62
LIRIO DE JUNIO ... 62
LIRIO DE LOS VALLES ... 112
LIRIO ESPAÑOL HÍBRIDO ... 118
LIRIO HOLANDÉS HÍBRIDO ... 118
LIRIO INGLÉS HÍBRIDO ... 118
LIRIO JUNO ... 118
LIRIO RETICULADO ... 118
LIRIO ROCOSO ... 96
LIRIOPE MUSCARI ... 65
LIRIOPE PLATYPHYLLA ... 65
LIRIOPE SPICATA ... 65
LIRIOS PALUSTRES ... 62
LISIMAQUIA ... 66
LISIMAQUIA AMARILLA ... 66
LISIMAQUIA CHINA ... 66
LISIMAQUIA PÚRPURA ... 66
LITHODORA ... 97
LITHOSPERMUM DIFFUSUM ... 97
LITHOSPERMUM OLEIFOLIUM ... 97
LOBELIA ERINUS ... 27
LOBELIA ERINUS «CAMBRIDGE BLUE» ... 27
LOBELIA ERINUS «MRS CLIBRAN IMPROVED» 27
LOBELIA ERINUS PENDULA ... 27
LOBELIA ERINUS PENDULA «CASCADE MIXED» ... 27
LOBELIA ERINUS PENDULA «SAPPHIRE» ... 27
LOBELIA ERINUS «ROSAMUND» ... 27
LOBELIA ERINUS «STRING OF PEARLS» ... 27
LOBELIA ERINUS «WHITE GEM» ... 27
LOBELIA RASTRERA ... 27
LOBULARIA MARITIMA ... 9
LUNARIA ANNUA ... 27
LUPINO ... 65
LUPINUS «BLUE JACKET» ... 65
LUPINUS «LADY FAYRE» ... 65
LUPINUS «LILAC TIME» ... 65
LUPINUS «MRS MICKLETHWAITE» ... 65
LUPINUS POLYPHYLLUS ... 65
LUPINUS POLYPHYLLUS «RUSSELL HYBRID» 65
LYCHNIS ALPINA ... 98
LYCHNIS ALPINA «ALBA» ... 98
LYCHNIS ALPINA «ROSEA» ... 98
LYCHNIS CHALCEDONICA ... 65
LYCHNIS COELI-ROSA ... 40
LYCHNIS CORONARIA ... 65
LYCHNIS FLOS-JOVI ... 65
LYCHNIS VISCARIA «SPLENDENS PLENA» ... 65
LYSIMACHIA CLETHROIDES ... 66
LYSIMACHIA NUMMULARIA ... 98
LYSIMACHIA NUMMULARIA «AUREA» ... 98
LYSIMACHIA PUNCTATA ... 66
LYTHRUM SALICARIA ... 66
LYTHRUM VIRGATUM ... 66

M

MACLEAYA CORDATA ... 66
MACLEAYA MICROCARPA «CORAL PLUME» ... 66
MALCOLMIA MARITIMA «CRIMSON KING» ... 28
MALOPE TRIFIDA ... 28
MALOPE TRIFIDA GRANDIFLORA ... 28
MALVA ANUAL ... 25
MALVA GRIEGA DE JARDÍN ... 70
MALVA PRATENSE
MALVARROSA ... 8
MARAVILLA DE LOS PANTANOS ... 48
MARAVILLA PALUSTRE ... 48
MARGARITA ... 12
MARGARITA AFRICANA ... 11
MARGARITA DEL ATLAS ... 88
MARGARITA DE LIVINGSTONE ... 29
MARGARITA MICHAELMA ... 46
MARGARITA SHASTA ... 50
MATALOBOS ... 42
MATRICARIA EXIMIA ... 28
MATRICARIA EXIMIA «BALL'S DOUBLE WHITE» ... 28
MATRICARIA EXIMIA «GOLDEN BALL» ... 28
MATRICARIA EXIMIA «SNOW BALL» ... 28
MATRICARIA EXIMIA «SNOW PUFF» ... 28
MATRICARIA EXIMIA «WHITE STARS» ... 28
MATTHIOLA BICORNIS ... 29
MATTHIOLA INCANA ... 29
MAYA ... 13
MAZUS RADICANS ... 98
MAZUS REPTANS ... 89
MECONOPSIS BAILEYI ... 67
MECONOPSIS BETONICIFOLIA ... 67
MECONOPSIS CAMBRICA ... 67
MENTZELIA LINDLEYI ... 11
MESEMBRYANTHEMUM CRINIFLORUM ... 29
MESEMBRYANTHEMUM «LUNETTE» ... 29
MESEMBRYANTHEMUM TRICOLOR ... 29
MIJO GRIS ... 97
MILEFOLIO ... 42
MILEFOLIO ALPINO ... 83
MILENRAMA ... 42
MILENRAMA ALPINA ... 83
MILLA UNIFLORA ... 117
MIMULO ... 30, 98
MIMULUS BURNETTII ... 98
MIMULUS CUPREUS ... 30
MIMULUS LANGSDORFII ... 98
MIMULUS LUTEUS ... 30
MIMULUS PRIMULOIDES ... 98
MIMULUS RADICANS ... 98
MIMULUS VARIEGATUS ... 30
MOLUCELLA LAEVIS ... 30
MONARDA DIDYMA ... 67
MONARDA DIDYMA «ADAM» ... 67
MONARDA DIDYMA «CAMBRIDGE SCARLET» ... 67
MONARDA DIDYMA «CROFTWAY PINK» ... 67
MONARDA DIDYMA «PRAIRIE NIGHT» ... 67
MONARDA DIDYMA «SNOW MAIDEN» ... 67
MONTBRETIA ... 113
MORISIA HYPOGAEA ... 99
MORISIA MONANTHOS ... 99
MUGUETTE ... 112
MUSCARI ARMENIACUM ... 118
MUSCARI BOTRYOIDES ... 118
MUSCARI COMOSUM «PLUMOSUM» ... 118
MUSCARI TUBERGENIANUM ... 118
MYOSOTIS ALPESTRIS ... 30
MYOSOTIS SYLVATICA «BLUE BIRD» ... 30

N

NARCISO ... 119
NARCISO CICLAMEN ... 119
NARCISO DE LOS POETAS ... 119
NARCISO DE TUBO CORTO ... 119
NARCISO DE TUBO LARGO ... 119
NARCISO DOBLE ... 119
NARCISO ENANO ... 119
NARCISO JUNQUILLO ... 119
NARCISO TAZETTA ... 119
NARCISO TIANDRUS ... 119
NARCISO TROMPOM ... 119
NARCISSUS BULBOCODIUM ... 119
NARCISSUS CYCLAMINEUS ... 119
NARCISSUS «FEBRUARY GOLD» ... 119
NARCISSUS MINIMUS ... 119
NARCISSUS TRIANDRUS ALBUS ... 119
NEGUILLA ... 8
NEMESIA STRUMOSA ... 31
NEMOFILA ... 31
NEMOPHILA INSIGNIS ... 31
NEMOPHILA MENZIESII ... 31
NEPETA FAASSENII ... 67
NEPETA MUSSINII ... 67
NERINE BOWDENII ... 120
NICOTIANA AFFINIS ... 31
NICOTIANA ALATA ... 31
NICOTIANA ALATA «CRIMSON ROCK» ... 31
NICOTIANA ALATA «DWARF WHITE BEDDER» ... 31
NICOTIANA ALATA «LIME GREEN» ... 31
NICOTIANA ALATA «NICKI MIXED» ... 31
NICOTIANA ALATA «RED DEVIL» ... 31
NICOTIANA ALATA «SENSATION» ... 31
NICOTIANA ALATA «TINKERBELLE» ... 31
NIGELLA DAMASCENA ... 32
NIGELLA DAMASCENA «DWARF MOODY BLUE» ... 32
NIGELLA DAMASCENA «MISS JEKYLL» ... 32
NIGELLA DAMASCENA «PERSIAN JEWELLS» ... 32
NIGELLA DAMASCENA «PERSIAN ROSE» ... 32
NIGELLA HISPANICA ... 32
NOMEOLVIDES ... 30
NOMEOLVIDES PERENNE ... 48

O

OENOTHERA FRUTICOSA «YELLOW RIVER» 68
OENOTHERA MISSOURIENSIS ... 68
OENOTHERA TETRAGONA ... 68
OENOTHERA TETRAGONA «FIREWORKS» ... 68
OMBLIGO DE VENUS ... 68
OMPHALODES CAPPADOCICA ... 68
OMPHALODES VERNA ... 68
ONOSMA ALBO-ROSEUM ... 99
ONOSMA TAURICUM ... 99
OREGANO ... 99
OREJA DE MONJE ... 68
OREJAS DE CORDERO ... 79
ORGULLO DE LONDRES ... 76
ORIGANUM AMANUM ... 99
ORIGANUM DICTAMNUS ... 99
ORIGANUM VULGARE «AUREUM» ... 99
ORNITHOGALUM BALANSAE ... 120
ORNITHOGALUM NUTANS ... 120
ORNITHOGALUM THYRSOIDES ... 120
ORNITHOGALUM UMBELLATUM ... 120
ORQUIDEA DE POBRE ... 36
ORQUIDEA ROCOSA ... 100
OXALIS ADENOPHYLLA ... 100
OXALIS CHRYSANTHA ... 100
OXALIS ENNEAPHYLLA ... 100
OXALID ENNEAPHYLLA «ROSEA» ... 100

P

PAEONIA OFFICINALIS ... 69
PAEONIA OFFICINALIS «ALBA PLENA» ... 69
PAEONIA OFFICINALIS «ROSEA PLENA» ... 69
PAEONIA OFFICINALIS «RUBRA PLENA» ... 69
PAN DE CUCO ... 78, 104
PAPAVER ALPINUM ... 32
PAPAVER COMMUTATUM «LADYBIRD» ... 32
PAPAVER NUDICAULE ... 32
PAPAVER ORIENTALE ... 69
PAPAVER RHOEAS ... 32
PAPAVER SOMNIFERUM ... 32
PASAJERA ... 80
PELARGONIO ... 144-145
PELARGONIO CACTUS ... 145
PELARGONIO DEACON ... 145
PELARGONIO HIBRIDOS F_1 ... 145
PELARGONIO IRENE ... 145
PELARGONIO REGIO ... 145
PELARGONIO ROSEBUD ... 145
PELARGONIUM DE HOJA DE HIEDRA ... 145
PELARGONIUM DOMESTICUM ... 144
PELARGONIUM HORTORUM ... 144
PELARGONIUM PELTATUM ... 144
PENSAMIENTO ... 39
PENSTEMOM BARBATUS ... 70
PENSTEMON GLOXINIOIDES ... 70
PENSTEMON HARTWEGII ... 70
PENSTEMON MENZIESII ... 100
PENSTEMON NEWBERRYI ... 100
PENSTEMON PINIFOLIUS ... 100
PENSTEMOM RUPICOLA ... 100
PENSTEMOM SCOULERI ... 100
PEONIA ... 69, 100
PEONIA CHINA ... 69
PEONIA DE MAYO ... 69
PETUNIA «APPLE BLOSSOM» ... 33
PETUNIA «BLUE FROST» ... 33
PETUNIA «BOUQUET» ... 33
PETUNIA «CASCADE» ... 33
PETUNIA «CHERRY TART» ... 33
PETUNIA HYBRIDA ... 33
PETUNIA «PAN AMERICAN DOUBLE» ... 33
PETUNIA «RED CLOUD» ... 33
PETUNIA «RED SATIN» ... 33
PETUNIA «RESISTO» ... 33
PETUNIA «STARFIRE» ... 33
PETUNIA «TETLSTER» ... 33
PETUNIA «WHITE SWAN» ... 33
PHACELIA «BLUE BONNET» ... 30
PHACELIA CAMPANULARIA ... 30
PHACELIA TANACETIFOLIA ... 30
PHACELIA VISCIDA ... 30
PHLOX DECUSSATA ... 70
PHLOX DOUGLASII ... 100
PHLOX DRUMMONDII ... 34
PHLOX DRUMMONDII «BEAUTY MIXED» ... 34
PHLOX DRUMMONDII «LARGE-FLOWERED MIX» ... 34
PHLOX DRUMMONDII «STARS» ... 34
PHLOX DRUMMONDII «TWINKLE» ... 34
PHLOX MACULATA ... 70
PHLOX MACULATA «ALPHA» ... 70
PHLOX NANA ENSIFOLIA ... 100
PHLOX PANICULATA ... 70
PHLOX PANICULATA «BALMORAL» ... 70
PHLOX PANICULATA «BRIGADIER» ... 70
PHLOX PANICULATA «ENDURANCE» ... 70
PHLOX PANICULATA «FAIRY'S PETTICOAT» 70
PHLOX PANICULATA «GRAF ZEPPELIN» ... 70
PHLOX PANICULATA «HARLEQUIN» ... 70
PHLOX PANICULATA «STARFIRE» ... 70
PHLOX PANICULATA «SWEETHEART» ... 70
PHLOX PANICULATA «THE KING» ... 70
PHLOX PANICULATA «WHITE ADMIRAL» ... 70
PHLOX SUBULATA ... 100
PHLOX SUBULATA «APPLE BLOSSOM» ... 100
PHLOX SUBULATA «G.F. WILSON» ... 100
PHLOX SUBULATA «TEMISCAMING» ... 100
PHYSALIS FRANCHETII ... 71
PHYSOSTEGIA VIRGINIANA ... 71
PICO DE GRULLA ... 58
PIE DE GATO ... 89
PIE DE LEÓN ... 44
PLANTA DEL TABACO ... 31
PLANTA ERIZO ... 87
PLANTA ESCARCHADA ... 78
PLANTA ESCARCHADA PÚRPURA ... 78
PLANTA OBEDIENTE ... 71
PLATYCODON GRANDIFLORUM ... 71
PLEIONE BULBOCODIOIDES ... 100
PLEIONE FORMOSANA ... 100
PLUMAS DEL PRÍNCIPE DE GALES ... 14
POLEMONIUM «BLUE PEARL» ... 72
POLEMONIUM CAERULEUM ... 72
POLEMONIUM FOLIOSISSIMUM ... 72
POLEMONIUM «SAPPHIRE» ... 72
POLÍGALA DE VIRGINIA ... 51
POLYANTHUS ... 73
POLYGONATUM HYBRIDUM ... 72
POLYGONATUM JAPONICUM «VARIEGATUM» 72
POLYGONATUM MULTIFLORUM ... 72
POLYGONUM AFFINE ... 72
POLYGONUM AMPLEXICAULE ... 72
POLYGONUM BISTORTA «SUPERBUM» ... 72
POLYGONUM CAMPANULATUM ... 72
POLYGONUM ROCOSO ... 101
POLYGONUM TENUICAULE ... 101
POLYGONUM VACCINIFOLIUM ... 101
PORTULACA GRANDIFLORA ... 34
POTENTILLA ALBA ... 101
POTENTILLA ALPESTRIS ... 101
POTENTILLA ARGOPHYLLA ... 73
POTENTILLA ATROSANGUINEA ... 73
POTENTILLA CRANTZII ... 101
POTENTILLA «FIREDANCE» ... 73
POTENTILLA «GIBSON'S SCARLET» ... 73
POTENTILLA «MISS WILMOTT» ... 73
POTENTILLA NEPALENSIS ... 73
POTENTILLA NITIDA ... 101
POTENTILLA NITIDA «RUBRA» ... 101
POTENTILLA VERNA NANA ... 101
POTENTILLA «WILLIAM ROLLISSON» ... 73
PRIMAVERA ... 73
PRIMAVERA CANDELABRO ... 73
PRIMAVERA GLOBOSA ... 73
PRIMAVERA ROCOSA ... 101
PRIMULA AURICULA ... 101
PRIMULA BEESIANA ... 73
PRIMULA BELLEYANA ... 73
PRIMULA «CHUNGENSIS HYBRIDS» ... 73
PRIMULA DENTICULATA ... 73
PRIMULA EDGEWORTHII ... 101
PRIMULA FLORINDAE ... 73
PRIMULA JAPONICA ... 73
PRIMULA JULIAE ... 101
PRIMULA MARGINATA ... 101
PRIMUL MARGINATA «LINDA POPE» ... 101
PRIMULA MINIMA ... 101
PRIMULA PULVERULENTA ... 73
PRIMULA ROSEA ... 101
PRIMULA VARIABILIS ... 73
PRIMULA VARIABILIS «GOLDLACE STRAIN» 73
PRIMULA VARIABILIS «PACIFIC STRAIN» ... 73
PRIMULA VERIS ... 73
PRIMULA VIALII ... 101
PRIMULA «VICTORIA» ... 101
PRIMULA VULGARIS ... 73
PRIMULA «WANDA» ... 101
PRUNELLA GRANDIFLORA ... 74
PRUNELLA WEBBIANA ... 74
PULMONARIA ANGUSTIFOLIA ... 74
PULMONARIA AZUREA ... 74
PULMONARIA OFFICINALIS ... 74
PULMONARIA SACCHARATA ... 74
PULSATILLA ALPINA ... 102
PULSATILLA VERNALIS ... 102
PULSATILLA VULGARIS ... 102
PUSCHKINIA LIBANOTICA ... 120
PUSCHKINIA SCILLOIDES ... 120

Q

QUINQUEFOLIO ... 73
QUINQUEFOLIO ROCOSO ... 101

R

RAMONDA MYCONII ... 102
RAMONDA NATHALIAE ... 102
RAMONDA SERBICA ... 102

pág.

RANUNCULO 75, 121
RANUNCULO ENANO 102
RANUNCULUS ACONITIFOLIUS 75
RANUNCULUS ACRIS «FLORE PLENO» 75
RANUNCULUS ASIATICUS 102
RANUNCULUS CALANDRINIOIDES 102
RANUNCULUS FICARIA «AURANTIACUS» 75
RANUNCULUS GRAMINEUS 102
RANUNCULUS MONTANUS 102
RASCAMOÑO 40
RAUOLIA AUSTRALIS 102
RAUOLIA LUTESCENS 102
REINA MARGARITA 13
RESEDA DE OLOR 34
RESEDA ODORATA 34
RODGERSIA AESCULIFOLIA 75
RODGERSIA PINNATA SUPERBA 75
RODGERSIA PODOPHYLLA 75
RODGERSIA TABULARIS 75
RUDA PRATENSE 79
RUDBECKIA DEAMII 75
RUDBECKIA «DOUBLE GLORIOSA DAISY» 35
RUDBECKIA «DWARD GEM» 35
RUDBECKIA FULGIDA 75
RUDBECKIA FULGIDA «GOLDSTURM» 75
RUDBECKIA FULGIDA SPECIOSA 75
RUDBECKIA «GIANT TETRAPLOID HYBRID» 35
RUDBECKIA «GLORIOSA DAISY» 35
RUDBECKIA HIRTA 35
RUDBECKIA «IRISH EYES» 35
RUDBECKIA LACINIATA 75
RUDBECKIA LACINIATA «AUTUMN SUN» 75
RUDBECKIA LACINIATA «GOLDEN GLOW» 75
RUDBECKIA LACINIATA «GOLDQUELLE» 75
RUDBECKIA «MARMALADE» 35

S

SAGINA GLABRA «AUREA» 89
SALPIGLOSSIS SINUATA 35
SALPIGLOSSIS SINUATA «BOLERO» 35
SALPIGLOSSIS SINUATA «GRANDIFLORA» 35
SALPIGLOSSIS SINUATA «MONARCH» 35
SALPIGLOSSIS SINUATA «SPLASH» 35
SALVIA 35
SALVIA DE BELÉN 74
SALVIA ESCARLATA 36
SALVIA FARINACEA 36
SALVIA HAEMATODES 76
SALVIA HORMINUM 36
SALVIA PATENS 76
SALVIA PERENNE 76
SALVIA SCLAREA 36
SALVIA SPLENDENS 36
SALVIA SPLENDENS «BLAZE OF FIRE» 36
SALVIA SPLENDENS «CARIBINIÈRE» 36
SALVIA SPLENDENS «DRESS PARADE» 36
SALVIA SPLENDENS «FLAREPATH» 36
SALVIA SPLENDENS «ROYAL PURPLE» 36
SALVIA SUPERBA 76
SALVIA SUPERBA «EAST FRIESLAND» 76
SALVIA SUPERBA «MAY NIGHT» 76
SALVIA VIRGATA NEMOROSA 76
SANGUINARIA CANADENSIS 103
SANGUINARIA DEL CANADÁ 103
SANÍCULA 74
SAPONARIA «BRESSINGHAM» 103
SAPONARIA OCYMOIDES 103
SAPONARIA OFFICINALIS 76
SAPONARIA ROCOSA 103
SARAPICO 92
SAXÍFRAGA 76, 103
SAXIFRAGA AIZOON 103
SAXIFRAGA AIZOON «ROSEA» 103
SAXIFRAGA APICULATA 103
SAXIFRAGA BURSERIANA 103
SAXIFRAGA COCHLEARIS 103
SAXIFRAGA COTYLEDON 103
SAXIFRAGA COTYLEDON «ESTHER» 103
SAXIFRAGA COTYLEDON «WHITEHILLS» 103
SAXIFRAGA «CRANBOURNE» 103
SAXIFRAGA DE HOJAS GRANDES 47
SAXIFRAGA «ELIZABETHAE» 103
SAXIFRAGA FORTUNEI 76
SAXIFRAGA «JENKINSAE» 103
SAXIFRAGA MOSCHATA 103
SAXIFRAGA MOSCHATA «ATROPURPUREA» 103
SAXIFRAGA MOSCHATA «CLOTH OF GLOD» 103
SAXIFRAGA MOSCHATA «DUBARRY» 103
SAXIFRAGA MOSCHATA «FLOWERS OF SULPHUR» 103
SAXIFRAGA MOSCHATA «PETER PAN» 103
SAXIFRAGA MOSCHATA «PIXIE» 103
SAXIFRAGA PANICULATA 103
SAXIFRAGA UMBROSA 76
SCABIOSA ATROPURPUREA 77
SCABIOSA «BRESSINHAM WHITE» 77
SCABIOSA CAUCASICA 77
SCABIOSA «CLIVE GREAVES» 77
SCABIOSA «IMPERIAL PURPLE» 77
SCABIOSA «MISS WILLMOTT» 77
SCABIOSA «MOERHEIM BLUE» 77
SCILLA BIFOLIA 121
SCILLA CAMPANULATA 121
SCILLA NONSCRIPTA 121
SCILLA NUTANS 121
SCILLA PERUVIANA 121
SCILLA SIBIRICA 121
SCILLA TUBERGENIANA 121
SCHIZANTHUS «HIT PARADE» 36
SCHIZANTHUS «MAGNUM HYBRIDS» 36
SCHIZANTHUS PINNATUS 36
SCHIZANTHUS «STAR PARADE» 36
SCHIZANTHUS WISETONENSIS 36
SCHIZOSTYLIS COCCINEA 77
SEDUM ACRE 104
SEDUM ALBUM 104
SEDUM ALBUM «CORAL CARPET» 104
SEDUM DASYPHYLLUM 104
SEDUM EWERSII 104
SEDUM MAXIMUM «ATROPURPUREUM» 78
SEDUM SPATHULIFOLIUM 104
SEDUM SPATHULIFOLIUM «CAPPA BLANCA» 104
SEDUM SPATHULIFOLIUM «PURPUREUM» 104
SEDUM SPECTABILE 78
SEDUM SPECTABILE «AUTUMN JOY» 78
SEDUM SPECTABILE «BRILLIANT» 78
SEDUM SPECTABILE «CARMEN» 78
SEDUM SPECTABILE «METEOR» 78
SEDUM SPECTABILE «RUBY GLOW» 78
SEDUM SPURIUM 104
SEDUM SPURIUM «SCHORBUSSER BLUT» 104
SELLO DE SALOMON 72
SEMPERVIVUM ARACHNOIDEUM 104
SEMPERVIVUM «COMMANDER HAY» 104
SEMPERVIVUM MONTANUM 104
SEMPERVIVUM «OTHELLO» 104
SEMPERVIVUM TECTORUM 104
SENECIO 63
SERPENTARIA DE VIRGINIA 51
SHORTIA GALICIFOLIA 104
SHORTIA UNIFLORA 104
SIEMPREVIVA 22
SIEMPREVIVA MAYOR 104
SILDACEA MALVAEFLORA 78
SILENE ACAULIS 105
SILENE COELI-ROSA 40
SILENE MARITIMA 105
SILENE SCHAFTA 105
SISYRINCHIUM ANGUSTIFOLIUM 105
SISYRINCHIUM BERMUDIANUM 105
SISYRINCHIUM BRACHYPUS 105
SISYRINCHIUM GRANDIFLORUM 105
SOLDANELLA ALPINA 105
SOLDANELLA MONTANA 105
SOLDANELLA VILLOSA 105
SOLIDAGO BRACHYSTACHYS 78
SOLIDAGO CANADENSIS 78
SOLIDAGO HYBRIDA 78
SOLIDAGO VIRGAUREA 78
SPARAXIS HYBRIDA 121
SPIRAEA ARUNCUS 46
STACHYS LANATA 79
STACHYS MACRANTHA 79
STACHYS OLYMPICA 79
STATICE LATIFOLIA 64
STATICE SINUATA 25
STERNBERGIA LUTEA 122
STOKESIA CYANEA 79
STOKESIA LAEVIS 79

T

TAGETES ERECTA 37
TAGETES ERECTA «DOUBLOON» 37
TAGETES ERECTA «GOLDEN AGE» 37
TAGETES PATULA 37
TAGETES PATULA «NAUGHTY MARIETTA» 37
TAGETES PATULA «PETITE» 37
TAGETES PATULA «TIGER EYES» 37
TAGETES PATULA «YELLOW JACKET» 37
TAGETES SIGNATA 37
TAGETES SIGNATA «LEMON GEM» 37
TAGETES SIGNATA «STARFIRE» 37
TAGETES «SUNRISE» 37
TE DE SUECIA 97
THALICTRUM AQUILEGIFOLIUM 79
THALICTRUM DIPTEROCARPUM 79
THALICTRUM SPECIOSISSIMUM 79
THUNBERGIA ALATA 37
THYMUS «DOONE VALLEY» 106
THYMUS SERPYLLUM 106
THYMUS «SILVER QUEEN» 106
TIARELLA CORDIFOLIA 80
TIARELLA POLYPHYLLA 80
TIARELLA WHERRYI 80
TIGRIDIA PAVONIA 122
TOMILLO 106
TRADESCANTIA ANDERSONIANA 80
TRADESCANTIA VIRGINIANA 80
TRILLIUM ERECTUM 122
TRILLIUM GRANDIFLORUM 122
TRILLIUM UNDULATUM 122
TRITELEIA LAXA 111
TRITELEIA UNIFLORA 117
TRITOMA 63
TRITOMO ROJO 63
TRITONIA CROCATA 122
TROLLIUS CULTORUM 80
TROLLIUS EUROPAEUS 80
TROLLIUS HYBRIDUS 80
TROLLIUS HYBRIDUS «ALABASTER» 80
TROLLIUS HYBRIDUS «CANARY BIRD» 80
TROLLIUS HYBRIDUS «GOLDQUELLE» 80
TROLLIUS HYBRIDUS «ORANGE PRINCESS» 80
TROLLIUS LEDEBOURI 80
TROLLIUS LEDEBOURI «GOLDEN QUEEN» 80
TROPAEOLUM MAJUS 38
TROPAEOLUM MAJUS «CLIMBING MIXED» 38
TROPAEOLUM MAJUS «EMPRESS OF INDIA» 38
TROPAEOLUM MAJUS «GOLDEN GLEAM» 38
TROPAEOLUM MAJUS «RED ROULETTE» 38
TROPAEOLUM MAJUS «SCARLET GLEAM» 38
TROPAEOLUM MAJUS «TALL MIXED» 38
TROPAEOLUM MAJUS «TOM THUMB» 38
TROPAEOLUM MAJUS «WHIRLYBIRD» 38
TROPAEOLUM PEREGRINUM 38
TULIPA CLUSIANA 123
TULIPA FOSTERIANA 123
TULIPA GREIGII 123
TULIPA KAUFMANNIANA 123
TULIPA PRAESTANS 123
TULIPAN 123
TULIPAN DARWIN 123
TULIPAN DE FLOR DE AZUCENA 143
TULIPAN REMBRANDT 123
TULIPAN TEMPRANO DOBLE 123
TULIPAN TEMPRANO SENCILLO 123
TULIPAN TRIUMPH 123
TULIPANES CAMPESTRES 123
TULIPANES NENUFAR 123
TULIPANES PAPAGAYO 123

U

ULMARIA DORADA 57
URSINIA ANETHIOIDES 38
UVULARIA GRANDIFLORA 106
UVULARIA PERFOLIATA 106
UVULARIA SESSILIFLORA 106

V

pág

VALERIANA ROJA 5
VANCOUVERIANA HEXANDRA 10
VARA DE ORO 7
VARA DE SAN JOSÉ 7
VENIDIUM FASTUOSUM 3
VERBASCUM DUNULOSUM 10
VERBASCUM HYBRIDUM 8
VERBASCUM «LETITIA» 10
VERBASCUM SPINOSUM 10
VERBENA HYBRIDA 3
VERDOLAGA 3
VERÓNICA DE JARDÍN 8
VERONICA FILIFORMIS 10
VERONICA GENTIANOIDES 8
VERONICA INCANA 8
VERONICA PECTINATA 10
VERONICA PROSTRATA 10
VERÓNICA ROCOSA 10
VERONICA SPICATA 8
VERONICA TEUCRIUM «CRATER LAKE BLUE» 8
VERONICA VIRGINICA «ALBA» 8
VIOLA AETOLICA 10
VIOLA BIFLORA 10
VIOLA CORNUTA 8
VIOLA CORNUTA «ALBA» 8
VIOLA CORNUTA «JERSEY GEM» 8
VIOLA CORNUTA «LILACICA» 8
VIOLA CUCULLATA 10
VIOLA GRACILIS 10
VIOLA GRACILIS «MAJOR» 10
VIOLA GRACILIS «MOONLIGHT» 10
VIOLA HYBRIDA 3
VIOLA HYBRIDA «ARKWRIGHT BEAUTY» 3
VIOLA HYBRIDA «AVALANCHE» 3
VIOLA HYBRIDA «BAMBINI» 3
VIOLA HYBRIDA «BLUE HEAVEN» 3
VIOLA HYBRIDA «CHANTREYLAND» 3
VIOLA HYBRIDA «YELLOW BEDDER» 3
VIOLA LABRADORICA «PURPUREA» 10
VIOLA ODORATA 8
VIOLA ODORATA «COEUR D'ALSACE» 8
VIOLA ODORATA «CZAR» 8
VIOLA ODORATA «CHRISTMAS» 8
VIOLA PERENNE 8
VIOLA TRICOLOR 3
VIOLA TRICOLOR «AZURE BLUE» 3
VIOLA TRICOLOR «CELESTIAL QUEEN» 3
VIOLA TRICOLOR «FLORAL DANCE» 3
VIOLA TRICOLOR «HELIOS» 3
VIOLA TRICOLOR «JUMBO» 3
VIOLA TRICOLOR «MAJESTIC GIANTS» 3
VIOLA TRICOLOR «QUEEN OF THE PLANETS» 3
VIOLA TRICOLOR «ROGGLI GIANTS» 3
VIOLA TRICOLOR «SUNNY BOY» 3
VIOLA TRICOLOR «SWISS GIANTS» 3
VIOLETA 8
VIOLETA CORNUDA 8
VIOLETA DE DIENTE DE PERRO 11
VIOLETA DE OLOR 8
VIOLETA ROCOSA 10
VISCARIA ALPINA 9
VISCARIA OCULATA 4

W

WALDSTEINIA FRAGARIOIDES 10
WALDSTEINIA TERNATA 10

X

XERANTHEMUM ANNUUM 4

Z

ZINNIA ANGUSTIFOLIA 4
ZINNIA «CHIPPENDALE» 4
ZINNIA ELEGANS 4
ZINNIA «ENVY» 4
ZINNIA «PERSIAN CARPET» 4
ZINNIA «RUFFLES» 4
ZINNIA «STATE FAIR» 4
ZINNIA «THUMBELINA» 4